기독교문서선교회(Christian Literature Center: 약칭 CLC)는 1941년 영국 콜체스터에서 켄 아담스에 의해 시작되었으며 국제 본부는 미국 필라델피아에 있습니다.
국제 CLC는 59개 나라에서 180개의 본부를 두고, 약 650여 명의 선교사들이 이동도서차량 40대를 이용하여 문서 보급에 힘쓰고 있으며 이메일 주문을 통해 130여 국으로 책을 공급하고 있습니다. 한국 CLC는 청교도적 복음주의 신학과 신앙 서적을 출판하는 문서선교기관으로서, 한 영혼이라도 구원되길 소망하면서 주님이 오시는 그날까지 최선을 다할 것입니다.

추천사 1

최 삼 경 박사
전 한기총이단사이비 문제상담소 소장
「교회와신앙」 발행인, 빛과소금교회 원로목사

창세기 3장에서 시작되어 요한계시록 끝장까지 나타나는 사탄의 역사는 모든 시대의 모든 교회를 어지럽히고 있다. 그중에도 가장 대표적인 사탄의 역사는 이단 사이비 문제라고 해야 할 것이며, 이단 사이비를 통한 한국 교회의 피해는 다 설명할 수 없도록 크다. 이단은 몰래 뿌려진 가라지요 하나님의 양 무리를 물어뜯는 이리와 같아서(마 13:25; 요 10:12), 모든 시대의 모든 성도가 그 경계심을 놓아서는 안 된다.

본인은 교회를 지키기 위한 일념으로 이단 연구를 해 왔으며, 지금까지 100여 종 이상의 이단 사이비를 연구하는 데 직간접적으로 참여한 사람으로, 이단으로 인해 고통을 당하는 교회와 가정을 너무 많이 보아 왔다. 이단 사이비는 천하보다 더 귀한 영혼을 도적질하는 것은 물론 선교의 최대 장애물이다. 그 이유는 일반 세상 사람들은 이단과 정통교회를 구별할 능력이 없기 때문이다.

이제 한국 교회 이단 사이비 문제는 한국에만 머무르지 않는다. 한국에서 발생한 이단 사이비는 전 세계에 영향을 미치고 있다. 그중 한국과 지리적으로 가깝고 선교적 영향이 큰 중국을 빼놓을 수 없다. 물론, 중국에서 발생한 이단도 한국에 영향을 미치는 점은 같다. 예컨대, 위트니스 리(이상수, 지방교회, 중국에서는 호함파)와 전능신교가 그 대표적 경우라고 할 수 있다. 그래서 늘 중화권과도 서로 정보를 교환하고 서로 도울 수 있기를 바라는 마음이 컸다.

이런 의미에서 이번에 송 선교사가 이렇게 한국과 중화권 교회의 이단 대처를 돕기 위해 이 책을 발간하게 된 것을 매우 기쁘게 생각한다. 이 책은 한국은 물론 전 세계 정통교회가 가지고 있는 이단에 대한 분별 기준을 제시해 주고 있으며, 우리 주변에서 활동하고 있는 이단들에 대한 명확한 정보와 바람직한 대처 방법을 소개해 주고 있다는 점에서 그 의의가 크다고 본다. 이렇게 좋은 책이 한국은 물론 중화권에서도 출간됨을 기쁘게 여기며 한국 교회 목회자요 이단 연구가로서 이 책을 적극 추천하는 바이다.

추천사 2

김 진 두 박사
감리교신학대학교 전 총장, 현 석좌교수

  본인이 아끼는 중국인 제자 허인책 목사로부터 송석호 선교사를 소개받고 만나 보게 되어 매우 기쁘게 생각한다. 중국이라는 나라에서 선교사로 사역하는 그 자체도 힘든 일일 것인데, 가장 위험하고 힘든 일이라고 할 수 있는 이단 연구에 십수 년을 투신하고 있다는 것은 결코 아무나 할 수 있는 일이 아니기 때문이다.
  더욱이 이 책을 보고 감탄을 금하지 않을 수 없다. 이단에 대한 내용뿐만 아니라 우리 모든 정통교회 교리의 핵심을 매우 쉬운 문체로 알기 쉽게 전해 주고 있기 때문이다. 게다가 이 책은 서두에서부터 정통과 이단에 대한 명확한 구별점을 제시하고 있다. 그 구별점은 우리 감리교회가 채택하고 있는 정통 교리의 기준점과 일치하기도 한다(감리교회의『교리와 장정』 1편 2장 제1절 "신앙과 교리의 유산" 참조).
  이단 사이비로 인한 문제는 어느 특정 교단의 문제가 아니라 모든 교단과 교회가 직면하고 있는 참으로 성가시고 근심스러운 일이 아닐 수 없다. 오늘날 교회가 사회로부터 지탄을 받고 신도들이 교회를 떠나가는 이유도 이단 사이비 문제가 크게 한몫하고 있음을 부정할 수 없기 때문이다. 감리교단도 신학의 학문적 자유를 인정하고 중시하지만, 목회 현장에서의 이단 사설은 결코 용납하지 않는다. 이단 척결은 주의 몸 된 교회를 위한 필수 덕목이다.
  그러므로 이 책은 한국 교계에 참으로 유익한 책이 될 것이라고 확신한다. 혹 이단에 빠진 사람이 이 책을 보게 된다면 서론 부분만 읽고도 심령에 큰 갈등이 생기게 될 것이다. 이 책이 자기들이 철석같이 믿던 내용들이 얼마나 어리석은 자가당착이었는지 쉽게 일깨워 주고 있기 때문이다. 따라서, 이 책을 한국 교계에 적극 추천하는 바이다.

추천사 3

이 우 제 박사
백석대학교 실천신학대학원 원장

마지막 시대를 살아가는 성도들에게 무엇보다도 필요한 신앙의 덕목이 있다면 그것은 아마도 분별력일 것이다.

> 내가 증언하노니 그들이 하나님께 열심이 있으나 올바른 지식을 따른 것이 아니니라 (롬 10:2).

이 말씀처럼 열심만큼 중요한 것이 바로 올바른 지식이다. 스티븐 코비의 말처럼, '시간 관리'보다 우선시되어야 할 것이 있다면 그것은 '방향 관리'일 것이다. 열심을 다해 달려갔는데 다른 방향으로 나아갔다면 그보다 큰 낭패는 없을 것이다.

같은 맥락에서 송 선교사가 각고의 노력 끝에 출간한 『알기 쉬운 이단 분별법』은 바로 이단에 대한 올바른 방향 감각을 점검해 주는 귀한 책이라고 확신한다. 건강한 신학을 기반으로 한 쉬운 문체와 친절한 설명으로 이단을 분별하는 방법을 제시하여 이단들의 그릇됨을 조목조목 드러내 주고 있다.

그러므로 이 책은 우리가 이단을 어떻게 대처해 나아가야 할 지를 알려 주는 내비게이션과 같다. 또한, 여름 가뭄에 시원한 냉수 같은 책이다. 이 한 권의 책을 잘 마스터한다면 오늘날 교회를 삼키려고 달려드는 이단들을 능히 퇴치할 수 있다고 확신한다. 이단에 대해 고민하는 목회자와 평신도에게 일독을 권하고 싶다. 아무쪼록 본서를 통해 이단들의 미혹을 뿌리치고 성경적인 복음에 입각한 바른 신앙으로 천성을 향해 힘 있게 나아가는 한국 교회가 되기를 소망해 본다.

추천사 4

탁 지 원 소장
「현대종교」 대표 및 발행인

    이단 관련 사역 중 중요한 한 가지는 늘 사람들을 만나는 일이다. 30여 년 넘게 하루도 쉬지 않고 공적, 사적 업무로 얼마나 많은 사람을 만나 왔는지 모른다. 그런데 그 만남에서 '장'보다는 '단'이 많았는지 사람들에 대한 실망감과 아쉬움은 쌓여만 갔고, 늘 혼자만 잘난 사역하고 있다고 믿으며 교만 역시 더욱 커 갔다. 그러나 여전히 이단 대처 사역은 동역자들의 기도와 후원이 있어야 가능한 사실임을 점차 깨닫게 되었고, 다시 하나님의 간섭하심을 목말라하며, 하나님이 붙여 주시는 사람들을 갈급한 마음으로 찾아다니게 됐다.

    그러던 중에 2006년 중국의 모 지역 집회에서 송석호 선교사를 만나게 됐다. 당시에는 그저 좋은 동역자가 될 수 있겠다 싶은 마음은 있었으나 지금까지 이렇게 열정 하나로 험한 영적 전쟁에서 굳건한 동지로 함께 서게 될 것이라고는 예상하지 못했다. 겉으로는 부드러워 보이지만 '외유내강', 한번 시작하면 끝장을 보는 성격인 그는 강한 믿음과 열정으로 악한 영들로부터 중국 땅을 지키기 위해 몸부림치며, 늘 중국에 대한 간절한 맘이 있었는데 이번 기회를 통해 더불어 더 큰 시너지를 모을 수 있었던 것에 하나님께 감사드릴 뿐이다.

    그를 만나면 조국이든 중국이든 도움의 손길이 많지 않아 가슴 아플 때도 있었지만 그 아픔과 애절함이 더욱 큰 소망으로 이어져 어려운 가운데에도 더 많은 사람에게 이단에 대해 알리려는 거룩한 부담감을 안고, 이렇게 귀한 책을 펴낸 것이 아닌가 싶다. 이단 관련 여러 자료는 상당수 월간 「현대종교」에서 지원했지만, 그 결과는 그의 열심히 수고한 열매다.

    이 책이 한국 교회 등에 좋은 영향력을 발휘하게 될 것으로 믿어 의심치 않는다. 몇 안 되는 근사한 사역자 중 하나인 송석호 선교사, 좋아하는 이가 열심히 작업한 책이 출간되었으니 어찌 기뻐하지 않을 수 있고 추천하지 않을 수 있겠는가. 지금, 서로가 가는 길은 다르지만 끝내는 한길에 하나가 되어 부끄럼 없이 만나게 될 것을 여전히 기대해 마지않는다. 여호와 닛시!

추천사 5

정 동 섭 박사
전 침례신학대학교 상담심리학 교수
전 한동대학교 교육대학원 상담심리학 교수
현 사이비종교피해대책연맹 총재
현 가족관계연구소 소장

우리는 영적으로, 신학적으로 아주 혼란스러운 시대를 살고 있다. 예수께서 경고하신 대로 거짓 그리스도와 거짓 선지자가 순진한 양들을 마구 미혹하고 있다(딤전 4:1; 딛 1:16). 이런 때 우리에게 진리와 거짓, 진리의 영과 거짓의 영을 명쾌하게 분별해 주는 이단에 대한 종합 교과서가 출간되었으니 참으로 경하할 일이 아닐 수 없다. 정통 신학을 공부하고 오랫동안 중국 대륙에서 사역한 송석호 선교사는 이 책에서 신학자나 목회자, 평신도가 던지는 다음의 공통된 질문에 대해 알기 쉽고 명쾌하게 답하고 있다.

"정통과 이단은 어떻게 다른가?"
"이단은 누가 어떤 근거로 규정하는가?"
"바른 교훈(sound doctrine), 즉 정통 교리는 어떻게 형성되었는가?"
"정통 신학은 초대 교회, 중세 시대, 종교개혁 시대, 근현대 시대를 거치며 어떻게 정립되었는가?"
"교파를 초월하여 누구나 수용할 수 있는 신앙, 즉 정통 교리는 어떤 내용으로 구성되어 있는가?"
"서구나 중국에서 유입된 이단에는 어떤 것이 있는가?"
"국내에서 자생적으로 생겨난 이단에는 어떤 것이 있는가?"
"정통교회는 국내에서 또는 선교지에서 어떻게 이단에 대처해야 하는가?"

이런 복잡한 질문에 대해 송석호 선교사는 누구라도 쉽게 이해할 수 있도록 설명해 준다. 이단에 대한 책은 많이 나와 있지만, 이단 사이비에 대해 이렇게 종합적으로 알기 쉽게 다룬 책은 흔하지 않다고 생각한다. 이 책을 읽으며 송석호 선교사의 교회에 대한 사랑 또한 절절하게 느끼게 된다. 모든 독자를 대신하여 사랑의 수고에 대해 깊은 감사의 마음을 전하고 싶다.

교회사학자 해롤드 브라운(Harold Brown) 교수는 하나님의 교회가 '그리스도의 몸'이라면, 이단과 사이비는 그리스도의 몸에 기생하며 건강한 세포를 갉아먹는 암세포와 같다고 했다.

이 책이 암세포와 같은 국내외 이단으로부터 장로교회, 감리교회, 성결교회, 침례교회, 루터교회, 성공회, 하나님의성회 등 모든 정통교회를 보호하고 지켜내는 지침서로 널리 읽혀지기를 기대하며 이 책을 목회자, 선교사, 평신도 모두에게 적극 추천한다.

목회자와 평신도가 함께 읽는

알기 쉬운
이단 분별법

Easy ways to discern heresies
Written by John S. Song
All rights reserved.
Korean Edition Copyright ⓒ 2024 by Christian Literature Center, Seoul, Korea.

알기 쉬운 이단 분별법

2010년 1월 10일 초판 발행
2024년 6월 29일 개정판 발행

지 은 이 | 송석호

편   집 | 전희정, 추미현, 오현정
디 자 인 | 서민정
펴 낸 곳 | (사)기독교문서선교회
등   록 | 제16-25호(1980. 1. 18.)
주   소 | 서울 동대문구 천호대로71길 39
전   화 | 02-586-8761-3(본사) 031-942-8761(영업부)
팩   스 | 02-523-0131(본사) 031-942-8763(영업부)
이 메 일 | clckor@gmail.com
홈페이지 | www.clcbook.com
송금계좌 | 기업은행 073-000308-04-020 (사)기독교문서선교회
일련번호 | 2024-63

ISBN-978-89-341-2703-1 (03230)

이 책의 출판권은 저자와 (사)기독교문서선교회가 소유합니다. 신저작권법에 의하여 한국 내에서 보호받는 저작물이므로 무단 전재와 무단 복제를 금합니다.

목회자와 평신도가 함께 읽는

개정증보판

알기 쉬운 이단 분별법

송석호 지음
최삼경, 탁지원 감수

↻ 이단 분별의 내비게이션   ↻ 이단 분별의 종합지침서

CLC

차례

추천사 1 **최삼경 박사** | 전 한기총이단사이비 문제상담소 소장   1
추천사 2 **김진두 박사** | 감리교신학대학교 전 총장, 현 석좌교수   2
추천사 3 **이우제 박사** | 백석대학교 실천신학대학원 원장   3
추천사 4 **탁지원 소장** | 「현대종교」 대표 및 발행인   4
추천사 5 **정동섭 박사** | 사이비종교피해대책연맹 총재   5

머리말   17

제1장 서론

1. 정통과 이단의 정의   20
   1) 정통이란?   20
   2) 이단이란?   26

2. 이단의 규정   28
   1) 이단 규정의 근거   28
   2) 이단 규정의 절차   28

3. 이단 사이비 고찰   32
   1) 이단 사이비의 폐해   32
   2) 이단의 유형   35

제2장 정통교회의 역사

1. 초대 교회 시대(30-590년)   55
   1) 니케아 공의회 이전 시대 이단(30-325년)   55
   2) 니케아 공의회로부터 칼케돈 공의회까지(325-451년)   63
   3) 칼케돈 공의회 이후 국제 정세와 교회의 변화(451-590년)   78

2. 중세 시대(590-1517년)   81
    1) 교황권   81
    2) 동방교회의 위축과 이슬람   82
    3) 동·서방교회의 분열   83
    4) 중세 교회의 이단   89
    5) 로마교회의 배교   93
    6) 종교개혁 전 개혁자들   101

3. 종교개혁 시대(1517-1648년)   103
    1) 루터와 초기 종교개혁   104
    2) 칼빈과 개혁의 진전   109
    3) 알미니우스주의와 칼빈주의의 대립   114
    4) 기타 교파   117
    5) 종교개혁기의 이단들   118

4. 근현대 교회 시대(1648-현재)   119
    1) 영국 교회의 성장과 선교   119
    2) 미국 교회의 부흥 운동과 선교   123
    3) 근현대의 다양한 신학 사조와 정통교회의 대응   126
    4) 현대 개신교 정통 교파   142

제3장 정통 교리 개관

1. 성경론   147
    1) 계시론   147
    2) 성경의 영감   150
    3) 성경의 기록과 구성   152
    4) 성경의 권위   153
    5) 정경(正經)의 인정   154

차례

    6) 성경 해석법   156
    7) 성경론 이단   159
    8) 성경론 이단들의 주요 특징   161

2. 신론   162

    1) 하나님의 속성   162
    2) 삼위일체(三位一體, Trinity)   164
    3) 하나님의 창조   170
    4) 신론 이단의 주요 특징   172

3. 기독론   173

    1) 그리스도의 명칭   173
    2) 그리스도의 신인양성(神人兩性)   174
    3) 속죄 사역과 부활   177
    4) 그리스도의 3중직(The Three Fold Office of Christ)   178
    5) 기독론 이단의 특징   179

4. 성령론   180

    1) 성령의 명칭   180
    2) 성령의 사역   181
    3) 성령론의 여러 견해   182
    4) 성령의 은사   184
    5) 성령론 이단들   188
    6) 성령론 이단의 특징   193

5. 인간론   194

    1) 인간의 창조   194
    2) 하나님의 형상   195
    3) 인간의 구조   198

4) 언약 상태 아래 있는 인간	203
5) 죄론	204
6) 인간론 이단	207
7) 인간론 이단의 특징	208

6. 구원론 — 209

1) 삼위일체 하나님의 구원 사역	209
2) 구원의 성격	210
3) 구원의 서정에 대한 각 교단의 견해	210
4) 칼빈주의 구원관	214
5) 오늘날의 알미니우스주의	216
6) 웨슬리-알미니우스주의 (Wesleyan Arminianism) 구원관	218
7) 구원의 수단에 대한 견해	221
8) 구원론 이단	222
9) 구원론 이단의 특징	223

7. 교회론 — 224

1) 교회의 정의	224
2) 교회의 본질에 대한 이해	225
3) 교회의 속성	225
4) 교회의 세 가지 표지	227
5) 교회의 기능	227
6) 세례 (Baptism)	228
7) 성찬(Eucharist, 성만찬)	229
8) 교회의 정치 형태	230
9) 교회의 직제	231
10) 교회론 이단	232
11) 교회론 이단의 특징	234

차례

8. 종말론   235
    1) 죽음과 내세   235
    2) 그리스도의 재림   237
    3) 재림에 대한 여러 견해   238
    4) 종말론 이단   243
    5) 종말론 이단의 특징   244

제4장 이단 종파

1. 서구 이단 사이비 및 불건전 단체   246
    1) 제칠일안식일예수재림교회(안식교)   246
    2) 예수 그리스도 후기 성도 교회(몰몬교)   256
    3) 여호와의 증인(Jehovah's Witnesses)   264
    4) 빈야드 운동 (Vineyard Movement)   269
    5) 지방교회(회복교회)   279

2. 중국 이단 사이비   286
    1) 중국 이단 사이비 생장의 배경   287
    2) 중국 이단 사이비의 특징   292
    3) 중국 이단 사이비의 포교 수단   293
    4) 중국 당국이 지정한 16개 사교(邪敎) 단체   294
    5) 한국에까지 영향을 미치는 중국 이단 사이비(호함파, 전능신교, 중생파)   298

3. 한국의 이단 및 사이비   319
    1) 세계평화통일가정연합(통일교)-문선명, 한학자   319
    2) 신천지예수교증거장막성전(신천지)-이만희   329
    3) 기독교복음선교회(JMS)-정명석   337

4) 하나님의교회 세계복음선교협회(안상홍증인회) – 장길자   344
5) 십계석국총회(한농복구회, 엘리야복음선교회)-박명호   350
6) 세칭 구원파(박옥수, 이요한, 권신찬, 유병언)   356
7) 성락교회-김기동   368
8) 예수중심교회-이초석   373
9) 세계복음화다락방전도협회(다락방)-류광수   376
10) 만민중앙교회-이재록   382
11) 사랑하는교회   386

4. 한국 주요 교단이 규정한 문제 단체(1915-2023년까지)   390

제5장 이단 대처법

1. 이단이 생기는 원인   406

2. 개인이 이단에 빠지는 이유   407

3. 이단의 조직   412

4. 이단을 분별하는 방법들   418

5. 이단의 특징   425

6. 이단이 유혹하는 방법   433

7. 이단에 빠지지 않는 방법   436

참고 문헌   440

〈일러두기〉

1. 성도들이 이단을 대할 때 가장 궁금해할 만한 것은 '과연 정통과 이단은 무엇이 다른가' 하는 부분일 것이다. 그러므로 이 책은 정통교회는 왜 정통이라고 인정하는지 그리고 이단이 옳지 않다고 하는데 과연 무엇을 두고 판단하는 것인지에 대한 궁금증을 풀어 주기 위해 집필되었다.

2. 정통교회의 범주와 이단과의 구별점을 소개한다. 그러므로 이 책을 통해 정통교회 교파들의 진정한 면면들을 살펴볼 수 있을 것이며, 이단들 논리의 박약함을 목격하게 될 것이다.

3. 단순히 이단에 대한 정보만을 제공하는 것이 아니라 정통교회란 무엇인지를 역사적 측면과 교리적 측면에서 소개함을 통해 독자들의 신학 전반에 대한 체계적 이해가 가능하도록 했다.

4. 필자는 중국에서 활동해 온 선교사로서 다년간 이단 사이비 종파 연구에 힘써 오며 글로벌화되어 활동하는 이단 사이비들을 숱하게 접해 왔다. 그래서 한국은 물론 중국 등 해외의 교회 지도자와 성도들도 염두에 두고 집필했다. 차후 중화권은 물론 필요로 하는 모든 지역에 번역하여 소개하고자 한다.

5. 전문적인 신학 용어들을 사용하고 있지만 평신도들도 쉽게 이해할 수 있도록 하기 위해 충분한 설명과 도표들을 넣었다. 또한 부담없는 접근을 위해 각주는 생략했다. 긴 인용이나 출처가 꼭 필요하다고 판단되는 경우 문장 첫머리에 출처를 밝히고 있다. 이단 사이비에 대한 직접적 자료들은 「현대종교」로부터 제공받은 자료들을 참고하여 수록했다.

6. 이 책은 이단 사이비를 잘 분별하고 대처하도록 돕기 위함이지, 마음에 들지 않는 누군가를 정죄하고 판단하라고 출간한 것이 아니다. 건전한 목회자도 간혹 착각하거나 혼동할 수 있다. 이 책이 애매한 비판을 위함이 아니라, 교회의 덕을 세우는 데에 사용되기를 바라 마지않는다. 불순한 의도를 가지고 함부로 정죄하는 행위는 죄 위에 죄를 쌓는 행위가 될 수 있음을 명심해야 한다.

머리말

송 석 호 선교사
대한예수교장로회(백석)

나는 중국 선교사로 활동하던 중 이단 사이비 문제의 폐해를 직접 겪고 이단 연구 분야에 투신하여 오늘에 이르고 있다. 그 과정에서 길림성 연변에서는 현지인들을 위해 2009년 『외래기독교 이단』이라는 책을 출간했고, 이후에는 2010년 한국에서 『알기 쉬운 이단 분별법』이라는 본서의 초판을 발행했다. 이단 연구를 시작한 지 3년 만의 결실이었다. 그 책은 또 중문으로 번역하여 나의 발길이 닿는 선교지마다 보급했었다.

그로부터 현재까지 중국에서 십수 년을 더 지내며 지속해서 이단 사이비 단체들을 연구하며 보다 많은 정보와 노하우를 축적할 수 있었다. 그런 과정에서 이번에는 『알기 쉬운 이단 분별법』의 개정 증보판을 낼 필요성을 느꼈다.

코로나19 사태를 뒤로하며 다시 선교지로 향하기 전에, 그간 연구한 내용들을 다시금 정리하여 추가하고 출간하는 것이 한국 교회는 물론, 선교지에서도 유용하리라 여겨졌기 때문이다. 현재 이단들이 다시 활발히 활동하는 추세라 기성교회의 근심이 더욱 깊어지고 있기도 하다. 게다가 넷플릭스에서 방영된 〈나는 신이다〉로 인해 기독교 이단에 대한 대중의 우려는 극에 달한 상태다. 이런 시기에 이 책이 한국 교회와 성도들 그리고 건전한 종교에 관심이 많은 모든 이에게 좋은 참고서가 되기를 기대한다.

글을 씀에 있어서 무엇보다도 동의성과 중립성을 중시했다. 그래서 정통교회 내의 다양한 면면을 편견 없이 한 구절 한 구절 소개하기 위해 최선을 다했다.

끝으로 이 책이 나오기까지 기도와 물심양면 협조를 아끼지 않은 우리 가족, 특별히 이 책의 출간을 지켜보지 못하고 소천하신 아버님을 추모한다. 그리고 늘 기도와 후원을 아끼지 않으시는 파송교회인 강성교회의 박요일 원로목사님, 황빈 담임목사님과 성도들, 중국에서 사역할 때 늘 세심한 관심과 지원을 아끼지 않으셨던 조봉현 목사님과 연태한인교회 성도들, 내가 목회했던 창대한인교회 성도들, 늘 곁에서 힘이 되어 주었던 한국과 중국의 동역자들과 주변의 선후배들에게 깊은 감사의 마음을 표한다.

특별히 탁지원 소장님과 탁지일 교수님 그리고 현대종교에 깊은 감사의 마음을 표한다. 타국에서 험난한 이단 연구 활동을 함에 있어서 현대종교와의 긴밀한 협력 관계는 내게 크나큰 힘이 되었고, 중단 없이 사역을 이어온 원동력이 되었음을 부정할 수 없다. 그뿐만 아니라 이 책의 많은 자료도 현대종교로부터 제공받았으며 탁지원 소장님은 이 책의 감수도 해 주셨다.

또한, 후배를 아끼는 마음을 담아 기꺼이 이 책을 감수해 주신 이단 연구계의 거목 최삼경 목사님과 조언과 격려를 아끼지 않으시며 추천사를 써 주신 김진두 총장님, 정동섭 교수님, 이우제 교수님께도 깊은 감사의 마음을 전하는 바이다. 그리고 교정을 도와주신 도상권(도마), 박래복, 이은재 선교사님과 김구철, 오교룡 선배님께도 깊은 감사를 드린다. 아울러 이 책의 가치를 인정해 주어 출간하도록 해 주신 기독교문서선교회(CLC) 대표 박영호 목사님과 수고해 준 직원들께도 심심한 감사의 마음을 전하는 바이다.

제1장

•

서론

* * *

1. 정통과 이단의 정의

1) 정통이란?

'정통'(Orthodox)은 '바른 견해'라는 뜻의 헬라어 오르도독소스(*orthodoxos*)에서 유래했다. 곧 이단적 교리와 그 교리의 추종자에 반대되는 참된 교리와 그 교리의 추종자를 일컬어 '정통'이라고 하는 것이다.

정통의 특징을 정의함에 있어서 초대 교회 인물인 레린스의 빈센트(Vincent of Lerince, ?-450)는 다음과 같이 말했다.

> 정통이란, 어디서나(보편성, universality), 언제나(역사성, historicity) 그리고 모든 사람이 동의함으로써(동의성, consent) 믿어진 것이다.

> the Orthodox Christian Faith is that which has been believed everywhere, always and by all.

이는 정통의 특징을 적절히 정의해 준다고 할 수 있다. 정통교회에는 정통이라 인정받을 만한 보편성과 동의성이 있다. 이는 세상 어디에서든지 받아들이기에 무난하며 누구에게라도 정상적이며 온전한 교회임을 인정받을 만한 모습을 갖춘 것을 말한다. 그리고 정통교회는 뚜렷한 역사성 위에 세워져 있다. 예수 그리스도께서는 당신의 사도들을 통해 교회를 세우셨는데 우리는 이렇게 세워진 교회를 '사도적 교회'라고 부른다.

정통을 논함에 있어 위의 세 요소 중 가장 중요한 부분은 역사성이다. 사도적 전통, 곧 사도들의 가르침을 잘 이어받고 지켜나가는 역사성 위에 서 있느냐가 가장 중요한 것이다(엡 2:20). 물론, 정통교회가 그 어떤 이단이 흉내 내지 못할 우주적 교회의 보편성과 동의성을 가진 것은 사실이다.

그러나 세상 사람들과 이단들을 향한 변증적인 차원에서 우주적 교회만을 강조한다는 것은 설득력이 떨어질 수 있다. 그러므로 세상과 이단들을 향한 설득력 있는 변증을 위해서는 교회의 사도적 역사성에 초점을 맞추어 변증하고 구별함이 유익하다.

더욱이 오늘날 교세가 대단한 이단들의 경우 정통교회로부터는 결코 아니지만, 이미 사회로부터 보편성과 동의성을 인정받은 경우도 있다.

일례로 안식교의 경우, 자기들 주장에 의하면 전 세계적으로 교인이 최대 2천만 명에 이른다고 한다. 그들은 전 세계 어느 나라에든지 다 들어가 있을 뿐만 아니라 일반인들이 볼 때 정통교회와 별다른 구별점이 없어 보이기도 한다. 물론, 안식교가 우주적 보편 교회의 특징마저 가졌다고 말하는 것은 아니다. 세상적인 관점에서의 보편성을 인정받는다는 말이다. 그러나 그들이 결코 정통교회에 편입될 수 없는 뚜렷한 이유가 있는데, 그것은 그들이 교회의 사도적 역사성 위에 서 있지 않다는 점이다.

안식교는 자기들만이 이 시대에 남은 하나님의 백성이라고 하며 정통교회의 유구한 역사성을 거부할 뿐만 아니라 시한부 종말론에 따른 조사심판설과 교주인 엘렌 지 화이트(Ellen G. White)를 성경 해석의 최고 권위자로 여긴다. 그러나 이런 가르침은 사도적 교회가 역사 속에서 받아들인 예가 없다. 곧 아무리 교세가 크고 널리 전파되었다 할지라도 그들은 역사성이 없는 이단에 불과하다.

교세가 약할 때는 이단 시비에 걸리기도 하지만, 커지고 나면 정통으로 인정받는 것 아니냐고 말하는 사람들도 있는데 그것은 심각한 오해이다. 그릇된 길에서 돌이키지 않는다면 이단이 정통으로 인정받을 길은 없다.

고대로부터 오늘날에 이르기까지 사도적 전통 위에 서 있는 모든 개신교 정통교회는 긴 격랑의 역사를 거치며 채택한 아래의 명제들을 보편적으로 받아들이는 공통점이 있다. **오늘날 어떤 교파이든지 정통교회로 불리는 곳은 모두 아래의 내용을 인정하고 받아들인다. 반면 이단이라 불리는 단체는 아래의 내용을 거부하거나 왜곡한다.**

① **성경**(신·구약 66권)을 영감된 하나님의 말씀으로 받아들이며 우리 신앙의 절대적 기준으로 인정하고 그 가르침을 따른다.
② **초대 교회 4대 신경**(신조)-니케아 신경, 콘스탄티노플 신경, 칼케돈 신경, 사도신경-의 내용을 믿고 신앙으로 고백한다. 물론, 목회자나 성도가 신조의 명칭과 어떤 신조에 무엇이 있음을 모를 수도 있다. 하지만, 위 신조가 고백하는 그 신앙의 내용들만큼은 동일하게 고백하는 특징을 가진 것이 정통교회요 정통교회 성도다.
③ **종교개혁의 전통**을 계승한다. 개신교회는 부패한 로마가톨릭교회를 청산하고 성경의 가르침에 충실하며 구원은 오직 믿음으로 받는다(이신칭의)는 사실을 강조한 개혁자들의 전통 위에 서 있다.
④ 오늘날 개신교회 각각의 교단은 종교개혁 등 역사의 과정에서 형성된 나름의 특색 있는 신조(신앙고백)나 교의(특정 교단이 합당하다고 자체적으로 받아들이는 특색 있는 교리들)를 가지고 있다. 그것들은 위의 ①, ②, ③항을 계승하며 교회와 신자들의 신앙과 삶에 유익을 주는 내용들이다. 물론, 교파에 따라 그들 나름의 신조나 교의가 다른 교파의 것들과 차이를 보이기도 하는데 이를 충돌이나 모순으로 볼 것이 아니라 정통 교리의 다양성이라는 측면에서 이해함이 타당하다.

한편, 이단을 분별하고 규정함에 있어서 특정 교파들의 신앙고백(신조)도 충분히 참고하고 인용하며 적용할 만한 기준이다. 하지만, 그것이 모든 교회 위의 표준이 될 수는 없다. 정통교회 안에서도 구원론에 있어서 칼빈주의와 비칼빈주의 사이에는 분명한 시각차가 있는데, 관점이 다른 교파를 향해 그 다른 부분까지 받아들일 것을 강요할 수는 없기 때문이다.

> 〈정통교회가 공통적으로 수납하는 내용〉
> - 신·구약성경의 최고 권위 인정
> - 니케아 · 콘스탄티노플 · 칼케돈 · 사도신경
> - 종교개혁의 전통
> - 각 교단의 신앙고백(일부 시각 차이 인정)

정통과 이단을 구분함에 있어서 제일은 그 주장이 **성경**과 일치하느냐이다. 그다음은 4대 신경과 종교개혁의 전통을 수납하느냐 하지 않느냐이다.

4대 신경의 내용-**하나님의 전능성, 삼위일체, 그리스도의 신인양성, 그리스도의 성령 잉태와 동정녀로부터의 탄생, 그리스도의 무죄성, 그리스도의 대속적 죽음과 부활, 성령의 신성과 사역, 부활 신앙과 영생, 재림, 최후의 심판, 사도적 정통교회와 성례의 인정 등**-과 함께 종교개혁의 사상 중 핵심인 '**이신칭의**' 사상은 사실 초대 교회 4대 세계회의에서 일찍이 결론 내렸던 교리들이기도 하다.

따라서 정통교회는 초대 교회 4대 세계회의의 결정 사항을 받아들이고 있는 것이기도 하다. 더욱이 종교개혁자들은 초대 교회 신학과 신앙의 회복을 부르짖었는데 그들이 말한 초대 교회의 신학과 신앙은 사도 시대로부터 시작하여 초대 교회 4대 회의를 통해 정통 신학의 근간이 정립된 그 초기 교회 시대를 말하는 것이다.

〈초대 교회 세계 4대 회의 결정 사항〉

제1차 니케아 공의회(325년)
➡ **니케아 신경** : 삼위일체 교리 수납

제2차 콘스탄티노플 공의회(381년)
➡ **콘스탄티노플 신경** : 삼위일체의 정통성 거듭 확인

제3차 에베소 공의회(431년)
➡ 그리스도의 신인양성 교리 수납
➡ **이신칭의 수납** ⇨ 후일 종교개혁으로까지 이어짐

제4차 칼케돈 공의회(451년)
➡ **칼케돈 신경** : 그리스도의 신인양성 교리의 정통성 거듭 확인

〈4대 신경의 내용〉

하나님의 전능성, 삼위일체,

그리스도의 신인양성, 그리스도의 성령 잉태와 동정녀로부터의 탄생,

그리스도의 무죄성, 그리스도의 대속적 죽음과 부활,

성령의 신성과 사역, 부활 신앙과 영생,

재림, 최후의 심판, 사도적 정통교회와 성례 인정

4대 신경의 하나인 사도신경은 세계회의를 통해 결정된 신앙고백문은 아니다. 서방교회가 우리 신앙의 요약이라 하여 세례문답 형식으로 2-3세기부터 시작하여 4-5세기에 이르러 널리 사용해 오던 것을 8세기에 오늘날과 같은 신앙고백문으로 정리한 것이다. 이런 사도신경은 종교개혁자들의 지지를 받았으며 오늘날 개신교회에서도 합당히 여겨 널리 받아

들이고 있다. 사도신경의 내용은 니케아 신경, 콘스탄티노플 신경, 칼케돈 신경의 문구 속에도 대부분 언급되어 있다.

오늘날 정통교회는 위의 내용을 존중하고 계승하는 가운데 세속의 갖은 풍파와 내부의 그릇된 도전들에 끊임없이 대항하며 신학을 연구 발전시켜 왔다. 정통교회의 그러한 노력은 훌륭한 신학자들을 통해 조직신학의 8분야-성경론, 신론, 기독론, 성령론, 인간론, 구원론, 교회론, 종말론-로 체계화되어 정통교회들을 떠받치는 신학적 기둥이 되어 있다.

이는 누군가가 하루아침에 책상머리에서 써낸 것이 결코 아니다. 역사 속에서 끊임없는 검증을 받아 정리되었으며, 때로는 격렬한 논쟁을 거치고, 심지어 피를 흘리면서까지 지켜 낸 사도적 교회의 신앙 유산이다. 그러므로 오늘날 정통교회 안에서 나름의 특색을 가지고 있지만, 타당하다고 받아들여지는 조직신학과 교리에 관한 학자들의 문헌과 자료들은 이단 분별에 결정적 공헌을 해 주고 있다.

🔍 위 ①- ③ 항의 내용은 모든 정통 교단이 나름대로 인정하는 각종 신앙고백에 있어서도 핵심이요, 근간이다. 기독교대한감리회『교리와 장정』1부-2장-1절 '신앙과 교리의 유산'에는 동일한 내용이 그대로 언급되어 있기도 하다. 또한, 한국기독교총연합회(이하 한기총)가 변질되기 전 한기총 이단사이비문제상담소가 2007년 발간한『이단 사이비 연구 종합 자료 2』의 서문에서도 위의 내용을 정통과 이단을 구분하는 기준점으로 제시한다.
곧 위의 내용은 보편 교리로서 정통교회 산하 신학교들에서 신학도들에게 예외 없이 가르쳐지고, 목회 현장에서 양 무리를 향해 선포되는 진리이다.
물론, 정통교회 내에서도 구원론과 관련하여 칼빈주의와 비칼빈주의가 어느 정도 시각차를 보이기도 한다. 그러나 그 외의 부분에 있어서는 사소한 차이일 뿐 거의 한목소리를 낸다고 해도 과언이 아니다. 따라서, 오늘날 이단을 분별함에 있어 각 정통 교파는 서로 간 다른 부분을 상호 존중하고 포용하는 가운데, 공통으로 인정하는 교리의 내용들로 이단을 대처하면 어려움 없이 분별해 낼 수 있다.

한편, 누군가 새로운 교단을 설립하여 위의 보편 교리와 교회의 사도적 역사성을 존중하며 운영한다면 정통 교단이라고 할 수 있다. 그러나 보편 교리에 위배되는 부분이 있고, 타협의 여지를 두지 않는 어떤 생소한 주장을 한다면 이단성이 있는 것이다.

2) 이단이란?

이단은 위에서 언급한 정통을 전제로 한다. 그러므로 정통에 반하는 주장을 하는 것이 이단이다. 성경에서 이단이란 말은 헬라어로 하이레티코스(*hairetikos*)인데 이는 '학파' 또는 '선택'이라는 의미를 가진다. 처음에는 바리새파, 사두개파라 할 때 '파'라는 의미로 쓰이다가 나중에 '바른 교훈'으로부터 벗어난 '다른 교훈'을 의미하는 말이 되었다.

영어로 이단에 해당하는 단어는 Herecy 와 Cult 두 가지가 있다. 이때 Herecy는 정통에서 탈선한 다른 교훈을 가르치는 자들을 일컫는 말이며, Cult는 특정 지도자를 중심으로 형성된 종교집단을 말한다. 대부분 신흥 종교나 이단은 처음에는 Cult 형태로 출발한다. 그러다가 절대적 권위자로 떠받들어지던 그 지도자가 죽으면, 후대에는 그 지도자의 가르침을 교리로 체계화한 Herecy로 정착한다. 그 대표적인 경우가 안식교와 몰몬교다.

사이비(似而非)란 말은 문자적으로 사시이비(似是而非)의 줄임말이다. 곧 겉은 정상적인 듯하나 속은 그렇지 못한 상태를 일컫는다. 중국에서는 특정 종교에 국한하지 않고, 세상에 해악을 끼치는 행위를 일삼는 종교단체를 그 해악성에 근거하여 사교(邪敎)라고 통칭하는데 매우 참고할 만한 정의다.

또 한편, 극단(極端)의 범주도 있다. 이단이라고 단정하기는 어렵지만 너무 편협하게 한쪽으로 치우친 경우인데, 신도들에게 큰 해악을 끼치거나 더 과격한 모습으로 변해 간다면 이단으로 규정될 수 있다. 주로 편협하게 공부한 사람이거나 은사주의자들에게서 많이 보이는 특징이다.

2007년 한국의 각 교단 이단대책위원회 대표와 실무자들은 이단 사이비라는 용어를 다음의 세 가지로 분류하기로 합의했다.

① 이단: 본질적으로 교리적인 문제로서 성경과 역사적 정통교회가 믿는 교리를 변질시키고 바꾼 '다른 복음'을 말한다.
② 사이비: 사이비란 이단적 사상에 뿌리를 두고 반사회적, 반윤리적 행위를 하는 유사 기독교를 말한다.
③ 이단성: '사이비'란 용어를 이단성이 있음을 나타내는 '정도의 측면'에서 사용하는 경우 "이단성이 있다" 혹은 "이단성이 없다"로 말할 수 있다.

〈이단이라는 용어〉

■ 영문상의 의미 구분
  • Herecy: 정통에서 탈선한 다른 교훈을 가르치는 자들
  • Cult: 특정 지도자를 중심으로 형성된 종교집단

■ 한자적 의미
  • 사이비(似而非): 사시이비(似是而非)의 줄임말, 겉과 속이 다른 것을 의미함
  • 사교(邪敎): 사악한 종교
  • 극단(極端): 이단이라고 단정하기는 어려우나 한쪽으로 심각하게 치우쳐 해악을 끼치는 경우, 정도에 따라 이단으로 규정될 수도 있음

■ 한국 이단 연구가들의 정의
  • 이단: 역사적 정통교회의 교리를 왜곡하여 바꾼 다른 복음을 주장하는 자들
  • 사이비: 이단적 사상에 뿌리를 둔 반사회적, 반윤리적 유사 기독교 집단
  • 이단성: 의혹 대상에 대해 그 이단성을 정도의 측면에서 사용하는 경우

2. 이단의 규정

1) 이단 규정의 근거

정통교회는 사도적 역사성을 계승하고 있다. 그 사도적 역사성은 신·구약성경의 증거를 통해 우리에게 명확히 전해졌다. 그 성경의 가르침을 따라 초대 교회는 4대 세계회의를 통해 정통 교리를 수립해 나갔고, 그 유산으로서의 4대 신경의 내용과 이신칭의 사상이 오늘날 우리 정통교회 교리의 근간이 되어 있다.

오늘날 정통이라 불리는 기성교회(정상적인 일반 정통교회를 지칭하는 명칭)는 이런 전통 위에서 세워지고 유지되고 있으며, 교파마다 나름의 특색 가운데서 신학을 발전시키며 하나님의 양 무리를 양육하고 있다.

그런데 교회 역사 속에는 위와 같은 교회의 역사적 전통을 무시하며 전혀 다른 사상을 가르친다거나, 기존의 정통 교리를 교묘히 왜곡하여 가르친다거나, 그런 사상하에 사악한 조직을 만들어 신도들의 건전한 삶을 유린하고 사회 불안을 조성한다거나 하는 사람들이 항상 있어 왔다. 이들이 세력을 얻을수록 교회는 시험에 들고 어지러워진다.

그러므로 교회는 이런 자들을 결코 방치해서는 안 된다. 반드시 그 이단 사이비성 여부를 검증하고 판단하여 교회와 사회에 알림으로써 양 무리를 보호하고 교회의 덕을 세워 나가야 하는 의무가 있는 것이다 (요일 4:1; 계 2:2).

2) 이단 규정의 절차

혹 오해하는 사람들은 이단 규정에 대해 말할 때 이단 연구기관이 책상머리에 앉아서 이단이라고 하면 이단인 듯이 생각하여 이단 규정을 특정 집단의 지극히 편협한 시각의 산물 정도로 여기기도 한다. 만일 그런 식으로 어떤 연구기관이 자의적으로 판단하여 규정하는 것이라면 그 신뢰성이나 공정성은 지극히 떨어진다고 할 것이다.

그러므로 신뢰성과 공정성의 확보를 위해서는 보다 책임 있는 기구와 단체에서 투명하게 연구하여 결론을 내리되, 그 연구의 대상에 오른 개인이나 단체의 변론을 충분히 들어서 오해의 여지를 최소화한 이후에 이단인지 아닌지 규정하여 발표하는 것이 가장 바람직하다 할 것이다.

현재 한국의 「현대종교」나 「교회와신앙」 같은 언론도 위와 같은 이유로 인해 이단을 자의적으로 규정하거나 연구하여 발표하는 일을 하지는 않는다. 대부분 공신력 있는 기관들과 교계에서 명망 있고 인정받는 학자 그룹에서 문제성을 지적하여 규정한 이단들에 대해 더 깊이 분석하여 기사화하여 알리는 일을 하는 것이다.

아울러 이단에 대한 제보를 받으면 그것을 정리하여 신뢰할 만한 기관에 위임하여 연구를 부탁하고 그 결과를 기다렸다가 보도하고 있다. 물론, 적은 경우이지만 그 이단성이나 비윤리성이 너무 확연할 때는 더 이상 성도들이 미혹되는 것을 막기 위해 미리 알리기도 한다.

오늘날 한국에서 이단을 규정하는 기구로는 각 주요 교단 산하의 '이단대책위원회'가 있다. 위의 기관들에서 규정하고 결론 내린 내용이 100퍼센트 완전하다고 할 수는 없다. 그러나 그 절차가 민주적이며 당사자가 충분히 자기 소명을 할 수 있도록 하고 있기 때문에 억울하게 피해 보는 경우는 드물다고 할 것이다.

이단 규정의 절차를 살펴보면 다음과 같다.

① **자료 수집**: 이단 사이비적인 주장을 하는 이들이 출판하거나 발행한 각종 자료를 수집하는 단계다. 이것은 주로 그 단체들에 참가해 본 경험이 있는 이들의 제보로부터 입수된다. 이설 주장자의 설교나 강의를

담은 녹음 파일 혹은 영상, 문서, 저서들이 주된 연구자료가 된다. 「현대종교」나 「교회와신앙」 같은 언론에 이런 자료가 수집될 때는 함께 취합하여 한국 교회에 이첩한다. 한편, 개별 교단에 접수된 이단 제보는 각 교단 산하 이단대책위원회에서 취합하고 연구분석에 들어간다.

② **1, 2차 연구**: 접수된 자료는 일차적으로 이단대책위원회 위원장이 검토한다. 그리고 이단대책위원회에 회부하여 전체위원회에서 검토한다.

③ **총회 상정**: 이단성이 명백하게 드러난 경우이면 이단대책위원회에서 총회로 상정한다. 이때, 교단마다 차이가 있지만, 간혹 위원회에서 검토하기는 했으되 '신학적으로 미묘하고 복잡한 사안일 경우'에는 위원회의 결의를 거쳐 '신학대학원 연구회'로 연구를 의뢰하기도 한다. 대책위원회는 그 연구를 종합하여 총회에 상정하도록 한다.

④ **규정, 공표**: 이단대책위원회의 연구 결과를 회의에서 결의하고 교단에 보고하여 총회에서 이단을 규정한다.

불건전하거나 이단성이 있을 때는 **'주시'**(주의하여 지켜봄) 혹은 **'집회 참여 금지'**, **'사이비성 있음'**, **'불건전 단체(운동)'** 혹은 **'이단성 있음'**, **'이단'**, **'사이비'** 등의 단계로 강화하며 규정한다. 물론, 이 중에서 어떤 규정 레벨에 속하더라도 각 교단은 교단 산하 목회자들과 성도들이 그러한 단체에 참여하는 것을 금지하게 되어 있다. 이렇게 하는 것은 교회의 순수성을 보존하고 성도들을 안전하게 보호하기 위함이다.

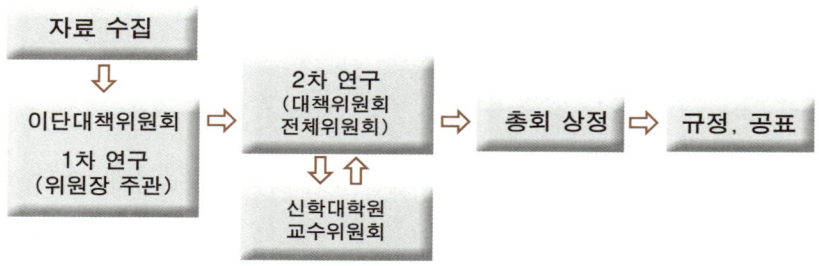

이단규정의 절차

어떤 단체가 이단 규정을 하든지 가장 중요한 부분은 공신력이다. 공신력 없는 기관이나 편협한 개인의 이단 규정은 오히려 혼란과 불신만 초래할 것이기 때문이다.

각 교단의 이단 규정은 주로 문제가 있다고 알려진 단체와 영향력이 있는 인사를 향하여 행해진다고 할 수 있다. 그런데 가끔 평범한 한 개인이 그릇된 교리를 가지고 신앙생활을 하는 경우도 있다. 사실 이런 모습은 목회 현장에서 자주 목격되는 부분이기도 하다.

이런 경우에는 그가 그 그릇된 생각을 타인에게 강요하거나, 체계화하여 무언가 조직을 이루려 하거나, 자기의 그 생각과 맞는 이단 종파를 찾아가 가담하는 것이 아니라면 섣불리 정죄하여 시훗거리를 만들어서는 안 된다. 바른 교리를 모르거나 이해력이 부족한 경우이므로 목회자가 따뜻한 마음과 지혜로운 태도로 잘 교육하여 고쳐 나가도록 하면 되기 때문이다.

🔍 **이단 규정에 교리적 문제와 윤리적 문제가 있는데, 이단 규정의 본질은 교리적 문제다.** 많은 이단이 비윤리적인 것은 사실이지만 비 윤리적이라는 이유만으로 이단이라고 할 수는 없다. 그것이 교리와 상관이 없다면 윤리적인 문제는 일반적인 범죄에 해당하는 것이다. 만일 그 비윤리성이 교리와 연결되어 있다면 심각히 고려할 문제가 되지만, 이단 규정의 본질은 교리적 문제다.

3. 이단 사이비 고찰

1) 이단 사이비의 폐해

이단이 무엇인 줄 모르는 일반인은 이단이나 정통교회나 다를 바 없는 줄 알고 이단들이 벌이는 사회 일탈적 행위나 어이없는 행동을 모두 기성교회의 잘못으로 돌리는 경향이 강하다. 물론, 이단의 생성에는 일정 부분 기성교회의 책임도 있다고 할 것이나 똑같이 취급당하는 것은 매우 억울한 일이 아닐 수 없다.

이단은 하나님의 양 무리를 잡아먹는 이리다. 때로는 양의 탈을 쓰고 나타나기도 하지만 그 본질은 사악함에 기초한다. 겉으로는 신사적이고 윤리적인 듯 여겨지는 이단 종파들도 결국은 복음을 왜곡하거나 그 본질을 흐려서 사람들로 하여금 구원의 기회를 뺏고 만다.

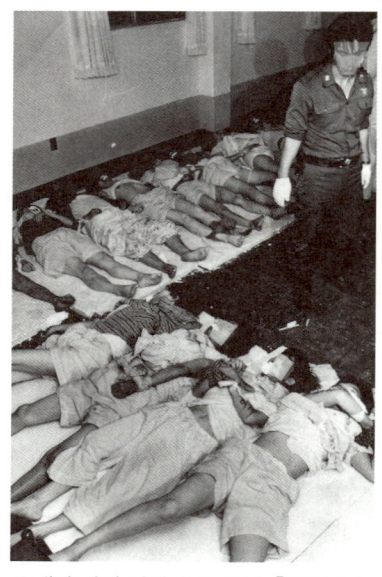

오대양 사건 시신 수습 장면, 「현대종교」

그러나 이단의 심각성을 모르는 사람들, 심지어 목사들도 이단 사이비의 활동을 그저 타 교파 정도로 가볍게 생각하는 경우가 적지 않은데 이런 생각은 큰 오산이다. 결국, 교회가 이단을 방치할 경우 심각한 결과로 이어지게 된다. 그러므로 이단을 결코 가볍게 여겨서는 안 된다.

세계 초강대국이며 사회 제도나 민주주의가 잘 발달해 있다는 미국에도 이단 사이비 단체가 수없이 활동하고 있으며 적잖은 부작용을 낳고 있다.

Peoples Temple(인민사원)이라 불리는 사이비 단체는 1956년 교주 짐 존스(Jim Jones)에 의해 미국 캘리포니아주 샌프란시스코에 설립되었다. 처음에는 정통 교단처럼 여겨졌다. 그러나 교주 존스는 점점 이단성을 드러냈고, 자기들만의 세계를 건설한다는 명목으로 남아메리카 가이아나(Guyana)로 신도들을 데리고 이주했다. 그곳에서 온갖 비윤리적인 행동과 폭력으로 인해 고통받는 사람이 많다는 제보를 받은 미국 정부는 조사단을 파견했다. 이에 존스 측은 조사단과 이탈자들을 살해했다. 그리고는 집단 자살극을 벌여 모두 917명이 죽는 엄청난 비극을 초래하고 만다. 1978년 11월 18일의 일이었다.

일본도 사이비 종파로 인해 가슴 철렁한 일을 겪기도 했다. 옴진리교라는 요가에 뿌리를 둔 사이비 단체가 교주의 말이 실현됨을 보이기 위해 1995년 지하철에 사린가스를 터뜨려 12명이 죽고 5,500명이 중독되는 엄청난 사건을 일으키기도 했다. 그들은 사회 불안을 조성한 다음 세상 정부를 무너뜨리고 자기들이 정권을 잡으려 했다.

한국에서도 1987년 구원파와 관련 있는 것으로 보이는 오대양이란 기업에서 32명이 변사체로 발견되기도 했다. 경찰은 이 사건을 단순한 집단 자살로 결론 내리고 수사를 종결지었지만, 아직도 그 진실에 대한 의문은 여전하다.

중국의 경우, 사이비로 인한 역사적 아픔이 크다. 태평천국의 난(太平天國運動, 1850-1864)은 기독교의 구세주 사상을 왜곡한 사람들이 일으킨 반란으로서 수천만 명의 사상자를 내고 청나라의 국운이 기우는 데에 결정적 역할을 했다.

같은 맥락에서 오늘날 중국의 신흥 사이비 집단들의 폐해도 심각하다. 사람 개개인의 생명 정도는 쉽게 생각할 뿐만 아니라 현 정권을 전복시키고 자기네 집단의 왕국 건설을 최종 목표로 삼아 활동하는 경우가 다반사다.

2023년 아프리카에서도 심각한 사태가 벌어졌다. "굶어 죽으면 예수를 만날 수 있다"는 교주 맥켄지 은텡게의 세뇌에 많은 신도가 집단 아사한 사건이다. 당년 7월 현재, 시신이 4백여 구 이상 발견되었다. 심지어 시신에서 굶기만 해서 죽지 않을 경우 타살한 정황도 보이며 장기 적출의 흔적도 있었다.

위의 실례들은 결국 이단 사이비들의 행태가 얼마나 심각한 결과를 낳을 수 있는지 짐작케 한다. 이단 사이비는 사람 개개인의 영혼을 파괴하며 더 나아가서는 가정과 사회와 국가와 하나님의 교회까지도 파괴할 수 있는 세상의 불안 요소이다. 그러므로 이단 사이비는 철저히 근절되어야 마땅하다. 이단 사이비가 개인과 사회에 끼치는 폐해를 도식으로 표현하면 아래와 같다.

개인 영혼의 멸망 ➡ 가정 파괴, 교회 시험 ➡ 사회 불안, 교회 불안 ➡ 교회, 국가 존립 위협 ➡ 하나님 나라 훼방

🔍 사람의 구원 문제에 있어서 명확히 주지하고 있어야 할 것은 신도가 바른 교리를 모른다고 구원을 못 받는 것은 결코 아니라는 사실이다. 구원은 예수 그리스도를 온전히 믿음으로 얻는 것이지 지식에 있지 않기 때문이다. 하지만, 이단 종파에 빠져 그릇된 교리에 세뇌를 받으면 신앙이 왜곡되는데, 그런 삶에 익숙해져서 그 조직의 중심부로 들어갈수록 구원의 가능성은 현격히 낮아진다고 봐야 한다. 그리고 이단에 빠진 사람은 그 조직과 접하면 접할수록 그 조직의 모순, 위선, 거짓과 교만을 지속적으로 목격하게 되는데, 신앙 양심이 살아 있는 사람은 환멸을 느껴 결국 그 멸망길에서 빠져나오게 된다. 그러나 그 거짓된 실체와 지속적인 타협의 과정을 거치며 끝까지 남는 자들은 그 조직의 핵심 조직원이 되어 제 갈 길로 가 버리고 마는 것이다.

또한, 어떤 개인이 특정 이단 종파의 자칭 하나님, 혹은 재림주, 또는 그에 상당하다고 여겨지는 권위자를 추종하며 빠져나오지 못한다면 그의 구원 가능성은 0퍼센트에 수렴한다고 할 수 있다. 가짜 구세주가 영생을 줄 수는 없기 때문이다.

2) 이단의 유형

(1) 영지주의

이원론적인 신관념과 철학에 의거하여 무언가 영적 지식을 소유할 때 구원에 이를 수 있다고 여기는 모든 종류의 이단을 영지주의(靈知主義)라고 한다. 곧 이런 관념을 가진 자들은 성경의 가르침을 넘어서거나 성경을 왜곡한 무엇인가 특별하고 은밀한 것을 알거나 체험해야 구원을 받는다고 가르친다. 이는 오직 그리스도를 믿음으로 말미암아 구원을 받는다는 복음의 명료한 진리를 흐리는 행동이다. 그런데 모든 이단은 이런 영지주의적인 일면을 가지고 있다고 해도 과언이 아니다.

초대 교회로부터 오늘날에 이르기까지 많은 사람이 스스로 무언가 깨달음을 얻었다고 생각하며, 그것을 억지로 객관화하여 진리인 양 선포하다가 심각한 오류에 빠지는 경우가 허다했다. 곧 비정상적인 방법이나 비밀스러운 것을 통해 남보다 고상하고 높아지려는 영적 교만이 영지주의 이단 생성의 가장 큰 원인이라고 할 것이다.

철학적으로 영지주의의 대표적 기원은 플라톤의 이원론 사상과 플로티누스의 신플라톤주의에 있다. 오늘날까지도 그들의 철학은 각종 이단 사이비 사상 형성에 지대한 영향을 미친다.

① 플라톤의 이원론

플라톤(주전 427-347)은 이 세상을 현상(現像)과 이데아(*Idea*)로 이해한다. 곧 현상은 이데아의 그림자일 뿐이며 중요한 것은 변하지 않는 참 실체인 이데아라고 가르쳤다. 그런데 기독교인이 이런 논리에 깊이 심취하게 되면 성·속을 극단적으로 분리하여 이해하게 된다. 오로지 영적인 것만이 가치가 있고 육체적인 것이나 물질적인 것에는 가치가 없다고 생각하게 된다. 그래서 금욕에 빠지기 쉽고 대인관계 또한 폐쇄적으로 된다.

심지어 부부관계도 더럽다고 거부하고 가정을 버리거나 생업을 포기하기도 한다. 그 정도가 극에 달할 때는 심지어 육체를 벗어나는 것이 구원이라고 여기고 극단적인 선택을 하기까지 한다. 이런 생각을 기반으로 교리를 세우고 조직을 형성할 때 하나의 이단 사이비 단체가 탄생하는 것이다. 영성을 강조하는 문제 단체에서 이런 양상이 흔히 보인다.

② 플로티누스의 신플라톤주의

플로티누스(Plotinus, 주후 205-270)의 신플라톤주의는 기존의 플라톤주의에 아리스토텔레스 학파, 스토아 학파 등을 통합한 이론이다.

이 이론에 의하면 이 세상의 모든 만물은 일자(*Hen*, 一者, the One, 하나)로부터 유출되었다. 일자는 모든 존재를 초월한 신의 개념이다. 이 일자로부터 가장 먼저 유출된 것이 누스(*Nous*, 정신 혹은 이성)인데 일자는 누스를 통해 자기를 드러낸다. 곧 누스는 플라톤의 이데아와 같은 개념으로서 모든 참된 것이 그 안에 들어 있다. 그다음에 유출된 것이 프쉬케(*Psyche*, Soul, 혼 혹은 영혼)이며, 맨 마지막에 유출된 것이 물질(질료)이다.

물질은 일자로부터 가장 멀고 불완전한 것이며 무의 경계선에 위치하는데 이것이 곧 세상이다. 혼과 물질이 합하여 생성되는 것이 생물들인데, 혼적 요소가 많을수록 고등생물이 된다. 여기서 귀천과 성·속이 결정된다(그래서 인간은 그 고귀한 영혼이 육체라는 감옥에 갇힌 존재로 이해되기도 한다). 유출은 일자로부터 멀어지는 것이기에 멀리 갈수록 타락이요 악이다. 반대로 회귀를 통해 일자에 가까이 갈수록 구원이다.

플로티누스는 사람의 영혼이 엑스터시(Ecstasy)를 통해 일자에게로 회귀할 수 있다고 보았다. 이 엑스터시는 무아지경(無我之境), 황홀경(恍惚境) 등으로 번역될 수 있는데, 기독교 외의 이교 대부분이 이런 무아지경을 통한 구원을 추구한다. 또한, 많은 기독교 이단이 이런 플로티누스의 사상과 흡사한 방식으로 영성을 논한다.

오늘날 불건전 단체들의 빈야드식 집회나 신비주의 운동도 이런 엑스터시 추구와 궤를 같이한다. 엑스터시 혹은 투아지경이란 정신을 놓아버린 상태와 같은데 성경은 이런 것을 임의로 추구하라고 가르치지 않는다. 오히려 정신을 똑바로 차리고 맑은 정신으로 기도하며 주를 섬기라고 한다(막 13:35; 골 4:2; 벧전 5:8). **기독교는 정신을 차리고 믿는 종교이지 정신줄을 놓고 믿는 종교가 아니다.**

신플라톤주의 철학을 차용할 때 기독교의 사상들을 세속적 시각으로 이해하기 쉽게 설명할 수 있는 측면이 있는 것도 사실이다. 그러나 그 한계 또한 매우 명확한데 그것은 그 이론 자체가 범신론(汎神論)에 기반하기 때문이다. 범신론은 많은 이교의 사상적 기반이기도 하다. 정통 개신교회는 범신론을 엄격히 배격한다. 그런데 중세 로마가톨릭교회는 이 신플라톤주의에 천착하느라 정도를 벗어난 측면이 있다.

(2) 신비주의

특정한 영적 체험이나 직통계시, 은사 체험 등에 몰입하여 성경의 가르침마저 무시하거나 그릇되게 해석하는 모든 종류의 이단을 신비주의(神祕主義) 이단이라고 한다. 신비주의적 면모는 우리 주변에도 많다. 일부 목회자는 아래와 같은 형태로 말하기를 즐기는데 바람직하지는 않은 것이다.

"하나님이 오늘 기도 중에(혹은 꿈을 꾸든지 성경을 보든지 무슨 일을 하던 중에) 내게 계시하시기를 '……'라고 하셨습니다."

또 한편, 많은 은사 운동가가 집회 도중에 다음과 같은 말을 하곤 한다.

"하나님께서 이 자리에 OO암병 환자가 있는 것을 알려 주셨습니다. 그 자리에서 일어나십시오."

오늘날 위와 같은 말로 권위를 세우는 사역자들이 적지 않은데 이는 정도를 넘어선 측면이 있다. 확신이 있는 깨달음이라도 다음과 같이 말해야 오해의 여지가 없다.

"내가 기도하는데 하나님께서 이런 감동을 주시는 듯합니다."
"기도하면서 이런 결론을 내리게 되었습니다."
이렇게 조심스럽게 말함이 바람직하다. 이 이상을 넘어서다가는 자칫 오류에 빠질 수도 있다. 물론, 오늘날도 신비한 체험이 있을 수 있다. 그러나 그것은 개인의 신앙 체험일 뿐이다. 오늘날 성경적 권위의 새 계시는 없다. 더욱이 그 체험이 예수 그리스도가 아닌 다른 특정 개인의 권위를 높인다든지 비성경적인 체험이라면 배척받아 마땅하다.

오늘날 성도들은 '영적이다', '영성이 있다'라는 말을 심심치 않게 사용한다. 그런데 그 영적이라는 말의 의미가 무엇인지 아느냐고 물어보면 대부분의 사람이 신비주의적인 것으로 이해하고 있는 경우가 허다하다. 그래서 마담 귀용(Madame Guyon, 1648-1717), 에마누엘 스웨덴보리(Emanuel Swedenborg, 1688-1772) 등을 굉장히 영적인 사람들로 추앙하기도 한다(이들을 영적으로 탁월하다며 추종하는 이단 종파가 오늘날도 많은 형편이다).

이는 큰 착각이 아닐 수 없다. 그들은 영성이 깊다고 할 것이 아니라 깊은 신비주의자들이라고 해야 마땅하다. 게다가 그 체험들이 성경적이지 않고 지극히 주관적이다. 성경이 말씀하는 영성은 경건과 관련된다. 하나님을 신뢰하고 그의 말씀에 따라 의와 사랑을 실천하며 겸손히 그분과 동행하는 삶의 방식이 참된 영성이다(미 6:6-8).

그리고 은사를 사모하는 것은 나무랄 것이 아니나 은사를 사모하는 이유가 무엇인지에 대한 확고함이 없다면 영적인 탐욕에 빠질 수도 있다. 은사를 추구하는 많은 사람에게 은사를 사모하는 이유에 대해 물으면 주로 하나님의 영광을 위해서라고 한다.

과연 그런 순수한 마음뿐일까?

오히려 우리는 은사를 통해 자기 과시와 교만에 빠지는 사람이 적지 않음을 보게 된다. 과도한 은사 추구는 자칫하면 신비주의 이단에 빠지는 지름길이 될 수도 있다. 과도한 욕심을 버리고 하나님의 말씀을 따라 겸손히 행하는 것이 모범 된 성도의 모습이라고 할 것이다.

　오늘날 한국 사회에 물의를 일으키는 유명한 이단 사이비들은 한국 초기 교회의 신비주의 운동에서 그 기원을 찾을 수 있다.

　조선 말기와 일제 시대 때 외국 선교사들의 선교와 1907년 평양 대부흥 운동 등으로 인해 복음이 크게 확산되었는데 1920-50년경 복음 진리를 그릇 이해한 일부 신도가 신비주의로 흘러 큰 물의를 일으키기에 이른다. 곧 기복주의적인 토속 신앙과 기독고 신앙이 합해져서 황당한 주장을 하는 신비주의자들이 나타났다. 김성도, 백남주, 황국주 등이 이런 신비주의 운동의 효시자다.

　성주교회를 결성한 김성도와 백남주 등은 신비 체험을 통해 인류 타락의 원인은 성적인 범죄였다고 여기며, 그것을 해결할 재림주가 여인의 배를 통해 조선 땅에 다시 올 것이라고 믿고 가르쳤다.

　또 한편, 황국주는 머리를 풀어 헤치면 모습이 영락없이 성화 속의 예수님과 비슷했다. 그런데 어느 때부터인가 그는 머리를 풀어헤치고 다니며 자기의 본래 목은 잘리고 예수님의 목이 붙었다고 주장하며 많은 부녀자를 유혹하고 간음을 일삼았다고 전해진다.

　그 이론을 '목가름 교리'라고 하는데 '피가름' 교리의 시조가 된다. 황국주는 피가름을 통한 영체교환 교리도 가르쳤는데 그것을 더욱 구체화하여 이론화한 것이 백남주와 그의 제자 김벅문이다. 그들은 사탄과 하와의 성관계로 인해 더럽혀진 인류의 피를 재림주를 통해 깨끗하게 해야 한다는 피가름의 교리를 세우게 된다.

　그리고 김백문은 피가름 혼음 교리와 김성도 등의 신비적 체험을 성경과 짜맞추어 『기독교 근본원리』라는 책을 집필했다. 그런데 이 책의 내용은 통일교 문선명의 『원리강론』과 매우 흡사하다. 따라서, 문선명이 그의 스승이었던 김백문의 책을 베껴 일부 각색한 것이 현재의 『원리강론』이 아닌가 여겨지고 있다.

그리고 김백문의 제자 중에는 후일 천부교의 교주가 된 박태선도 있었다. 그 박태선의 아류가 결성한 것이 장막성전이며 그 장막성전의 아류 중에는 구인회의 천국복음전도회가 있고 오늘날 가장 극성을 부리는 이만희의 신천지도 있다. 다른 크고 작은 이단도 박태선으로부터 많이 분파되었다. 또 한편, 문선명을 모방한 자 중에 대표적인 사람이 기독교복음선교회 정명석이다.

오늘날 널리 알려진 한국 이단 사이비의 많은 수가 위의 신비주의 계보로부터 분파했다고 해도 과언이 아니다. 앞으로도 더 많은 이단 사이비가 이 줄기로부터 나타날 것으로 예상된다. 신비주의 이단자는 대부분 말씀에 대한 이해나 경건한 삶보다는 현상에 집착한다. 무엇을 들었다거나, 보았다거나, 다녀왔다거나 하며 미혹하는 것이 그들의 특징이다.

개인이 무언가를 체험했다고 하며 그것을 기록하여 체계화해 믿을 경우 심각한 이단이 될 수 있다. 이단이 되지 않는다 할지라도 신비주의에 심취한 사람은 그 신앙이 얕은 수준에 머물게 되며 신앙이 성장한들 무속적인 태도를 취하게 된다. 그래서 마치 점쟁이나 무당 같은 태도를 보이기도 한다. 오늘날은 빈야드식 체험주의나 그와 유사한 운동에 심취하는 사람들에게서 이 같은 모습을 흔히 볼 수 있다.

신비주의자들이 가장 많이 착각하는 것이 이런 경우다. 인위적인 방법으로라도 황홀경이나 입신 등의 신비한 현상 속에 들어가기만 하면 하나님과의 직접 교제가 가능해지고, 영적 세계가 훤히 열려 내가 사도나 선지자와 다를 바 없이 성숙한 경지와 능력에 이르러 많은 사람 위에 군림할 수 있을 것이라는 생각이다. 하지만 그런 생각은 영지주의적이며 매우 탐욕적이고 위험한 발상이 아닐 수 없다. 많은 신비주의자가 그런 생각으로 행하다가 악령에 미혹되어 곁길로 가버리고 말았다. 영적 성숙은 결코 하루아침에 이루어지지 않는다. 부단한 경건의 훈련과 겸손한 신앙 태도가 일평생 뒷받침될 때라야 가능한 것이다(미 6:8; 딤전 4:7-8). 경건한 사람은 신비적 체험을 한다고 해도 결코 위험한 길로 나아가지 않는다.

(3) 기복주의

인간 탐심을 신앙에 접목하여 삐뚤어져 버린 경우를 기복주의(祈福主義) 이단이라고 할 수 있다. 물론, 성경은 우리 성도들에게 복이 주어질 것을 가르친다. 그 복은 내세의 복이기도 하지만, 이생의 복이기도 하다. 그런데 성경은 무엇보다 우선할 것은 내세의 복이라고 말씀한다. 그래서 훌륭한 믿음의 선배들은 내세의 영광을 위하여 이생의 고난과 어려움도 감내할 줄 알았다. 그리고 이생의 복에 결코 얽매이지 않았다. 오히려 청빈을 추구하며 하늘의 소망 가운데 살았다.

그러나 오늘날의 기복주의는 복을 강조하되 주로 이생의 복에 초점을 맞추고 있다. 그래서 하나님을 물질의 복을 주는 복 방망이와 같은 존재 정도로 전락시킨다. 또한, 가난은 곧 죄라는 관념을 가르치고 복을 주지 않는 신은 신이 아니라는 생각까지 갖게 한다. 그리고 자기들 무리에 들어오면 세상적으로 크게 성공하게 된다고 가르친다. 한마디로 무속적이며 샤머니즘적인 태도인데 많은 기복주의 이단이 이런 경향을 가지고 있다. 그런데 이런 모양은 대부분의 이단이 주장하는 내용이기도 하다. 그들은 이생에서의 특별한 복이 자기들에게만 일한다고 가르친다.

정통교회 내에서라 할지라도 기복주의에 심취한 사람들은 가난을 죄로 여기기도 하고 재물이나 명예에 대한 집착이 강하다. 심지어 부정한 방법으로 재물을 얻고도 하나님의 복 주심 때문으로 이해하기도 한다. 물론, 성도가 세상적 복을 거부할 필요도 없고 물질을 죄악시할 이유도 없다. 그러나 문제는 과도한 집착과 그로 인한 탈선에 있다(딤전 6:10; 히 13:5).

또 한편, 예배만 잘 드리면 모든 것이 잘 된다고 여기는 '예배만능주의' 형태의 기복주의적 태도도 있다. 오늘날 한국 교회의 경우 형식적인 예배로 모든 것을 해결하려는 경향이 교인들 삶에 만연해 있다. 물론, 예배 의식은 매우 소중하다. 그러나 그 형식 자체에만 천착해서는 안 된다. 사울 왕의 과오를 답습해서는 안 될 것이다(삼상 13:8-14; 15:14-23).

기복주의 이단은 인간의 탐심이 빚은 왜곡된 신앙의 결과라 할 것이다. 성경은 탐심을 우상 숭배와 동일시하고 있음을 주목해야 한다(골 3:5).

(4) 귀신파

영지주의, 신비주의, 기복주의적인 요소가 혼합되어 파생된 이단의 형태로서 오늘날 목회 현장에서 많은 혼란을 주는 유형의 이단이다. 이들은 사탄(타락한 천사들의 우두머리, 마귀)과 귀신(타락한 천사들)에 대한 이야기를 많이 한다. 사람이 아픈 것도 사탄과 귀신 때문이요 무언가 일이 풀리지 않아도 모두 사탄과 귀신 때문이라는 주장을 한다. 물론, 일정 부분 사탄과 귀신이 작용하여 병도 주고 어려움도 주는 것은 사실이다. 그러나 주된 원인을 사탄과 귀신에게 돌리는 것은 본질에서 크게 벗어난 태도가 아닐 수 없다.

더욱이 우려되는 것은 귀신파의 두드러진 특징이 인간 문제의 근원을 인간의 범죄나 죄성에 두지 않고 모든 책임을 사탄에게로 돌린다는 데 있다. 그들은 원죄도 사탄 때문이요 자범죄도 사탄 때문이라고 한다. 그래서 귀신파 신도들은 항상 귀신 쫓기에 힘을 쏟는다.

그런데 이런 태도는 사실상 창세기 3장에서 범죄한 아담이 자기의 잘못을 하나님께 정직하게 고백하지 않고 "당신이 주신 여자가 그 열매를 나에게 주므로 먹었나이다"(창 3:12) 하고 자기 범죄의 책임을 자기가 아닌 다른 존재에게 돌린 것과 같은 맥락을 띤다. 하와 또한 자기의 잘못을 뱀 때문이라고 변명했다(이렇게 변명으로 일관한 아담과 하와는 낙원에서 쫓겨나야만 했다).

더욱이 귀신파의 책임 떠넘기기 논리는 곧 "하나님이 만들어 주신 여자, 당신이 만들어 두신 뱀이 나를 꾀이므로 내가 본심은 그렇지 않았지만 범죄하고 말았다"라는 자기 합리화를 통해 결국에는 하나님에게 모든 책임을 돌리는 결과를 낳는다.

　성경의 내용을 볼 때 인류 타락의 근본 원인은 인간의 교만과 그 불순종 때문이지 다른 이유가 아니다. 물론, 사탄이 약간의 동기를 제공한 것은 사실이지만 전적인 책임은 인간에게 있다. 인간은 분명히 자연 만물과 짐승들을 다스릴 능력을 소유하고 있었다(창 1:28). 그런 인간에게 사탄은 뱀의 모습으로 나타났다.

　사탄이 초자연적인 능력자의 모습으로 나타나 아담의 정신을 혼미하게 하여 선악과를 먹게 했다면 그것은 전적으로 사탄의 책임이겠지만, 사탄은 그런 모습이 아닌 아담의 통제와 다스림 아래 있는 한 마리 뱀의 모습으로 나타났을 뿐이었다. 그럼에도 인간은 미혹되어 타락했는데 이는 곧 인간이 제 스스로 꾀를 내어 타락한 것 이상도 이하도 아니다(전 7:29). 그리고 타락 후의 아담은 자기 죄의 책임이 자기에게 있지 않다고 하며 합리화시키는 가증함을 보인다. 이런 아담의 경향을 귀신파는 그대로 답습하고 있다.

　그러므로 성도는 사탄 마귀의 처분은 주님께 맡기고, 내 죄에 대해서는 그 책임이 오로지 나에게 100퍼센트 있다고 인정하며 회개해야 마땅하다. 만약 내 죄의 책임을 1퍼센트라도 마귀에게 있다고 여지를 남긴다면, 항상 내 죄책을 마귀에게 떠넘기며 합리화하려는 유혹에 직면할 것이다.

　일단 귀신파의 논리에 빠지면 죄가 내 책임이 아니라는 일시적인 해방감(사실은 죄가 그대로 있음에도 불구하고) 혹은 일시적인 카타르시스(정신적 만족)를 통해 기쁨을 느끼게 되기도 한다. 이런 방법을 내적 치유(內的治癒)라는 명목으로 그릇 사용하는 경우도 있다. 그러나 그것은 거짓 평안이다. 사람은 내가 악하여 지은 내 죄와 내 죄책에서 벗어나지 못하고는 참된 영적 자유를 누릴 수 없기 때문이다.

곧 귀신파의 논리는 신자들로 하여금 죄를 올바로 인식하지 못하게 하여 온전한 회개가 불가능하게 한다. 회개한다고 한들 가벼운 것은 내 잘못이라고 하고, 큰 죄는 마귀 때문이라고 책임을 회피하기 십상이다. 그뿐만 아니라 내 잘못을 전적으로 아뢰고 용서를 구하는 정상적인 회개가 아니라, 내가 회개함을 통해 죄의 책임을 사탄에게 전가한다는 식의 왜곡된 형태의 회개가 나오게도 한다. 이런 모습은 기독교를 빙자한 샤머니즘과 크게 다르지 않다. 한마디로 신앙인의 모양은 취하지만, 진정한 신앙인일 수 없도록 하는 것이다. 더욱이 책임을 회피하며 거짓에 만족하고 살게 하므로 신앙도 거짓 신앙이 되고 만다.

또 한편, 사람의 심령에 마귀의 유혹이 온다는 것은 그 사람 개인의 마음에 악한 생각이 생겨난 것을 마귀가 알고 부추기는 것으로 봄이 타당하다(마 15:19; 엡 4:27-29). 귀신파는 그런 악한 생각도 모두 마귀가 주는 것으로 간주하기에 인간의 책임을 소홀히 여기게 만든다. 가룟 유다의 마음에 사탄이 예수님을 팔 마음을 준 것도 사실 유다의 마음속에 탐심이 있었던 것을 사탄이 더욱 부채질한 것으로 볼 수 있다(요 13:2). 성경은 유다를 본래 도둑이었다고 기록하고 있기 때문이다(요 12:6).

다윗이 인구 조사를 한 것도 사탄이 충동했다고 성경에 기록되어 있는데, 이는 다윗의 마음에 교만이 일어난 것을 보고 사탄이 그것을 부추겨 인구 조사로 몰아간 것이라고 할 수 있다. 그래서 다시 정신을 차린 다윗은 자기가 범죄했다며 하나님께 용서를 구했다. 귀신파의 논리처럼 내 본심은 그렇지 않은데 사탄 때문에 범죄하게 되었다는 식의 태도는 다윗에게 전혀 나타나지 않는다(대상 21:1-8).

그리고 '사탄이 그 속에 가득하다'(행 5:3)는 표현은 사람의 악한 생각이 그 마음속에 가득함과 그것을 마귀가 부추기는 측면을 복합적으로 표현한 것으로 보아야 할 것이다. 한편, 귀신 들림 현상은 심령과 육체의 죄와 약함 속에 귀신이 틈탄 결과로 볼 수 있다.

영적 교만과 거짓에 기초한 책임 회피적 자기 편리주의가 이 귀신파 출현의 가장 큰 원인이라 할 것이다. 귀신파의 논리에 심취하는 사람들은 대개 무속적인 신앙 태도를 보이곤 한다. 이는 신비주의와 기복주의에서 나타나는 경향과 다를 바 없지만 귀신을 강조하므로 더 사나운 측면이 있다. 귀신을 미워한다고 하면서 무당처럼 행세하거나 오히려 귀신 들린 자들이나 취할 만한 괴상한 태도를 취하기도 한다.

최근에 유행하는 '영적 도해'(Spiritual Mapping) 이론에도 귀신파의 그런 면면이 여실히 드러난다. 그들에 의하면 이 세상은 특정 지역마다, 특별히 이슬람권을 지역 귀신들이 지배하고 있는데 이 견고한 귀신들의 진을 신도들의 땅 밟기, 대적기도, 선포기도 등을 통해 깨뜨리고 쫓아내야 영적인 승리가 달성된다고 본다. 그래서 그 지역 사람들을 인내심을 갖고 꾸준히 설득하고 감화시키며 전도하고자 하기보다는, 그 땅에 가서 땅을 밟고 "귀신아 떠나가라"라는 구호를 선포하는 것이 더욱 중요하다고 생각한다. 그 일을 위해 목숨을 걸기도 하며 현지 선교사들과 싸우기까지 한다.

그러나 과연 그렇게 하면 영적 승리가 오고, 불신자들과 이교도들이 모두 복음 앞에 무릎 꿇게 되는 것일까?

이는 한마디로 무속적이며 매우 유치한 발상이라고 아니할 수 없다. 마귀와 귀신을 이기는 것은 구원받은 성도가 꾸준한 경건, 말씀, 기도, 성령의 은사 등을 통해 영적 우위에 설 때 가능해지는 것이지(막 9:26-29; 약 5:16), 무슨 특정한 구호를 외치며 땅을 밟는다고 가능한 것이 아니다(행 19:11-16). 마귀와 귀신은 그렇게 단순하고 순진한 발상으로 이길 수 있는 존재가 아니다(벧전 5:8-10). 물론 기도는 중요하고도 중요하다. 기도 대상의 나라에 가서 기도하는 것도 아름다운 일이다. 그러나 상식에서 벗어난 무리한 방법들까지 동원하며 반드시 그 땅을 밟고 선포해야만 한다고 주장한다면,

그것은 주객이 전도된 모습이라고 할 수 있다.

오늘날 이스라엘과 중동 지역은 복음이 들어가기 가장 어려운 땅이 되어 있다. 이스라엘과 중동 땅은 예수님과 초대 교회 사도들이 부지런히 밟았던 땅이건만 귀신들이 왜 아직까지 그곳에 강하게 진 치고 있는 것일까?

예수님과 사도들은 땅 밟기의 실패자일까?

마귀와 귀신은 영적 실체다. 그들은 어디든 갈 수 있는 존재다. 일정 지역에서 특별히 강한 것이 아니라 일정 지역 사람들의 마음이 신앙과 관련하여 보다 완악하고 악령과 연결되어 있기 때문이다.

그러면 이 문제는 어떻게 해결할 수 있을까?

그 사람들의 땅에 땅 밟기라는 명목으로 쳐들어가서 그들 면전에 대고 "사탄아 물러가라" 하고 외치면 그들이 회개하며 기독교로 개종할까?

사람의 마음은 그렇게 간단히 움직이는 것이 아니다. 오직 성도가 경건과 온유함으로 무장하고, 결과는 성령께 맡기며, 늘 한결같은 자세로 그 불신자들에게 한 걸음 한 걸음 다가가 덕을 끼치며 지혜롭게 복음을 전하는 것이 합당한 해결책이다〈pp. 317-318 참조〉.

또 한편, 이런 질문이 있을 수 있다. 타락한 세상은 마귀의 지배하에 있는 것이 아니냐는 것이다. 그리고 성도는 그런 세상 속에 사는데 그 관계는 어떻게 이해해야 하는지에 대한 질문이다. 이러한 질문에 대해 귀신과의 논리로부터 안전할 수 있는 답변은 아래와 같다.

① 인간은 타락 후 본래의 능력을 상실하고 연약해졌다. 그래서 타락 이전에 누렸던 탁월한 능력(불사의 육체적 능력과 온전한 이성, 지식, 지혜, 영적 지식, 거룩 등)을 모두 상실했다. 본래의 능력을 상실한 인간은 영육이 모두 연약해졌을 뿐만 아니라 타락한 존재가 되어 하나님과 단절된 상태이므로 영적 존재로서 훨씬 고등한 능력을 지닌 마귀에게 굴복할

수밖에 없게 되었다.

② 사람이 마귀 아래 속하게 된 이유는 마귀는 물론 사람도 타락한 존재이기 때문이다. 특히, 사람은 마귀의 유혹에 동조하여 하나님을 배신했다. 그러므로 한통속이 되고 말았다고 봐야 하는데 마귀가 훨씬 고등하기 때문에 사람이 그 아래 복속된 것이다. 그래서 마귀는 악인들의 아비 혹은 왕(요 8:44; 12:31), 혹은 이 세상의 신(고후 4:4)이라고 칭해지기도 한다. 그러나 이 마귀가 강하다 할지라도 하나님이 허락하신 범주 안에서만 역사할 수 있을 뿐이다(욥 1:6-12; 2:1-6).

③ 구원받은 성도는 성령을 통해 중생한(거듭난) 존재다. 그리고 그 성령은 성도 안에 영원히 내주하신다(요 14:16). 이처럼 성도는 영적인 하나님의 자녀가 되었을 뿐만 아니라 그 안에 성령 하나님을 모시게 되었으므로 더 이상 마귀의 통치 아래 있지 않고 하나님의 통치 아래 있다.

④ 성도가 범죄하는 것은 죄를 짓기 싫음에도 억지로 마귀가 죄를 짓게 한다기보다는 자기 죄의 습관과 죄에 대한 욕망이 작용한 것이다. 곧 영적으로 구원은 받았지만, 죄의 습성은 남아 있어서 죄의 달콤한 유혹에 늘 흔들린다는 말이다. 이런 마음을 본 마귀는 그가 죄를 더 잘 저지르도록 강하게 부추기므로 성도도 가끔 넘어진다. 그러나 성령의 사람은 갈수록 성장하며 그 유혹을 이겨 나간다.

⑤ 하나님을 모르는 세상 사람들이 죄를 범하는 것은 사람 개인의 죄성과 마귀의 유혹이 복합적으로 얽혀 있는 것이라고 할 수 있다. 물론, 죄악에 익숙한 사람일수록 마귀가 역사하는 힘이 더욱 크다. 그들은 성령도 하나님의 말씀도 없기 때문에 더욱 쉽게 마귀의 조종을 받는 것이다. 그런 그들에게 마귀는 가끔 자기의 목적을 이루려고 특정인을 도구로 삼아 주도적으로 사용하기도 하는데 그들은 곧 무당과 박수, 사악한 종교인, 사악한 사상가, 사악한 정치가, 사악한 기업가,

사악한 예술가, 사악한 범죄자 등이다.

(5) 분리주의

기성교회와 구분하여 자기들의 특별함을 강조하여 높이거나 구분 짓는 경향을 가진 모든 이단을 분리주의 이단이라고 할 수 있다. 이런 이단들은 율법주의적이든지 율법폐기론(도덕폐기론)적이든지 둘 중의 한 형태로 나타날 때가 많다. 전자는 자기들만이 이 시대의 택함 받은 하나님의 남은 백성이라고 일컬으며 분리를 추구하는 안식교의 율법주의적 경향에서 찾아볼 수 있으며, 후자는 한 번 구원받았으니 더 이상 회개할 필요가 없다는 구원파 등의 태도에서 극명히 드러난다.

우리는 이런 율법주의와 율법폐기주의에 대해 보다 정확히 알고 있어야 오류에 빠지지 않을 것이다. 율법이란 구약성경에서 가르치는 제사법, 절기, 사회법, 음식법, 정결례, 윤리(도덕)법 등을 통칭하는 것이다. 정통 교회에서는 그리스도의 지상 사역으로 말미암아 제사법, 절기, 사회법, 음식법, 정결례법은 완성되었으므로 믿음으로 구원받은 성도들이 더 이상 행할 필요가 없다고 본다(골 2:16-17; 갈 4:10-11). 그 의미를 되새기며 교훈을 얻는 것은 좋은 일이겠지만, 그것을 행할 의무는 폐하여진 것이다. 그런데도 저러한 형식적 요소들(율법 조항 혹은 자기들이 지정한 특별한 계율)을 행해야만 구원을 얻는다고 하는 것이 율법주의다.

그런데 십계명으로 대표되는 윤리(도덕)법은 폐하여진 것이 아니다. 비록 성도가 윤리로 구원을 받는 것은 아니지만, 성도는 성화와 관련하여 마땅히 윤리적이어야 할 의무를 가진다(벧전 1:15; 골 3:12). 그럼에도 율법주의를 거부한다면서 윤리마저 거부하는 율법폐기주의자들이 있다. 그러나 기본 윤리를 무시하는 행동은 불신자보다도 못한 짓이다(딤전 5:8). 어떤 정통 교파도 윤리 폐기를 가르치지 않는다. **기독교는 율법주의가 아니지만 율법(도덕)폐기주의도 아니다.**

또한, 모든 이단에게서 나타나는 분리주의적 태도가 있다. 그것은 **기성 교회는 다 타락하여 멸망을 피할 수 없고, 자기들은 선택받은 무리이므로 구원을 얻고 특권을 누린다**는 관념이다. 아울러 개혁이라는 미명하에 기존의 질서나 전통을 전면 거부하는 경향도 있다. 곧 자기들이 제2의 종교개혁을 일으켜야 한다는 등의 구호를 외치는 것이다.

물론, 우리는 항상 우리의 죄악과 모순들로 인해 교회가 부패하고 타락함을 막기 위해 끊임없이 개혁해야 마땅하다. 그러나 모든 것을 뒤집어엎는 혁명을 함부로 꿈꾸어서는 안 된다. 혁명적인 개혁은 하나님께서 허락하실 때만 가능하다. 교회의 심각한 타락을 해결하고자 일어난 종교개혁도 중세 천 년의 암흑기를 거친 이후에야 비로소 허락되었던 것을 볼 수 있다. 사실 종교개혁의 도화선에 불을 붙인 루터도 "내가 이 썩어 빠진 교회를 개혁하기 위해 일어나리라" 하며 계획적으로 교황권에 맞선 것이 아니었다. 그런데 이단 사이비들은 교회의 역사성이나 전통 등을 너무 가볍게 생각하고 멸시한다. 그래서 모두 뒤집어엎어 버린 새 세상 건설을 꿈꾼다.

한편, 혹자는 정통교회도 이단들의 주장과 같이 자기들만 구원이 있다고 말하지 않느냐라고 물을 수 있다. 곧 서로 같은 논리를 주고받는 것이므로 무슨 차이가 있냐고 말이다. 그러나 정통교회와 이단의 그런 주장 사이에는 엄청난 차이점이 있다. 정통교회는 사도적 교회의 역사성과 그 역사 속에서 형성된 귀중한 신앙과 신학의 유산-성경의 절대 권위 인정, 4대 신경, 종교개혁의 전통-을 믿고 중시한다.

이런 전통 위에 서 있다면 어느 정도 시각차가 있다 할지라도 정통교회들은 서로 인정하며 상호 존중하고 있다. 실례로 오늘날 장로교회와 감리교회는 신학적 관점과 체제가 다르지만 상호 정통교회로 인정하며 존중하고 있다. 그러나 이단은 결성된 날로부터 교회의 사도적 역사성을 거부하거나 왜곡한다. 자기들만 참된 역사성 위에 서 있다고 주장하든지, 아니면 그런 역사성 자체를 부정한다. 그러면서 기성교회는 모두 부패했다며 적대시하며 담을 쌓는다.

특히, 이단과 정통교회는 교인이 그 교회를 떠나 다른 교회로 옮기려 할 때 드러나는 태도에 현격한 차이가 있다. 정통교회는 일단 그 이유를 물으며 가급적 함께해 주기를 권하지만, 신앙을 버리려 함이 아니라 합당한 이유가 있어서 떠나고자 한다면 축복하며 보내 준다. 그러나 이단들은 자기들 교회만이 진리인데 떠나가면 저주를 받는다며 붙잡는다. 그리고 실제로 떠나는 사람을 죽이거나 감금, 테러하기도 한다.

또 한편, 분리주의 이단은 지나친 권위주의나 계급주의적인 면을 띠기도 한다. 이를테면 특정 지도자나 조직이 교인들 위에 군림하고 있어서 자기들 말에 무조건 복종하라고 하는 경우다. 지도자가 강단에서 선포하는 내용은 곧 하나님의 말씀과 동일하다. 그러므로 지도자나 조직에 대한 어떠한 비판도 결코 용납되지 않는다.

더 심한 경우는 자기가 하나님, 그리스도, 성령 중 하나라고 하는 경우도 있고 그 모두라고 하는 경우도 있다. 이 경우 노골적으로 말하는 자도 있고 살짝 은유적으로 표현하는 자도 있다. 이단 교주는 대부분 이런 카리스마로 신도들을 단속하고 있다. 이런 분리주의 이단은 인간의 영적 교만과 영적 탐욕이 극단으로 치달을 때 나타나는 결과라고 할 수 있다.

(6) 혼합주의

기독교의 순수성을 버리고 적당히 타협하기를 추구하여 이것저것 다른 종교의 것을 받아들이거나 그 비슷한 성향들을 받아들여 혼합하는 태도를 가진 모든 이단을 혼합주의 이단이라고 할 수 있다. 로마가톨릭교회(천주교)의 경우 혼합주의적인 면이 도를 넘어선 경우다.

오늘날 개신교회 안에도 분별력이 떨어지는 사람들이 의식이나 예전을 빙자하여 혼합주의적인 요소들을 가지고 들어와 혼란을 초래하는 예도 있다. 그리고 정통교회 간판을 단 목회자라 할지라도 종교다원주의(Religious Pluralism)적인 사고를 가졌거나, 여타 이단들의 이론을 받아들여 적당히 섞어서 가르치는 경우가 있기도 한데 이는 모두 혼합주의적인 태도다.

혼합주의는 두 가지 측면에서 나타난다.

첫째, 자기 교주나 단체의 가르침을 따라 성경을 거부하고 타 종교에서나 있을법한 어떤 의식이나 행위를 탄복한다.
둘째, 특정한 교주를 따르지는 않는다 할지라도 기독교에도 구원이 있고, 불교에도 구원이 있고, 회교나 기타 종교 혹은 이단에도 구원이 있으므로 굳이 구분하여 믿을 필요가 없다고 가르치는 오늘날의 종교다원주의 신학적 행태다.

첫째의 경우는 확연하게 드러나는 점이 있지만 둘째의 경우는 기성교회 안에 들어와 있으되 잘 구분이 안 되게 슬그머니 들어와 있는 태도이므로 성도들은 주의해야 한다. 이런 혼합주의가 교회에 만연하게 되면 교회는 결국 해체되고 말 것이다.

혼합주의가 나타나는 이유는 거짓 겸손과 우상 숭배와 다를 바 없는 탐심의 결과로 볼 수 있다(골 3:5).

유형	사상의 기원	주장	해악의 요소
영지주의	이원론적 세계관, 교만한 영성을 통한 성·속의 구별	무언가 영적 지식을 깨닫는 자가 구원을 얻으며 보다 높은 지위를 누림, 은밀한 깨달음과 특별한 지식 강조	오늘날 모든 이단의 특징임. 교묘한 방법으로 진리를 왜곡함. 자기네 교리에 대한 자부심이 대단하여 바른 권면이 통하지 않음.
신비주의	영적 탐심과 왜곡된 신앙 체험관, 영지주의적 관념 기반	무언가 특별한 신앙 체험-환상, 직통계시, 꿈, 방언, 쓰러짐, 떨림, 입신체험, 빈야드식 체험-을 과도히 추구함	신앙을 해석함에 있어 성경 말씀에 입각한 삶보다는 현상적인 체험에 집착케 함. 결국, 초보적이거나 균형감 없이 왜곡된 신앙을 갖게 함. 무속적인 신앙 태도를 띠게 되기도 함.
기복주의	탐심과 세속적 욕망	믿는 자는 무조건 복을 받는 것이 당연하다고 주장함. 그런데 대부분 이생의 축복에 초점이 맞추어져 있음.	부요한 나라일수록 더 왜곡된 형태로 나타남. 빈곤한 나라에서는 나름대로 긍정적인 부분이 있을 수 있으나 결국 초보적인 신앙을 벗어나지 못할 가능성이 큼. 신앙이 기형적으로 왜곡될 수 있음. 무속적인 신앙 태도를 띠게 됨.
귀신파	영지주의, 기복주의, 신비주의 영향	사탄과 귀신에 대해 과도한 권위를 부여하며 하나님보다 더 그들을 두려워하는 경향을 촉발함, 죄의 근원이 사탄에게 있으므로 그를 쫓아내야 문제들이 해결된다고 함.	인류 타락의 원인이 사탄에게 있다고 여기는 경향으로 인해 자기 죄에 대한 자각을 어렵게 하여 왜곡된 구원관을 갖게 함. 마귀를 쫓으면 모든 문제가 해결되므로 회개나 성화가 중요하지 않음. 무속적인 신앙 태도를 띠게 됨.
분리주의	자기 집단이나 개인을 특별하게 여겨 기성교회와 구별 짓고자 하는 영적 교만과 허영심	자기들 집단에만 구원이 있다고 주장하며, 또 한편 자기들처럼 구별된 모습을 취하지 않으면 참교인이 아니라고 함. 교회의 사도적 역사성을 거부하거나 왜곡함.	교회의 분열을 조장하며 율법주의 혹은 율법폐기주의(도덕폐기주의)로 흐름. 기성교회를 모두 배척하는 태도는 하나님의 나라를 훼방함과 같음. 오늘날 모든 이단의 특징임.
혼합주의	거짓 겸손(영적 교만)과 영적 탐심, 편리주의	타 종교나 이단의 것을 무비판적으로 받아들여 가르치거나 기독교의 것과 혼합하여 가르침. 타 종교에도 구원이 있다고 가르치기도 함.	절대적 진리에 대한 확고함을 흐리게 함, 기독교의 진리를 세상 우상종교와 같은 것으로 전락시켜 결국 교회가 해체되거나 그 존재가 무의미하도록 함.

제2장

정통교회의 역사

* * *

제1장에서도 언급했듯이 교회의 역사성은 교회의 정통성을 논함에 있어서 가장 중요한 부분이다. 그러므로 교회 역사 속에서 정통 교리가 어떻게 형성되었는지를 명확히 이해할 때 이단을 정확히 분별해 낼 수 있다.

미리 정리하자면 초대 교회 지도자들은 성경의 가르침을 적절히 해석하여 초대 교회 4대 세계 회의(니케아, 콘스탄티노플, 에베소, 칼케돈 공의회)를 통해 우리 믿음의 근간에 대한 바른 가이드라인을 제시했다. 그래서 오늘날 정통 개신교회는 이러한 가이드라인에 충실하기를 추구한다.

한때 교회가 이런 가이드라인을 벗어났던 시기도 있었는데 그 결과는 암울했다. 중세 교회가 성경의 권위를 상대화하고 에베소 공의회의 결정 사항이었던 이신칭의 사상을 버려 구원의 문제를 과도히 형식화, 제도화, 율법화했을 때 교회는 물론 세속 역사에도 암흑기가 찾아왔었다.

그러므로 이번 장에서는 교회 역사 속에 나타났던 이단들에 대한 정통 교회의 대처를 살펴보며 우리들의 정체성을 또렷이 규명하고자 한다. 하나님은 역사를 통해 말씀하시며 교회를 든든히 세우신다.

〈교회사를 배워야 할 이유〉

- 사도적 교회(정통교회)의 역사성을 확실히 알기 위함임.
- 교회사에 하나님의 구속사가 드러나기 때문임.
- 내 신앙의 뿌리를 알기 위함임.
- 역사 속에 오늘의 내가 있기 때문임.
- 교회사는 이단과의 투쟁의 역사이므로 이단을 이기려면 반드시 교회사를 알아야 함.

1. 초대 교회 시대(30-590년)

　초대 교회를 이해함에 있어서 이단과 관련한 가장 중요한 핵심은 초대 교회 4대 세계회의다. 세계 교회가 한데 모여 문제들을 협의했던 이 회의를 ○○○ 에큐메니컬 회의, ○○○ 세계 종교 회의, ○○○ 공의회, ○○○ 회의 등의 다양한 명칭으로 부르는데 전 세계 교회가 한데 모여 행한 회의를 말함이라면 모두 같은 의미다.
　물론, 지역별로 크고 작은 문제를 논의했던 지방 회의도 많이 있었음을 알아야 한다. 교회 역사를 보면 지방 회의의 결정에 이의 제기가 없을 때는 세계회의의 결정과 다를 바 없이 받아들여졌음을 알 수 있다.

1) 니케아 공의회 이전 시대 이단(30-325년)

　니케아 공의회(Council of Nicaea)는 325년 최초로 전 세계 교회 지도자가 함께 모여 이단을 규정했던 회의다. 그런데 니케아 공의회 이전은 교회가 로마제국으로부터 탄압을 받았던 시기다. 그래서 당시 교회는 모든 교회가 함께 모여 무엇을 협의할 만한 여건이 되지 못했기에 일사불란하게 교회의 뜻을 모으지는 못했다. 하지만, 이단으로부터 교회를 지키려 했던 당시 교회 지도자들(교부)에 의해 정통 교리가 변증의 관점에서 정리되어 소개되던 시기다.

(1) 시몬 마구스(Simon Magus, 마술사 시몬)
　2세기경의 교부 이레니우스(Irenaeus)는 시몬 마구스를 모든 이단의 아버지라 부르기도 했는데, 곧 사도행전 8:9-24에 나오는 그 마술사와 동일 인물일 것이라고 여겨진다. 그는 구원을 위해서는 '지식'을 가져야 한다고 역설하면서 천지의 근원을 '고요함'에서 찾고자 했다. 마치 신비적인 안개 속을 헤매듯 마음으로 그 속에 있는 진리의 빛을 찾아간다는 것이다. 이는 영지주의적인 모습이므로 그를 영지주의의 효시로 본다.

그리고 시몬의 신론은 양태론(Modalism)적이었다. 그에 의하면, 예수님은 인간의 형태를 입은 구세주가 아니요, 높으신 하나님도 아니다. 오히려 하나님과 구세주와 시몬 자신까지도 모두가 동격이다.

🔍 신인식에 대한 왜곡으로 결코 기독교 신앙이 아니다. 오늘날 신비주의를 기반으로 자기가 하나님이라거나 재림 예수라고 하는 사람들의 논리가 이와 유사하다.

(2) 에비온파(Ebionites)

에비온파는 유대주의적 기독교인들로 구성되었는데 모세 율법을 중요시하여 가르쳤던 율법주의다. 바울에 대해 반감을 품고 있었으며, 예수는 메시아지만 세례를 받으실 때 성령이 임했던 한 인간에 불과했다고 주장했다. 그리고 곧 닥쳐올 천년왕국을 고대했다. 그들은 신약성경도 히브리어로 된 마태복음 외에는 모두 배척했다. 사도행전과 바울서신에 나오는 초대 교회 내 율법주의의 연장선상에 있었던 이단으로 여겨진다. 그리고 후일 이들 중 일부는 영지주의로 넘어가기도 한다.

🔍 예수 그리스도의 신성을 부인하며, 율법주의적이기에 십자가의 은혜를 축소한다. 율법으로 돌아간다는 것은 복음을 떠나는 것이다.

(3) 영지주의(Gnosticism)

초대 교회 시대는 물론 오늘날까지 가장 지대한 영향을 미치는 이단 사상이 영지주의다. 사도 요한은 이 영지주의를 매우 경계했다(요일 4:2-3). 초대 교회에서 영지주의는 다양한 형태로 나타났다. 영지주의 이단의 효시는 위에서 살펴본 바와 같이 마술사 시몬에게까지 소급될 수 있다. 아울러 영지주의의 대표적 지도자는 케린투스(Cerinthus, 1세기 말), 바실리데스(Basilides, 2세기 초), 마르시온(Marcion, 2세기 중엽) 등이다. 이들은 약간씩 의견을 달리하는 부분이 있기도 하지만, 본질적으로 영지주의라는 큰 범주를 벗어나지 않았다.

영지주의의 사상적 배경은 헬라 철학의 이원론이다. 그들은 전통적인 플라톤 철학과 당시 헬라와 이교의 신 개념을 바탕으로 성경을 이해했다. 3세기 말부터는 플로티누스의 신플라톤주의 사상까지 가세한다. 초대 교회를 애먹였던 영지주의의 핵심 주장은 특별한 영적 지식을 소유할 때 구원에 이른다는 것이다. 그들 교리의 특징을 요약해 보면 다음과 같다.

① 영은 고상하고 선하나 육은 악하고 유한하기에 육은 극복되어야 할 부분이다. 영이 육체라는 감옥에 갇힌 것으로 이해하기도 한다. 그런데 자기들은 영적 지식을 소유했으므로 다른 사람들보다 더한층 고상한 자들이며 구원에 이르는 자들이다.
② 영적 지식에는 상하 위계질서가 있다. 더 깊은 지식을 소유한 자가 더한층 높고 존경받아야 한다.
③ 구약과 유대주의를 배격한다. 구약의 가르침은 자기들의 헬라적 이원론과 배치되기 때문에 정경이 아니라고 한다. 단지 바울서신과 몇몇 권의 성경만을 정경으로 인정한다.
④ 사상의 기초가 이원론이므로 극단적 감각주의나 극단적 금욕주의로 흐를 수 있다.
⑤ 세상을 창조한 신은 하급 신이고 그 세상을 영적으로 구원하기 위한 신은 고등한 신이다.
⑥ 예수 그리스도가 세상에서 보이신 것은 실제가 아니라 환상이었다(가현설). 하나님이 악한 육체를 입을 수 없다는 것이다.
⑦ 성경을 대부분 알레고리적(비유적)으로 해석한다.

⑧ 극단적 신비주의에 빠질 가능성이 크다.

🔍 영지주의는 모든 이단의 뿌리라고 해도 과언이 아니다. 오늘날 이름있는 이단들이든, 신흥 이단이든 그 사상을 분석해 보면 대부분 영지주의적 사고방식으로부터 출발했음을 알 수 있다.

(4) 몬타누스파(Montanists)

2세기의 몬타누스(Montanus)라는 지도자를 중심으로 한 이단이다. 영지주의에 대한 반작용으로 나타났지만, 영지주의를 극복하지는 못했다. 교리적인 면에서 다소나마 정통적인 면이 있지만 여러 방면에서 급진적이고 극단적인 이단이었다. 직통계시를 추구했고, 성령 체험으로 방언을 중시했으며 곧 임박한 종말을 믿었다. 천년왕국이 곧 임할 것이라 하여 금욕주의를 장려했다.

몬타누스는 계시의 마지막 시대는 보혜사의 강림과 함께 시작되었다고 주장했다. 그러므로 이 시대는 은사와 예언의 시대다. 몬타누스는 자기와 그 추종자들을 일컬어 이 마지막 시대의 예언자들이라고 했다. 그리고 자기의 말은 성경을 능가하는 교리로 여겼다. 다음의 몬타누스 교리의 특징은 현대의 많은 이단이 지닌 속성과 맞닿아 있다.

- 지도자인 몬타누스에게 영적 권위를 부여했고 자칭 성령의 대변자라 했다.
- 자신의 가르침이 기성교회의 것보다 우월하다고 했다.
- 재림의 장소는 몬타누스 본인의 고향이라고 주장했다.
- 하나님의 말씀인 성경보다 직통계시와 예언을 중시했다.

몬타누스파와 관련하여 아이로니컬한 것은 초대 교회의 교부이자 정통 신학자였던 터툴리아누스(터툴리안, Tertullianus, 160-220)가 말년에 이 몬타누스주의에 빠져 버렸다는 사실이다. 그는 몬타누스파의 그릇된 점을 지적하고 돌이키도록 권면하고자 그들과 자주 접촉하던 중에 그만 자기가 넘어가 버리고 말았다. 이 종파는 몬타누스 사후에도 꾸준히 지속되다가 6세기 중엽에 이르러서야 완전히 소멸했다.

오늘날의 모든 직통계시자, 즉 극단적 혹은 시한부적 종말론자 그리고 교주나 지도자의 말을 성경 권위와 같이 절대시하는 모든 이단의 원조라 할 수 있다. 직통계시를 받아 미래를 맞춘다는 것은 또한 정통 성경관을 벗어난 것이며 주술적이다. 더욱이 그리스도의 재림의 날짜를 알아 맞힌다는 것은 거짓이다.

> 이들은 극단적 신비주의로 직통계시파다. 오늘날 이들의 성향과 비슷한 이단 분파들로는 시한부 종말론자들, 몰몬교, 안식교, 신천지, 안상홍 하나님의교회, 이재록, 빈야드 운동, 중국의 많은 이단 사이비 등 상당수가 있다.

(5) 오리게네스파(Origenism)

알렉산드리아의 교부였던 오리게네스(Origenes, 185-254)는 플라톤 철학의 이원론을 바탕으로 나름의 신학체계를 세운 인물이다. 그는 플라톤적 철학의 한계를 벗어나지 못한 결과 이단적인 사상을 띠었고 결국 알렉산드리아에서 추방당하기까지 했다.

그의 이단적인 주장은 다음과 같다.

- 플라톤의 생각처럼 영혼전생설(前生說)을 주장했다. 사람의 영혼이 미리 존재하다가 육체와 결합하여 출생한다는 것이다.
- 그리스도의 인성이 탄생 이전에도 신성과 같이 존재했다.

- 인간은 물론 사탄까지도 마지막에는 모두 구원을 받는다.
- 그리스도의 죽으심은 타락 이후 사탄에게 지배당하는 사람을 당신 목숨으로 사서 구원하기 위함이었다. 이는 '사탄배상설'로서 사탄의 위상을 하나님처럼 높이는 위험성이 있다.
- 진정한 지옥은 없다. 지옥에서 심판의 불을 경험한다는 것은 죄책에 의한 양심의 고통이라고 보았다.

🔍 오리게네스주의의 사탄배상설은 오늘날 사탄의 위상을 과도히 높여서 이해하는 류광수의 다락방 등 여타 귀신파 이단들에게 지대한 영향을 미쳤다.

(6) 마니교(Manichaeism)

이단이라기보다는 타 종교에 가까운 사이비적인 혼합 종교다. 하지만, 초대 교회에 많은 영향을 미쳤으며, 오늘날도 비슷한 면모의 종파들이 있기에 알아 둘 필요가 있다.

창시자는 페르시아 태생의 귀족인 마니다. 페르시아의 이원론을 바탕으로 빛과 어둠을 다스리는 두 신을 전제로 한다. 조로아스터(페르시아 조로아스터교의 시조다. 이 교는 선과 악, 어둠과 빛을 극단적으로 나누는 세계관과 신 관념을 가지고 있다. 혹자는 유대교와 기독교의 기원이 되었다고 말하기도 하는데 터무니없는 주장이다)와 예수는 빛의 아버지로부터 참종교를 세우라고 보내진 사자인데 마니 자신은 마지막 사자이며 그 가운데서도 가장 고귀하다.

마니교의 특징은 금욕주의에 이원론적이고 윤회적인 세계관이다. 한편, 마니교는 기독교의 체제나 조직을 모방했기에 겉으로만 봐서는 잘 구분이 되지 않는 경향이 있었다고도 한다. 4세기에 맹위를 떨쳤는데 중세까지 살아 남아서 정통교회에 큰 골칫거리가 되었다.

통일교 등 종교 혼합의 교리를 가진 신흥종교들과 중국의 많은 이단 사이비 집단이 이 부류에 속한다.

(7) 단일신론파(Monarchianism)

초대 교회에 있어서 삼위일체에 대한 논쟁은 교회 갈등의 핵심이기도 했다. 니케아 공의회 이전 시대에 삼위일체를 인정하지 않고 유일신론적 접근에 주력한 사람들이 있는데 그들이 주장한 이론을 단일신론이라 한다. 단일신론은 주장의 내용에 따라 양자론과 종속론 그리고 양태론으로 구분된다.

① 양자론

이 이론에 의하면 예수님은 본질상 신성의 소유자가 아니었다. 한 인간이었지만 세례 혹은 부활 시에 하나님의 양자가 되어 지극히 높여졌다. 그러나 성부와 동격은 아니다. '역동적 단일신론'(Dynamic Monarchianism)으로 불리기도 하는데 예수 안에 초자연적 권능이 임재하여 머물렀다고 해서 붙여진 이름이다. 대표적 인물은 데오도투스(Theodotus, 185-200년경 활동)와 사모사타의 바울(Paul of Samosata, 260-272년간 안디옥 감독)이다.

② 종속론

분류하기에 따라 양자론과 동일시되기도 한다. 특징은 성자는 성부의 첫 피조물로서 가장 고귀한 존재이지만 성부께 종속된 열등한 존재라는 주장이다. 아리우스파의 주장인데 이런 형태의 아류가 많다.

③ 양태론

하나님의 단일성을 강조하면서 또한 예수 그리스도의 신성을 강조한다. 이 이론의 주장자인 노에투스(Noetus)는 십자가에 달린 예수님은 사실상 성부 하나님이셨다는 '성부수난설'(Patripassionism)을 주장했다. 그에 의하면 성부와 성자의 구분은 단순히 형식적이고 이름일뿐이다.

또 한편으로 사벨리우스(Sabelius, 217-220년경 활동)는 성부, 성자, 성령 하나님은 구약과 신약과 교회 시대의 세 시대를 통해 계시된 이름들이라고 했다. 곧 하나님은 세계와의 관계에서 아버지, 아들, 성령의 세 양식으로 나타난다는 이론이다. 이 이론에 의하면 예수 그리스도의 인성은 철저히 무시된다. 굳이 설명하자면 영지주의의 가현설과 비슷한 맥락이 되는 것이다.

〈단일신론 요약〉

- 양자론: 성자는 신성이 없는 사람이었으나 어느 시점에 권능을 받고 하나님의 아들로 높여졌음. 그러나 성부와 동격이 아님.

- 종속론: 성자는 피조물 중 으뜸이지만 성부와 같은 존재는 아님.

- 양태론: 하나님은 본래 한 분, 한 인격(위격)이신데 시대나 상황에 따라 세 양태로 나타나신 것임. 곧 삼위일체 하나님의 인격(위격)의 구분을 부정하는 태도임.

요약하자면 삼위일체 이단 중 양자론과 종속론은 성부만이 참하나님이라는 견해이며, 양태론은 성자의 인성(人性)을 무시하며 하나님은 세 인격(위격)이 아니라 한 인격(위격)이실 뿐인데 시대나 상황에 따라 성부, 성자, 성령의 세 가지 양태로 달리 나타난다는 주장이다.

2) 니케아 공의회로부터 칼케돈 공의회까지(325-451년)

(1) 니케아 공의회(First Council of Nicaea, 제1차 세계 공의회, 325년)

니케아 공회의는 교회사에 있어서 매우 중요한 위치를 차지한다. 기독교 최초의 세계회의일 뿐만 아니라 그 회의의 결과로 최초의 신경인 '니케아 신경'을 고백하게 되었기 때문이다. 니케아 공의회가 열리게 된 배경은 아리우스(Arius, 250?~336?)의 기독론 이해가 과연 받아들일 만한가에 대한 논쟁에서 비롯된다. 이 회의에서 아리우스는 이단으로 규정되고 니케아 신경이 채택되었다.

① 아리우스파(Arianism)의 주장

아리우스파는 하나님의 절대적 유일성과 초월성을 강조했다. 곧 하나님은 분할될 수 없으시며 불변하신다고 본 것이다. 따라서, 예수 그리스도는 비록 창조된 모든 신적 존재 중에서 가장 클지라도 하나의 창조된 존재에 지나지 않는다고 주장했다. 이는 그리스도의 참되고 완전한 신성(神性)을 부정하는 것이다.

그들은 그리스도 신성의 완전성을 부인하고 하나님도 아니요, 사람도 아닌 창조된 존재, 즉 일종의 반신반인(半神半人) 그리스도를 주장했다. 그의 교리를 요약하면 다음과 같다.

- 로고스는 다른 피조물과는 비교할 수 없는 완전한 피조물이지만, 하나님의 명령으로 창조된 존재로서 자존(自存)이지 않다.
- 로고스는 존재하지 않은 때가 있었다.
- 아들은 아버지와 본질적으로 같은 존재가 아니기에 아버지를 완전히 알지도 못한다.
- 아들은 변할 수 있으며 심지어 죄를 지을 수도 있다.

🔍 아리우스는 아리안주의(Arianism)라고 불리는 이단의 효시다. 삼위일체를 인정하지 않고 예수 그리스도의 신성을 부정하는 것이 이단성의 핵심이다. 이런 주장은 중세에 회교의 발생에도 영향을 끼쳤다고 여겨지며, 오늘날은 여호와의 증인으로까지 이어진다.

② 니케아 신경(Nicene Creed)

아리우스의 주장은 당대 교회에 많은 혼란을 초래했다. 그리하여 콘스탄티누스(Constantinus, 272-337) 황제의 주선으로 니케아에서 전 세계 교회의 대표가 모인 회의가 열리게 된다. 니케아 공의회(AD325)에 참석했던 교회 대표는 모두 318명이었는데 그중에 신체적 장애를 지닌 사람들이 306명이었다고 전한다. 그들 대부분은 핍박의 시기를 통과하다가 고문이나 탄압에 의해 장애를 가지게 된 사람들이었다. 그들의 결정이 권위 있음은 내용의 옳음이 근본이지만 그들의 삶의 족적이 그 결정을 더욱 권위 있게 만든 것 또한 사실이다.

당시 알렉산드리아 감독 알렉산더(Alexander of Alexandria)와 그의 수행원이었던 아타나시우스(Athanasius, 293?-373)는 아리우스파의 주장을 명료하게 반박하며 정통파의 교리를 논리적으로 설파했다. 당시 공의회의 분위기는 아리우스파와 중도파가 다수였고 알렉산더나 아타나시우스와 같은 정통파는 소수였지만, 그 주장이 너무나 설득력 있었기에 중도파의 지지를 많이 이끌어 내게 되었다. 그 결과 아리우스파는 이단으로 정죄되었고, 공의회는 니케아 신경을 작성하여 선포하게 된다.

– 니케아 신경(Nicene Creed) 전문 –

전능하신 아버지시요

가시적이거나 불가시적인 만물의 창조주이신 한 하나님을 우리가 믿으며

한 하나님의 아들 주 예수 그리스도를 믿으니,

이는 아버지에게서 독생자로 나셨으니

아버지의 본질(substance, 즉 *ousia*)에서 나셨으며,

하나님에게서 나오신 하나님이요 빛에서 나오신 빛이시며

참하나님에게서 나오신 참하나님이시니

나신 분이시고 창조되지 않으셨으며 아버지와 동일 본질(*homousios*)이시며,

그를 통해 하늘과 땅 위에 존재하는 만물이 있게 되었음을 믿습니다.

그는 우리 인간을 위하여, 우리의 구원을 위하여 이 땅에 내려오셔서

육신이 되시고 인간이 되셨으며 고난을 받으시고

사흘 만에 다시 살아나셔서 하늘에 오르셨으며

산 자와 죽은 자를 심판하러 오실 것을 믿습니다.

그리고 성령을 믿습니다.

그러나 그가 계시지 않은 때가 있었다고 말하거나

그가 나시기 이전에는 존재하지 않았다거나

그는 존재하지 않는 것에서 나왔다거나

또는 하나님의 아들이신 그가 다른 실체나 본질에서 유래되었다거나

창조되었다거나 변모되고 변질될 수 있는 존재르·고 주장하는 자들은

하나인 사도적 교회가 정죄합니다. 아멘.

(2) 콘스탄티노플 공의회(First Council of Constantinople, 제2차 세계 공의회, 381년)

① 니케아 공의회 결정에 대한 반발과 갈등

니케아 공의회 이후 아리우스파는 굴복할 마음이 없었다. 그래서 황제와 같은 정치적인 세력을 등에 업고 정통파를 압박하기도 했다. 그 결과 아타나시우스는 다섯 차례나 감독직을 박탈당하고 17년간 유배 생활을 해야 했다. 이처럼 아리우스파가 정치적 힘으로 소수인 정통파를 탄압했지만, 당시 전체 교회의 분위기는 여전히 중도파가 주도하고 있었다.

② 콘스탄티노플 신경

정통파는 니케아 공의회 이후 줄곧 밀리던 와중에 361-381년의 기간 동안 정통파의 세 신학자 나지안주스의 그레고리(Gregory of Nazianzus, 330-390), 니사의 그레고리(Gregory of Nissa, 335-395)와 바실리우스(Basileius, 대 바질 [Great Basil], 330-379)가 공교회를 설득하게 된다. 이들을 갑바도기아 교부들(Cappadocian fathers)이라고 부른다. 이들의 노력에 힘입어 아리우스파는 세력을 잃게 되고 대다수의 중도파도 정통파의 교리를 널리 받아들이게 되어 니케아 신경을 인정하게 되었다.

그 결과로 381년에 열린 콘스탄티노플 공의회는 니케아의 결정을 재확인하게 된다. 이때 채택된 신조가 콘스탄티노플 신경이다. 이 신경은 니케아 신경의 내용을 더한층 명료하게 보충하고 다듬은 것이다.

결국, 이 일은 니케아의 결정을 오랜 시간을 두고, 격렬한 논쟁과 충분한 토의를 거쳐 다시 한번 인정하고 받아들인 결과이므로 그 결정의 진정성을 더욱 확고히 해 주었다고 할 수 있다.

- 콘스탄티노플 신경(Constantinople Creed)의 전문 -

우리는 한 분 하나님, 전능하신 아버지, 하늘과 땅과 보이는 것이나 보이지 않는 만물을 만드신 분을 믿나이다.
또한, 한 주 예수 그리스도를 믿사오니,
이는 하나님의 독생자시요, 모든 시간 이전(영원 전)에 아버지로부터 나신(出生) 분이요, 빛으로부터의 빛이시요, 참하나님으로부터의 참하나님이시요, 나시되 만들어지신 것은 아니며, 아버지와 동일 본질(*homousios*)이십니다.
이를 통해 만물이 생겨났으며, 그는 우리 인간들을 위하여,
우리의 구원을 위하여 하늘로부터 내려오시사
성령과 동정녀 마리아에게서 성육신하시었고, 사람이 되시었고,
우리를 위하여 본디오 빌라도에게 십자가에 못 박히시었고,
고난받으시고 장사 지낸바 되시었다가
성경대로 사흘 만에 다시 살아나시어 하늘에 오르사 아버지 우편에 앉아 계십니다. 산 자와 죽은 자를 심판하기 위하여 영광으로 다시 오실 것이며
그의 나라는 무궁합니다.
또한, 성령을 믿사오니,
이는 주 되시며 생명을 주시는 분이시니, 아버지로부터 발출(發出, proceeds)하시며, 곧 아버지와 아들과 더불어 함께 경배받으시며, 함께 영광을 받으실 분이시니, 선지자들을 통해 말씀하여 오신 분이십니다.
하나의 거룩한 보편적인 사도적 교회를 믿나이다.
우리는 죄의 사유를 위한 한 세례를 고백하나이다.
우리는 죽은 자의 부활과 오는 세상의 생을 바라고 있나이다. 아멘.

🔍 콘스탄티노플 신경을 니케아 신경과 함께 묶어 니케아–콘스탄티노플 신경, 혹은 그냥 니케아 신경이라고 부르기도 한다. 이는 콘스탄티노플 신경이 니케아 신경을 더 확고히 부연 설명을 하는 내용이기 때문이다. 이 신경은 하나님이 삼위일체로 존재하심과 예수 그리스도의 신성을 증거하는 정통 신학의 초석 그 자체이다.

(3) 도나투스파(Donatists)

북아프리카에서 4세기 초 도나투스(Donatus, ?-355) 등에 의해 분파 운동이 일어났다. 이 운동은 교회와 국가를 동시에 거부한 운동으로서 100여 년간 규모 있게 지속되다가 점차 쇠퇴한 후 7세기에 완전히 소멸하였다.

그들의 주장에 의하면 교회는 언제나 소수의 남은 자로 구성된다. 교회의 성결은 교회 구성원들의 성결에 의해 구성되므로 로마 정부의 교회 박해가 끝난 이후 배교했던 자들이 교회로 다시 돌아오는 것을 거부했다. 세례도 자기들 종파 이외의 교회에서 받은 것은 인정하지 않았다. 이는 그리스도 은혜의 원리에도 위배되는 매우 배타적인 모습이었을 뿐만 아니라 자칫 교회의 고립을 야기할 만한 일이었다.

더욱이 도나투스파는 시간이 흐르면서 점차 과격한 광신주의적 경향을 나타내기도 했다. 이와 같은 도나투스파에 적극적으로 반대한 사람은 아우구스티누스다. 그는 교회를 분열시키는 죄는 배교의 죄보다 더 크다고 했고, 교회 내의 선인과 악인의 심판은 하나님의 심판대 앞에서 최종적으로 이뤄질 것이므로 사람이 섣불리 구분할 것이 아니라고 했다. 또한, 교회의 성결은 교인들의 성결에 근거하는 것이 아니라 교회를 다스리시는 그리스도의 성결에 근거한다고 했다.

> 도나투스파의 주장에는 자기네 소수집단만이 선택받고 구원받는다고 하는 이단의 특징과 그 폐쇄성이 잘 드러난다. 오늘날 모든 이단은 이런 교회관을 가지고 있다고 해도 과언이 아니다.

(4) 아폴리나리우스주의(Apollinarianism)

아폴리나리우스(Apollinarius, 310-390)는 그리스도의 인격(위격)의 통일성을 지나치게 주장하던 나머지 그리스도 인성의 선재(先在)성을 주장했다. 그는 요한복음 3:13과 고린도전서 15:47을 근거로 선재하는 하늘의 사람,

둘째 아담이 성육신하게 되었다고 여겼다. 그리고 그리스도는 영이 없는 인성을 입으신 것이라고 했다. 그는 또 주장하기를 그리스도는 신체를 가졌지만, 그 신체는 승화된 것으로서 거의 사람의 신체가 아니었다고 했다.

아폴리나리우스의 주요한 관심사는 그리스도 인격(위격)의 단일성과 참된 신성을 강조하고, 그리스도의 무죄하심을 알리는 것이었다. 그러나 그의 입장은 381년 콘스탄티노플 공의회에서 이단으로 규정되었다. 예수님의 신인양성(神人兩性)과 그 인격(위격)의 통일성을 말함에 있어서 오류에 빠진 아폴리나리우스의 가르침은 그리스도께서 참사람이심을 흐릴 뿐만 아니라 영지주의의 가현설적인 면도 띠고 있다.

(5) 성경 정경의 수납(카르타고 지방 회의, Council of Carthage, 397년)

구약은 예수님과 사도 시대부터 39권이 이미 널리 받아들여지고 있었지만, 신약성경에 대해서는 어떤 것을 받아들이는 것이 가장 합당한지에 대한 논란이 일었다. 많은 영지주의자가 자기들 나름대로 사도나 권위자의 이름을 붙여 복음서와 서신서를 지어내곤 했는데, 그런 행위들은 초대 교회에서 큰 골칫거리이기도 했다.

그래서 여러 교부가 합당한 권위를 부여받을 만한 신약 정경에 대해 나름의 견해를 피력했는데, 대체로 현재의 신약 27권의 권위를 인정하는 분위기였다. 그러던 중 397년 카르타고 지방 회의에서는 정식으로 신약성경 27권을 정경으로 채택했다⟨pp. 154-156 참조⟩.

(6) 아우구스티누스파와 펠라기우스파의 논쟁

① 아우구스티누스의 은혜의 교리

아우구스티누스(Augustinus, 어거스틴, 354-430)는 사람에게는 원죄가 있음을 확신했다. 즉, 아담이 하나님의 말씀에 불순종했을 때 모든 인류도 그의 안에서 범죄했고 결국 거룩한 성품이 손상되고 타락했다. 그로 말미암아 인간은 선을 행할 자유를 상실했다. 타락 이전에는 범죄할 자유도 범죄하지 않을 자유도 있었지만, 범죄 후에는 그런 자유를 상실하고 말았다는 것이다.

범죄한 사람은 이제 하나님의 도움이 없이는 그 어떤 악의 유혹도 극복할 수가 없다. 따라서, 아우구스티누스에 의하면 사람이 구원받기 위해서는 하나님의 은혜를 반드시 필요로 한다. 오늘날 정통교회는 이 은혜의 교리에 입각한 이신칭의(以信稱義) 사상을 우리 신앙의 근간으로 받아들이고 있다.

② 펠라기우스파(Pelagianism)의 율법주의

펠라기우스(Pelagius, 348-409)는 도덕주의자로서 인간성에 대한 비관적 견해를 거부했다. 특히, 아우구스티누스적인 생각을 혐오했다. 만약 그와 같다면 인간은 하나님 은혜의 사역으로 말미암아 결정되는 꼭두각시에 불과하다고 여긴 것이다. 그리하여 펠라기우스는 무조건적인 자유와 인간의 책임을 강조했다. 곧 인간이 원한다면, 죄를 짓지 않고 하나님의 율법을 완전히 행할 수도 있다는 것이다.

물론, 펠라기우스도 하나님의 은혜를 결코 부차적으로 보거나 단지 없어도 괜찮은 것으로 여기지는 않았다. 하지만, 문제는 인간이 행위로도 구원을 받는다고 여긴 점이다. 그런 생각은 곧 율법으로 구원받을 수 있다는 주장인데 여기에는 그리스도 대속의 은혜를 무가치하게 만드는 모순이 있다.

③ 카르타고 회의(Council of Carthage, 카르타고 지방 회의, 412년)

펠라기우스의 제자 켈레스티우스(Caelestius)는 그 스승보다 더 과격한 교리를 가르쳤다. 그는 매우 논리적인 사람으로서 펠라기우스의 이론에 자기주장까지 더하여 가르치다가 412년 카르타고 지방 회의에서 이단으로 규정된다.

당시 지방 회의가 이단성으로 지적한 켈레스티우스의 주장은 다음과 같다.

㉮ 아담은 범죄하지 않았어도 죽었으리라는 주장
㉯ 아담의 타락은 아담 개인에게만 영향을 미쳤지 인류 전체에 영향을 준 것은 아니라는 주장
㉰ 유아들은 타락 이전의 아담과 같이 무죄한 상태로 세상에 태어난다는 주장
㉱ 온 인류는 아담의 타락으로 사망하지도 않거니와 그리스도 부활의 공로로 부활하게 되지도 않는다는 주장
㉲ 유아세례를 받지 않은 유아들도 구원받는다는 주장
㉳ 복음뿐만 아니라 율법에 의해서도 인간은 천국에 들어갈 수 있다는 주장
㉴ 그리스도 이전에도 죄 없는 삶을 산 사람이 있다는 주장

카르타고 회의 이후 펠라기우스파는 점차 궁지에 몰리는데 다른 지방 회의에서도 연이어 불리한 판결을 받았고 결국 431년 에베소 공의회에서도 이단으로 규정되었다.

🔍 위에서 ㉲ 항을 제외한 모든 부분은 정통 개신교회에서는 결코 받아들일 수 없는 내용들이다. 유아세례는 부모 신앙의 표시이며 아이가 하나님의 은혜 안에 있기를 소망함이지 구원의 수단은 아니다. 사망한 유아에 대한 논의가 완전히 결론이 난 것은 아니지만 많은 정통 신학자는 구원받게 될 것으로 여긴다. 그런데 이런 소모적 논쟁거리에 대해서는 겸손히 하나님의 결정에 맡기는 태도가 바람직하다고 할 것이다.

(7) 네스토리우스파(Nestorians)

아폴리나리우스가 그리스도의 신성과 인성의 통일성을 강조하다가 이단이 된 것과는 대조적으로 네스토리우스(Nestorius, 386?-451)는 그리스도의 신성과 인성의 구분을 지나치게 강조하다가 이단이 되었다.

그는 그리스도의 완전한 인성을 부인하지 않으면서도 그의 참된 신성을 변호하려고 했다. 그에 의하면 인간 그리스도는 하나님이 아니라, 신격(神性)의 소유자요, 하나님 지참자(持參者)였다. 그리스도가 경배받는 것은, 그가 하나님이기 때문이 아니라, 하나님이 그 안에 계셨기 때문이라고 했다. 곧 네스토리우스는 인성과 신성을 나누어진 채로 이해한 것이다. 곧 신성과 인성의 두 본성 간의 연합을 부정한 것이다.

네스토리우스파는 431년 에베소 공의회에서 이단으로 규정되었고, 451년 칼케돈 공의회에서 재확인되었다.

> 네스토리우스가 이단으로 정죄된 이후 그의 제자들은 동방으로 옮기면서 선교를 감행했는데 그 결과 일찍이 중국에까지 들어가게 되었다. 곧 경교(景敎)다. 경교는 당나라 때 들어가 200여 년간 번영했다. 그러다가 핍박과 불교 등 토속종교와 섞이면서 쇠퇴했다. 네스토리우스파는 미미하지만, 오늘날도 이라크, 시리아, 이란 등지에 소수가 남아 있다.

(8) 에베소 공의회(Council of Ephesus, 제3차 세계 공의회, 431년)

에베소 공의회는 네스토리우스에 대한 이단성 시비 문제가 주된 논점이었고, 또 한편으로 아우구스티누스파와 펠라기우스파의 논쟁에 대한 판단 여부였다. 이때 네스토리우스파와 펠라기우스파가 이단으로 규정된다. 펠라기우스파가 이단으로 규정되었다고 하는 것은 우리의 구원이 율법의 행위를 통해서가 아니라 오직 믿음, 곧 이신칭의(以信稱義)로 말미암음을 확고히 한 것이다. 이 결의는 사도행전에 등장하는 예루살렘 공의회의 정신을 계승하는 것이기도 하다(행 15:1-31).

(9) 유티케스의 단성론(Monophysitism)

유티케스(Eutyches, 380-456)는 "한 방울의 식초가 대양에 흡수되듯이 그리스도의 인성이 그 신성에 흡수되었다"고 말했다. 그래서 그리스도의 몸은 본질적으로 우리의 몸과 다르다고 했다. 이는 곧 그리스도의 인성을 단순히 가현 같은 것으로 여긴 태도다. 그래서 그는 448년 콘스탄티노플 지방 회의에서 이단으로 규정된다. 하지만, 그 이듬해 449년에 열린 에베소 지방 회의에서는 자기 세력의 무력행사를 통해 복권되었다.

(10) 칼케돈 공의회(Council of Chalcedon, 제4차 세계 공의회, 451년)

449년의 에베소 지방 회의 불미스러운 사건 등으로 인해 유티케스파에 대한 처리와 그리스도의 신인양성에 대한 논의를 위해 칼케돈 공의회가 열렸다. 이 회의에서 유티케스는 다시 이단으로 규정되고 공의회는 칼케돈 신경을 작성하여 고백하게 된다.

칼케돈 신경의 전문은 다음과 같다.

> **– 칼케돈 신경(Chalcedonian Creed) 전문 –**
>
> 그러므로 교부들을 따라서 우리 모두는 한 분이신 성자,
> 우리 주 예수 그리스도를 고백하도록 가르치는 일에 하나가 되었습니다.
> 그분은 하나님으로서 완전하시고, 사람으로서도 완전하시며,
> 참하나님이시며, 이성적인 영혼과 몸을 가진 참사람이십니다.
> 그분은 신성으로 말하자면 아버지와 동질이시고
> 인성으로 말하자면 우리와 동질이시며
> 모든 점에서 우리와 같으시나 죄는 없으십니다.

> 그분은 신성으로 말하면, 시간 이전(영원 전)에 성부에게서 나셨으며,
> 인성으로 말하면, 마지막 날에 우리와 우리의 구원을 위하여
> 동정녀이시며 하나님을 낳으신(*theotokos*) 마리아에게서 나셨습니다.
> 우리는 성자이시요, 주님이시요,
> 독생자이신 유일하신 한 분 그리스도를 고백합니다.
> 그분은 두 본성으로 인식되는데, 두 본성이 혼합되지도 않으며,
> 변화되지도 않으며, 분할되지도 않으며, 분리되지도 않음을 인정합니다.
> 도리어 양성은 각 본성의 특이성을 보유하면서
> 하나의 인격(위격)과 자질로 연합되어 있습니다.
> 우리는 두 인격(위격)으로 분열되거나 분리된 한 분을 고백하지 않고,
> 한 분이시며 동일한 독생자이신 성자,
> 하나님의 로고스이신 주 예수 그리스도를 고백합니다.
> 그것은 선지자들이 우리에게 미리 알려 주었고,
> 예수 그리스도께서 친히 우리에게 그와 같이 가르치셨으며,
> 교부들이 우리에게 전수한 신앙고백에서도 역시 그렇게 가르칩니다. 아멘.

오늘날 칼케돈 신경에서 가장 논쟁거리가 되는 부분은 "하나님을 낳으신(*theotokos*) 마리아"라는 문구에 있다. 그런데 당시 교회의 지도자들이 이 문구를 넣은 것은 네스토리우스 등이 예수님은 탄생 시에는 신성이 없었다고 말하는 것에 대한 반박을 위함이었다. 곧 예수님은 잉태될 때부터 신성과 인성을 모두 가진 분이심을 강조함이었다.

그런데 후일 로마가톨릭교회는 이 문구를 확대 해석하여 마리아 숭배로까지 발전시키는데 이것은 본래 신조의 정신을 모독하는 행위라 아니 할 수 없다.

(11) 사도신경의 형성

사도신경의 기원은 세례문답 시에 수세자로 하여금 고백케 했던 신앙고백문으로부터 출발한다. 2-3세기 초대 교회로부터 있어 왔는데 널리 쓰이기 시작한 시기는 4-5세기경이라 할 수 있으며 후일 많은 이단에 대항하기 위해 서두에 "내가 믿사오며"(*Credo*)라는 말을 넣으면서 신조로서 여겨지게 되고 710-724경에는 오늘날 우리가 고백하는 것과 동일한 형태의 신앙고백문으로 정리되었다.

이 사도신경은 서방교회에서 유래했으며 동방교회는 받아들이지 않는다. 그렇다고 동방교회가 사도신경의 내용을 거부하는 것은 아니다. 이미 이전의 3대 신경에 사도신경의 내용이 다 들어 있기 때문이다. 후일 종교개혁자들은 이 사도신경을 우리 믿음에 대한 합당한 고백이라 여겨 그대로 받아들였고 오늘날에 이르고 있다.

- 사도신경(Apostles' Creed) 전문 -

나는 전능하신 아버지 하나님 천지의 창조주를 믿습니다.
나는 그의 유일하신 아들 우리 주 예수 그리스도를 믿습니다.
그는 성령으로 잉태되어 동정녀 마리아에게서 나시고,
본디오 빌라도에게 고난을 받아 십자가에 못 박혀 죽으시고(음부에 내려가셨다가),
장사된 지 사흘 만에 죽은 자 가운데서 다시 살아나셨으며,
하늘에 오르시어 전능하신 아버지 하나님 우편에 앉아 계시다가,
거기로부터 살아 있는 자와 죽은 자를 심판하러 오십니다.
나는 성령을 믿으며, 거룩한 공교회와 성도의 교제와 죄를 용서받는 것과 몸의 부활과 영생을 믿습니다. 아멘.

사도신경 중 오늘날 논란이 되는 부분이 몇 군데 있다.

① "음부에 내려가셨다"고 하는 부분에 대한 해석

한국에서는 이 부분이 논란이 안 되도록 생략되어 사용되고 있지만, 8세기경에 확정된 원문과 오늘날 세계 모든 나라의 사도신경에는 이 부분이 포함되어 있다. 4-5세기까지의 사도신경에는 이 부분이 보이지 않으므로 빼야 한다는 견해도 있다. 그러나 모든 세계 교회가 고백해 온 것을 임의로 빼는 것에 대해서는 바람직하지 않다는 견해도 강하다.

이 부분의 해석에 있어 혹자들은 예수님이 지옥에 갈 사람들과 똑같이 지옥에 내려가셔서 고통을 겪으셨다고 이해하기도 한다. 또 한편, 이 구절과 베드로전서 3:18-19; 4:6을 근거로 옥에 있는 자들에게 복음을 전파했다고 비약하기도 한다. 그래서 로마가톨릭교회는 그 구절을 연옥설의 근거로 삼는다.

"음부에 내려가셨다가"에 대한 정통교회의 의견은 여러 가지다.

칼빈은 상징적으로 이해하며 고통스러운 죽음에 대한 영적 표현으로 이해한다. 곧 십자가는 육체의 고통이며, 음부 강하는 영적 고통의 표현이다.

성공회는 이 부분을 "죽음의 세계에 내려가시어"로 번역한다.

루터파는 사탄의 세력에 대한 승리의 선언을 위해 음부에 내려가셨다고 이해한다.

미국 감리교회는 '음부 강하' 부분을 생략했던 웨슬리의 영향으로 한참 동안 그 부분을 삭제해 왔다가, 최근 에큐메니컬 운동에 보조를 맞춘다는 이유로 다시 넣고 있다.

한국 사도신경에서 음부 강하가 생략된 이유는 1908년 합동 찬송가를 출간할 때 함께했던 교단들이 미국감리교단에 의해 세워진 한국감리교회의 견해를 수용했기 때문이라고 한다. 정통교회는 음부 강하와 관련한 난해구인 베드로전서 3:18-19을 예수께서 죽음의 권세에 대한 승리를 선언한 것으로 이해한다. 원어의 의미도 '선포'이지 '복음 전파'가 아니다. 베드로전서 4:6도 복음을 믿다가 죽은 성도에 해당하는 말로 이해한다.

② "거룩한 공회"(the Holy Catholic Church)가 로마가톨릭교회가 아니냐는 해석

Catholic이란 말은 '보편적', '우주적'이란 의미로서 '우주적 보편 교회' 곧 사도적 정통교회를 지칭함이지 로마가톨릭만을 특별히 지칭하는 것은 아니다. 단지 그들이 자기네 명칭에 Catholic을 가져다 붙인 결과일 뿐이다.

③ "성도가 서로 교통하는 것"이란 부분이 로마가톨릭교회가 말하는 성인 숭배의 의미가 아닌가 하는 해석

이 구절에 해당하는 라틴어는 *Communio Sanctorum*(코무니오 상크토룸)인데 로마가톨릭은 "모든 성인의 통공"(聖人的通功)이라고 해석한다. 이 해석에 의하면 살아 있는 성도와 죽은 성도의 교통이 가능하다. 그래서 그들은 죽은 성도(성인)를 향해 기도하기도 하며, 그들의 성상과 화상을 향해 예를 표하기도 한다.

그러나 개신교회는 저 라틴어 단어를 "성도의 교제"로 해석하여 현실 교회 안에서의 성도들 간의 교제로 이해한다.

우리 정통 개신교회는 위에서 살펴본 세계 4대 회의의 결정들(3대 신경과 이신칭의 사상)에 사도신경을 더하여 받아들인다.

여기서 주목해 볼 만한 것은 교회가 세상 정부로부터 공인을 받은 313년 이후 451년까지 140여 년간의 기간 동안에 가장 핵심적인 교리들이 정리되어 채택되었다는 사실이다. 그리 길지 않은 기간 동안에 중요한 교리들이 체계화될 수 있었던 것은 그 내용들이 성경적이며 또한 널리 받아들여질 만큼 합당했기 때문이다. 또 한편, 다행한 것은 교회가 중세를 거치며 세속화되고 분열, 타락하기 전에 주요 교리에 대한 정리 작업이 대부분 마무리되었으므로 그 순수성 또한 입증된다는 사실이다.

물론, 4대 회의 이후 세 차례의 세계 회의가 더 열리게 되는데, 제5차 회의(제2차 콘스탄티노플 공의회. 553년)와 제6차 회의(제3차 콘스탄티노플 공의회 680-681년)는 4대 회의의 결정들을 보충하는 성격의 회의였다. 그런데 제7차 회의(제2차 니케아 공의회. 787년)의 결정 사항인 성상 존중 부분은 개신교회 안에서 다소간 견해차가 있지만, 다수 교단은 거부하는 입장이다〈pp. 87-88 참조〉.

또 한편, 신조를 논함에 있어서 아타나시우스 신조(The Athanasian Creed)도 알아 둘 필요가 있다. 이 신조는 니케아 공의회 당시의 교부 아타나시우스가 작성한 것이 아니라 7세기 경의 동명이인(同名異人)에 의해 만들어졌다고 하는데 5세기경의 다른 인물이라는 주장도 있다. 이 신조의 주된 내용은 삼위일체 교리에 대한 것인데 현재 루터파와 장로교단들에서 합당하다고 여겨 받아들이고 있다. 그러나 4대 신경의 권위에는 미치지 못한다.

3) 칼케돈 공의회 이후 국제 정세와 교회의 변화(451-590년)

(1) 서로마제국의 쇠퇴와 로마 감독의 지도력 강화

4세기 말부터 시작하여 5세기에 이르러 로마제국은 점점 쇠퇴하기 시작했고 이때를 틈타 주변 이민족의 로마제국 침략이 본격화되었다. 4-5세기경의 로마 황제들은 거대한 제국을 보다 효과적으로 다스리고 권력 다툼도 최소화하기 위해 제국을 동·서로 나누어 형제들이 분할 통치하기도 했지만, 제국의 쇠락을 막기에는 역부족이었다.

먼저 훈족의 아틸라(Attila, 406-453)가 동·서로마를 압박하여 막대한 피해를 줬고, 훈족을 피해서 로마 국경을 넘었던 게르만의 여러 종족은 도리어 서로마의 많은 지역을 점령해 나가게 되었다.

로마제국의 판도와 5대 총대교구

결국, 로마 황제의 힘은 갈수록 약해지게 된다. 더욱이 476년에 이르러는 게르만족 오도아케르(Odoacer, 435-493)에 의해 로마시가 점령되고 황제가 폐위되어 서로마 왕조는 멸망하고 말았다(동로마는 15세기까지 존속되며 비잔틴 제국-Byzantine Empire, 1453년 멸망-이라고 불리기도 한다). 이처럼 힘의 공백이 생기는 만큼 민중은 불안감을 씻고 위로를 얻고자 교회에 더욱 의지하게 되었고 결국 로마 감독의 위상은 갈수록 높아졌다.

특별히 로마교회의 감독 레오 1세(LeoⅠ, 재위 440-461)의 활약이 돋보였다. 레오는 훈족의 아틸라가 로마를 위협했을 때 아틸라와 담판을 지어 성과를 올리는 지도력을 발휘하기도 했다. 그리고 로마에 쳐들어온 게르만족들에게도 지도력을 발휘하여 살인과 약탈을 막는 등 서로마 지역 민중의 요구를 대변했다. 그러므로 이 시기 로마교회 감독이 인기를 얻고 새로운 대안으로 추앙받게 된 것은 당연한 일이었다고 할 만하다.

더욱이 레오 1세는 교황권의 확립을 위해 신학 작업을 추진한 인물로 주목받는다. 물론, 로마 감독의 우월성 주장은 3세기 중엽부터 있어 왔다.

3세기 중엽의 로마 감독 스테파누스1세(Stephanus I, 재위 254-257)는 마태복음 16:18의 말씀을 근거로 로마 감독이 베드로의 후계자라 했는데 그 이후의 감독들도 꾸준히 그와 같은 주장을 하며 로마 감독이 모든 교회 위에 있다고 했다. 그러나 그런 주장은 단발적이었다. 그에 반해 레오는 로마 감독의 우월성에 대한 근거를 신학적 논리로 체계화하기 시작한 면에서 특별함이 있다. 그는 로마 감독이야말로 베드로의 후계자임과 아울러, "그리스도의 대리자"라고 주장했고, 그것을 정당화하기 위해 문서를 위조하는 일까지 저질렀다.

레오 이후의 로마 감독들도 자기들의 권위를 높이기 위해 조직적으로 문서들을 위조했을 뿐만 아니라 날조된 전설을 만들어 알리기도 했다.

(2) 동로마(비잔틴)제국과 4대 총대교구

서로마 멸망 후 홀로 남은 동로마제국은 황제가 사라지고 크고 작은 나라가 난립하여 혼란한 틈을 타, 로마교회 감독이 인기를 얻은 서로마의 상황과는 달리 황제의 권위가 살아 있었다. 그 결과 동로마교회의 감독들(콘스탄티노플, 안디옥, 예루살렘, 알렉산드리아 대교구)은 황제의 그늘 밑에 있어야 했으므로 그 위상이 상대적으로 높을 수 없었다.

그리고 그들은 무언가 안건이 있을 경우 집단지도체제로 정책을 운용했다. 이는 힘의 균형이 어느 한 편에 쏠리지 않도록 했으며 교회의 순수성을 지켜 내는 장치가 되었다.

2. 중세 시대(590-1517년)

1) 교황권

(1) 교황권 주장의 근거

중세 시대는 교황(Pope)으로 대표되는 교회의 시대다. 곧 중세에는 교황과 교회의 권위에 도전하는 사람은 그 타당성 여부를 떠나서 이단으로 정죄받곤 했다. 그러므로 교황권에 대해 확실한 이해가 있어야 중세 교회를 이해할 수 있다.

오늘날의 로마가톨릭교회(천주교)에서는 베드로를 초대 교황으로 부르며 지금(2024년 현재 프란치스코 교황, Pope Francis)까지 266명의 교황이 있어 왔다고 말한다. 하지만, '교황'이란 용어가 언제부터 정확하게 사용됐는지는 학자마다 의견이 다르다. 교황을 부르는 칭호인 '포프'(Pope)는 4세기 시리치오 감독(Siricius, 재위 384-399) 때부터 본격적으로 사용되기 시작했다. 또 445년 레오 1세 감독은 자신을 "사도 베드로의 후계자로서 그리스도 왕국의 열쇠를 가진 자"라고 언급했다. 그리고 후일 교황 그레고리 7세(재위 1073-1085)가 최종적으로 이를 '사도 베드로의 후계자'에게 쓰이는 칭호로 규정하게 된다.

이는 성경의 마태복음 16:16-19에 "예수께서 대답하여 이르시되 … 내가 네게 이르노니 너는 베드로라. 내가 이 반석 위에 내 교회를 세우리니 … 내가 천국 열쇠를 네게 주리니 … "라는 말씀을 확대 왜곡한 것이다. 로마교회의 주장에 의하면 '베드로'라고 명명하시고, 예수께서 당신의 교회를 그 반석 위에 세운다는 의미는 교황제를 인정한다는 것이며 천국의 열쇠는 교황의 절대적인 권위를 상징한다는 설명이다.

그러나 성경의 문맥을 살펴볼 때 '베드로와 같은 신앙고백 위에 교회를 설립하시리라'는 말씀으로 이해함이 온당하지, 베드로 개인에게 절대 권한을 위임하신 말씀이라고는 볼 수 없다. 그런데도 로마가톨릭교회가 교황의 권위를 억지로 높이며 차별화를 시도한 것은 세속적 욕심에 사로잡힌 결과라 할 것이다.

(2) 그레고리우스 1세 교황(Gregorius Ⅰ, 재위 590-604년)

많은 교회 역사가가 그레고리우스 1세 교황의 즉위로부터 중세 시대가 시작되는 것으로 본다. 그래서 그레고리우스 1세를 일컬어 고대 교회사의 최후 교부요, 중세사 최초의 교황이라고 칭하기도 한다. 그는 동로마제국의 수도 콘스탄티노플에 한동안 머물며 그곳 사정에 정통했다. 그 결과, 그는 즉위 후 당시까지만 해도 동로마제국 황제의 영향 아래 있던 서방교회의 교권을 독립시켰다. 곧 독립된 교황권을 확립한 것이다. 그리고 교회의 제도를 정비하고 조직을 튼튼히 했다.

또한, 성직자의 윤리를 강조하고 교회의 사회 공헌도 중시했다. 로마가톨릭교회는 그를 첫 대교황(the Great Pope)으로 칭하는데 이는 로마교회에 대한 그의 공로가 지대했음을 의미한다.

2) 동방교회의 위축과 이슬람

동방교회는 서로마가 멸망한 후에도 여전히 건재했던 동로마제국(비잔틴제국)의 영내에 있었으므로 안정적일 수 있었다. 하지만, 7세기에 접어들어 이슬람 세력의 침입을 받아 예루살렘, 안디옥, 알렉산드리아 교구는 겨우 명맥만 유지하는 신세로 전락하고 만다.

다행히 수도 콘스탄티노플은 건재했으므로 동방교회는 존속할 수 있었다. 이후 슬라브 민족(오늘날의 러시아)이 동방교회에 선교를 요청하여 국교화한 것을 제외하면 동방교회는 그 이후 오늘날까지 괄목할 만한 성장을 이루지는 못하고 있다.

1453년 콘스탄티노플마저 이슬람에 점령되며 동로마가 멸망한 이후에는 러시아 정교회가 동방정교회의 대표 교회가 된다. 7세기 이후 오늘날까지 동방교회의 역사는 이슬람과의 대립으로 점철되어 왔다고 해도 과언이 아니다.

3) 동·서방교회의 분열

서방교회의 교황에 대해 동방교회는 한 교구의 감독으로 여겼을 뿐 특별한 권세를 가진 예수 그리스도의 대리자라고 생각하지 않았다. 물론, 로마제국의 수도 로마라는 지역적 특수성 때문에 콘스탄티누스 황제 이후 로마교구를 장자 교구 정도로 인정해 주는 분위기는 있었다고 할지라도 모든 교회 위에 군림하는 특별한 존재일 수는 없었다. 그러나 로마교회 감독들은 꾸준히 자기들의 위상이 모든 교회 위에 있다고 주장했는데 이것은 동·서방교회 갈등의 근원이 되었다.

(1) 필리오케(*Filioque*) 논쟁

니케아-콘스탄티노플 신경에서 성령의 발출(發出)에 대한 본래적 표기는 아래와 같았다.

> 또한, 성령을 믿사오니, 이는 주 되시며 생명을 주시는 분이시니, 아버지로부터 발출(發出, proceeds)하시며, 곧 아버지와 아들과 더불어 함께 경배받으시며, 함께 영광을 받으실 분이시니, 선지자들을 통해 말씀하여 오신 분이시니라.

그런데 서방교회에서는 동방교회까지 동참한 세계 회의가 아닌 자기들만의 지방 회의였던 톨레도 회의(council of Toledo, 589년)에서 이 신조의 내용에 필리오케(*Filioque*, '그리고 아들'-and the Son-를 의미하는 라틴어)를 추가한 후 널리 사용했다.

곧 서방교회는 성령의 나오심에 대해 "아버지와 아들로부터 발출하시며"라고 고쳐서 이해한 것이다. 이에 대해 동방교회는 서방교회의 행동을 본래의 신조를 변개시킨 것으로 여겨 인정하지 않았다. 동방교회에서는 성령이 성부에게서만 나온다고 하는 성령단발설(聖靈單發說)을 정통이라고 여겼고, 성부와 성자로부터 나온다고 하는 서방교회의 복발설(復發說)을 그릇되다고 보았다. 곧 서방교회의 관점은 양태론적이라고 본 것이다.

동방교회의 삼위일체관에 의하면 본래의 니케아-콘스탄티노플 신경의 가르침을 따라 성부로부터 성자가 출생하셨고 또한 성령이 나오셨으므로, 성부는 성자와 성령의 신성의 원천이시기에 삼위 하나님은 본질상 한 하나님이라고 여기기도 한다. 물론, 물리적 시간 속에서의 출생과 나오심을 말함이 아니다. 신조에 이르는 것과 같이 모든 시간 이전(영원 전)의 출생과 나심을 말함이다.

그렇다고 성자와 성령이 성부께 종속적이지는 않다. 기원만 성부께 있을 뿐 본질과 신적인 모든 면에서는 동일, 동등하시며 상호 통재(내주)와 영원한 사귐 안에서 그 하나 됨을 유지하고 계시다고 믿는다. 그래서 동방교회는 서방교회의 '필리오케 첨가'를 결코 용납할 수 없는 것이다⟨pp. 165-169 참조⟩.

그러나 로마교회에서는 성부와 성자의 본질의 동일성에 초점을 두고 성자가 성부와 동일 본질의 하나님이시라면 성자로부터도 성령이 나오심이 마땅하다고 여겼다. 그리고 교황의 무오성(無誤性)을 주장하는 한 성령복발설은 변할 수 없다고 보았다. 1031년경 '필리오케 첨가'는 교황의 합법적 승인을 취득했는데, 이 일이 동·서방교회 분열의 가장 큰 이유 중 하나가 되었다.

(2) 성상(聖像) 숭배 문제

콘스탄티누스 황제로부터 신앙의 자유를 공인받은 이후 교회에는 문맹자들이나 야만인들도 많이 들어오게 되었다. 사실 당시의 일반 회중은 대다수가 문맹자라고 할 수 있었다. 게다가 활자가 발명되기 이전이므로 성경책도 절대적으로 부족했다. 그래서 그들에게 복음을 소개하는 방법으로 그림이나 조각품을 이용하게 되었는데 그 결과 그것들을 숭배하는 현상이 일어나게 되었다.

동방교회 성화상 이콘(Icon), 삼위일체 하나님

이러한 성상에 관한 태도도 동방교회와 서방교회가 약간씩 달랐다. 특별히 동방교회 내에서는 일찍부터 성상 숭배에 대한 찬반양론이 팽팽했다. 황제나 각 지역 총대주교(감독)가 어떤 생각을 가지느냐에 따라 성상 숭배가 용인되기도 했고 금지되기도 했다. 그러던 중 787년 제7차 두 번째 니케아 공의회가 열렸다. 이 회의에서 교회는 성상을 숭배하거나 예배할 수는 없지만 경의를 표할 수는 있다고 결의했다.

이렇게 결의한 이유는 성상들에게 바치는 존경(입맞춤, 인사, 분향과 촛불 켜기)은 그 형상들이 의미하는 대상들에게 전달되며 그 대상들을 높이는 결과를 가져온다는 인식 때문이었다. 이 회의 이후에도 동방교회는 성상 숭배로 인한 갈등이 지속되었는데 그 최종 결론은 843년 콘스탄티노플 지방 회의에서 자유화하기로 결정하여 일단락되었다.

이런 일련의 과정에서 동방교회는 교회 안에 성화상을 그려 존중하는 것을 용납하게 되는데 그 성화상을 이콘(Icon)이라 한다. 동방교회의 성상은 성화상에 국한되며 서방교회처럼 조각품에까지 경의를 표하지는 않는다.

반면, 서방교회는 처음에는 성상 숭배를 반대했으나, 성상에 대해 호의적인 분위기가 널리 퍼져 성상 숭배가 널리 환영받고 존중되었다. 그래서 교황은 동방교회를 향해 성상 문제를 지지하는 자기의 입장을 전달하곤 했다. 동방교회는 그런 교황의 입장을 무시하곤 했는데 이것도 동·서방교회 분열의 빌미 중 하나였다.

(3) 대립의 심화와 분열

동·서방교회 분열의 기저에는 지리, 언어(서방은 라틴어, 동방은 그리스어[헬라어]), 문화적 배경, 철학, 백성의 성격과 사고방식의 차이가 깔려 있었다. 표면적으로는 교리 논쟁이 중심이지만 이면적으로는 서로마제국의 몰락 후 확대되기 시작한 로마 교황의 영향력을 동방교회가 수용하지 않은 이유가 컸다. 그런 배경 아래서 동·서방교회는 크고 작은 이견이 쌓이게 되었고 갈등의 골은 점점 깊어져 갔다.

그러다가 결국 1054년에 동·서방교회는 서로에게 파문장을 던져 분열에 이르게 된다. 그 후 동·서방교회는 여러 번 통합을 모색하지만, 잘 성사되지 못했으며 1204년 서방의 제4차 십자군 원정대가 동로마제국의 수도 콘스탄티노플-동방교회의 총본산-을 점령하고 약탈과 학살을 일삼고 한동안 지배한 사건이 있고 난 이후 완전히 결별하게 되었다.

동방교회는 분열 후 자기들을 일컬어 'Ανατολική Ορθόδοξη Εκκλησία'(아나톨리케 오르도독세 엑클레시아)라 칭했다. 이는 '동방정통교회'라는 말로서 곧 서방의 로마교회와 차별화하여 자기들만이 진정한 정통교회임을 자처하는 의미이다. 오늘날 한국 등지에서는 '동방정교회'라고 부르고 있고,

영어로는 'Eastern Orthodox'라고 한다.

(4) 동방정교회의 특징

오늘날 동방정교회는 아래의 7대 공의회(세계 회의)의 결정을 받아들인다. 제7차 공의회까지를 인정하는 이유는, 전 세계 교회가 함께한 교회 회의는 제7차 공의회 이후 동·서방교회의 분열로 더 이상 열리지 않게 되었기 때문이다. 동방교회는 전 세계 교회가 역사 속에서 함께 결정한 사항을 고수하고 준수하는 전통 위에 서 있는 것이다.

① 니케아 공의회(325)
② 콘스탄티노플 공의회(381)
③ 에베소 공의회(431)
④ 칼케돈 공의회(451)
⑤ 제2차 콘스탄티노플 공의회(553)
⑥ 제3차 콘스탄티노플 공의회(680)
⑦ 제2차 니케아 공의회(787)

이 가운데서 니케아 공의회(325), 콘스탄티노플 공의회(381), 에베소 공의회(431), 칼케돈 공의회(451)의 결정 사항은 개신교회도 공히 인정하는 내용이다. 이후 제2차 콘스탄티노플 공의회(553), 제3차 콘스탄티노플 공의회(680)의 결정 사항은 이전 공의회에서 결의한 내용을 재강조한 공의회로서 개신교회 또한 받아들이는 내용이므로 문제 될 것이 없다. 단지 제7차, 제2차 니케아 공의회 결정 사항 중 성상 존중 허용에 대한 가르침은 개신교회 내에서도 견해차가 있다.

성공회는 천주교처럼 과도하지는 않지만, 성상과 이콘을 존중하는 입장에 서 있다. 루터파도 그것에 대해 크게 적대적이지는 않다. 그러나 기타 다수 개신교파는 성상 존중을 거부한다.

동방정교회는 구약성경의 목록 채택에 있어서 각 지역 국가교회마다 기준점이 다르기도 하다. 70인역에 수록된 외경 다수를 받아들여 구약이 50여 권인 국가교회도 있고, 개신교처럼 39권인 국가교회(러시아정교회)도 있다. 그러나 외경을 제2 경전이라고 하며 신도들의 영성 함양에 도움이 된다고 여기면서도 히브리어로 쓰인 39권의 경전보다는 아래에 두어 신학적이나 교리적 권위에 차등을 두고 있다.

동방정교회의 정치체제는 국가별 또는 민족 별로 각각 별도의 체제가 갖추어진 자치를 전제로 한다. 곧 각 지역의 교회는 서로 각 나라 나름의 독립성과 자주성을 인정하면서 느슨한 제휴 관계를 유지하고 있다.

동방정교회는 오늘날 주로 동유럽과 아시아(주로 시베리아, 중앙아시아)에 퍼져 있다. 그리스, 러시아, 우크라이나, 벨라루스, 몰도바, 세르비아 몬테네그로, 루마니아, 불가리아, 그루지야, 마케도니아, 보스니아 헤르체고비나, 아르메니아, 에티오피아가 정교회 국가로 존재한다. 물론, 국가교회 단위가 아닌 소수의 신도로 각 나라에 퍼져 있기도 하다. 한국, 미국, 캐나다, 오스트레일리아, 뉴질랜드, 일본 등이 그러하다.

또 한편, 동방정교회의 구원관도 독특한데 알미니우스주의와 가깝다고 할 수 있는 신화(神化) 사상이다. 이는 성도가 성령의 도우심을 통해 하나님의 자녀로서 하나님의 신적 거룩에 참여하기까지 자라간다는 사상이다(벧후 1:4-11).

물론, 신인합일(神人合一) 사상처럼 사람이 하나님의 본질로 바뀐다는 것이 아니라, 인간의 본질은 그대로 유지되되 성령의 능력을 통해 하나님 속에 참여하여 구속을 이루어 가고, 궁극에는 하나님의 거룩하심처럼 나도 거룩에 이른다고 보는 것이다. 다시 말해 성도가 성화를 꾸준히 이루어 점점 온전한 하나님의 자녀로서 변화되어, 결국에는 흠 없이 하나님 앞에 서는 것을 말한다. 웨슬리의 성화론과 가깝다고 할 수도 있다.

개신교의 구원관을 믿음 혹은 중생과 함께 순간적으로 주어지는 구원 그 자체에 집중하고 강조점을 두는 것이라고 한다면(엡 2:8), 정교회의 구원관은 받은 구원을 유지하고 일생 동안 꾸준히 완성해 나가는 것에 강조점을 둔다고 할 수 있다(빌 2:12).

> 동방정교회는 동·서방교회 분열 이후 큰 변화 없이 고대로부터의 전통을 그대로 간직한 채 오늘날까지 존재하고 있다. 그러나 성화상 존중과 성찬에서의 화체설 주장 부분 등이 오늘날의 정통 개신교회 다수 교파와 다른 부분이기도 하다. 개신교회는 이들 동방정교회와 꾸준히 대화하며 서로 간 이해의 폭을 넓혀 나가기를 힘써야 할 것이다. 예전이나 의식에 있어서 이질적으로 보이는 부분이 있지만 사실 성공회나 루터파와 크게 다르지 않고 본받을 만한 브분 또한 있기 때문이다.

4) 중세 교회의 이단

(1) 단의론(單意論, Monothelitism)

7세기경에는 동방교회 지도자들을 중심으로 한 5세기의 유티케스주의 단성론(單性論)과 비슷한 이단이 출현했다. 소위 단의론(Monothelitism)을 주장하는 사람들이다. 그들은 그리스도 안에는 한 가지 의지(意志)만이 있다고 주장했다.

이 설은 두 가지 형식을 취했는데, 하나는 인간 의지가 하나님 의지 안에 연합되어 하나님의 의지만이 역할 한다고 보는 견해이고, 또 다른 하나는 하나님 의지와 인간 의지가 혼합하여 합성적인 의지가 되었다고 보는 것이다. 이 문제는 680년 6번째 세계 회의인 제3차 콘스탄티노플 공의회에서 다루어져 이단으로 규정되었다.

당시 공의회는 양의론(兩意論, 二意論)을 채택하며 그 관계를 다음과 같이 정의했다.

예수 그리스도는 두 성과 아울러 두 의지를 가졌으며, 인간적 의지와 신적 의지가 조화적으로 역사하여 인간 의지는 신적 의지에 복종했다.

(2) 카다리파(Cathars)

12세기부터 시작된 극단적 이원론에 기초한 이단이다. 그 기원은 10세기의 보고밀파(Bogomils)에 둔다. 보고밀파는 영지주의적인 면과 마니교적인 면을 함께 가진 이단으로 가시적 세계는 악에 사로잡혀 있으며, 물질은 그 자체가 악하다는 사상을 전제로 교리를 전개했다. 카다리파는 민간에 널리 퍼져서 지적 수준이 낮은 백성을 미혹하다가 1184년 베로나 회의(Council of Verona)에서 이단으로 규정되었다. 십자군 전쟁 중 하나인 알비 십자군(1209-1229)은 이 카다리파를 토벌하는 것이었다.

카다리파의 사상은 그 정도에 따라 온건파와 급진파로 분류되지만, 다음과 같이 요약할 수 있다.

① 세상은 하나님과 사탄의 대결장이다.
② 온건파는 하나님의 두 아들이 있는데 장자는 사탄엘이고 차자는 그리스도라고 본다. 첫아들 사탄엘은 하나님께 반역하여 악의 지도자가 되었고, 눈에 보이는 세계를 창조했으며, 자신이 창조한 악한 인간들의 몸에 타락한 천사들을 집어넣었다고 한다.
③ 급진파의 경우는 사탄의 위상이 하나님과 동등하여 선한 신과 악한 신이 영원토록 공존한다고 본다. 사탄은 하늘의 선한 천사를 잡아다가 자기가 창조한 악한 인간들의 육체 속에 집어넣었다.
④ 사람은 그 몸 자체가 사탄이 갇힌 감옥이든, 선한 천사가 갇힌 감옥이든 악할 뿐이기에 그런 감옥을 늘리는 행위 자체가 범죄다. 아담과 하와의 원죄는 그런 감옥을 늘리는 재생산 작업에 있다. 그러므로 성관계를 금하고 자녀를 낳으면 안 된다.

⑤ 구원은 오직 안수례(按手禮)를 통한 성령 세례에 의해 주어진다.

> 극단적 이원론으로서 김기동의 베뢰아, 류광수의 다락방 등 귀신파의 가르침과 유사점이 있다.

(3) 왈도파(Waldensians)

리용(Lyon)의 상인 왈도(Waldes, Valdes, 1140-1217)는 어느 날 예수께서 부자 청년을 향해 교훈하신 성경 말씀에 감동을 받아 가난한 자들에게 자기의 많은 재산을 나눠 주고 자기는 극빈생활을 했다. 그리고 사도들의 청빈한 삶을 이상적으로 여겨 그들을 본받아 두루 다니며 복음을 전했다. 이에 많은 추종자가 모이고 그와 같은 모습으로 설교하며 다니는 사람들이 나오게 되자 교황청에서는 평신도들은 설교할 자격이 없다며 활동을 금했다.

이에 대해 왈도파는 성경의 명령을 거역하든지, 교회의 명령을 거역하든지 양단간에 결정해야 했는데 성경의 가르침을 따르기로 했다. 그들은 교회가 사도적 권위를 가지는 것을 인정하면서도, 사도적으로 실천할 때라야 비로소 사도적 권위를 가지는 것이라고 여겼다.

왈도파는 왈도의 삶을 따르는 것에서 출발하여 많은 사람이 호응하며 사상적으로도 발전했는데 오늘날 개신교회와 많은 부분에서 일치했다. 그들의 주된 사상은 아래와 같다.

① 성경은 신·구약 66권만이 유일한 신앙의 기준이다.
② 그리스도만이 유일한 중보자다. 로마교회는 오늘날까지 교인과 하나님과의 관계를 이어 주는 중보의 역할을 사제가 수행한다고 여기고 있으므로 왈도파의 주장은 결코 용인될 수 있는 것이 아니었다.

③ 연옥설, 각종 미사 제도, 교회 절기, 성자, 성물 숭배를 반대하고 성만찬과 세례만을 인정했다.
④ 교회의 직분을 장로와 집사, 두 직분으로 나누어 생각했고 목사와 장로의 권위가 동등한 것으로 보았다. 이는 훗날 장로교회가 채택한 정치체제와 별반 차이가 없다.

결국, 왈도파는 위기의식을 느낀 로마교회로부터 1184년 베로나 회의(Council of Verona)에서 이단으로 규정된 후 심한 박해를 받게 된다. 그 박해는 종교개혁기까지 이어지고 수많은 사람이 처형당했다. 이는 교황권력이 저지른 심각한 범죄였다.

로마 교황청의 지시를 따르지 않고 설교한 것이 문제라면 문제일 것인데 교회에서는 회중이 알아듣지도 못하는 라틴어로 설교했던 당시 상황에서 왈도파의 설교는 성경에 무지했던 일반 백성을 일깨워 주었다.

왈도파는 부패한 교황권력에 반대한 개혁적인 선각자 집단으로서 개혁 전 개혁자들과 종교개혁자들에게까지 지대한 영향을 미쳤다. 그러므로 결코 이단이라 할 수 없다. 후일 왈도파는 종교개혁 운동에 적극 가담하기도 했고 오늘날까지도 소수가 남아 있다.

(4) 사보나롤라

사보나롤라(Girolamo Savonarola, 1452-1498)는 15세기 말 이탈리아의 플로렌스에서 회개 운동을 전개했다. 그는 신비주의적 경향을 가지고 엄격한 금욕주의 생활을 했다. 사보나롤라는 로마가톨릭교회에 대한 항거를 한 것은 아니었지만 이탈리아 피렌체에서 백성을 향해 회개와 성결한 삶을 외쳐 많은 영향력을 행사했다. 그것을 부담으로 여긴 교황은 1498년에 그를 붙잡아 종교 재판에 회부하고 사형에 처했다. 사보나롤라도 억울하게 죽임을 당했다고 할 것이다.

🔍 중세 시대에 이단으로 규정된 사례를 보면 오늘날 우리가 받아들일 수 없는 심각한 이단도 있었지만 억울하게 정죄당한 양심적인 신앙인 또한 많았다. 그래서 종교개혁은 반드시 필요했다.

5) 로마교회의 배교

로마교회는 중세를 거치며 배교의 길로 들어서고 말았다. 곧 정통에서 벗어나 이단성을 띤 집단으로 변질되었다는 말이다. 로마교회 배교의 실태는 다음과 같이 요약할 수 있다.

(1) 교황권의 남용

서방의 중세 역사는 교황이라는 한 직분으로 요약될 정도로 교황의 권세가 높았다. 교황의 권력을 잘 대변해 주는 사건이 '카놋사의 굴욕'이라는 사건이다.

1076년 당시 유럽에서 가장 힘 있는 신성로마제국(Holy Roman Empire)의 왕 하인리히 4세(Heinrich IV, 1050-1106)가 그레고리 7세(Gregory VII, 1025-1085) 교황에게 용서를 빌기 위해 추운 겨울날 밤낮 사흘을 닫힌 성문 앞에 서 있어야만 했던 사건이다. 이는 중세에 있어 교황의 위상이 얼마나 막강했는지를 알게 해 준다. 이처럼 교황의 위세가 남다를 수 있었던 근저에는 다음의 비성경적 교리가 있다.

① 교황은 지상에서 '그리스도의 대리자'다. 그러므로 교회는 물론 세상 권력도 교황에게 복종해야만 한다.
② 교황이 교회의 이름으로 내리는 결단에는 오류가 없다(교황무오설). 이 말은 곧 교황은 지상 세계에 있어 무소불위의 권세를 가진 존재임을 의미한다. 로마 교황권에 대한 이런 아전인수(我田引水)식 해석

은 온갖 부패와 타락이 교회의 이름으로 합리화되는 근거가 되었다.

(2) 면죄부(免罪符, Indulgence) 판매

면죄부란 돈을 받고 면죄장을 발부하여 죄를 사해 주는 행위다. 심지어 죽은 조상의 영혼이 연옥에서 고통당하고 있다가 후손이 산 면죄부의 효력으로 말미암아 곧바로 천국으로 올라간다고 여겼다. 이런 면죄부 판매의 이론적 근거는 중세로부터 오늘날까지 로마가톨릭교회가 최고의 신학자로 추앙하는 토마스 아퀴나스(Thomas Aquinas, 1224-1274)의 견해에 의한다.

> 하나님만이 영원한 형벌에서 우리를 구원하시지만, 죄인 된 인간은 이 세상이나 연옥에서 일시적인 죄의 형벌을 면할 수 없다. 그러나 이 형벌은 사제나 교황에 의해 조절될 수 있다.

이 이론은 후일 죄인이 그 형벌 때문에 참회할 때 교황이 그에 상응하는 돈의 기부를 언도함으로 도움을 베풀어 줄 수 있다는 논리로 이어졌다. 결국, 교회는 교회의 각종 자금을 마련하기 위해 면죄부를 발행하게 되었고 점차적으로 그 일은 상행위와 마찬가지로 교황과 수도원, 교회 지도자들의 특별한 목적을 위한 자금 충당 수단으로 전락해 갔다.

중세 로마교회는 특별히 유럽 각지에 수많은 화려하고 웅장한 성당을 건축했는데, 그 이유는 교회의 장대한 외관만을 보고도 회중이 경외심을 갖고 감히 교회에 대항하지 못하게 하고자 하는 이유가 컸다. 말씀으로 회중을 양육하지 않고, 예전과 권위로만 다스리려 했으니 달리 방법이 없었다고 할 수도 있다.

같은 맥락에서 로마교회는 현대인의 눈으로 보기에도 그 규모가 놀라울 지경인 성베드로성당의 건축을 추진했는데, 그 일은 천문학적인 재정이 필요했기에 교회는 더한층 면죄부 판매에 매진해야 했다. 그런데 이 일은 양심적인 신앙인들의 마음에 큰 상처를 주었다. 특별히 종교개혁자들은 면죄부 판매를 두고 교회 타락의 가장 대표적인 사례라 여겼다.

(3) 교리 왜곡

① 성경관

로마가톨릭교회는 성경을 비준한 것이 교회이므로 성경의 권위보다 교회의 권위가 앞선다고 본다. 또한, 기록되지 않은 유전(Tradition), 종교 회의의 신조들, 역대 교황의 포고도 성경과 동일한 위치에 있다고 본다.

'성경은 교회의 거룩한 전통 안에서 읽고 해석해야 한다'라고 그들의 교리서에 명시하고 있을 정도이다. 이 논리에 의하면 곧 성경은 진리의 작은 부분에 불과할 뿐이며 교회의 이름으로 그에 상응한 권위는 얼마든지 만들어 낼 수 있게 되는 것이다.

오늘날 로마가톨릭교회가 공식적으로 가르치는 십계명의 조항에는 우리가 성경을 따라 그대로 고백하는 제2계명(너를 위하여 새긴 우상을 만들지 말고 …)이 없다. 그들은 제1계명을 "한 분이신 하느님을 흠숭하라"로 요약하는데, 그 속에 우리가 고백하는 제2계명도 포함되었다고 한다. 그 대신 맨 마지막 계명을 두 개로 나누어(제9계명: "남의 아내를 탐내지 말라", 제10계명: "남의 재물을 탐내지 말라") 십계명이라고 가르친다.

물론, 성경의 그 본문까지 삭제한 것은 아니지만, 그들의 성상 숭배 전통을 합리화하기 위해 십계명의 내용도 슬쩍 축약해 버린 것이 아닌가 하는 의혹을 살 여지는 충분하다.

정통 개신교회는 교회가 성경을 비준한 것은 본래부터 영감 되었던 성경의 권위를 제도적 틀 안에서 공식 확인한 것으로 이해한다. 곧 제도적 교회가 성경 위에 있다고 보지 않는 것이다.

② 구원관

초대 교회 시대 에베소 공의회에서 펠라기우스의 사상은 이단으로 정죄되었다. 그런데 중세 로마교회의 구원관은 세월이 흐를수록 펠라기우스의 교리에 가까워졌고 결국 반(半)펠라기우스주의(Semi-pelagianism)화하고 만다. 따라서, 구원을 얻으려면 믿음만으로는 부족하며 선행을 통해서 구원을 이루어야 한다고 보았다. 이런 구원관은 공로주의를 부추겨서 면죄부 구입, 십자군 전쟁 참가 등 온갖 죄악을 유발했다.

또 한편, 그들은 믿음과 상관없이 교회에서 집례하는 예전(7성례)에 참여하는 것만으로도 구원을 얻을 수 있다고 여긴다. 이는 성경의 가르침이 아닐 뿐만 아니라 예수 그리스도의 희생을 헛되게 하는 태도이다(갈 3:1-10).

③ 연옥, 림보

로마가톨릭교회는 구원을 얻을 만하지만, 죄가 큰 사람은 죽어서 연옥에 들어가 자기의 죗값을 치르고 나야 천국에 올라간다고 믿었다.

림보는 세례를 받지 못하고 죽은 영아들이 들어가 영원히 머무는 곳이다. 이런 주장은 십자가 구속의 능력을 제한할 뿐만 아니라 허황된 요소까지 있다.

④ 마리아 숭배

중세 로마교회는 시간이 흐를수록 성모 마리아를 특별한 존재로 여겨 여러 가지 교리를 개발했다. 그에게 기도하는 것을 합당히 여기게 되었고, 그는 예수님처럼 부활, 승천했다고 믿고, 하늘 어머니로 여겨 숭배하기도 했다. 오늘날은 마리아가 무죄 잉태되어 육체를 가지고 승천했으며 그를 통해 하나님의 은혜가 세상에 전달될 뿐만 아니라 죄인을 연옥에서 끌어올리는 사역을 한다고 주장하고 있다.

로마가톨릭은 오늘날에도 마리아를 '하늘의 여왕' 혹은 '교회의 어머니'라고까지 칭하고 있다. 단지 하나님이라고 칭하지 않을 뿐이다. 이러한 마리아 숭배는 복음의 본질을 흐리며 이교적인 성향까지 띤다. 그럼에도 로마가톨릭교회가 줄곧 이를 주장하고 강화하는 것은 그들의 배교성을 잘 대변해 주는 모습이라 할 수 있다.

⑤ 갖가지 우상 숭배적 요소

중세 로마교회는 성자(성인, Saints) 숭배, 천사 숭배, 성상 숭배와 성물 숭배 등을 교리화했다.

성자 숭배란 죽은 신앙의 선배 중 훌륭하다고 여기는 사람들을 교회가 성자(성인, Saints)로 추서하여 숭배하는 것을 말한다. 성자와 아울러 천사를 숭배하기도 한다. 성자와 천사에게는 기도할 수도 있다. 또 한편, 성상을 숭배하는데 조각이나 그림으로 된 성상을 숭배함은 그 성상이 의미하는 대상을 향한 것이므로 우상 숭배가 아니라고 한다. 죽은 성인들의 유골과 유품 숭배도 매한가지 의미로 본다.

만일 이와 같은 로마가톨릭의 견해가 맞다면 이 세상에 우상 숭배로 볼 만한 것은 아무것도 없다.

⑥ 그릇된 예전과 화체설

로마가톨릭교회는 그리스도께서 다음과 같이 7성례를 재정하셨다면서 이 예전을 지켜야 한다고 주장한다.

- 성세성사(聖洗聖事, 개신교회의 세례와 동일한 것임)
- 견진성사(堅振聖事, 세례받은 신자에게 성령과 은사를 주어 신앙을 성숙케 한다는 것을 의미함)
- 성체성사(聖體聖事, 개신교회의 성찬과 같으나 화체설에 입각하여 시행함)

- 신품성사(神品聖事, 사제를 임명할 때 베풂)
- 혼인성사(婚姻聖事, 결혼예식 성사임)
- 고백성사(告白聖事, 자기 죄를 사제에게 고백하여 사제의 기도로 사함 받도록 하는 것임)
- 병자성사(病者聖事, 사고나 중병으로 죽음을 앞둔 신자에게 베풂)

그러나 성경에는 성만찬과 세례 외에는 그리스도께서 제정하신 다른 예전이 없다. 여기에서 세례를 뜻하는 '성세성사'는 흔히 영세(領洗)라고도 하며 이것을 받아야만 원죄(原罪)와 본죄(本罪, 자범죄)를 사(赦)함 받는다고 한다. 이는 구원을 단순히 예전을 통해 받을 수 있다는 생각으로 비성경적이다〈pp. 221-222 참조〉.

또 한편, 성만찬을 일컫는 '성체성사'에 있어서 로마교회는 '화체설'(化體說)을 주장한다. 사제가 떡과 포도주를 축사하면 그것이 실질적인 그리스도의 살과 피가 되고 그것을 먹는 사람은 죄 사함을 받는다. 그래서 성찬을 치르고 남은 떡을 숭배하는 성체 숭배의식도 생겨났다. 오늘날 천주교는 자기들의 예배당을 일컬을 때 '성당'이라 한다. 이는 거룩한 성체를 모신 장소라는 의미다.

종교개혁가들은 화체설과 예전을 통한 죄 사함 이론에 대해 신랄한 비판을 가했다.

(4) 십자군 전쟁

십자군 전쟁의 명분은 이슬람교도들에게 탈취당한 성지 예루살렘을 회복하자는 것이었다.

그러나 그 일은 교황과 서방 제국들이 역사 앞에 저지른 가장 수치스러운 일 중의 하나였다. 교황은 십자군 원정을 독려하며 자기의 권위를 더 한층 높이고 싶었으며 군주나 봉건 귀족들은 자기의 영향력을 확대하는 계기로 삼고자 했다. 또한, 일반 평민들은 이참에 공을 세워 출세도 하고 부도 얻고 싶어 했다. 그야말로 당사자들 간의 이해득실이 딱 맞아떨어지는 불순한 동기였다.

교황은 십자군에 가입하여 성전을 치르는 사람들에게는 면죄부를 부여했는데 이는 결국 십자군들이 지나는 곳마다 마음껏 약탈과 살인을 일삼을 수 있는 빌미가 되었고, 전쟁에 임해서는 온갖 잔인한 방법을 동원하고도 죄책감을 가지지 않게 했다.

군자금을 충당한다는 명목으로 양민들을 수탈했고, 특별히 유대인들을 향해서는 더 가혹한 학살과 약탈을 자행했다. 심지어 십자군은 1204년에 동로마제국의 수도요 동방교회의 총본산인 콘스탄티노플마저 점령하고 살인, 약탈을 자행했다. 이런 행동은 종교의 이름을 빙자한 광기 그 자체였다고 할 것이다.

십자군 원정(1096-1291)은 2백여 년간 10여 차례 감행되었는데 대부분의 경우 목적을 달성하지 못했다. 제1차 원정(1095-1099)에서는 예루살렘을 점령했지만, 잔혹한 학살을 자행하여 원정의 의도가 무엇인지 의심케 했다.

그 후 이슬람 세력에게 예루살렘이 다시 위험에 놓이고 결국 예루살렘을 잃고 만다. 이에 또다시 예루살렘을 지키거나 수복하고자 하는 과정에서 교황은 지속해서 각 나라를 충동질하여 십자군을 파견했지만, 이렇다 할 성과를 거두지 못했다. 그런 과정에서 원정대를 통한 온갖 악행이 공공연히 자행되었는데, 결국 이 원정은 중세 서구 세계의 모순만 적나라하게 드러내는 더러운 전쟁으로 여겨지기에 이른다.

(5) 종교 재판

종교 재판을 주제로 한 판화

로마교회의 부패와 모순이 깊어 갈수록 그에 대한 반대자가 많이 나오게 되었다. 이를 로마교회는 반성과 성찰의 기회로 삼지 않고 오히려 탄압으로 극복하려 했다. 그래서 만들어진 것이 종교 재판소이다. 많은 양심적인 신앙인이 종교 재판을 통해 고문당하고 죽어야 했다. 심지어 성경을 금서 목록에 올리고 성경을 소지하고 읽었다는 사실만으로 수많은 신도를 극형에 처하기도 했다.

(6) 회중 기만

로마교회는 고대 로마 언어로서 이미 일반인들이 사용하지 않던 라틴어로만 미사 집전을 고집했다. 그 결과 다양한 민족에 언어마저 차이가 많았던 서방교회의 회중은 늘 이해하지 못할 말로 집례하는 예배에 참석해야 했다. 즉, 예배를 드리는 것이 아니라 구경하는 것이 되어버렸다.

아울러 성경도 라틴어 성경만을 보도록 했다가 나중에는 회중은 성경을 읽지 못하게 금하기까지 했다. 종교개혁기를 전후해서는 평신도가 성경을 소지하거나 읽었다는 죄목만으로 화형 등의 극형에 처하는 경우가 유럽 전역에서 자행되었다.

(7) 성직자의 도덕적 타락

중세에 있어 출세하기 위해서는 관료가 되든지 성직자가 되어야 했기에 그런 이유로 성직에 지원하는 사람이 많았다. 성직자가 되는 이유가 하나님께 헌신하고 양 무리를 위해 봉사하기 위함이 아닌 다른 세속적인 욕망에 있다면 그 부작용은 명약관화하다. 성직매매, 온갖 부정부패와 사악한 행위들(성범죄, 동성애, 사기와 모함, 종교 재판과 마녀사냥 등을 통한 살인과 재물 갈취 등)이 그런 성직자들에 의해 자행되었다.

6) 종교개혁 전 개혁자들

종교개혁의 움직임은 루터가 활동하기 이전부터 서서히 나타나고 있었다. 왈도파 운동은 하나의 예표와도 같았다. 그리고 위클리프와 후스는 종교개혁의 직접적 기초를 놓았다고 할 만한 인물이다.

(1) 위클리프(John Wicliffe, 1328-1384)

영국의 신학 교수인 위클리프는 1363년부터 교황권과 로마교회의 행위가 성경에 위배됨을 지적했다. 그는 많은 저술을 통해 그런 자기의 견해를 논리적이고 학문적으로 피력했다. 그러한 그의 태도는 교회 권력의 확대를 부담스러워하던 당시 유럽 위정자들의 생각과 맞아떨어졌기에 국왕과 귀족들의 호의를 사기에 충분했다. 국왕은 그를 보호했지만, 교직자들은 그를 이단으로 정죄하고 위해를 가하려 했다.

종교개혁의 초석을 놓았다는 의미에서 개혁 전 개혁자라 불리는 위클리프의 개혁 사상은 다음과 같이 요약할 수 있다.

① 『하나님의 나라』(*De dominio divino*)라는 책을 통해 세속 권력은 교황과 교회로부터 독립해야 하며 교회의 재산은 국가에 귀속되어야 한다.
② 교계주의(敎階主義)를 공격했다. 로마교회는 하나님과 사람 사이에는 사제가 중간 매개자 역할을 하여야 교통할 수 있다고 가르쳤는데, 위클리프는 하나님의 은혜는 신자들에게 직접 전달되는 것이라고 했다.

③ 성경만이 신앙과 생활의 척도가 된다는 생각으로 위클리프는 라틴어 불가타(Vulgata)역 성경을 영어로 번역하여 회중이 널리 읽을 수 있도록 하여 로마교회의 잘못을 신자들 스스로 발견할 수 있게 했다.
④ 성찬에 있어서는 화체설을 부인하고 그리스도의 영적 임재를 주장했다.

(2) 후스(J. Hus, 1373-1415)

체코 출신인 얀 후스는 위클리프의 영향을 받아 교황과 교회의 부패에 맞섰다. 영국 유학을 마치고 체코로 돌아간 후스는 1409년 프라하대학교 총장에 취임한다. 그리고 그는 체코어, 라틴어로 된 많은 글을 남겼으며, 성경과 위클리프의 저작들을 체코어로 번역했다.

당대에 그의 설교는 평민들로부터 왕족과 귀족에 이르기까지 다양한 사람이 청종했다. 그 내용은 교회 개혁과 사회윤리에 대한 것으로서 청중을 열광시킬 만큼 폭발력이 있었다. 그는 로마교회가 벌이던 면죄부 판매를 비판하기까지 했다. 이에 교회의 견제를 받아 프라하에서 모든 교회 활동을 금지당하는 처분을 받았다.

그러자 후스는 그들과 타협하지 않고 들판과 광장에서 민중을 향해 진리를 전파했다. 결국, 그는 안전을 보장해 주겠다고 했던 왕의 배신으로 이단으로 정죄되어 화형에 처해지고 말았다.

그 후 그의 정신을 계승하여 생겨난 교단이 '모라비안형제단'(Moravian Brethren)이다. 종교개혁 이후 모라비안형제단 교회는 진젠도르프(Zinzendorf, 1700-1760)의 영도하에 정통 교단으로 성장하게 된다.

> 🔍 교회가 건전하지 못할 때는 온 사회를 병들게 하는 악의 온상이 되어 버릴 수도 있다. 가장 무서운 것은 부조리와 악을 저지르면서도 그것을 하나님의 뜻인 양 포장하여 행하는 경우다. 이럴 경우 어리석은 회중은 악행의 도구로 이용될 수도 있다(마 23:15). 특별히 세상 권력과 부패한 교회가 결탁할 경우 심각한 배교 행위가 자행될 수도 있다.

불건전한 교회 ➡ 악의 온상화 ➡ 세상 권력과의 결탁 ➡ 세상을 어지럽히고 교회를 욕되게 함

3. 종교개혁 시대(1517-1648년)

무려 1,000여 년 동안 중세의 암흑 속에서 신음하던 교회 위에 한줄기 밝은 빛이 비취기 시작했는데 그것은 바로 종교개혁의 빛이었다.

종교개혁의 과정에서 서방교회(로마교회)는 로마가톨릭교회(천주교)와 개혁 그룹인 개신교회로 분리된다. 세상 사람들은 두 진영을 신교(新敎), 구교(舊敎)로 부르기도 한다.

가톨릭(Catholic)은 '우주적'을 의미하는 단어로, 로마카톨릭교회가 자기들이 정통이란 의미에서 고수하는 용어다. 그러나 진정한 정통은 개신교회다. 개신교회는 영어로 Protestant(프로테스탄트)인데 이는 '반대자'란 의미다.

무엇을 반대했는가?

그것은 로마가톨릭교회의 비성경적이고 우상적인 가르침과 부패에 대한 반대였다. 곧 배교와 부패를 벗어 던지고 사도적인 정통교회 본래의 모습-로마가톨릭과 같은 타락과 배교가 나타나기 이전 초대 교회의 순수한 모습-으로 돌아가고자 하는 것이 개신교회의 이상이다. 그러므로 진정한 정통은 개신교다.

1) 루터와 초기 종교개혁

(1) 루터(Martin Luther, 1483-1546년)

루터의 초상

종교개혁은 로마가톨릭교회의 타락과 배교에 대항하여 일어난 필연적인 사건이었다. 종교개혁의 시작은 루터로 말미암는다. 그렇지만 루터가 처음부터 로마교회를 뒤엎고 새로운 운동을 전개하고자 하는 마음을 가졌던 것은 아니었다. 신학대학 교수였던 루터는 단지 자기 신앙 양심에 따라 교회가 저지르고 있는 잘못들에 대해 토론해 보자는 취지에서 95개조 반박문을 준비했을 뿐이다.

그런데 로마교회는 그의 행동에 대해 과도한 민감성을 나타내며 그를 제거하려 했다. 결국, 목숨을 부지하기 위해 도망한 루터는 교황권에 불만을 품고 있던 몇몇 봉건 영주(중세 유럽의 정치체제는 왕이 임명한 영주들이 각 지방을 자치적으로 다스리는 봉건제도였음)의 보호를 받으며 세력을 키워 나갔다.

루터는 고대 그리스어(헬라어) 원문 성경을 독일어로 번역하여 회중이 널리 읽을 수 있게 했으며 많은 저술 활동을 했다. 활자의 발명으로 서적의 보급이 용이해졌던 시대였으므로 그 영향력은 로마교회도 어쩔 수 없는 엄청난 세력을 형성했다.

그와 함께했던 종교개혁의 지도자들은 마르틴 부처(Martin Bucer, 1491-1551)와 멜랑흐톤(Philip Melanchthon, 1497-1560) 등으로 그의 사역에 든든한 지원군이 되었다. 루터가 주장한 종교개혁의 메시지는 다음과 같이 정리될 수 있다.

① 오직 성경(Sola scriptura)
루터는 성경만이 우리 신앙의 기준이요 최종 권위라고 여겼다. 그래서 성경에 반하는 교황의 교서나 교회의 제도를 인정하지 않았다. 그러나 성경에서 명확히 설명하지 않는 내용은 교회의 전통을 따르는 것이 바람직하다고 보았다. 그는 성경만을 강조하다가 교회의 전통이나 역사성마저 부인하지는 않는 균형감각을 가졌던 것이다.

② 오직 믿음과 은혜
루터는 사람이 의롭게 되는 것은 오직 믿음으로 말미암는다고 보았다. 그것은 당시 로마교회가 가르쳐 온 것과 같은 의전, 행위, 공로, 면죄부 등에 의해 의롭게 되는 것이 아닌 오직 하나님이 직접적으로 그 백성에게 베풀어 주시는 은혜로 말미암아 그리스도를 믿게 될 때 주어지는 것이다. 이는 이신칭의(以信稱義) 사상으로서 오늘날 개신교 신앙의 핵심이기도 하다.

③ 십자가 신학
오직 믿음과 은혜만 말한다면 신자의 선행은 전혀 불필요한 것으로 보일 수 있다. 그러나 루터는 그러한 가능성을 십자가 신학으로 극복한다. 십자가 신학을 통해 신자는 믿음으로 그리스도와 함께 십자가에 달린다. 그리고 십자가를 통해 성도는 선행을 하게 되는 것이다.

④ 만인제사장
루터에 의하면 세례받은 모든 성도는 제사장이다. 또한, 사람이 하나님께 나아가는 것은 로마가톨릭교회에서 가르치는 것처럼 사제나 성례를 통해 나아가는 것이 아니라 자기 스스로 기도를 통해 하나님께 나아갈 수 있다. 그렇다고 루터가 교회의 직분을 거부한 것은 아니다. 교회의 직분은 교회를 위하여 반드시 있어야 할 특수한 역할이다. 이는 기능상의

구별이지 신분이나 존재를 구별하는 것은 아니다.

(2) 쯔빙글리(Ulrich Zwingli, 1484-1531년)

스위스의 개혁자 울리히 쯔빙글리는 세상 학문적인 면에서는 에라스무스(Desiderius Erasmus, 1466-1536)와 교제하면서 인문주의의 영향을 받았고 신학적으로는 루터와 교류하며 그의 영향을 받았다. 쯔빙글리의 개혁 운동은 1522년부터 쮜리히(Zurich)에서 시작되었다.

그도 루터처럼 스위스 말로 성경을 번역했다. 그와 제네바에서 일어난 칼빈의 개혁 운동을 가리켜 "개혁파"(the Reformed) 개혁 운동이라고 부른다. 이는 그들이 루터의 개혁 운동을 계승하되 보다 철저히 개혁했다는 (reforming Lutheranism) 의미였다.

쯔빙글리의 사상을 요약하면 다음과 같다.

① 로마가톨릭교회가 제정해 놓은 금식일과 사순절 기간의 음식법에 대해 비난했다. 그는 교회가 제정해 놓은 음식법은 신약성경이 제정해 놓은 것이 아니며 사도 바울이 정죄한 유대주의의 음식법과 유사하다고 지적했다. 결국, 쯔빙글리의 추종자들은 1522년 사순절 기간에 돼지고기와 소시지를 먹기 시작했다.
② 교회의 화상(images)들과 성자들의 성상들(statues)과 심지어 십자가 형상을 공격했고 교황 제도, 미사 제도, 성지순례, 성직자의 독신 제도, 수도원 서약 등의 제도를 비성경적이라고 부인했다. 더 나아가 교회 안에서 음악을 사용하는 것도 금했다.
③ 루터는 교회의 제도에 있어서 성경이 금하지 않는 것은 로마가톨릭이 제정했다고 할지라도 허용하는 입장을 취한 것에 반해 쯔빙글리는 성경이 구체적으로 제정한 것이 아니면 인정하지 않는 입장이었다.

④ 예수께서 성찬을 재정하실 때 하신 말씀인 "이것은 내 몸이다"라는 말을 영적으로 해석해야 한다고 주장했다. 그래서 성찬 자체가 신비적으로 은혜를 가져온다는 로마가톨릭교회의 '화체설'(化體說)을 부인했다. 또한, 성찬과 함께 그리스도께서 실재로 임재한다고 주장한 루터의 '공재설'(共在說)도 거부하고 성찬은 그리스도의 살과 피를 상징하는 것뿐이라고 주장했다. 따라서 쯔빙글리의 성찬관은 '기념설'(記念說)이다.

(3) 재세례파(재침례파, Ana-Baptists)

재세례파는 급진적인 종교개혁자들이었다. 그들은 유아세례뿐만 아니라 로마가톨릭교회에서 받은 세례도 무효라고 하며 그런 사람들은 다시 세례를 받아야 한다고 주장했다. 또한, 침례관을 옳다고 보았다. 재세례파는 많은 지도자에 의해 다양한 형태로 나타났지만 크게 급진파와 온건파로 분류할 수 있다.

급진적 재세례파는 '새 예루살렘'을 이 지상에 건설하기 위함이라면 폭력을 동원하는 것도 타당하다고 보았다. 반면 신약성경의 가르침을 따라 비폭력을 주장한 온건주의자들은 탄압에도 견디며 비폭력으로 대응하기를 힘썼다. 이 온건파들은 오늘날의 침례교회와 메노나이트(Mennonites)의 기원이 된다.

재세례파의 주장을 요약하면 다음과 같다.

① 유아세례와 로마가톨릭교회로부터 받은 세례는 무효이므로 다시 세례를 받아야 한다고 했다.
② 세상과 교회를 완전하게 구분했다. 그들은 이 세상이 마귀의 지배 아래 있으므로 멀지 않은 장래에 멸망할 것이라고 여겼다. 그러므로

그리스도의 교회는 잠시 잠깐 박해를 당하지만, 말씀 운동을 통해 영광스러운 시대가 올 것이라고 믿었다.
③ 재세례파는 시간이 흐르면서 광신적이거나 신비주의적인 경향을 띠는 그룹이 많아졌는데 심지어 성경의 권위마저 무시하고 직통계시를 신봉하기도 했다. 그래서 그들 중에는 직통계시를 받았다고 하며 천년왕국 운동을 벌인 사람도 있었다. 결국, 그들은 스위스에서 반란을 일으키기도 했는데 재세례파 탄압의 큰 빌미가 되었다.
④ 재세례파는 교회가 세상을 정복하려면 우선적으로 세상으로부터 스스로 구별되어야 한다고 생각하여 교회 권징의 성실한 시행을 강조했다. 그리할 때 교회의 순수성이 유지되어 교회 개혁이 완성될 수 있다고 믿었다. 그래서 일부 학자들은 재세례파 운동의 특징을 도덕 회복 운동으로 보기도 한다.

재세례파는 온건파의 경우 동정 받을 부분이 많았으나, 급진주의자들의 폭력성과 기성교회의 전통이나 역사성을 전면 부인하는 태도는 지나친 일이었다. 로마가톨릭교회는 물론 종교개혁가들마저도 그런 재세례파를 이단으로 여긴 것은 당시로서는 당연한 일이었다.

(4) 성공회

대륙에서의 종교개혁이 지극히 신앙적인 원인에서 시작된 반면 영국 성공회의 탄생은 지극히 사적이고 정치적인 동기에서 기인한다.

영국의 풍운아로 불리는 헨리 8세(Henry VIII, 1491-1547) 국왕은 스페인의 캐서린(Catherine of Aragon, 1485-1536) 공주와 결혼했는데 이 결혼은 애정 없는 정략결혼이었다. 그래서 헨리 8세는 캐서린과의 사이에서 아들이 없다는 핑계로 이혼하고 시녀 앤 볼레인(Anne Boleyn, 1504-1536)을 새 아내로 맞으려 했다. 그러기 위해서는 이혼 신청을 해야 했는데 그 제가권은 교황이 가지고 있었다. 교황은 당대의 강대국 스페인의 체면을 생각해 이혼을 거절했다.

그러자 헨리 8세는 앤 볼레인과의 결혼을 성사시키기 위해 로마가톨릭교회와 단절을 선언하고 수장령(首長令, 영국은 왕이 교회의 머리라는 선포)을 발령하여 영국의 성공회를 탄생시키게 된다. 그 동기가 지극히 사적인 것이었지만 로마가톨릭교회로부터 독립했다는 것과 점차적으로 종교개혁자들과 같은 노선으로 옮겨 왔다는 측면에서 성공회도 정통 개신교회로 인정되고 있다.

캐서린과 앤 볼레인은 똑같이 딸을 낳았는데 그 두 딸은 영국의 격동의 역사를 대변해 주는 사람들이다. 캐서린의 딸 메리(Mary Tudor 1516-1558)는 훗날 여왕이 되어 성공회와 개신교를 금하고 수만 명을 학살했다. 그래서 그녀의 별명은 '피의 메리'(Bloody Mary)이기도 하다.

한편, 메리 여왕의 사후 앤의 딸이 다시 여왕으로 등극하는데, 곧 유명한 엘리자베스 1세(Elizabeth I, 1533-1603) 여왕이다. 그녀는 메리와 반대로 성공회를 유일한 국교로 재선포했다. 그 결과 로마가톨릭 교도들과 청교도들(칼빈주의 성향의 개혁 그룹)이 탄압을 받게 되었다. 청교도들은 꾸준히 성공회의 개혁을 추진했지만, 큰 성과를 이루지는 못했다⟨p.117 참조⟩.

오늘날 성공회 신학은 성경, 전통, 이성 이 세 가지를 표준으로 강조한다.

2) 칼빈과 개혁의 진전

(1) 칼빈(깔뱅, Jean Calvin, John Calvin, 1509-1564년)

칼빈은 프랑스 태생의 신학자이지만 그의 주 활동 무대는 스위스였다. 그는 쯔빙글리와 더불어 '개혁파'(the Reformed)라고 칭해질 정도로 개혁의 사람이었고 그가 개신교회에 미친 영향력은 실로 지대하다.

칼빈의 초상

그의 저서로는 『기독교 강요』가 유명하다. 칼빈의 후계자들은 개혁교회와 장로교회를 발전시켰고 세계에 널리 퍼뜨렸다.

오늘날 개신교회 교단들은 칼빈의 사상 중 많은 부분을 교리로 받아들이고 있다. 개신교회 신학의 체계화에 있어서 그의 영향력은 실로 지대하다고 할 수 있다. 심지어 알미니우스주의자들도 구원론을 제외한 그의 신학 많은 부분을 별다른 비판 없이 받아들이고 있다.

칼빈의 주요 사상을 요약하면 다음과 같다.

① 절대주권 사상

칼빈 사상의 핵심은 '하나님의 절대주권'(the absolute sovereignty of God)의 강조다. 그의 모든 사상은 이 전제 위에서 전개된다.

② 성경론

모든 신앙의 진정한 권위는 성경에 있을 뿐 제도적 교회에 있지 않다. 성경을 해석함에 있어서는 성령이 조명해 주심을 따라야 한다고 생각했다.

③ 속죄론

그리스도의 대속 사역은 만족의 개념으로 이해한다. 하나님은 범죄한 사람들을 사랑하시지만, 당신의 공의에 따라 심판하셔야 한다. 이에 그리스도는 죽기까지 순종하심의 공로로 우리 죄인에게 죄 용서를 안겨 주었다. 이는 하나님의 공의와 사랑을 동시에 만족시키는 것이다.

그러면서 칼빈은 신앙에 의한 '의인론'(義認論, 칭의론)을 강조했다. 의인(義認)은 하나님께서 죄인을 의롭다고 선포하는 것을 뜻한다. 믿는 자는 여전히 죄가 있음에도 불구하고 그리스도의 의가 전가되어 의롭다 인정받는 것이다.

④ 교회론

칼빈에 의하면 교회는 하나님이 당신의 일정한 목적을 이루기 위한 통로로 세우셨다. 그 목적은 바로 우리를 그리스도와의 연합에 부르시고 그 일치를 계속 유지하시기 위함이다.

칼빈이 제도권 교회 내에서 가장 강조한 부분은 치리다. 그래서 엄한 교회법을 시행하여 신자들이 항상 행동을 조심하도록 했다. 칼빈은 그리스도의 가르침이 교회의 영혼이라면, 치리는 교회의 힘줄과 같아서 몸의 각 지체를 연결한다고 했다.

예전에서 성찬을 해석함에 있어서는 신자가 떡과 포도주를 먹을 때 그리스도께서 영으로 임재하사 그와 교통하신다고 보는 '영적 임재설'을 주장한다.

⑤ 윤리론

칼빈은 인간의 삶 전부가 하나님 중심이어야 한다고 생각했다. 이를 '칼빈의 하나님 중심 사상'이라고 한다. 의롭게 된 기독교인이라고 해도 여전히 죄인이며 이 지상에 살고 있는 동안에는 계속 죄인임이 틀림없다. 그러나 의롭게 된 기독교인은 그의 의인된 열매를 보여 주려고 노력해야 한다. 이러한 그의 주장은 후대의 '칼빈주의 윤리관'과 '청교도주의'(Puritanism)에 큰 영향을 끼쳤다.

⑥ 예정론

칼빈에 의하면 예정은 하나님의 영원하신 작정을 말한다. 하나님은 무엇이든지 모든 사람에게 일어날 것을 자기의 뜻대로 결정하셨다. 그러므로 모든 것이 동일한 조건으로 창조된 것은 아니다. 어떤 사람은 영생으로 예정되었고, 어떤 사람은 영원한 파멸로 예정되었다. 누구든지 이 둘 중의 한 편으로 창조되었다.

선택받은 사람에 관한한 이 계획은 사람의 어떤 행위나 공로와는 아무런 상관도 없다. 다만 하나님의 크신 은총에 의거한다고 보았다. 예정론은 하나님의 절대주권을 전제로 하는 칼빈 신학의 필연적 귀결이다.

(2) 개신교회의 전 유럽 확산

루터가 종교개혁의 기치를 든 이후 많은 개혁자가 등장했고 그로 인해 종교개혁은 더한층 탄력을 받아 전 유럽에 확산되기에 이른다. 독일을 중심으로 시작되었던 종교개혁은 각국으로 퍼져 나갔다. 특징적인 것은 루터가 시도했던 것과 같이 자기 나라말로 성경을 번역하여 읽히는 일부터 시작되었다는 점이다.

때로는 허다한 사람이 피를 흘리기도 했지만 종교개혁의 흐름은 결코 멈출 수 없었다. 독일, 프랑스, 스위스, 네덜란드, 영국, 스칸디나비아 반도, 동유럽 국가들에 개신교회가 속속 세워지게 되었다.

(3) 로마가톨릭교회의 반종교개혁과 30년 전쟁

로마가톨릭교회는 개신교회의 확산에 적잖이 당황했지만, 이내 반격을 시작한다. 이때 사제들을 중심으로 예수회(Jesuite Order)라는 반종교개혁 결사대가 조직되었다. 그들은 교황에 대한 절대복종을 맹세했고, 이단(개신교회)을 멸하고 선교에 힘써 로마가톨릭만의 세계를 이루기를 추구했다.

또 한편, 교황청은 트렌트종교 회의(Council of Trent, 1545-1563)를 열어 종교개혁에 대항했다. 그들은 더 이상 개신교회와는 대화가 어렵다고 판단하고 종교개혁가들이 비판하던 자기들의 교리들을 올바른 것이라고 재확인했다. 그리고는 자기들에게 충성하는 정치 세력들을 충동질하여 개신교인들을 말살하려 나섰다.

이탈리아와 스페인에서는 개신교인들을 추방하든지 종교 재판에 회부하여 처형했다. 프랑스의 개신교인들은 1530년대부터 1685년에 걸친 기간 동안 여러 번의 종교 전쟁을 벌이며 한때 종교의 자유를 쟁취하기도 했지만, 결국 루이 14세(Louis LIV, 1638-1715)에 의해 큰 핍박을 받게 되어 해외로 대거 이주하게 된다. 이들을 위그노(Huguenots)라고 한다.

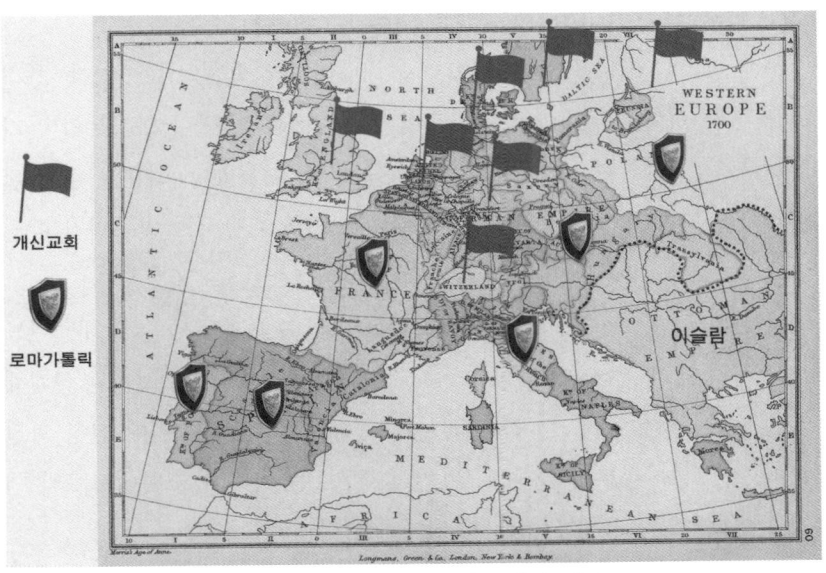

개신교의 확산과 로마가톨릭의 대응

신성로마제국(오늘날의 독일 지역)에서는 로마가톨릭교회 진영과 개신교 진영의 전쟁이 벌어졌는데 이를 30년 전쟁(Thirty Years' War, 1618-1648)

이라 한다. 종교적 문제와 정치적 문제가 뒤얽힌 이 전쟁에 거의 모든 유럽 나라가 참전하게 되었는데 결국 1648년 평화조약인 베스트팔렌 조약(Peace of Westfalen)이 체결되어 몇몇 개신교 국가의 독립과 서로 간 신앙의 자유를 인정하며 종결되었다.

30년 전쟁의 결과로 사망자만 8백만 명 이상에 이른다고 전해진다. 이는 당시 신성로마제국(오늘날의 독일)의 인구 3분의 1에 해당한다. 종교개혁기 대부분의 유럽 나라는 종교 갈등으로 인한 유혈극을 빚었고 그 후유증으로 인해 수많은 사상자가 발생했다.

3) 알미니우스주의와 칼빈주의의 대립

(1) 알미니우스(Jacobus Arminius, 1560-1609년)

본래 알미니우스는 칼빈주의자로서 네덜란드 신학교의 교수였다. 그러나 특별한 계기로 말미암아 칼빈주의와 결별했다. 네덜란드 정부의 관리 출신이기도 했던 코른헤르트(Dirck V. Coornhert, 1522-1590)라는 사람이 칼빈주의의 '주권', '예정' 등을 반박하는 글을 써서 당시 칼빈주의가 통치 이념이기도 했던 네덜란드에 혼란을 야기했다.

정부와 국민들이 술렁이기 시작하자 칼빈의 수제자로서 당시 네덜란드 교회의 최고 지도자였던 베자(Theodore Beza, 1519-1605)는 오랫동안 신뢰해 왔던 사람, 알미니우스로 하여금 사태 수습을 부탁했다. 이에 진상 파악에 나서 코른헤르트의 글을 읽던 알미니우스는 자기와 코른헤르트의 생각이 다르지 않음을 알고 잠자코 있기로 했다.

그러나 알미니우스는 1603년경 자기의 입장을 밝혀야만 할 상황을 맞이하게 되었다. 이에 알미니우스는 당시 네덜란드의 칼빈주의식 예정론이 하나님의 사랑과 공의에 부합하지 않는다는 이론을 피력하여 큰 반향을 일으켰다.

(2) 알미니우스주의자들의 항론과 도르트 회의(Synod of Dort)

알미니우스가 죽은 지 1년 후인 1610년, 알미니우스의 제자들은 다음과 같은 5개 조항의 반대 글을 발표했다.

① 인간은 타락했으나 하나님을 믿지 못할 만큼 타락한 것은 아니며 자신의 자유의지로 하나님을 믿기로 선택할 수 있다(부분 타락, 자유의지 여존).
② 예정이란 하나님께서 어떤 사람이 복음을 믿을지 미리 아시고 그들을 구원하시기로 선택하신 것을 의미한다(예지예정 및 조건적 선택).
③ 그리스도의 십자가에서 받으신 고통은 모든 인류를 위한 것이었다. 그러나 단지 믿는 자들만이 거기에 참여한다(만인 구원 및 보편 속죄).
④ 하나님의 은혜 없이는 어떤 선도 행할 수 없다. 그러나 이 은혜는 불가항력적인 것은 아니다(가항력적 은혜).
⑤ 참된 신자는 은혜로 끝까지 견디고 구원받는다. 그러나 이 구원은 상실될 수도 있다(궁극적 구원 실패 가능).

이상의 내용을 알미니우스주의자들의 '5대 항론'(Arminian Remonstrance)이라고 한다. 이 항론을 접수한 네덜란드 교회와 정부는 도르트(Dort) 시에서 종교 회의를 열었다. 이 회의가 도르트 회의(Synod of Dort 1618-1619)다. 이 회의에서 알미니우스주의자들은 이단으로 규정되었고 '도르트 신조'(Canons of Dort)와 '칼빈주의 5대 강령'(TULIP)이 발표된다. 칼빈주의 5대 강령에는 칼빈주의 구원관의 핵심 요점이 무엇인지 잘 드러난다.

그 내용은 아래와 같다⟨p. 214 참조⟩.

① Total Depravity(전적 타락)
② Unconditional Election(무조건적 선택)

③ Limited Atonement(제한 속죄)
④ Irresistable Grace(불가항력적 은혜)
⑤ Perseverance of Saints(성도의 견인)

도르트 회의를 전후하여 칼빈주의는 각지에 전파되었고 각 지역에서 나름의 신앙고백서와 교리서를 작성하여 발표한다.

벨직(네덜란드) 신앙고백(The Belgic Confession), 하이델베르크 요리문답(The Heidelberg Catechism), 웨스트민스터 신앙고백(The Westminster Confession of Faith) 등은 오늘날 개혁교회(Reformed Church)와 장로교회(Presbyterian Church)에게는 기둥과 같은 신앙 유산으로 남아 있다.

루터의 종교개혁은 교회의 제도적 개혁에 주력한 면이 컸다. 그 반면 칼빈의 종교개혁은 교회의 사상적 면에서 개혁을 이끌어 냈다는 점에서 그 공로가 지대하다고 할 것이다. 종교개혁 초기의 칼빈주의는 로마가톨릭교회와의 차별화를 위해서라도 강한 개혁주의적 교의를 세워 나갈 필요가 있었다. 특별히 30년 전쟁을 목전에 둔 격동의 시기였기에 알미니우스주의적 태도가 용납되기 어려울 만도 했다. 그러나 종교개혁이 정착되고 적절한 시점이 이르자 하나님은 웨슬리를 통해서 알미니우스의 손도 들어주셨음을 보게 된다. 사실 루터파의 구원관도 알미니우스주의와 가깝고, 성공회는 칼빈주의와 알미니우스주의 모두를 수용하는 입장이다.

(3) 칼빈주의 구원관의 변화

17세기 초 칼빈주의 5대 강령의 내용을 극단적이라고 여긴 프랑스의 몇몇 교회 지도자에 의해 제한 속죄에 대한 수정 작업이 일어났다. 그리고 18-19세기에는 미국의 대각성 운동의 와중에 칼빈주의 절대예정 교리에 대한 이탈 현상이 뚜렷해졌다.

그 중심인물은 조나단 에드워즈(Jonathan Edwards, 1703-1758), 찰스 피니(Charles G. Finny, 1792-1875), 티모시 드와이트(Timothy Dwight) 등이었고 특

별히 찰스 피니는 알미니우스적 경향이 매우 강했다.

이때 나타난 칼빈주의의 완화된 경향을 일컬어 '온건 칼빈주의'(Sober Calvinism)라고 부른다. 각 집단마다 조금씩 견해가 다르지만 대체로 누구든 믿기만 하면 구원을 받는다는 사실을 강조했다. 이는 제한 속죄를 인정하지 않고 절대예정의 교리를 일부 완화시킨 것이라고 할 수 있다〈pp. 215-216 참조〉.

오늘날 미국이나 서구의 칼빈파 교회들은 온건 칼빈주의가 다수를 차지한다. 이런 경향은 한국이나 중국의 경우도 예외는 아니다. 보수적인 칼빈주의 경향을 그대로 유지하고 있는 교회는 네덜란드와 스위스와 미국의 일부 개혁교회와 한국의 일부 장로교회다.

4) 기타 교파

(1) 청교도(Puritan)

청교도는 16-17세기경 영국의 칼빈주의 성향을 가진 개신교 개혁 그룹을 일컫는 말이다. 그들은 비교적 도덕적 수준이 높았고 삶을 통해 하나님께 영광 돌리기를 추구했으며 그릇된 것을 바로잡고자 하는 개혁적 성향이 강했다.

그런데 당시 영국은 정치적 영향으로 인해 성공회를 국교로 받아들이고 있었는데 이에 대해 청교도들은 성공회가 로마가톨릭적인 면이 많다고 여겨 성공회의 개혁을 시도하게 된다. 아울러 왕과 성공회가 청교도를 탄압한 면도 있었기에 이를 바로잡고자 했다

그러나 청교도들의 개혁 작업은 그리 순탄하지 않았다. 그래서 결국 국외나 북미 신대륙으로 이주하는 사람이 많아지게 되었다. 청교도들의 개혁 정신과 경건한 삶의 태도는 오늘날도 많은 신앙인의 모범이 되고 있다.

(2) 침례교회와 회중 교회의 형성

청교도들은 성공회 내부에 남아서 개혁을 시도한 그룹과 충돌을 피하고 외부에서 종교의 자유를 누리기를 꾀한 그룹으로 나누어진다.

성공회를 떠난 청교도들 중 일부가 온건한 재세례파와 교류하며 알미니우스적인 만인구원설(예지예정에 기초한 믿는 자는 누구든 구원받는다는 관점)을 받아들여 1609년 런던에 최초의 침례교회를 세웠다. 그 후 칼빈주의적인 특별침례교회(Particular Baptist Church), 침수침례교회(Immersion Baptist) 등이 세워진다. 그리고 1644년에는 칼빈주의 침례교도들을 중심으로 한 침례교회 신앙고백서(제1차 런던신앙고백서, First London Confession)가 작성되기도 했다.

침례교회의 신대륙 전파는 1630년경이다. 침례교는 미국에서 신도 수가 가장 많은 교단인데 대부흥 운동기에 비약적 발전을 이루었다. 오늘날의 침례교회는 칼빈주의를 받아들이는 측, 알미니우스주의를 받아들이는 측, 웨슬리-알미니우스주의를 받아들이는 측, 칼빈주의와 알미니우스주의를 적당히 융합한 측 등 신학적 스펙트럼이 다양하다. 한국의 침례교회도 마찬가지다. 공통점은 유아세례 반대와 침례 주장이다.

또 한편, 동일한 청교도들이 침례교회 설립과 비슷한 시기에 영국에 처음으로 회중교회를 세웠다. 그러던 것이 후일 신대륙 곧, 오늘날의 미국 땅으로 건너가 그곳에서 크게 성장하게 된다. 1620년 메이플라워호(Mayflower)를 타고 신대륙 미국으로 건너간 청교도들이 바로 회중교회 신도들이다. 그들의 신학적 색채는 칼빈주의였다.

5) 종교개혁기의 이단들

종교개혁기의 이단들로 대표적인 인물은 세르베투스와 소시니인데 모두 삼위일체론에 문제가 있었다.

(1) 세르베투스

세르베투스(Michael Servetus, 1511-1553)는 몇몇 저서를 통해 삼위일체 신앙과 믿음으로 얻는 구원의 교리에 오류가 있다고 주장했다. 그는 오랫동안 칼빈과 더불어 서신 교환을 하며 논쟁을 벌였다. 그러던 중 로마가톨릭교회에 의해 리용에서 붙잡혔다가 탈출하여 칼빈이 있는 제네바로 갔다. 그러나 그곳에서 그는 시의회에 의해 다시 체포되어 종교 재판을 받고 처형된다.

(2) 일부 재세례파 그룹과 소시니안파(Socinianism)

반삼위일체 경향은 재세례파 사람들에게서 많이 발견된다. 재세례파의 과격파는 그 성향이 기존의 것을 전면 부정하는 것이었으므로 삼위일체도 부정했다. 이런 반삼위일체 경향의 재세례파는 한때 제법 큰 세력을 형성하기도 했는데 그 중심 지도자는 소시니(Fausto Paolo Sozzini, 1539-1604)였다.

소시니는 성경은 유일한 진리지만 이성과 상식에 맞지 않는 부분은 거부해야 한다고 했다. 그리고 삼위일체 교리, 그리스도의 신성과 그의 속죄 사역을 부정하고 율법을 지켜야 한다고 강조했다. 그의 이런 사상은 18세기 이후 자유주의 신학에 큰 영향을 미치게 된다.

4. 근현대 교회 시대(1648-현재)

1) 영국 교회의 성장과 선교

(1) 웨슬리(John Wesley, 1703-1791년)

근세 영국 교회를 말함에 있어서 가장 중요한 인물은 존 웨슬리다. 그는 영국 성공회 목사의 아들로 태어나 일찍부터 신앙에 열심이 있어서 옥

스퍼드대학교 내에서 신앙모임을 가졌다. 열성적인 삶을 강조하는 그들을 일컬어 주변에서는 Holy club 혹은 Methodist라고 칭했다. 그러나 그러한 신앙의 삶을 산다고 하면서도 웨슬리는 늘 마음 한구석에 부족함이 있었다.

이후 웨슬리는 미국 선교를 나갔지만, 그곳에서 특별한 성과를 거두지는 못했다. 그리고 돌아오던 선상에서 모라비안형제단(Moravian Brethren) 사람들을 만난 후 중생을 경험한다. 그 후 웨슬리는 전도 활동에 최선을 다하게 되었고 많은 회심자와 지지자를 얻게 되었다. 그로 말미암아 후일 감리교회(The Methodist Episcopal)가 창설된다.

웨슬리의 사상을 정리하면 다음과 같다.

① 웨슬리 신학의 특징-성결

웨슬리 신학의 핵심은 성결, 성화 혹은 그리스도인의 완전이다. 곧 구원과 관련한 성도의 성결한 삶을 강조하는 것이다. 이는 알미니우스주의적인 구원관이기도하다. 그래서 그의 예정관은 '예지예정'이다.

② 신론

웨슬리는 칼빈주의자처럼 모든 피조물은 하나님과 의존적 관계를 맺고 있으므로 하나님을 떠나서는 자그마한 일조차도 성취할 수 없다며 하나님의 주권을 고백한다. 하지만, 그는 하나님의 주권보다 하나님의 사랑에 더 관심을 가진다. 하나님을 초월자로만 여기지 아니하고 사랑으로 인간을 돌보사 구원과 성화로 이끄시는 분으로 확장하여 이해했다.

③ 만인구원론(Salvation of all)

웨슬리는 알미니우스주의와 같이 디모데전서 2:4을 근거로 하나님은 모든 사람이 구원받기를 원하신다고 여겼다. 그럼에도 인간이 멸망하는 것은 인간이 자유의지로 하나님의 은총을 거부하기 때문이다.

④ 선행은총론(先行恩寵, Prevenient Grace)

선행은총이란 우리가 구원받기 전 죄인일 때 예수 그리스도로 말미암아 우리를 구원으로 이끄시는 하나님의 은총을 말한다(롬 5:8). 이것은 곧 모든 사람에게 값없이 골고루 주시는 '만인을 위한 은총'(Universal Grace)이다. 이 은총으로 인해 모든 사람에게 구원의 부르심에 응답할 능력이 주어진다.

⑤ 성화의 강조

웨슬리는 구원이 순간적이면서도 점진적이어서 낮은 단계에서 높은 단계로 성장하는 과정으로 보았다. 곧 칭의를 통해 구원을 얻고 새 생명(중생, 신생)으로 다시 태어난 성도는 갓 태어난 아기와 같은데 아기의 모습으로 그대로 머물러 있지 않고, 나날이 성장해 나가야 한다. 이것이 성화다.

이러한 성화를 수행하는 주체는 성령이신데, 성도는 성령의 인도하심을 받아들이고 순종함을 통해 성화를 이루어 나가게 되는 것이다. 이는 하나님의 자녀가 구원의 축복을 누리는 '현재적 구원'의 개념이기도 하다. 성도는 이 성화를 통해 완전성화 곧 '그리스도인의 완전'(Christian Perpection)에 이르기까지 힘써야 한다. 웨슬리는 매우 드물지만 생전에 완전성화에 이르는 사람도 있다고 보았다.

⑥ 웨슬리 신학의 4대 규범

후대 1960년대의 감리교 신학자 아우틀러(Outtler)는 웨슬리의 신학 사상을 '감리교 신학의 4대 규범'으로 정리하여 발표했다. 이것을 오늘날 세계 감리교회들이 널리 받아들여 목회와 신학의 근간으로 삼고 있다.

그 네 가지 규범은 성경, 전통, 경험, 이성이며 아래와 같이 설명할 수 있다. 곧 성공회 신학의 3대 표준에 '경험'을 더한 것이지만 보다 웨슬리적으로 해석하고 있다.

> 성경 안에서 계시되고, 전통에 의해 조명되며, 경험 속에서 활력을 얻고, 이성에 의해 확증을 얻는다.

㉮ 성경
웨슬리는 성경은 교회의 으뜸가는 원천이요, 지침이요, 하나님의 유일한 계시임을 인정했다.

㉯ 전통
웨슬리는 교회의 전통을 중시했다. 그래서 초대 교회와 영국 교회를 중시했지만, 로마가톨릭교회는 무시했다. 웨슬리에게 있어서 교회의 전통은 매우 중요한 것이지만 그 전통도 성경에 의해 검증받아야 마땅한 것이었다.

㉰ 경험
형식주의를 거부하고 성령에 의한 경험을 중시한다. 그래서 웨슬리 신학은 '체험의 신학'(Theology of Experience)이라고도 불린다. 경험을 무시하고 교리와 예배에만 집착하는 것을 경계한다. 그러나 진리를 무시하고 개인적, 주관적 경험에만 의존하는 것도 경계한다. 체험은 진리 자체가 아니므로 성경에 의해 반드시 검증받아야 한다.

㈣ 이성

웨슬리는 신앙을 이성적으로 이해해야 한다고 보고 이성과의 조화를 통한 성숙한 신앙을 주장했다. 그러나 이성도 하나님의 말씀인 성경보다 우선할 수는 없다고 보았다.

> 웨슬리의 사역은 성도의 삶이 어떠해야 할 것인가와 성령에 관심을 갖게 했다는 점에서 교회에 미친 영향과 공로가 지대하다고 평가받는다. 후대에 나타나는 오순절 운동이 정통교회 안에 어렵지 않게 안착할 수 있었던 것도 웨슬리의 감리교회가 좋은 모범으로 든든히 자리 잡고 있었기 때문이다.

(2) 영국의 세계 선교

영국은 일찍부터 식민지 개척에 나섰다. 그 과정에서 선교 사역도 활발했는데 이러한 모습은 교회가 제국주의의 앞잡이 노릇을 했다는 비난거리가 되기도 한다. 하지만 훌륭한 선교사들도 적지 않았다. 영국 침례교 선교사 윌리엄 캐리(William Carey, 1761-1834)와 같은 인물은 현지의 문화를 존중하며 선교한 모범적인 실례 중 하나다. 영국은 18세기의 세계 선교를 주도했다.

2) 미국 교회의 부흥 운동과 선교

미국 교회의 동향이 중요한 이유는 그들이 19-20세기 세계 선교를 주도하여 세계 각지에 선교사를 파송하고 교회를 세웠기 때문이다.

(1) 신대륙 이주와 미국 교회들의 성장

종교개혁 이후 서구 유럽 사람들은 종교의 자유를 찾아, 혹은 부자가 되겠다는 꿈을 안고 신대륙으로 이주하는 경우가 많아졌다. 그래서 아메리카

대륙은 많은 이민자가 생겨났고 자연스레 그 종교적 성향도 다양했다.

개신교도들이 많이 정착한 곳은 북미 대륙이었다. 반면 남미 대륙은 대부분 로마가톨릭교회가 석권하게 된다. 북미의 경우 침례교회, 회중교회, 감리교회, 개혁파교회(보수적 칼빈주의), 감독교회(미국성공회), 장로교회가 꾸준히 성장해 나갔다. 그리고 3차에 걸친 '대각성 운동'을 통해 많은 발전을 이룬다.

(2) 대각성 운동

미국 교회는 세 차례의 대각성 운동을 통해 크게 성장했다. 각 시대마다 걸출한 종교 지도자가 나와서 회중을 회개케 하고 교회의 정화에 힘썼다.

① 제1차 대각성 운동(1730-1760년대)

칼빈주의자 조나단 에드워즈(Jonathan Edwards, 1703-1758)와 그의 제자들 그리고 영국의 선교사 조지 휫필드(George Whitefield, 1714-1770)가 순회 설교를 하며 시작되었다. 청중은 그들의 설교에 깊은 감화를 받았고 사고를 전환시켜 고등교육을 장려하고 선교에 힘쓰도록 하는 데 공헌했다. 당시의 부흥 운동을 일컬어 '복음주의 운동'(Evangelicalism)이라고 칭하기도 한다.

② 제2차 대각성 운동(1790-1840년대 중반)

제1차 때는 순회전도자들의 활약에 의한 것이었지만 제2차 대각성 운동은 지역 목회자들이 주도한 것이었다. 중심인물은 켄터키의 장로교회 목사 맥그레디(James McGready, 1763-1817)였고 후일에는 찰스 피니(Charles G. Finny, 1792-1875)가 웨슬리 혹은 알미니우스적 관점에서 부흥 운동을 전개하여 큰 호응을 받았다. 이때 감리교회와 침례교회가 폭발적인 성장을 이루었다. 그러나 많은 미국 이단이 이 시기에 발흥했다.

③ 제3차 대각성 운동(1850-1900년대 초반)

제3차 대각성 운동은 구두 수선공 출신인 드와이트 무디(Dwight L. Moody, 1837-1899)에 의해서 주도되었다. 그는 주일학교(Sunday School)를 통해 많은 영혼을 구원했고 전국을 돌며 부흥회를 열어 수많은 사람을 회개시켰다. 그 운동의 결과는 미국이 전 세계에 선교사를 파송하는 계기가 되었다. 이 시기에 세계 선교는 더 활발히 전개되었으며 한국과 중국 등 아시아 각국에도 선교사가 많이 들어오게 되었다.

(3) 오순절 운동(Pentecostal Movement)

미국의 제3차 대각성 운동에서 파생한 신앙 운동의 한 형태다. 미국의 오순절 교파는 크게 두 주류가 있는데 아주사 거리로부터 출발한 '하나님의성회'(Assembly of God)와 테네시주의 클리블랜드시(Cleveland, Tennessee) 등에서 시작된 '하나님의교회'(Church of God)다.

미국에는 하나님의교회라 칭하는 오순절 교파가 여럿 있는데 그중에서도 가장 교세가 큰 곳은 '그리스도 안에 있는 하나님의 교회'(Church of God in Christ, COGIC)다.

하나님의성회의 시작은 찰스 파함(Charles F. Parham, 1873-1929)이 그가 설립한 성경학교에서 초대 교회의 신우와 은사가 현시대에도 나타날 수 있다고 가르치던 중 1901년 한 여학생에게 방언이 터지면서부터 시작되었다. 그 후 흑인 윌리엄 세이모어(William Seymour, 1870-1923)가 L.A.의 아주사(Azusa Street) 거리에 아주사거리선교회(Azusa Street Apostolic Faith Movement)를 조직하며 큰 부흥이 나타나게 된다.

한국의 순복음교회가 이 하나님의성회 소속이다. 오순절 교파는 전 세계 선교를 활발히 전개 중이며 남미, 아프리카와 아시아 등 개발도상국에서 괄목할 성장세에 있다.

오순절 운동의 특징은 다음과 같다.

① 개인의 체험적 신앙을 중시한다. 초대 교회에서 있었던 것과 동일한 방언, 신유, 여러 가지 성령의 은사 체험하기를 추구하며 예배가 열광적이다.
② 미국의 주류 백인으로부터가 아닌 흑인이나 빈민층으로부터 출발했기에 유색인종과 빈민으로부터 환영을 받으며 널리 확산했다.
③ 방언이 성령 세례의 첫 증거라는 주장을 하기도 하는데 이는 보수적인 신학자들로부터 비판받는 부분이다. 그러나 성령에 대한 새로운 인식과 관심을 불러일으키는 데 크게 공헌한 점은 인정할 만하다.
④ 오늘날 오순절교회의 대표 격인 한국의 순복음교회는 중생, 성령 충만, 축복, 신유, 재림의 5중 복음을 강조하고 있다.

(4) 미국의 이단

오늘날 미국은 세계적 이단이 가장 많은 나라다. 이는 국가의 규모나 기독교 역사로 볼 때 어쩔 수 없는 현상이라고 할 것이다. 미국 이단들의 특징을 보자면 교회가 폭발적으로 성장하던 시기와 발맞추어 성장한 것이다. 안식교와 몰몬교, 여호와의 증인 등 세계적인 이단이 제2, 3차 대각성 운동의 바람을 틈타 미국에 생겨났다.

3) 근현대의 다양한 신학 사조와 정통교회의 대응

종교개혁 이후 근현대 시대에 접어들면서 개신교 진영에는 로마가톨릭처럼 절대적 권위자가 교회와 신학을 통제하는 구조가 아니므로 기존의 정통파 이외에도 많은 다양한 신학 사조가 고개를 들게 되었다.

먼저, 계몽주의에 영향을 받은 슐라이어마허(F. Schleiermacher, 1768-1834)와 그를 계승하는 자유주의 신학이 힘을 발휘했다. 그리고 그런 자유주의와 실존주의 철학, 포스트모더니즘(post-modernism) 철학의 영향을 받아 다양한 관점의 인본주의 신학이 나타나고 있다. 이런 신신학의 대두는 정통 신학에 대한 거대한 도전이기도 하다.

(1) 자유주의 신학

자유주의 신학의 태동은 계몽주의와 관련 있다. 계몽주의는 중세와 종교개혁기 등 오랜 기간의 종교 전쟁 등을 거치면서 신본주의에 대한 혐오와 반동으로 형성된 사상이다. 그래서 계몽주의는 신보다는 인간의 이성을 강조하고, 역사관도 사람에 대한 지속적인 계몽을 통해 이상 사회 건설이 가능하다고 믿는 낙관적 역사관이다. 이런 관념을 받아들여 형성된 신학이 자유주의 신학이므로 정통교회의 입장과는 판이할 수밖에 없다.

곧 자유주의 신학은 기존 정통 신앙을 전면 부정하다시피 하는 위험성이 있었다. 그 대표적인 신학자는 슐라이어마허, 리츨(A. Ritschl, 1822-1889), 하르낙(A. Harnack, 1851-1930) 등이다.

자유주의 신학의 특징은 아래와 같다.

① 성경의 영감을 부정

성경을 단지 인간의 종교적 경험을 기록한 문서로 본다. 성경은 자유주의 신학자들에 의하면 인간이 하나님에 대해서 쓴 책이다. 따라서, 성경에는 오류가 있을 수 있다는 입장이다. 그렇다고 성경을 폐기하려는 시도를 하지는 않고 나름대로 중요시한다. 이유인즉 성경은 인간이 하나님을 아는 데 반드시 필요한 매체라고 여기기 때문이다.

② 이성에 대한 신뢰

성경의 내용 중 인간 이성에 맞지 않는다고 여겨지는 내용은 거부한다. 그야말로 성경을 자기들의 관점에 따라 마음대로 재단하고 해석하는 태도다.

③ 예수의 인성과 윤리 강조

자유주의 신학에서는 예수 그리스도를 완전한 인간이자 도덕적 이상형으로 생각했다. 곧 역사적 예수에 초점을 맞추기보다 도덕적 모범으로서의 예수를 중시한다. 따라서, 자유주의자들은 대속 교리를 거부한다. 단지 예수를 닮는다는 의미에서의 윤리를 중요시하는 경향이 크다.

④ 역사 발전에 대한 낙관론

자유주의 신학은 인간 이성에 대한 신뢰심을 가지고 있기 때문에 낙관적 역사 발전론을 전개한다. 곧 인류가 점차적으로 진보하게 되면 정통주의처럼 신앙생활을 하지 않아도 지상천국 곧 유토피아(Utopia)를 누릴 수 있게 되리라 여긴 것이다. 하지만, 이러한 기대는 제1, 2차 세계 대전으로 인해 크게 꺾이게 된다.

⑤ 하나님의 교회에 대한 애정 결핍

교회사를 더듬어 볼 때 많은 믿음의 선진이 교회에 유익을 주기 위해 신학을 전개하고 세상에 대해 신앙을 변증하기에 힘을 쏟았다. 그러나 자유주의 신학에서는 교회보다는 자기네 학문의 시대적 합리성을 더 중시한다. 그래서 자기들의 사변적인 주장들이 교회에 얼마나 해악을 끼칠지에 대해서는 별다른 관심이 없다. 물론, 그들은 그것이 교회와 회중을 위함이라고 여기지만 그런 신학의 영향을 받은 서구 교회는 지금 텅텅 비어가고 있다.

(2) 신정통주의

신정통주의는 칼 바르트(Karl Barth, 1886-1968)의 등장으로부터 시작된다. 자유주의가 맹위를 떨치던 서구 개신교 신학계에 있어서 바르트의 공헌은 실로 대단한 것이었다.

제1차 세계 대전을 뒤로하며 인간의 한계를 절감하게 된 교회와 신학계는 바르트가 1922년 발표한 『로마서 주석 2판』에 주목했다. 곧 그 책은 자유주의자들을 향해 떨어진 폭탄과 같아서 자유주의 신학의 급격한 쇠퇴를 불러오게 된다. 미국의 경우 자유주의는 1930년대까지 그 정점을 찍다가 바르트의 영향으로 급격히 쇠락하게 되었다. 심지어 많은 자유주의자가 신정통주의로 전향하기도 했다. 그래서 정통 신학자 진영에서도 바르트에 대해 많은 찬사를 쏟아냈다.

미국 칼빈신학교의 교의학 교수 클루스터(F. Klooster)는 바르트의 공헌을 다음과 같이 요약한다.

- 이 시대에 가장 지대한 신학적 영향을 끼쳤다.
- 자유주의 신학을 넘어뜨렸다.
- 성경에 대해 새로운 관심을 불러일으켰다.
- 종교개혁 신학과 칼빈의 사상에 대한 새로운 관심을 집중시켰다.
- 새로운 신학 체계를 수립했다.

이러한 칼 바르트의 신학과 그와 같은 맥락에서 나타나는 신학적 경향을 신정통주의라고 한다. 그러나 이런 신정통주의도 온전히 수용할 수 없는 아래와 같은 한계성이 있다고 비판받기도 한다.

- 바르트는 성경 말씀은 하나님의 계시를 포함하는 것이지, 하나님의 계시 자체는 아니라고 주장하는데, 이는 그가 성경을 가장 중요시하지만, 그 무오성에 대해서는 회의적 태도를 취하는 것으로 비춰지기도 한다.
- 하나님의 사랑과 관용만을 지나치게 강조한다.
- 기타 논란의 여지가 있는 성경 해석들이 존재한다.

바르트에 호의적인 측에서는 작은 오류들을 침소봉대하지 말고, 그가 20세기 교회와 신학에 끼친 공헌을 먼저 생각해야 한다고 변호한다. 그러나 정작 바르트 자신은 정통 신학에 대해 그리 호의적이지 않았다. 그는 정통교회가 성경을 문자적으로 해석하는 것에 대해 상당히 비판적인 태도를 취하곤 했다.

그런데 이런 신정통주의도 미국에서는 1960년대 이후부터 한풀 꺾여 복음주의(신복음주의)가 성장세를 띠게 된다. 제1차 세계 대전과 경제 대공황을 겪으면서 자유주의 신학의 한계가 드러난 결과 그 대안으로서 널리 받아들여지게 되었던 신정통주의는, 제2차 세계 대전 승전으로 진보와 번영의 시대에 접어든 미국 사회에 있어서는 관심도가 많이 떨어진 측면이 있었다. 그뿐만 아니라 신정통주의가 정통 기독교를 대신할 만한 대안이 될 수는 없다고 보는 의식이 널리 확산되었기 때문이기도 하다.

(3) 기타 인본주의적 신학

오늘날 자유주의 신학 외에 정통주의에서 벗어난 다방면의 신학을 정통교회에서는 '인본주의 신학'이라고 구분하기도 한다. 인본주의 신학은 여러 방면으로 나타난다. 자유주의적 영향에서 출발하여 정통교회의 신학을 공격하는 경우도 있고, 실존주의 철학에 근거하여 정통교회의 진리를 상대화하는 경향의 신학도 있다.

세속화신학(世俗化神學), 사신신학(死神神學) 등은 정통 신학을 부정하며 자유주의적인 관념에 가깝다. 성경해석학에 있어서 비신화화(非神話化)와 양식사학파(樣式史學派)적 해석은 정통 신앙 자체를 부정하는 성향까지 있다.

또 한편, 사람들의 정치의식의 발전과 함께 소외되고 억압받는 계층에 대한 관심에서 비롯된 해방신학, 민중신학, 여성신학도 있다. 이는 개인 영혼의 구원에 대한 관심보다 사회 구원에 초점을 맞춘 것이라고 할 수 있다.

그리고 진화론적 관점에서 성경을 해석하는 과정신학(Process Theology)이 있으며, 오늘날 포스트모더니즘 철학을 바탕으로 타 종교에도 구원이 있다고 보는 종교다원주의(Religious Pluralism) 등 다양한 형태의 신학 사상이 있다.

위에 열거한 신학 사조는 역사적 상황과 그 형성 배경을 볼 때 간혹 일리 있는 측면이 있기도 하지만, 정통 신학의 넓은 관점에서 볼 때는 매우 우려할 만한 내용이 많으므로 세심한 주의가 요구된다.

> 정통 교회는 오늘날 현대 신학 중 자유주의와 그 영향 아래 형성된 인본주의 신학 사조들에 대해서는 거부하는 태도를 취한다. 반면 칼 바르트의 신정통주의 신학과 복음주의 성향을 띤 현대 신학의 온건한 신학 사조들에 대해서는 비판적 수용을 시도하고 있다. 비판적 수용이란 좋은 내용은 받아들이되 시각차가 있다고 여겨지는 부분에 대해서는 철저히 검증하고 거부하는 태도를 말한다.

(4) 자유주의와 인본주의에 대한 정통교회의 대응

① 복음주의

근현대에 접어들면서 기존 정통주의에 대한 불만과 과학의 발달로 인한 사상과 관념의 변화는 자연스레 신학적 관념과 연구 태도에까지 영향을 미쳐 다양하고 새로운 해석을 낳기 시작했다. 그 결과 자유주의, 인본주의 등의 신(新)신학 사상이 나타나 정통교회를 위협하기 시작했다.

이에 대해 정통교회는 많은 시행착오와 갈등을 겪어 오고 있지만 대체로 복음주의(Evangelicalism)라는 틀 속에서 위와 같은 도전에 대응하고 있다. 따라서, 이 복음주의는 특정 교파에 얽매이는 개념이 아니라, 정통에 속하는 많은 교파를 아우르는 초교파성을 띤다.

복음주의에 대해서는 많은 해석상의 다양성이 있다. 본래 복음주의라는 말은 정통 개신교회를 지칭하는 것이었다. 그러나 시대의 변천에 따라 개신교 진영 내의 정통주의자들은 물론 자유주의자들이나 기타 여러 가지 신학적 경향을 가진 측들까지 너도 나도 복음주의라 하면서 용어에 혼동이 초래되었다. 그러므로 우리는 복음주의란 용어를 개신교회를 일컫던 원래적 의미를 따라 이해하는 것이 타당하다.

곧 본서에서 제시한 정통 개신교회의 조건-성경의 최고 권위를 인정하고 초대 교회 4대 신경의 내용과 이신칭의를 받아들이는 개신교회-을 그대로 수납하는 측이 진정한 복음주의라고 할 것이다.

복음주의 안에는 진보적인 측이 있고 보수적인 측이 있어서 시대 상황에 따라 교회와 사회를 향하여 주장하고 강조하는 내용이 다양했다. 하지만, 정통교회 안에서 널리 인정받는 복음주의 단체들은 나름의 신앙 선언문들을 발표하고 있는데, 그 내용을 분석해 보면 대다수의 단체가 그 신학적 지향점에 있어서는 정통의 범주를 벗어나지 않는 면모를 보인다.

현대의 대표적 복음주의 운동 단체인 '세계복음주의연맹'(WEA, World Evangelical Alliance, 1846년 창설)의 신앙고백과 '로잔 운동'(the Lausanne movement, 1974년 창설)의 로잔 언약(The Lausanne Covenant)에는 성경의 최고 권위 인정, 오직 그리스도를 믿음을 통한 구원, 4대 신경의 내용(비록 4대 신경의 이름이 직접적으로 적시되지는 않았지만)이 모두 언급되어 있다.

② 근본주의

근본주의는 19세기 말부터 20세기 초엽에 결성된 보수적인 복음주의다. 19세기 말경 지속적으로 밀어닥치는 자유주의 신학과 진화론적 과학주의의 영향으로 인해 미국 교회는 심한 혼란을 겪게 되었다. 이런 분위기에 대처하기 위하여 보수적 신학자들 사이에서는 결코 타협할 수 없는 기독교 신앙의 근본 교리를 수호해야 한다는 분위기가 고조되었다.

그래서 그들은 1910-15년경 5개 조의 교리를 선정하여 '기독교 신앙의 근본원리'로 간주하기에 이른다.

그 내용은 아래와 같다.

㉮ 성경의 무오성
㉯ 예수 그리스도의 동정녀 탄생
㉰ 예수 그리스도의 대속적 죽음
㉱ 예수 그리스도의 육체적 부활
㉲ 예수 그리스도의 육체적 재림

이후 미국북장로교회의 보수적 인사들도 이 흐름에 가담하게 되는데, 그들은 ㉮-㉱ 항은 동일하게 인정하되 ㉲ 항의 육체적 재림을 '재림을 포함한 그리스도의 각종 기적'이 역사적 사실이라는 의미에서 '기적의 역사성'이라는 문구로 대체한다. 그러면서 그 5개 항을 '기독교의 근본진리'라 지칭했다. 이러한 다섯 가지 근본교리를 확고히 믿고 받아들이는 사람들을 근본주의자라고 불렀던 것이다.

그렇지만 이 다섯 가지는 정통 신앙의 근간임에도 불구하고, 당시 미국 신학계의 분위기는 그것마저도 고루한 옛날이야기로 치부해 버리는 경향이 강했다.

1930년대 북장로교단 안의 1,300여 명의 목회자가 5대 근본교리는 본질적인 것이 아니라 이론적인 것일 뿐이라그 하는 선언서에 서명한 일이 있는데, 이를 북장로교회 교단총회와 산하 신학교인 프린스턴신학교(Princetontheological Seminary)에서 마저 용인한 것이다.

이 일은 전 미국의 각 교단과 신학교 안에서의 자유주의자와 근본주의자 간의 대결의 도화선이 되었다. 결국, 다툼과 분리가 계속되었는데 미국의 가장 큰 교단인 침례교회도 많이 동참하여 근본주의 진영에 힘을 실었다.

③ 신복음주의

1940년대에는 미국의 근본주의자 가운데서도 너무 분리적인 태도는 거부하는 포용주의적 경향이 나타났는데, 이것을 신복음주의운동이라고 한다. 이 운동가들은 1942년 미국복음주의협회(National Association of Evangelicals, 이하 NAE)를 조직하였다.

사실 이 NAE가 채택한 7개 항의 신앙고백문은 매우 건전하다.

- 성경이 영감받은 유일한 오류가 없는 권위 있는 하나님의 말씀임을 믿음
- 삼위일체를 믿음
- 예수 그리스도의 신성, 동정녀 탄생, 죄 없으심, 기적, 대속적 죽음과 육체 부활, 성부의 우편에 앉으심, 재림을 믿음
- 죄인에게 성령을 통한 중생이 절대적으로 필요함을 믿음
- 그리스도인의 경건한 삶을 위한 성령의 현재적 사역을 믿음
- 모든 죽은자는 부활 후, 생명의 부활 혹은 심판의 부활로 나아갈 것을 믿음
- 그리스도 안에서 신자들의 영적 연합을 믿음

그런데 이 NAE에 다양한 신학적 색채의 단체가 가입을 하고, WCC(World Council of Church, 이하 WCC)와도 협력하면서, 보수적인 측으로부터 교회의 순수성을 훼손한다는 비난을 받게 되었다.

오늘날 신복음주의적 사조는 NAE뿐만 아니라 다른 많은 단체 속에서도 발견된다. 그래서 신복음주의 안에는 다양한 스펙트럼이 존재한다. 매우 복음주의적인 측이 있는 반면, 그 구분이 모호한 경우도 있다. 심지어 자유주의나 종교다원주의적인 주장을 하는 그룹도 있다.

신복음주의의 긍정적 특징은 다음과 같다.

- 신학의 발전을 위한 학문 연구의 자유를 인정한다.
- 개인 구원만을 강조할 것이 아니라 사회 구원을 위한 사회 참여에도 힘쓴다.
- 지키기만 하는 폐쇄적인 자세에 머물지 않고 세상을 향한 복음주의 신학의 능동적인 변증을 시도한다.
- 열린 마음으로 교회 간 연합 운동을 추구한다.

그러나 다음과 같은 부정적인 특징이 드러나기도 한다.

- 일부 참여자들은 성경의 문자적 영감설에 대해 동의하기를 주저한다.
- 세상 과학의 결론들과 타협한 유신론적 진화론을 수납하는 인사들도 있다. 성경의 내용을 세상 학문과 적당히 혼합하여 믿는 태도가 나타나기도 한다.
- 자유주의를 받아들인 교회라도 문제 될 것이 없다는 교회관을 가진다. 일부 신복음주의자들은 자유주의자들이 교권을 잡는 현실에 반발하여 분리를 꾀한 근본주의자들의 태도를 공격하며 모든 분리는 나쁘다고 지적하기도 했다. 결국, 이 같은 태도는 종교개혁자들의 태도까지도 분리주의적인 것이므로 나쁘다는 논리를 낳을 수 있다. 그래서 프린스턴신학교에서 축출당하기까지 하며, 근본주의를 지키려고 했던 메이천(John Gresham Machen, 1881-1937)은 신복음주의적 포용주의는 종교 혼합을 가져올 것이므로 오히려 종교개혁 당시의 로마가톨릭교회보다 더 위험하다며 맞섰다.
- 긍정주의만을 강조한다. 이는 근본주의가 비판적이고 부정적인 면이 강함에 대한 반발로 취한 태도이지만 그들 자신도 한쪽으로 치우치고

만 것이다. 성경은 긍정주의만 말하지 않고 부정주의도 말한다. 오늘날 긍정적인 사고로만 행동하면 모든 것이 잘되고 하나님께 복을 받을 것이라고 가르치는 번영신학적 태도는 대부분 이런 신복음주의적 사상으로부터 말미암는다.

④ 신근본주의

위와 같은 신복음주의에 대항하여 보다 그 교리적인 부분을 강화하여 일어난 분리주의 운동이 신근본주의이다. 중심인물은 메킨타이어(C. MacIntyre, 1906-2002)다. 이 운동은 신복음주의자들이 주도한 WCC가 결성되려는 것을 보고 그것을 배교 행위로까지 해석하는 위기의식으로부터 출발한다.

그래서 근본주의 신학을 바탕으로 1948년 네덜란드의 암스테르담(Amsterdam)에서 WCC의 결성에 대항해 29개국의 대표가 모여 국제기독교회협의회(International Council of Christian Churches, 이하 ICCC)를 결성한다. 이 ICCC 헌법의 서문에는 현대를 이교적 모더니즘에 휩쓸리는 암울한 시대임을 전제하며 다음과 같이 명시한다.

> 하나님의 백성에게 모든 불신앙과 부패로부터 분리하라는 하나님의 명령은 분명하고 적극적이다.
>
> (Whereas, the commands of God to His people to be separate from all unbelief and corruption are clear and positive).

그리고 제2조에서 다음과 같은 요지의 교리적 선언을 피력한다.

동등한 성경적 진리 중에서도 우리는 다음의 내용을 믿고 견지한다.
• 성경 원본의 완전한 영감, 무오성, 믿음과 삶에 있어서의 최종적 권위

- 하나님의 삼위일체
- 예수 그리스도의 참되고 영원하신 신성과 그의 참되시고 죄 없으신 인성
- 예수 그리스도의 동정녀 마리아로부터의 탄생
- 많은 사람의 대속물로서의 예수 그리스도의 대리적, 속죄적(expiatory) 죽음
- 예수 그리스도의 육체적 부활, 그의 권능과 영광스러운 재림
- 사람의 타락으로 인한 전적 부패
- 구원은 성령과 말씀으로 인한 중생의 효과이며, 행위가 아닌 믿음을 통한 은혜로 말미암으며
- 구원받은 자들의 영원한 복과, 잃어버린 자들의 영원한 형벌
- 구속받은 모든 사람의 실질적인 영적 통일성(the real spiritual unity)
- 교리와 삶에 있어서 하나님의 말씀을 따른 교회의 순결성 보존의 필요성,

그리고 여전히 사도신경이 성경적 진리임을 믿으므로 그것을 이 신앙조항 속에 포함시킨다.

신근본주의의 태도는 칼빈주의적 정통 신학을 그대로 확인하는 모습이기도 하다. 그러나 너무 지나치게 분리주의적 태도를 취한 것은 바람직하지 못했다는 평가도 있다. 곧 불신자, 이단자, 범죄자, 불순종자들과의 교제를 일절 끊기를 시도한 것이다. 그렇게 함을 통해 교회의 순결을 유지하고, 악에 오염되지 않고, 하나님께 영광을 돌리고자 함이었다.

그러나 이런 태도는 결국 세상에 대한 고립을 초래하고 말았다는 비판을 받는다. 곧 폐쇄적이 되어 자기반성보다 타인을 탓하는 경향이 커졌고, 신학의 발전이 더디게 되었으며, 민감한 사회적 요구에 대해서까지 교회가 귀를 막는 경향까지 나타났다는 것이다. 이런 폐쇄적인 태도는 선교에도 지장을 줄 수 있다. 그래서 1970년대 이후 미국의 후기 신근본주의에

서는 사회적 요구들에 대해서도 부응하려는 경향이 나타나고 있다.

오늘날의 ICCC에는 그간 너무 배타적이고 폐쇄적이었던 이유로 인해 소수 교회가 참여 중이다. 그러나 신근본주의적 성향은 여전히 많은 교회에 남아있다.

⑤ WCC와 에큐메니컬 운동(교회 일치 운동)

주로 신복음주의를 추구하는 인사들이 주축이 되어 교회 연합 운동을 추진하고자 결성한 단체를 WCC라 하며 그 단체가 교회 연합을 위해 벌이는 운동을 에큐메니컬(Ecumenical) 운동이라 한다. 초대 교회의 세계 회의를 에큐메니컬 회의라고 칭하기도 하는데 그와 같은 맥락에서의 일치를 오늘날에도 이루고자 하는 것이다.

WCC는 본래 선교를 위해 결속된 국제 선교 대회로부터 발전된 기구이다. 20세기 초엽 수차례에 걸친 국제 선교 대회가 열리게 되었는데 그 주제는 각 교파가 각자의 신앙고백과 교리는 덮어 두고 공통 주제인 선교를 논하자는 것이었다. 이런 모임이 거듭되는 중에 차츰 에큐메니컬 운동으로까지 발전하게 된 것이다. WCC는 1948년 네덜란드의 암스테르담에서 44개국 대표가 모인 것을 시작으로 7년마다 모이며 오늘날에 이르고 있다.

에큐메니컬 운동의 취지만큼은 하나님께서 세우신 모든 교회의 일치를 부르짖는 것이므로 좋다고 할 것이다. 그러나 그 일치 운동에 포함되는 대상을 어디까지로 할 것이며 신학적 포용은 어느 범주까지 할 것이냐로 논란이 되고 있다.

WCC 조직의 일각에서는 자유주의와 이단은 물론 로마가톨릭교회마저 대상에 넣어 '모든 교회가 하나 되자'라는 이상론을 펴는 사람들이 있는 것도 사실이다. 심지어 그들 중 일부는 종교다원주의마저 포용하려는 움직임이 있기도 하다. 이런 태도에 대해 보수적인 정통교회에서는 에큐메니컬 운동을 마귀적이라고 공격하기까지 한다. 그래서 그 대안으로

ICCC가 결성되기도 한 것이다.

반면 진보와 중도측, 온건 보수측에서는 교회 일치라는 본래 취지에 동의하여 WCC에 참여하고 있기도 하지만, 무분별한 영입이나 포용에 대해서는 반대하는 입장이다. 2022년 WCC 제11차 총회까지는 세계 대부분의 개신교회 교단과 동방정교회가 참여하고 있는데, 아직까지 로마가톨릭이나 이단 단체에 회원자격이 부여되고 있지는 않다.

WCC의 긍정적인 부분은 세계의 모든 교회가 주 안에서 하나임을 확인한다는 점에서 의의가 깊다. 그리고 동·서방교회의 분열과 냉전 등의 정치적 이유로 인해 오랫동안 교류하지 못했던 동방정교회와의 대화의 문이 열려 서로 간 이해의 폭이 넓어지고 있는 점은 매우 긍정적이라 할 수 있다.

보수적 입장의 우려는 교회 일치화 운동이 종교 혼합 내지는 인위적인 종교 통일을 도모하려 함이 아니냐는 것이다. 자유주의 신학뿐만 아니라 로마가톨릭과도 일치를 추구하는 행위는 자칫 종교개혁의 정신마저 변질시켜 개신교회의 순수성을 잃게 할 것이라는 판단 때문이다. 그도 그럴 것이 로마가톨릭은 교황을 중심으로 제도적 장치가 강하므로 다른 교파와 일치 운동을 벌인다고 한들 얼마든지 내부 단속과 체제 유지가 가능하다.

하지만, 개신교회는 조직체계가 비교적 약하고 제각각이므로 자칫 로마가톨릭이나 이단들마저 포용할 경우 심한 혼란에 빠져 종교개혁의 전통을 계승한 개신교회라는 그 본연의 정체성마저 상실할 우려가 있다고 보는 것이다. 그래서 보수주의자 반 틸(C. Van Til)은 '개혁주의적 에큐메니컬'을 주장하기도 했다.

WCC 본부도 다양한 교파성을 고려하여 민감한 사안은 피하되 모두가 수긍할 만한 내용들만 의제에 올리기를 꾀한다. 그런데 그간의 WCC 총회 회기 기간 동안 허용되는 주제 발표 시간에 극단적인 신학적 경향을 지닌 일부 인사들이 종교다원주의적 발언을 꾸준히 피력하곤 했는데, 이 부분에 대해 제재가 약하다는 비난이 있기도 하다.

심지어 1991년 캔버라에서 열린 제7차 총회 주제 발표 순서 도중, 한 한국인 극진보주의 인사가 도를 넘는 종교혼합주의적 색채의 주장과 초혼제(招魂祭) 퍼포먼스를 벌인 일이 있었다. 그 현장의 많은 세계 교회 대표는 항의하며 자리를 떴고 일부는 찬성을 표하기도 했다. 결국, 이 일은 WCC가 보수주의자들로부터 두고두고 비난을 받는 큰 사건으로 기억되고 있다. 그래서 그 사건 이후 WCC 본부의 행보는 되려 진보적인 의제에는 신중하고 보수적 입장으로 선회했다는 평가가 있기도 하다.

이처럼 WCC와 교회 일치 운동에 대해서는 오늘날 정통 개신교회 내에서도 견해차가 상존하고 있다. 교회 일치를 위한 대화는 꾸준히 추진하여 서로 간 좋은 점은 받아들이며 이해의 폭을 넓히되, 정통 개신교회라는 그 본래적 정체성과 순수성의 부분에 있어서만큼은 양보하지 않는 확고함을 가지는 것이 바람직한 태도라 할 것이다.

물론, WCC에 대해 경계심을 가지는 것도 매우 일리가 있음은 부정할 수 없다. **주변의 건강한 비판이 존재하기에 WCC가 왜곡된 길로 쉽게 넘어가지 않고 있다고 볼 수도 있기 때문이다.** 그런데 오늘날 인터넷 매체를 통해 WCC에 대한 과도한 음모론이 난무하고 있기도 한데 이런 행태는 오히려 정당한 비판의 명분을 약화시킬 수도 있을 것으로 보인다.

또 한편, WCC가 가지는 타 종교와의 대화를 두고 과도한 비판을 가하는 것도 무리이다. 왜냐하면, 한국의 보수적이라는 기독교 단체들도 국가의 행사나 특정 기념일에는 타 종교와 함께 모이고, 성탄절이나 석탄일 등 주요 절기에는 서로 축하하며 대화하기 때문이다.

거대 종교단체들이 서로 대화하지 않는다면 세상은 종교 간 분쟁을 우려하게 된다. 실례로 회교의 폐쇄성을 들 수 있다. 그러므로 우리 기독교는 세상을 향해 보다 열린 마음으로 대화해야 한다. 어떤 종교보다 더 많이 평화를 이야기해야 마땅한 것이다. 물론, 평화라는 구호 아래 무분별한 혼합까지 용납되어서는 결코 안 될 것이다.

⑥ 오늘날의 복음주의와 여러 경향

오늘날 정통의 입장에 서 있는 복음주의자이든지, 근본주의자이든지, 신복음주의자이든지 모두 자기들을 일컬어 복음주의라고 칭한다. 심지어 자유주의자도 스스로는 복음주의라고 한다. 그래서 누군가 "나는 복음주의자다"라고 말한다면 그들의 신학적 태도를 신중히 분석해 보고 구분해야 한다(사실 자기가 복음주의자라면서도 어떤 입장인지 본인도 모르는 경우가 대부분이다).

신복음주의적 배경을 가졌다고 해도 건전한 경우가 많고, 근본주의 배경을 가졌다고 해도 불건전한 경우도 많으므로 흑백논리로 나누려 해서는 안 되며 신중히 판단해야 한다.

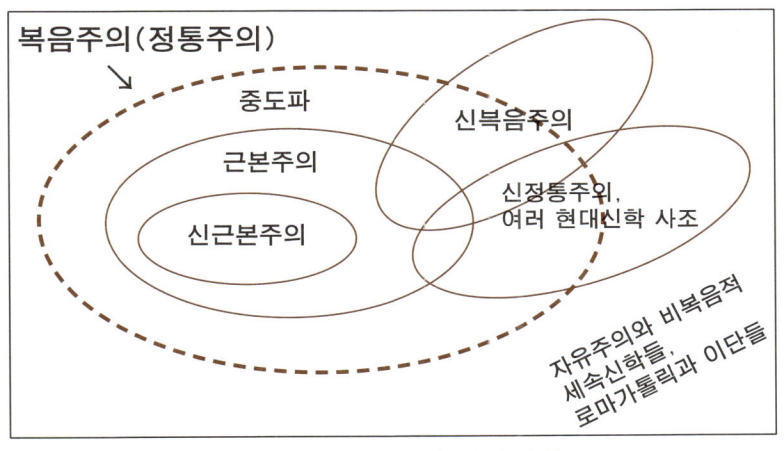

오늘날의 복음주의와 여러 경향

🔍 오늘날 한국의 주류 복음주의적 정통교회들에서는 칼빈주의와 비칼빈주의를 막론하고 근본주의적 경향이 강하다. 이런 모습은 신앙의 순수성을 지켜 냄에 있어서는 매우 바람직하지만, 삶의 태도가 폐쇄적이지 않도록 늘 주의가 요구된다. 위의 도표에서 중도파는 칼 바르트의 신정통주의와 비교적 온건한 사조의 현대 신학에 대해서 비판적 수용을 허용하는 교파들을 말한다. 그러므로 중도파는 일부 신복음주

의적인 면모를 가지고 있기도 하다. 신복음주의와 같이 열린 마음을 가지는 것은 나쁘지 않다. 그러나 항상 주의할 것은 이단이든, 타 종교이든 적당히 받아들이며 외적 성장에만 매달리는 일부 줏대 없는 포용주의적 행태다. 이런 관점으로는 이단 대처가 불가능하다. 특히, 오늘날 미국의 신복음주의는 우려할 만한 면이 많다. 그들 중 일부는 안식교도, 몰몬교도, 지방교회도 정통이라고 인정한다. 그러나 정작 그 당사자들은 자기들만이 진리라는 주장을 굽히지 않고 있다. 아이로니컬한 일이 아닐 수 없다.

4) 현대 개신교 정통 교파

지금까지 정통교회가 어떻게 형성되어 왔는지에 대해 대략 살펴보았다. 정통교회의 역사는 이단들과의 투쟁의 역사였으며, 왜곡된 교권주의와의 대결의 역사이기도 했으며, 또한 보다 하나님께 가까이 나아가기 위해 몸부림친 신앙인들의 역사이기도 했다. 그 역사적 계보를 살펴보자면 다음 장의 그림과 같다.

루터교회, 개혁교회, 장로교회, 성공회, 감리교회, 구세군, 침례교회, 회중교회, 오순절교회, 나사렛, 성결교회, 모라비안형제단 등은 대표적인 정통 교단이라 할 것이다. 물론, 이외에도 각 교파에서 분파된 크고 작은 교단이 많이 있다. 또한, 세계 각 지역이나 나라마다 교파색은 옅되 나름의 특색을 띤 독립교단도 많이 있다.

여기서 특별히 경계할 것은 정통 교단의 이름을 가졌다고 해서 모두 정통은 아니라는 사실이다. 그러므로 면밀히 검증해야 한다.

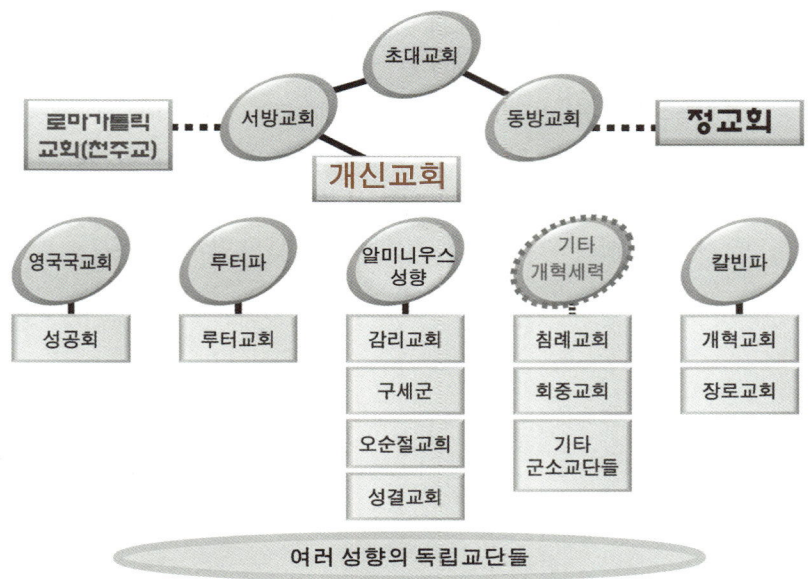

주요 정통 교단의 형성 계보
*개신교 교단들은 도표의 좌측으로 갈수록 천주교와 비슷한 면이 많고 우측으로 갈수록 멀다.

Q 어떤 사람들은 교회에 교파가 왜 이리 많으냐고 의문을 제기한다. 그러나 교파주의를 배격해서도 안 된다. 궁극적 천상교회는 교파주의가 필요 없지만 지상교회의 한계성은 오히려 교파주의를 절실히 필요로 한다. 문화와 민족, 생활 습관이 다른 경우 하나의 방식으로 통합한다는 것은 무리다. 아프리카나 남미의 경우 예배 시간에 춤을 추며 열광적으로 찬양하는 오순절 형태의 방식이 자연스럽다면 한국 교회는 아직 장로교회 형태의 조용하고 거룩한 분위기가 더 자연스럽고 편안하다. 이처럼 지역이나 문화권, 개인차에 따라 특별하고 다른 점이 인정되어야 한다. 사실 우리는 로마가톨릭교회의 경우를 통해 단일교회와 단일체제로 인한 폐해를 겪어 보았다. 신학적인 경향도 그렇다. 사람마다 교파마다 강조하는 부분에 차이가 있는 것은 지극히 자연스러운 일이다.

이단이 아니라면 상호 존중해야 마땅하다. 다양한 교파가 신도들에게 선택의 폭을 넓혀 주므로 오히려 신앙생활과 전도에 이로움을 준다. 결국, 다양한 차이점을 무시하고 억지로 통합하려 하거나 교파주의를 억지로 배격하는 행위는 오히려 교회의 화합을 깨고 새로운 분파를 하나 더 만드는 행위와 다르지 않다. 그러므로 한 신앙 아래의 다양성을 인정하고 교파 간에 화합과 협력, 상호 견제와 선의의 경쟁을 갖는 것이 오히려 바람직하다. 물론, 과열된 교파주의로 인해 교회가 세상 사람들에게까지 손가락질받게 되는 안타까운 현상도 없지는 않다. 그러나 교파주의로 인한 사소한 문제들은 예수 그리스도께서 다시 오시면 다 해소될 것이다.

제3장

정통 교리 개관

* * *

　우리는 제2장에서 교회사에 나타났던 이단들의 발흥과 정통교회의 대응을 살펴보았다. 고대 교회의 이단들은 대개 삼위일체와 기독론에 문제를 가지고 있었다. 그러던 것이 중세와 종교개혁기에는 구원론 논쟁이 일었고 그 결과 신교와 구교가 나뉘었다. 그리고 근현대에 이르러서는 고대로부터 주장되었던 이설들을 그대로 답습하는 경우는 물론 다양한 형태의 보다 진화한 새로운 이단들이 나타나고 있다.

　신학이 발전함과 더불어 이단들의 논리도 점점 고도화되고 있다. 그래서 오늘날 새롭게 나타나는 이단들은 대개가 복음을 슬그머니 왜곡하거나 그 능력을 살짝 희석시켜 소개하기에 잘 구분이 안 되는 경우가 많으므로 더욱 주의가 요구된다.

　그러므로 이번 장에서는 오늘날 정통교회가 받아들이는 정통 교리의 범주와 내용은 어떠한지와 이단들은 그것을 어떻게 왜곡하는지 살펴보고자 한다. 간혹 정통신학에서 아직 뚜렷이 결론 나지 않은 주제의 경우, 이단 사설로부터 비교적 안전한 견해 위주로 소개한다.

　본 장을 보면서 주지할 것은 정통교회에서도 교회생활을 하다 보면 간혹 목사가 잘못된 정보를 전달할 수도 있는데 이것은 그가 이단이기 때문이라기보다는 착각했든지 실수일 경우가 많으므로 함부로 판단하지 말아야 한다는 사실이다. 그럴 경우는 알려 주어서 바로잡도록 하면 된다. 정통교회 목사는 이런 지적이 있을 때 겸허히 받아들여 개선할 줄 알지만 이단들은 받아들이지 않고 끝까지 자기 고집을 피운다.

1. 성경론

1) 계시론

정통교회에서는 계시를 말함에 있어서 일반계시와 특별계시 두 가지 측면을 이야기한다. 일반계시는 누구에게나 보편적으로 주어지는 계시이지만 사람이 하나님을 만나 구원에 이르게 해 줄 만큼 충분하지는 못하다. 그러므로 사람의 구원을 위해서는 반드시 특별계시가 필요하다.

(1) 일반계시

자연을 통해서 모든 인류에게 보편적으로 전달되는 계시를 의미한다. 그래서 '자연계시'(natural revelation)라고도 하며, 그 성격상 '비언어적 계시'(non-verbal revelation)라고도 한다. 일반계시는 크게 다음 세 영역에서 나타난다.

첫째, 자연현상 속에 나타난다.
작품이 작가의 존재함과 그의 정신세계를 반영하듯이 하나님께서 만드신 자연 세계는 하나님의 존재를 반영한다(시 19:1-6; 롬 1:20). 자연현상의 기막힌 질서와 오묘한 구조, 그 조화와 아름다움, 또한 측량이 불가능한 크기와 헤아릴 수 없이 정교함을 보아 알고도 창조주를 부인한다는 것은 그 사람의 미련함이나 강퍅함 때문이다(시 14:1; 롬 1:21).

둘째, 인간의 정신 구조에 나타난다.
사람은 "하나님의 형상"(창 1:27)대로 창조되었다. 아버지를 닮은 아들을 보고 그 아버지의 특성을 이해하듯이, 하나님의 마음을 닮게 만든 인간의 정신구조는 하나님을 상당히 반영한다. 더욱이 인간에게는 거룩함과 영원 그리고 절대적 가치를 추구하는 종교성이 있다(전 3:11; 행 17:22-29).

셋째, 하나님의 섭리가 반영되는 역사에 나타난다.

성경은 하나님께서 역사를 주관하며 보존하시며 섭리하신다고 가르친다(시 75:2-7; 렘 18:1-12; 행 17:26-27). 그러므로 역사를 통해 교훈을 얻는 것은 하나님을 이해하는 하나의 방편이 될 수 있다(물론, 역사 속에는 악한 죄인들과 악령의 작용도 상당 부분 있다. 따라서, 모든 역사적 사건이 하나님의 뜻이라고 여겨 무조건 받아들이는 운명론에 빠져서는 안 될 것이다).

로마가톨릭교회(천주교)는 이 일반계시의 측면에서도 사람이 하나님을 온전히 인식할 수 있다고 생각하는데, 이는 토마스 아퀴나스의 자연신학에 근거한 것이다. 그러나 개신교 정통에서는 사람이 어렴풋이 신의 존재를 느낄 수 있을지언정 올바로 알 수는 없고 오히려 그 죄성으로 말미암아 그릇 이해하게 된다고 본다. 그러므로 사람이 하나님을 올바로 알고 구원에 이르려면 반드시 특별계시가 필요하다.

(2) 특별계시

특별계시란 초자연적 방식으로 제한된 사람들에게 전달되는 것이므로, '초자연적 계시'(super-natural revelation)라고도 한다. 그리고 대부분이 언어로 표현되므로 '언어적 계시'(verbal revelation)라고 한다. 물론, 환상이나 기적 같은 비언어적 계시도 있다.

① 특별계시의 필요성

인류의 타락으로 인해 일반계시가 불분명해지고 왜곡됨으로써 인류의 구속을 위해서는 반드시 특별계시가 필요하게 되었다. 비진리의 오염과 자연의 혼란으로 인해 흐려진 일반계시는 특별계시의 안경을 통해서만 올바르게 이해될 수 있게 된 것이다.

② 특별계시의 방법

특별계시는 여러 가지 방법으로 나타난다.

첫째, 하나님이 직접적으로 당신의 사람들에게 말씀하셨다(출 19:9; 시 99:7). 어떤 경우 그 말씀은 하나님의 사자를 통해서 전달되기도 했다 (창 16:7; 왕하 1:3).

둘째, 간접적 방법인 제비, 우림과 둠밈, 꿈, 이적 등으로 말씀하기도 하셨다(삼상 10:20-21; 출 28:30; 욜 2:28).

셋째, 하나님의 선지자와 성경 기자들을 통해 언어로서 하나님의 뜻을 계시하셨다. 선지자들은 하나님의 소명을 받아 '하나님의 입'이 되어 그에게 임한 하나님의 말씀을 성실하게 전했다. 그리고 성경 기자들은 성령의 감동에 의해 하나님의 뜻을 기록하고 그것을 남겼다. 곧 모든 인류를 위해 주시는 하나님의 말씀은 성령의 특별한 사역에 의해 가감이 허락되지 않는 완전한 형태의 성경으로 만들어져 오늘날 우리에게 주어졌다.

③ 특별계시와 성경

특별계시는 하나님의 직접적 현현(神顯), 하나님의 말씀하심(神言), 하나님이 보이는 표적이나 이상(神行)으로 나타난다. 그에 비해 성경은 특별히 기록으로 나타난다. 그러므로 방법상 차이가 있다. 특별계시는 먼저 일어난 사건이고, 성경은 그 후에 기록된 것이다. 특별계시는 성경보다 범위가 넓다. 특별계시라고 다 성경에 기록되어 전해지지는 않는다(고후 12:4; 요 21:25; 계 10:3-4).

성경은 특별계시 중에서 우리 구원과 관련하여 우리가 반드시 알아야 할 내용들을 기록하고 있는 것이다. 따라서, 성경은 특별계시의 결정체(結晶體)라 할 수 있다.

④ 특별계시의 완성

오늘날에도 여전히 특별계시는 주어지고 있을까?

정통교회는 특별계시가 예수 그리스도로 말미암아 완성(종결)되었다고 본다. 하나님은 그리스도를 통해 우리에게 당신의 뜻을 보이고 전하셨다. 그러므로 예수 그리스도는 하나님 계시의 내용이며 완성이다. 물론, 오늘날에도 꿈이나 환상 등 신비 체험이 나타날 수 있다. 그러나 그것은 개인의 주관적인 신앙 체험일 뿐이다. 권위 있는 특별계시는 아니다. 혹여나 그런 체험이 성경 말씀과 맞지 않다면 그릇된 체험이다.

특별계시의 완성이신 예수 그리스도에 대해 알려 주는 것이 성경이다. 따라서, 성경은 우리가 그리스도를 알고 구원받기에 충분한 계시를 담고 있다(요 20:31; 21:25). 특별히 사도들은 그리스도로부터 직접 받은 말씀과 체험, 성령의 감동으로 깨달은 바를 신약성경으로 남겼다. 따라서, 사도 시대의 종료는 특별계시와 성경 기록의 완료를 뜻하는 것이기도 하다.

2) 성경의 영감

정통교회는 성경이 사람의 뜻이 아닌 성령의 감동으로 쓰인 완전히 영감된(완전 영감, plenary Inspiration) 하나님의 말씀이라고 인정한다(마 5:18). 그러므로 사상만 영감 되었다고 하는 '사상영감설'(思想靈感說), 동기와 목적만 영감받고 나머지는 저자의 지혜로 기록했다는 '동력적 영감설'(動力的靈感說), 성경의 일정 부분만 영감 되었다는 '부분영감설'(部分靈感說)은 정통교회가 배격한다. 성경의 모든 내용은 성령의 감동으로 기록된 영감된 하나님의 말씀이다.

성경이 어떻게 기록되었는지에 대해서는 정통교회 안에 '기계적 영감설'(機械的靈感說)과 '유기적 영감설'(有機的靈感說)이 있는데, 오늘날은 유기적 영감설이 널리 지지받는다.

(1) 기계적 영감설

성경 저자들이 기록한 것은 단순히 하나님의 필기사로서 성경의 제1차 저자이신 성령이 불러 주시는 내용을 기계적으로 받아썼다는 견해다. 이 견해에 따르면 성경은 성령이 시키는 대로 기록되었으므로 성경의 저자가 누구이든 관계없이 하나님의 말씀이다.

(2) 유기적 영감설

사도들과 선지자 등 성경 기자들이 성경을 기록할 때 성령께서 죄의 오염을 막으시고 저자들의 독특한 부분-성격, 언어습관, 은사, 재능, 교양, 용어와 문체-까지 적극적으로 활용하시되 오류가 없이 기록하게 하셨다는 견해다.

물론, 이 영감은 성경이 성경 기자들에 의해 최초로 쓰였던 원본에 국한된 것이다. 오늘날까지 남아 있는 원본은 하나도 없다. 단지 사본이 전할 뿐이다. 그래서 사본들이나 그 사본의 번역본들은 완전하지 않다.

그러나 많은 성경 사본의 경우 자그마한 부분에서 약간씩의 차이가 발견되지만 그 중심된 내용에는 변개된 것을 찾을 수 없다. 특히, 우리의 구원과 관련한 부분에서는 더욱 그러하다. 이는 곧 성령께서 사본들에 대해서도 그 정확성을 일정 부분 지켜 주셨다고 볼 만한 부분이다.

그러므로 오늘날 우리에게 주어진 성경은 히브리-헬라어 원문 성경 사본이든 번역본이든 정통교회에서 인정하는 것은 안심하고 하나님의 말씀으로 받을 만하다. 약간의 차이나 오역에 대해서는 배워 가며 개선하면 된다. 오늘날은 이스라엘의 사해 주변과 세계 각처에서 많은 고대 성경 사본이 발견되었으며, 검증 기술도 발달함으로 인해 성경 사본학이 크게 발전했다. 따라서, 오늘날 출판되는 최신 히브리-헬라어 원문 성경은 이전 시대의 것들보다 더한층 정확하다고 평가되고 있다.

3) 성경의 기록과 구성

성경은 주전 1,400여 년 전부터 쓰여지기 시작하여 1,500여 년이라는 장구한 기간에 걸쳐 기록된 책이다. 그 기록자도 모세를 비롯해 군인, 정치가, 왕, 학자, 예언자, 농부, 의사, 어부, 세리 등 유무식자를 망라한 총 40여 명의 기자가 동원되었다.

이렇게 쓰여진 성경은 구약 39권-창세기, 출애굽기, 레위기, 민수기, 신명기, 여호수아, 사사기, 룻기, 사무엘상·하, 열왕기상·하, 역대상·하, 에스라, 느헤미야, 에스더, 욥기, 시편, 잠언, 전도서, 아가, 이사야, 예레미야, 예레미야애가, 에스겔, 다니엘, 호세아, 요엘, 아모스, 오바댜, 요나, 미가, 나훔, 하박국, 스바냐, 학개, 스가랴, 말라기-이다.

신약은 27권-마태복음, 마가복음, 누가복음, 요한복음, 사도행전, 로마서, 고린도전·후서, 갈라디아서, 에베소서, 빌립보서, 골로새서, 데살로니가전·후서, 디모데전·후서, 디도서, 빌레몬서, 히브리서, 야고보서, 베드로전·후서, 요한일·이·삼서, 유다서, 요한계시록-이다.

성경은 이렇게 구약과 신약 도합 66권이다. 이 중에서 어떤 것이라도 더하거나 뺀다면 정통교회 성도의 태도가 아니다.

구분			책 이름	권수
구약	모세 5경		창세기, 출애굽기, 레위기, 민수기, 신명기	5
	역사서	전기	여호수아, 사사기, 룻기, 사무엘(상하), 열왕기(상하)	7
		후기	역대기(상하), 에스라, 느헤미야, 에스더	5
	시가서		욥기, 시편, 잠언, 전도서, 아가	5
	선지서 (예언서)	대	이사야, 예레미야, 예레미야애가, 에스겔, 다니엘	5
		소	호세아, 요엘, 아모스, 오바댜, 요나, 미가, 나훔, 하박국, 스바냐, 학개, 스가랴, 말라기	12

구분			유형	책 이름	권수
신약	복음서		공관복음	마태복음, 마가복음, 누가복음	4
				요한복음	
	역사서			사도행전	1
	서신서	바울서신	일반서신	로마서, 고린도서(전·후), 갈라디아서, 데살로니가서(전·후)	13
			옥중서신	에베소서, 빌립보서, 골로새서, 빌레몬서	
			목회서신	디모데서(전·후), 디도서	
		공동서신		히브리서	8
			야고보서신	야고보서	
			베드로서신	베드로서(전·후)	
			요한서신	요한서(1, 2, 3)	
			유다서신	유다서	
	예언서(묵시서)			요한계시록	1

4) 성경의 권위

정통 개신교회는 성경을 카논(캐논, Canon: 正經)이라고 지칭한다. 라틴어에서 카논이라는 것은 '자'(尺) 또는 '정규'라는 뜻을 가진다. 이는 곧 자로 제품을 측정하여 규격에 맞는 것은 합격품이라 하고 맞지 않는 것은 불합격품으로 처리하는 것과 같다. 이처럼 성경이 권위로운 것은 다음과 같은 이유에서 근거한다.

첫째, 하나님께서 기록하게 하신 것이기 때문이다.
성경은 스스로 증거하기를 그 자체가 하나님의 말씀이라고 한다(딤후 3:16-17; 벧후 1:20-21).

둘째, 성경의 권위는 그리스도께서 증명하고 있다.

그리스도께서도 여러 번에 걸쳐 성경의 절대 권위를 인정하셨다(마 5:18; 마 22:29; 마 24:15; 눅 24:27, 44). 그리스도께서는 성경 전체를 믿고 확신하고 있었다. 더욱이 성경의 기록을 응하게 하시기 위해 당신의 삶을 살아가셨다(마 26:54; 막 14:49).

셋째, 성경의 권위는 그 예언이 성취됨을 통해 입증된다.

성경은 창세기로부터 요한계시록까지 모두 예언의 글이기도 하다. 여러 방면으로 다양한 예언이 있는데 대부분의 예언이 성취되었고, 마지막 그리스도의 재림이 남아 있을 뿐이다.

넷째, 성경의 일사불란한 통일성은 성경이 인간의 생각대로 기록된 것이 아니고 하나님의 계시라는 사실을 입증하고 있다.

성경은 1,500여 년간의 장구한 기간 동안 40여 명의 저자에 의해 쓰였다. 그들은 한자리에 모여서 편집회의를 한 일도 없고 서로 연락을 취하지도 않았다. 그럼에도 그 내용과 목적이 통일되어 예수 그리스도라는 한 주제로 집약된다.

다섯째, 성경은 국가의 흥망성쇠 인간의 생사까지도 결정할 정도로 권위가 있다(렘 25:13; 단 9:11).

곧 성경 말씀을 따라 복음을 받는 자는 누구든 죄 사함과 구원을 얻는다(눅 24:46-47). 또한, 세상의 역사는 성경에 기록된 대로 전개될 것이다.

5) 정경(正經)의 인정

(1) 구약

구약성경의 경우 그 권위는 예수님의 말씀을 통해 입증된다(마 5:18; 눅 16:17; 눅 24:27, 44). 그리고 사도들도 39권의 구약성경을 널리 인용했다. 구약 39권이 신약 시대 이전부터 정경으로 널리 인정되고 있었음은 에스라 이후(주전 5세기)의 많은 유대교 문헌을 통해서도 드러난다. 그리고 신·구약 중간기에 번역된 70인역(LXX) 헬라어 역본을 통해서도 알 수 있다.

주전 3세기경 유대교에 호의적이던 이집트 왕(프톨레미 2세 필라델포스, Ptolemy II Philadelphus, 재위 주전 283-246)이 이스라엘 학자 72명을 초청하여 구약성경을 헬라어로 번역하게 했는데 그때 39권이 채택되어 번역되었다고 전한다.

오늘날 학자들의 검증에 의하면 필라델포스왕 시대에는 먼저 모세오경이 번역되었고, 나머지는 후대에 지속적으로 번역되었다고 여겨지기도 한다. 그 과정에서 외경 15편도 포함되는데 구약 39권의 권위에 미치지는 못하지만, 참고할 만한 책이라 하여 추가된 것이다.

그런데, 사도들과 초대교회 지도자들은 칠십인역을 주로 사용하였다. 그 결과 그 속에 포함되어 있던 외경에 대한 호의적인 분위기가 교회 안에 제법 있기도 했다.

구약성경 39권의 정경성에 대한 공식 인정은 주후 90년경 얌니아 회의(Council of Jamnia)에서 유대교 랍비들에 의해 행해졌다.

개신교 진영이 구약 39권을 인정하는 것은, 사도들과 교부들이 늘 인용하고 사용하였을 뿐만 아니라, 히브리어로 쓰이고 유대 전통에서도 공히 인정받고 있었기 때문이다. 그래서 종교개혁가들은 구약성경 39권만을 적극 인정하고 외경은 배격했다.

(2) 신약

신약성경은 처음에 사도들과 사도 시대의 교회 지도자들이 직접 기록한 원본만이 존재했으나 그 기록을 후대 사람들이 부지런히 필사하여 많은 교회에서 돌려가며 함께 읽었다. 그 결과 점점 그 사본의 수는 많아지고 원본은 사라지고 말았다.

그런데 어떤 경우에는 사도나 권위 있는 지도자들의 이름을 차용하여 발표되는 정체불명의 책들도 있었기에 어떤 기록이 진정으로 권위 있는 성경이냐에 대한 논란이 일게 되었다. 이에 초대 교회에서 명망 높던 많은 교부가 오늘날 우리가 가진 신약 27권의 권위를 보편적으로 인정하기를 주저하지 않았다.

특별히 니케아 신경으로 유명한 아타나시우스는 신약성경의 정경성에 대해서 묻는 교회 지도자들에게 오늘날의 27권이 가장 합당하다는 내용의 서신을 띄우기까지 했다. 그리고 후일 397년 카르타고 지방 회의(Council of Carthage)에서는 신약 27권을 교회가 수납할 정경으로 공식 인정하게 된다.

6) 성경 해석법

(1) 근현대 신학의 성경 해석의 방법

성경을 어떤 관점에서 해석하느냐에 따라 정통 신앙 위에 서 있을 수도 있고 이단이 될 수도 있다. 오늘날은 성경을 해석하는 시각이 매우 다양하다. 정통교회는 본문 비평(사본들 중 원본에 가까운 것을 찾는 작업)은 인정한다. 다음은 근현대 신학학파들의 성경 해석의 방법론이다.

① **자유주의적 해석**: 성경의 영감을 부정하고 인간의 이성과 철학과 역사적인 관점에서 풀이한다. 정통교회에서는 거부하는 해석법이다.
② **양식사학파적 해석**: 과학적 원리에 따라 해석하며 성경의 상당 부분을 신화로 돌린다. 정통교회에서는 거부하는 해석법이다.
③ **신정통주의적 해석**: 기독교의 순수한 복음을 재발견하기 위해서 성경은 종합 고찰하여 판단해야 한다고 한다. 말씀의 중요성을 강조한 부분과 자유주의를 극복한 면에 있어서는 크게 공헌했지만, 성경의

완전 영감에 회의적 태도가 있다고 여겨지기도 하므로 정통교회에서는 일부 참고한다.

④ **구속사학파적 해석**: 구속사 학파는 성경을 단지 그리스도의 구속사에 대한 증언서로 본다. 이런 경향은 성경의 영감과 권위를 강조하는 정통 신학과는 차이가 있다. 그러나 신·구약성경을 약속과 성취라는 통일성을 중시하여 바라보는 관점과 종말이나 역사를 해석함에 있어서 '이미'와 '아직'이란 개념 도입 등은 단순 명료하면서도 역사의식을 일깨워 주는 장점이 있다. 정통교회에서는 일부 참고한다.

(2) 개혁주의 성경 해석관

개혁주의는 성경을 영감된 하나님의 말씀으로 믿는 것을 전제로 성경을 해석한다. 그러면서 성경의 필연성(일반계시의 불충분성으로 인한 특별계시로서의 성경의 필연성), 완전성(영감 된 하나님의 말씀으로서의 완전성), 충족성(보고 구원받기에 충분한 충족성), 명료성(지식이 짧은 사람이라도 이해할 만한 명료성)을 믿고, 성경을 자의적으로 억지 해석하는 것을 금하며, 원어에 의해 문법적으로 해석(문자적 해석, 문맥 분석을 통한 해석, 문학적 분석을 통한 해석 등을 포괄)하고, 역사적으로 해석하며, 정당한 추론을 인정하고, 교회의 전통에 예속되지 않으면서도 역사적 교리를 중시하고, 의미가 불분명한 구절은 분명한 구절에 의해 해석하되, 성경 해석의 최종 심판은 성경 자체로 본다. 이러한 개혁주의적 성경 해석 방법을 오늘날 정통교회는 널리 받아들여 사용하고 있다.

(3) 이단의 성경 해석 방법의 특징

① 비유풀이(알레고리, alegory)에 얽매인다. 많은 이단이 이런 방법으로 성경을 해석하며 신도들의 주의를 끌어 자기들의 특별함을 어필한다.

② 한 사람-자기들 교주나 권위자-의 해석이나 주장에 절대 의존한다. 로마가톨릭의 경우 교황이 성경이나 교리를 해석하여 공포하면 그것이 법이 된다. 물론, 일반 이단의 경우는 그들 교주가 내린 성경 해석이 절대적이다.
③ 지나치게 문자에 얽매이거나 지나치게 상징에 얽매인다.
④ 성경을 넓게 종합적-본문에 대해 문자적, 역사적, 문학적, 배경적인 것, 그 내용의 문맥 등을 고려해서 폭넓게 바라보는 관점-으로 보지 않고 지나치게 일부 방식에 매달리는 경향이 많다.
⑤ 성경 원어에 대한 지식이 상대적으로 짧다. 그래서 번역 성경만을 가지고 해석하다가 우스운 성경 해석을 하기도 한다. 신천지는 한글 개역성경을 중시한다. 그렇지 않고 원어 성경이나 영어 성경, 혹은 다른 한글 번역 성경을 보면 자기들의 해석과 맞지 않는 부분이 많이 발견되기 때문이다.

중국의 문도회는 화합역본(和合譯本) 중문 성경을 따라 중국의 도시 시안(Xian, 西安)에 메시아의 왕국이 세워진다고 여긴다. 화합역본에는 이스라엘의 시온(Zion)이 시안(Xian, 錫安)이라는 같은 발음으로 표기되어 있기 때문이다.
⑥ 이단은 자기 자의로 성경을 해석하는 것이므로 논리에 일관성이 적다. 여기서는 이런 방법, 저기서는 저런 방법으로 해석한다. 어떤 교주는 어제는 이렇게, 오늘은 저렇게 가르치기도 한다. 성경 해석은 교주 마음에 달려 있기 때문이다.
⑦ 자기들의 다른 경전을 더 중시하고 그 가르침에 입각하여 성경을 해석하기도 한다. 몰몬교는『몰몬경』을 더 중시하며 통일교는『원리강론』을 더 중시한다.

7) 성경론 이단

(1) 영지주의

성경론 이단의 효시는 영지주의다. 영지주의자 마르시온은 성경에서 바울서신만을 인정하고 다른 부분은 모두 가치 없는 것으로 무시했다. 또한, 영지주의자들은 자기들 나름의 관점으로 책을 지어 그것을 성경처럼 여기기도 했다. 오늘날도 이런 류의 이단이 닳다.

(2) 몬타누스주의

몬타누스는 세상을 향한 권위 있는 계시가 자기에게 임했다고 주장했다. 곧 계시의 종결을 인정하지 않고 자기 말이 곧 하나님의 말씀이라고 가르쳤다. 또한, 자기를 말세의 마지막 예언자라고 칭하기까지 했다.

(3) 로마가톨릭교회(천주교)

로마가톨릭교회는 성경의 권위를 교회가 인준해 주었다고 하며 교회의 권위를 성경보다 더 높게 본다. 그래서 "성경은 교회의 거룩한 전통 안에서 읽고 해석해야 한다"라고 그들의 『가톨릭 교리서』에 명시까지 하고 있다. 이는 곧 교회의 이름으로 성경과 동일한 권위의 가르침을 얼마든지 만들어 낼 수도 있다는 말이기도 하다.

또한, 로마가톨릭교회는 외경 아홉 편(토빗, 유딧, 지혜서, 집회서, 바룩, 마카비상, 마카비하의 일곱 권과 에스더서와 다니엘서의 추가 본문)도 정경에 포함시켜 구약 39권과 차등을 두지 않는다. 그러나 그것은 예수님도, 초대 교회 사도들도, 하물며 유대교 랍비들조차도 인용하여 권위를 부여한 일이 없는 것이다.

(4) 몰몬교

『몰몬경』이라는 다른 경전을 사용하며 성경의 절대적 권위를 부인하고 있다. 대신에 초대 교주 조셉 스미스(Joseph Smith 1805-1844)를 계승했다고 하는 그들의 선지자들을 통해 계시가 진행되고 있다고 믿는다.

(5) 여호와의 증인

그들 관점에서 번역한 『신세계 번역판』 성경만을 인정한다.

(6) 통일교

성경 외에 『원리강론』이라는 다른 경전을 추가하여 믿는데 성경보다 그것이 더한층 권위 있게 여겨지고 있다. 또한, 문선명의 가르침이 곧 하나님의 말씀이다.

(7) 신천지

성경은 암호로 기록된 것이므로 신천지의 교주 이만희의 가르침에 따라 풀어야 한다고 본다.

(8) 말씀보존학회

성경 사본 중에는 공인 사본(Textus Receptus) 원문만이 진짜이고, 다른 사본이나 역본은 변개된 사탄의 작품이라고 본다. 따라서, 그 원문을 사용하여 번역한 킹제임스(KJV) 성경만이 영감된 번역본이라고 한다.

(9) 베뢰아 아카데미

성경은 창문 틈으로 들어오는 빛과 같이 불완전한 것이므로 교주 김기동의 강의나 설교도 성경적 권위가 있다고 여긴다.

(10) 기타

자기가 이 시대의 예언자라고 하든지 무언가를 하나님께 직접 계시로 받거나 보고 전한다고 하는 사람들은 모두 이단성이 있다고 보아야 한다. 또한, 하나님의 음성을 듣는 법을 알려 주겠다며 여러 가지 특별한 것을 가르치거나 행하는 경우, 혹은 교회나 목사 몰래 공부를 하자고 하는 경우도 주의해야 한다.

8) 성경론 이단들의 주요 특징

- 특별계시의 종결을 인정하지 않는다.
- 특별계시를 받는다고 알려진 특정인이 있는 경우가 많다.
- 성경 66권 외에 그 권위에 상당하거나 능가하는 또 다른 경전이 있다.
- 성경 이곳저곳의 일부분만을 떼어서 받아들인다.
- 특정 성경만을 가치 있다고 고집한다.
- 특정인이나 특정 집단이 풀어 주는 성경 해석 방법에 권위를 부여한다.
- 성경을 푸는 비밀스러운 방법이 있는데 자기들만 알고 있다고 한다.
- 성경 계시와 개인의 영적 체험은 권위의 측면에서 다른 점이 있음을 인정하지 않는다.
- 성경을 해석할 때 알레고리(비유)적으로 푸는 경우가 많다.
- 그들은 신학이나 교리에 얽매이지 않고 오직 성경의 가르침대로 모든 것을 이해한다고 한다. 이는 곧 정통 신학을 무시하고 성경을 자의적으로 해석하겠다는 태도일 수 있다.

2. 신론

1) 하나님의 속성

(1) 성경에 나타난 하나님의 속성

하나님의 속성은 여러 측면에서 설명될 수 있으나 성경에 의거하여 단순하게 열거하면 다음과 같다.

- **단일성**: 하나님은 한 분이시다(신 6:4). 엄밀히 말해 삼위일체로 존재하신다.
- **무한성**: 하나님은 무엇에도 제한받는 분이 아니시다(행 17:24).
- **영원성**: 하나님은 영원하시며 끝이 없으시다(시 90:2).
- **불변성**: 하나님은 변함이 없으시다(약 1:17).
- **전지성**: 하나님은 모든 것을 아시고 모르는 것이 없으시다(시 33:15).
- **전능성**: 하나님은 불가능이 없으시다(마 19:26).
- **편재성**: 하나님은 계시지 않은 곳이 없으시다(렘 23:23-24).
- **자존성**: 하나님은 스스로 존재하신다(출 3:14).
- **거룩성**: 하나님은 거룩하시며 영광되시다(레 21:8).
- **영성**: 하나님은 영으로 존재하신다(요 4:24).
- **주권성**: 하나님은 최고의 통치자이시다(엡 1:19-21).
- **사랑**: 하나님은 당신의 피조물을 사랑하시는데 특별히 사람을 사랑하신다(요일 4:8-9).
- **유복성**: 하나님은 당신이 사랑하는 자에게 복을 주신다(신 7:7-8).
- **공의성**: 하나님은 의로우시며 공의로우시다(시 9:8).
- **은혜성**: 하나님은 그 사랑하는 자에게 은혜를 베푸신다(딛 2:11).

(2) 하나님의 속성과 관련한 이단 사상

위에 열거된 하나님의 속성을 누군가가 부정하거나 왜곡한다면 이단이라고 할 수 있다. 하나님의 속성을 왜곡하고 오해하는 이단을 일부 소개하면 다음과 같다.

① 시몬 마구스

그는 자칭 '하나님의 권능'이라고 하면서 초월해 계신 하나님을 부인했다. 또한, 하나님과 구세주와 시몬 자신이 동격이라고 했다.

② 영지주의

고대의 영지주의는 하나님의 속성을 왜곡한 주장을 많이 했다. 대표적으로 마르시온의 경우 창조주와 구세주 또는 구약의 하나님과 신약의 하나님, 율법과 복음의 하나님을 구별했으며 전자는 구약의 하나님으로 열등하며, 후자는 고등한 영지주의적 하나님으로 여겼다.

③ 통일교 문선명

그는 그리스도가 인류 구원의 사역을 위해 세상에 왔으나 육체 구원에는 실패했으므로 자기가 회복해야 한다고 주장하는데 이는 하나님의 전능성을 인정하지 않는 태도다.

④ 몰몬교

하나님은 형상을 가진 존재라고 이해하고 있다. 이는 하나님이 영으로 존재하고 편재하신다는 속성에 위배된다. 더욱이 그들은 하나님을 이해하기를 '최고의 경지에 올라선 인간'으로 여긴다. "인간처럼 하나님도 한때는 같은 존재였고, 하나님의 존재와 같이 인간도 변한다"라고 주장하는데 이는 다신론적 경향이기도 하다.

⑤ 펄시 콜레(Percy Collett)

1980년대 세계 기독교계를 떠들썩하게 했던 펄시 콜레는 하나님의 보좌가 우주 공간 한편에 있고 하나님은 물리적 형상으로 그곳에 앉아 있다고 했다. 그는 성경의 보좌에 앉으신 하나님이란 표현 등을 문자적으로 본 것이다. 이는 하나님은 영이시며 편재하심에 위배되는 발상이다.

⑥ 지방교회

하나님은 아버지였는데 아들이 되었다가 성령이 되었다. 성령이 교회가 되어 가고 있다고 한다. 이는 하나님을 마치 진화하는 존재인양 이해하는 모습이다.

2) 삼위일체(三位一體, Trinity)

(1) 삼위일체에 대한 성경의 증거

삼위일체에 대한 논쟁은 초대 교회로부터 오늘날까지 꾸준히 이어져 내려오고 있다. 그러나 초대 교회는 니케아-콘스탄티노플 공의회를 통해 삼위일체론이 정통 교리임을 확정 지었다. 혹자는 삼위일체라는 용어가 성경에 없다는 이유로 삼위일체를 거부하려 하나 오히려 성경은 삼위일체에 대해 풍부하게 증언하고 있다.

- 창조주 하나님께서 스스로를 복수로 묘사하신 점(창 1:26)
- 전능하신 하나님으로 불리는 메시아(사 9:6)
- 여호와 우리의 의이신 성자(렘 23:5-6)
- 상고에, 영원으로 불리는 통치자 성자(미 5:2),
- 세례받으신 성자께 나타난 성부와 성령(마 3:16-17)
- 아버지와 아들과 성령의 이름으로 세례를 주라는 명령(마 28:19)

- 태초로부터 계신 로고스(말씀)이신 성자(요 1:1)
- 성자와 성부는 하나이심(요 10:30)
- 상호 내주하시는 성부와 성자의 관계(요 14:10-11)
- 성부와 성자와 성령의 관계, 성부로부터 나오시는 성령(요 15:26)
- 성자를 증거하시는 성령(고전 12:3)
- 축도를 성부와 성자와 성령의 이름으로 함(고후 13:13)
- 성자 안에 계신 성부(고후 5:19)
- 근본 하나님의 본체이신 성자(빌 2:6)
- 성부로부터 출생하신 성자(골 1:15-17)
- 성자는 알파(처음)와 오메가(끝)이심(계 1:17-18)

(2) 삼위일체의 정의

삼위일체를 정의함에 있어서 서방교회적 관점과 동방교회적 관점에 차이가 있다. 두 진영의 관점은 다음과 같다⟨pp. 83-84 참조⟩.

① 서방교회의 삼위일체관

서방교회는 삼위일체를 정의함에 있어 한 본질 안의 세 인격(위격)이라고 한다. 곧 하나님은 본질에 있어서는 한 분이시지만 한 분 안에 성부, 성자, 성령의 삼위가 존재한다. 곧 본질과 권능과 영광은 동일한 한 분이지만 인격(위격)은 삼위로서 명확히 구분된다는 것이다.

이러한 서방교회의 전통적 삼위일체관은 일신론의 터 위에 서 있다. 서방교회의 삼위일체관은 터툴리아누스와 아우구스티누스의 삼위일체관에 그 기반을 둔다. 특별히 아우구스티누스는 하나님은 오직 한 분이시라는 관점에서 그의 삼위일체관을 전개한다. 필리오케(*Filioque*)도 아우구스티누스의 이론에서 기인한다.

아우구스티누스의 삼위일체 이론은 다음과 같이 정리할 수 있다.

> 하나님은 나누어질 수 없는 한 본질의 하나님이신데 인격(위격)과 상호관계에 있어서 아버지는 아들이 아니시며 아들은 아버지가 아니시며, 성령은 아버지와 아들이 아니시다.

오늘날 서방교회 신학에서 가장 난해한 부분이 삼위일체 이론이다. 유수한 신학자들도 삼위일체를 설명하다가 결론에는 '하나님의 신비'라고 하는 정도로 마무리하고 만다. 1=3의 도식이 성립하기 때문이다. 믿음으로는 받아들일 수 있지만 논리로는 설명이 매우 어렵다. 이러한 서방교회의 삼위일체관을 자칫 오해하면 양태론에 빠질 수 있으므로 주의해야 한다.

② 동방교회의 삼위일체관

동방교회는 각종 단일신론(양자론, 종속론, 양태론)으로 빠질 가능성을 온전히 배제하며, 하나님은 세 인격(위격, *Hypostasis*, 휘포스타시스)이심을 전제로 하되 독특한 존재 방식으로 하나이시라고 한다. 하나님은 성부, 성자, 성령으로 계시고, 이 삼위는 본질과 영광과 권능이 동일, 동등하신 하나님이신데, 상호 통재(通在, *perichoresis*, 페리코레시스: 상호 침투 혹은 순환, 상호 내주, 영원히 함께하심)로서 하나 됨을 유지하고 계시다. 이처럼 성부, 성자, 성령 하나님이 하나 되는 존재 방식은 결단코 분리될 수 있는 것이 아니다. 그 관계는 사랑의 연합으로 이뤄진 영원한 관계이다. 그러므로 한 하나님이시다. 이는 삼위일체 하나님의 독특한 삶과 존재 방식이다.

> 하나님은 성부와 성자와 성령의 온전한 세 인격(위격)이신데, 상호통재(perichoresis)를 통하여 하나를 이루신다. 곧 성부는 성자와 성령 안에 전적으로 계시고, 성자는 성부와 성령 안에 전적으로 계시며, 성령은 성부와 성자 안에 전적으로 계심으로 하나를 이루는 관계이다.

동방교회의 삼위일체관은 콘스탄티노플 신조로 유명한 갑바도기아의 세 교부의 이론에 기초하며 8세기 동방의 교부인 다메섹 요한(John of Damascus, 675-754?)에 의해 최종 정리된 것이다. 이 견해는 니케아-콘스탄티노플 신경에 보다 충실하다고 평가되고 있다.

서방교회는 한 하나님이심을 전제로 하고 세 인격(위격)을 관계적으로 이해하는 반면, 동방교회는 하나님은 세 인격(위격)이심을 전제로 하고 그 하나 되심을 관계적 측면에서 이해한다. 동·서방교회의 삼위일체관이 이처럼 다른 이유는 각 지역의 언어가 다르고, 논리의 출발점 차이에 따라 강조점이 달라진 결과라 할 수 있다. 그러므로 두 관점을 폭넓게 이해하면 삼위일체에 대한 보다 확고한 정립이 가능할 것이다.

개신교회에서는 그 역사적 영향으로 인해 서방교회적 관점을 많이 받아들이고 있지만 동방교회적 관점을 수용하는 경향이 점점 늘어가고 있다.

〈서방교회의 삼위일체관〉

* 한 본질의 하나님 안의 세 인격(위격) ➡ 1=3의 도식
* 학자마다 난해한 이론으로 이해 어려움
  ➡ [대안] 동방교회의 삼위일체관과 함께 이해

〈동방교회의 삼위일체관〉

* 완전히 구별된 세 인격(위격)으로 존재하심
  본질과 영광과 권능은 동일(동등)하심
* 그 하나 되심은 페리코레시스(*Perichoresis*)-상호 통재(相互通在), 상호침투 혹은 순환, 상호 내주, 상호 교제하심-로서 하나를 이루심
  ➡ 완전한 세 인격(위격)이며 하나이심

🔍 오늘날 한자 문화권 성도들이 주의할 점은 삼위일체라는 용어에서 일체(一體)를 물리적 개념의 한 몸의 개념으로 이해하는 경향이다. 정통 삼위일체 신학은 "삼위 하나님이 하나이시다" 혹은 "한 분이시다"라고 설명하지만, "한 몸이시다"라는 표현은 쓰지 않는다. 그렇게 말하는 것은 물리적 개념의 한 몸을 떠올리게 하므로 양태론으로 흘러갈 위험성이 있기 때문이다. 여기서 '체'라는 말의 바른 뜻은 '본체' 곧 '본질'을 말하는 것이다.

(3) 삼위일체론 이단

삼위일체 이단을 말함에 있어서는 크게 삼신론(三神論, Tritheism)이냐 단일신론(Monarchianism: 單一神論, 군주신론: 君主神論)이냐로 분류할 수 있다. 삼신론의 경우는 교회사에 두드러진 이단이 나타나지 않았고 오히려 교회 내의 단일신론자들이나 외부의 회교도들이 정통 삼위일체관을 두고 삼신론이라고 공격하곤 했다. 단일신론은 양자론, 종속론, 양태론으로 분류된다.

① 양자론(Adoptionism)

이 이론에 의하면 예수님은 본질상 신성의 소유자가 아니었다. 보통의 사람이었으나 하나님께 순종함을 통해 신적인 위상을 부여받아 세례 혹은 부활 시에 하나님의 양자가 되어 지극히 높여졌다. 이 이론은 역동적 단일신론(Dynamic Monarchianism)으로 불리기도 하는데 예수님 안에 성령이 임재하여 성부와 역동적 관계를 가졌다고 해서 붙여진 이름이다.

대표적 인물은 데오도투스(Theodotus, 185-200년경 활동)와 사모사타의 바울(Paul of Samosata, 260-272년간 안디옥 감독)이다.

② 종속론(Subordinationism)

분류 방식에 따라 양자론과 동일시되기도 한다. 특징은 성자는 성부의 첫 피조물로서 고귀한 존재이지만 성부께 종속된 존재라고 여긴다. 아리우스파의 주장인데 이런 형태의 아류가 많다.

에비온파, 아리우스파, 세르베투스(Servetus), 소시니파(Socinians), 여호와의증인, 유니테리안주의(단일신교, Uniterians) 등이 양자론자 혹은 종속론자로 분류된다.

③ 양태론(Modalism)

양태론은 한 하나님이 성부, 성자, 성령의 세 양태로 나타나셨다고 보는 것이다. 이 이론의 주장자인 노에투스(Noetus)는 '성부수난설'(Patripassionism)을 주장하며 성부와 성자의 구분은 단순히 형식적이고 이름뿐인 것으로 보았다. 그에 의하면 십자가에 달리신 예수님은 사실상 성부 하나님이셨다.

또 한편으로 사벨리우스(Sabelius)에 의하면 하나님은 구약에는 성부, 신약에는 성자, 교회 시대에는 성령으로 나타나셨다고 한다. 그에 의하면 한 하나님이 시대마다 이름을 바꿔서 나타나신 것이다. 양태론을 사벨리우스주의(Sabellianism)라고 부르기도 하는데, 이는 양태론의 대표적 인물이 사벨리우스이기 때문이다.

오늘날 이단 중 양태론적 주장을 하는 측으로는 위트니스 리(이상수)의 '지방교회'와 한국의 김기동의 '베뢰아아카데미'가 있다. 그리고 삼위일체에 대해 잘 이해하지 못하고 있는 정통교회 지도자들에게서도 심심치 않게 사벨리우스와 같은 논리가 발견되고 있다.

한편, 삼위일체를 어떤 도식이나 자연현상, 이를테면 물, 전기, 태양, 나무, 과일 등에 비유하여 가르치는 경우도 많은데 이는 지극히 위험한 발상이다. 또한, 한 사람이 상황에 따라 역할이나 호칭이 달라진다는 비유도 마찬가지다. 그런 류의 비유는 모두 양태론적이기 때문이다.

3) 하나님의 창조

(1) 창조의 의미
하나님의 창조는 좁은 의미와 넓은 의미 두 가지 측면에서 바라볼 수 있다. 좁은 의미의 창조는 무로부터의 창조인데, 빛, 궁창, 물 등을 하나님이 말씀으로 창조하심을 말한다. 넓은 의미의 창조는 무로부터의 창조뿐만 아니라 기존 재료로부터의 창조를 포함한다. 인간과 동물, 식물 등은 흙이라는 기존 재료로 창조되었다.

(2) 하나님의 창조 내용
창조는 성부, 성자, 성령 삼위일체 하나님이 함께 참여하신 행위이며 당신 뜻에 따라 자유롭게 행하신 것이다. 그리고 이 창조는 무로부터의 창조다. 전 우주를 말씀으로 창조하셨다.

한편, 하나님이 직접 창조하신 인류는 아담과 하와가 유일하다. 그 두 사람을 통해 오늘날의 인류가 존재한다(창 1:27-30; 행 17:26). 그리고 하나님의 창조는 인간 창조를 끝으로 종료되었다고 여겨진다.

물론, 영혼 창조설(사람 각 개인의 영혼을 창조하사 잉태로부터 출산까지의 어느 시점에 육체에 넣으신다는 견해)과 영혼 유전설(생식을 통해 영혼도 유전되는 것이라는 견해)에 따라 약간 달라질 수 있다. 영혼 창조냐 영혼 유전이냐에 대해서는 정통 신학에서도 견해가 엇갈리고 있다⟨pp. 194-195 참조⟩.

(3) 영계의 창조
하나님은 물질계뿐만 아니라 영계도 창조하셨다. 따라서, 영계의 천사도 하나님의 창조물이다. 천사는 인격적 존재이며 물질계와 인간보다 먼저 창조되었다(욥 38:4, 7). 천사는 숫자가 많으며 나름대로 등급이 있다(눅 2:13; 계 4:1-10). 또한, 하나님께 예배하며 세상에서 하나님의 뜻을 실행하기도 한다(사 6:2-3; 히 1:7). 그런데 자기들의 지위를 지키지 않고 타락한 천사들도 있게 되었다. 일부는 갇혀 있으나 일부는 아직도 자유롭게 활동하며 하나님과 성도들을 대적하고 있다(벧후 2:4; 엡 6:11-12).

이처럼 타락한 천사들의 수장은 마귀라고도 불리는 사탄이며 그를 따르는 악한 천사의 무리가 귀신이다. 이런 사탄과 귀신의 무리는 하나님의 허용하심 안에서 잠시 세력을 누리고 있을 뿐이다.

그들이 타락한 시기가 언제였는가에 대해서는 성경에 명확한 언급이 없다. 하지만, 하나님의 선하심과 의로우심의 속성을 감안하고, 창조의 모습을 본 새벽별과 모든 천사가 기뻐했다는 말씀(욥 38:7)을 토대로 많은 정통 신학에서는 천사 타락의 시점이 천지 창조 후였을 것으로 보고 있다. 어쨌든 타락한 천사인 사탄과 귀신들은 결국 그리스도의 재림 후에 심판을 받아 영원한 멸망에 처해질 것이다(마 25:41; 계 20:10).

(4) 창조론 이단

① 베뢰아아카데미(김기동)

김기동은 이 우주를 일컬어 하나님이 사탄을 가두기 위해 만든 감옥이라고 한다. 김기동의 사상에 의하면 사탄은 하나님과 대등한 존재 정도로 이해된다. 또한, 아담과 하와 이전에도 인류가 있었다고 한다.

더 나아가 귀신을 "제명이 차기 전에 죽은 불신자의 사후의 영"이라고 한다. 이 귀신들이 사람 몸에 붙으면 여러 가지 질병을 일으킨다. 이는 무속신앙적 요소가 다분하며 하나님의 창조 원리에 전적으로 위배되는 이단 사설이다.

② 크리스천사이언스(Christian Science)

미국의 에디(Mary Baker Eddy, 1821-1910) 여사에 의해 창설된 크리스천사이언스는 하나님과 피조세계를 동일하게 보는 범신론적인 관념에 따라 하나님의 인격성을 부인한다. 또한, 인간 이해에 있어서도 인간은 궁극적으로 물질이 아닌 정신적 존재이며, 신과 하나인 상태에까지 이를 수 있다고 했다.

4) 신론 이단의 주요 특징

- 하나님의 속성을 제한한다.
  - 하나님의 능력을 제한한다.
  - 사람이 하나님과 동등하게 된다는 신인합일을 주장한다.
- 삼위일체를 부인하거나 변형시켜서 이해한다.
  - **양자론**: 사람 예수가 너무 훌륭하여 하나님처럼 높임을 받았으나 본질상 하나님이 아니다.
  - **종속론**: 성부만이 진정한 하나님이며 성자는 그보다 열등하다.
  - **양태론**: 하나님은 오직 한 분이신데 시대와 상황에 따라 이름을 달리 하여 나타나신다.
- 하나님의 창조가 공의롭지 못한 숨겨진 의도에 의해 출발했다고 이해한다.
  - 원죄를 필연적 사건으로 보거나, 하나님을 죄의 창조자로 만드는 논리를 전개한다.
  - 사탄을 멸할 목적에 쓰이기 위해 사람은 에덴에서 타락해야만 했고, 그때 아담과 하와가 사탄을 고소함을 통해, 하나님은 합법적으로 사탄을 정죄할 수 있게 되었다(하나님의 의도 혹은 사정).

- 창조의 내용을 왜곡한다.
    - 사탄의 위상을 높인다.
    - 인간 혈통의 단일성을 부인한다.
    - 진화론적 창조관을 가지고 있다.
- 자칭 하나님이라고 한다.

3. 기독론

1) 그리스도의 명칭

- **예수**: 그리스도의 고유명사적 이름으로서 뜻은 '구원자'다(눅 1:31).
- **그리스도(메시아)**: 히브리어 '메시아'(기름 부음을 받은 자)의 헬라식 명칭이다. 기름 부음을 받았다는 말에서 예수 그리스도의 3중직-왕, 선지자, 제사장-이 드러난다(마 16:16).
- **인자**: 그리스도께서 자기를 지칭하실 때 이 표현을 많이 사용했다. 구약 다니엘서에서 그 기원을 갖는다(단 7:13-14).
- **하나님의 아들**: 삼위일체의 제2위로서의 신적 위치를 나타내는 명칭이다(요 1:34). 이는 예속이나 양태론적 개념이 아니라 삼위일체의 관계성 속에서 이해되어야 한다.
- **주**: 이는 그가 교회의 소유주요 통치자이심을 의미한다(요 11:27).
- **독생자**: 그리스도의 신성을 나타내는 명칭이다(요 1:14, 18).
- **하나님의 어린양**: 인류 대속의 사명을 담당하셔야 했음을 상징하는 표현이다(요 1:36).

2) 그리스도의 신인양성(神人兩性)

(1) 신성
성경은 그리스도가 하나님이심을 확실히 증거하고 있다(사 9:6; 단 7:13; 미 5:2; 마 3:17; 마 11:27; 요 1:14, 34; 17:1-5; 20:28). 또한, 초대 교회 교부들은 한결같이 그리스도는 하나님이심을 증거했다. 그리고 구원론적 측면에서 볼 때도 예수 그리스도는 하나님이셔야만 했다. 그리스도가 하나님이 아니고 사람일 뿐이라면 그도 죄인이기에 그가 십자가에 죽은 것은 인류의 구속을 위한 것이라고 할 수 없다(빌 2:6-8; 요일 4:9-10).

(2) 인성
성경은 그리스도가 완전한 인성의 소유자이심을 증거한다(요 1:14; 사 7:14; 눅 2:52). 사도 요한은 그리스도가 육체로 오셨음을 부인하는 자마다 적그리스도라고 엄히 경계하기까지 했다(요이 1:7). 또한, 그의 인성에 대해서는 후대의 세속 역사 기록에서도 찾아볼 수 있다. 구원론적 측면에서도 그리스도는 반드시 사람이어야만 했다. 속죄 사역을 위해 온 인류를 대표하고, 시험받는 자들을 능히 도우시기 위해 사람이어야만 했던 것이다(히 2:17-18; 4:15).

(3) 신인양성(神人兩性)에 대한 바른 이해
그리스도의 신인양성에 대한 이해는 초대 교회의 큰 논쟁거리였다. 단성론(單性論)과 양성론(兩性論)이 맞선 것이다. 이에 대해 에베소 공의회와 칼케돈 공의회에서 깊이 있게 논의되었다.

그 결론을 요약하면 다음과 같다.

그리스도는 두 본성으로 인식되는데, 두 본성이 혼합되지도 않으며, 변화되지도 않으며, 분할되지도 않으며, 분리되지도 않음을 인정한다. 도리어 양성은 각 본성의 특이성을 보유하면서 하나의 인격(위격)과 자질로 연합되어 있다.

다시 말해 한 인격(위격) 속에 양성(신성과 인성)이 모자라지도 않고, 남지도 않고, 반씩 나뉘어 있지도 않고, 그렇다고 변하지도 않고 온전히 연합된 상태로 존재한다는 말이다.

그 후 그리스도의 의지를 어떻게 볼 것이냐고 하는 점에서 이의론(二意論, 兩意論, duotheletism)과 단의론(単意論, 一意論, Monotheletism)이 맞섰다. 이에 대해 680년 콘스탄티노플 공의회에서는 이의론을 채택하며 논란을 종결지었다.

예수 그리스도는 두 성과 아울러 두 의지를 가졌으며, 인간적 의지와 신적 의지가 조화적으로 역사하여 인간적 의지는 신적 의지에 복종했다.

〈신인양성론 요약〉
- 완전한 하나님, 완전한 인간 ➡ 단절이나 혼합이 아닌 온전한 연합
- 인격은 한 인격(위격)이심
- 한 인격(위격) 안에 두 의지를 지니셨는데 의사 결정에 있어서 인성이 신성에 복종하심

(4) 신인양성론 이단

① 양자론자와 종속론자

삼위일체 이단에서 다루었던 양자론과 종속론 주장자들은 그리스도의 신성을 부인한다. 그러므로 그리스도를 신인양성을 가지신 하나님으로 이해하지 않고 단순한 인간 혹은 높여진 존재로 여긴다. 단성론이다.

② 양태론적 단일신론파

삼위일체 이단에서 다뤘던 양태론적 단일신론파는 그리스도의 인성을 부인한다. 하나이신 하나님이 사람도 되고 신도 될 수는 없다는 주장이다. 이것도 단성론이다.

③ 아폴리나리우스

아폴리나리우스는 그리스도가 온전한 인성을 가진 것이 아니라고 보았다. 그리스도의 몸에는 인간의 영혼 대신 로고스가 들어 있었다고 한다.

④ 네스토리우스

네스토리우스는 그리스도의 신성과 인성을 지나치게 구분한 결과 인성 따로, 신성 따로인 존재로 보았다. 신성과 인성의 연합을 부정한 것이다.

⑤ 유티케스

유티케스는 그리스도의 신성과 인성이 합해져서 제3의 성이 되었다고 본다. 사람도 신도 아니지만 하나의 본성을 가진다.

3) 속죄 사역과 부활

(1) 속죄 사역

그리스도의 십자가에 죽으심을 일컬어 속죄 사역(대속 사역, 형벌대속 사역)이라 한다. 곧 죄로 인해 죽을 수밖에 없는 인간을 대신하여 죽으심을 의미하는 것이다.

'그리스도의 대속이 꼭 필요했는가?'

이 질문에 대해 반드시 필요하지는 않았다는 설과 반드시 필요했다는 두 가지의 설이 있다.

전자의 견해에서는 하나님께서는 다른 방법으로도 얼마든지 사람을 구원하신다는 전제 아래, 하나님께서 당신의 귀중한 사랑을 보여 주시려고 대속의 방법을 택하셨다고 본다.

오늘날 개신교 정통에서는 후자인 반드시 필요했다고 보는 경향이 강하다. 공의를 요구하시는 하나님께서는 그리스도의 속죄의 죽으심을 필요로 했다고 보는 것이다.

어쨌든 그리스도의 속죄는 죄인들을 위해 대신 죽은 대속의 죽으심이며, 그 공로로 인해 그를 믿는 사람들은 여전히 죄인임에도 불구하고 의롭다 여겨 주심의 은혜를 누리게 되었다(이신칭의).

(2) 부활

그리스도의 부활은 반드시 필요했다. 그리스도의 부활은 그의 속죄 사역을 완성하는 것이었으며 또한 당신의 신성을 증명하는 것이었다. 더 나아가 그를 믿는 성도들을 위해서도 부활은 반드시 필요했다. 부활이 없다면 그리스도에 대한 믿음은 헛것이기 때문이다(고전 15:16-17).

(3) 속죄 사역과 부활에 관한 이단

많은 이단이 속죄 사역의 효력을 부인하든지 왜곡하고 있다. 자기가 재림주라고 하든지 행위로 구원을 얻는다고 가르치는 자들에게서 주로 발견된다. 이단이 성경에서 가장 인정하기 싫어하는 내용이 그리스도의 속죄 사역과 부활이라고 해도 무방할 것이다.

제4장에서 다뤄질 것이지만 많은 이단이 그리스도의 속죄 사역과 부활을 부인한다. 부분적으로 인정하는 경우는 있어도 왜곡하거나 자기들 교리를 뒷받침하기 위해 인용할 뿐이다.

속죄 사역과 부활을 모두 왜곡하는 대표적인 이단은 '여호와의 증인'이다. 통일교 또한 속죄 사역과 부활을 심하게 왜곡한다. 십자가는 실패의 사건이며, 그의 부활도 영적 구원만 이뤘을 뿐이므로 구원의 완성은 문선명이 이뤄야 하는 것이라 가르친다.

4) 그리스도의 3중직(The Three Fold Office of Christ)

그리스도란 '메시아', 즉 '기름 부음을 받은 자'란 의미다. 성경에서는 왕, 선지자, 제사장을 세울 때 기름을 부어 세웠는데 예수님을 일컬어 그리스도라 함은 그분이 왕, 선지자, 제사장의 3중 직분을 가지셨음을 의미하는 것이다.

(1) 왕직

하나님의 영광과 하나님의 구원 계획의 실행을 위해 온 세상 만물을 지배하시고 통치하시는 그리스도의 권세를 말한다. 그리스도의 왕권은 세상에 이미 미치고 있다(마 12:28). 이러한 그리스도의 왕권은 미래에 완성될 것이다. 따라서, 그리스도의 왕권은 현재적이면서도 미래적이다(눅 11:20; 골 1:13; 벧후 1:11). 그리고 그 왕권은 영원할 것이다(단 7:13-14; 눅 1:31-33).

(2) 선지자직

선지자란 하나님이 당신의 뜻을 받아서 세상에 전달하도록 세우신 사람을 말한다. 그러므로 선지자는 악한 세상에서 때로는 고난과 죽음까지도 무릅써야 한다. 그리스도의 선지자직은 모세를 통해 예언되었다(신 18:15-19). 그리고 그 예언은 예수 그리스도를 통해 성취되었다(행 3:20-26). 예수 그리스도의 선지자 직무는 과거 현재 미래에 걸쳐 지속되고 있다(히 1:1-2; 3:1).

(3) 제사장직

구약의 제사장은 속죄제사를 주관함으로 백성의 죄를 속하는 일을 했다. 그러한 제사직은 예수 그리스도의 예표다. 예수 그리스도는 친히 제물이 되신 제사장이시다(요 1:29). 그 제사의 효력은 단번에 드리신 것이지만 일시적이지 않고 영원하다(히 10:10-14).

친히 속죄의 제사를 드리고 부활 후 하나님 우편에 앉으신 예수 그리스도는 현재 우리 성도들을 위하여 중보하신다. 곧 중재대언 사역을 담당하시는 것이다(히 6:19-20). 이러한 그리스도의 중보 사역은 영원히 지속될 것이므로 그를 힘입어 죄인인 우리가 성부께 담대히 나아가며 또한 그의 이름으로 기도한 것을 응답받게 된다(히 4:14-16; 요 14:13).

천주교는 사람과 하나님 사이의 중재자로 사제들이 세워져 있다며 교황과 사제의 권한을 강조하지만, 그런 행위는 그리스도의 제사장직을 가로채는 행위라고 할 수 있다.

5) 기독론 이단의 특징

지금까지 살펴본 기독론 이단의 특징을 정리하면 다음과 같다.

- 그리스도의 신성을 부인한다. 삼위일체 이단 중 종속론, 양자론자들의 견해다.
- 그리스도의 인성을 부인한다. 삼위일체 이단 중 양태론자들과 영지주의 가현설자들의 견해다.
- 그리스도의 신인양성을 부인한다.
  - **단성론**: 인성, 신성 중 한쪽만을 지지하는 입장을 취한다.
  - **제3의 성**: 신성, 인성이 혼합되거나 다른 특별한 형태라고 한다.
  - **신인양성의 연합을 부인**: 신성 따로, 인성 따로라고 한다.
  - **단의론**: 신성과 인성의 두 의지를 가지심을 부인한다.
- 그리스도의 대속 사역을 왜곡한다. 형벌대속 왜곡, 공로구원 주장, 육체 부활 부인 등으로 나타난다.
- 그리스도의 현재의 위치와 사역에 한계가 있다고 하며, 그 부족한 부분을 채워야 한다고 주장한다.
- 자칭 그리스도라고 한다.

4. 성령론

1) 성령의 명칭

- **성령**: 거룩한 영으로서 가장 일반적인 표현이다(행 1:5).
- **보혜사**: 카운셀러(Counseler), 상담자, 돕는 자의 의미다. 성도를 향한 사역의 측면에서의 명칭이다(요 14:16).
- **주의 영**: 성령은 삼위일체 중 제3위의 하나님이시면서 또한 성부의 영이기도 하시며 성자의 영이기도 하시다. 이는 예속이나 양태론적인 개념이 아니라 삼위일체의 관계성 속에서 이해되어야 한다. 성도는

성령을 통해 그분 안에 계시는 성부와 성자와 교제할 수 있다(롬 8:9).
- **진리의 영**: 세상과 구별된 거룩하신 분이시며 성도 안에 거하신다 (요 14:17).
- **생명의 성령**: 성령은 창조주이시며 생명을 주는 분이시다(롬 8:2).

2) 성령의 사역

성령을 떠나서는 인간이 거듭날 수 없으며 영생을 소유할 수 없다. 인간들을 향한 성령의 사역은 다음과 같다.

첫째, 성령은 사람을 거듭나게 하신다(중생, 요 3:3-8).
둘째, 성도는 성령의 세례를 받아 그리스도의 몸의 일부(우주적 교회의 일원)가 된다(고전 12:13).
셋째, 믿는 자 안에는 성령께서 거하신다. 성령의 내주하심이 없으면 그리스도께 속한 자가 아니다(요 14:16-18; 고전 3:16).
넷째, 신자들은 구속의 보증으로 성령의 인치심을 받는다(엡 1:13; 고후 1:22).
다섯째, 성령은 그리스도에 대해 가르치고 생각나게 하신다(요 14:26; 요일 2:20, 27).
여섯째, 진리 가운데로 인도하시되 특별한 은사를 주기도 하신다 (롬 8:14; 갈 5:16; 고전 12-14장).
일곱째, 성령은 보혜사이시며 신자의 심령을 위로하는 분이시다(행 9:31).
여덟째, 성령의 충만을 받으면 성도가 능력을 얻게 되는데 다섯째부터 일곱째 사역이 매우 강력하게 임하는 것으로 보면 된다(행 1:8; 2:1-4; 4:31).

3) 성령론의 여러 견해

성령론에 있어서도 여러 가지 논쟁점이 있다. 교회사 부분에 소개되었던 필리오케(*Filioque*) 첨가 부분도 성령론 논쟁이었다. 오늘날 개신교 정통 안에서는 성령 세례와 성령 충만의 관계, 성령의 내주와 성령 세례의 관계, 중생과 성령 세례의 관계 등에서 의견이 엇갈린다.

다음은 성령론에서 차이점이 발견되는 정통 교단의 견해를 정리한 것이다.

(1) 오순절파

중생과 성령 세례를 구분한다. 성령 세례는 구원받은 신자가 신앙생활 속에서 체험해야 할 단회적인 사건이다. 그리고 성령 충만은 그 성령 세례의 계속적인 사건이다. 오순절파는 중생 때 성령이 신도 안에 내주하지만, 성령 세례는 다시 한번 새롭게 받아야 한다고 여긴다.

곧 성령 세례는 예수를 믿어 중생하는 그때에 받는 것이 아니고 중생 후에 성령으로 충만케 되어 방언으로 나타나는 별도의 체험으로 주어진다고 보는 것이다(행 2:1-4). 그래서 오순절파의 이런 견해를 두고 보수적 교단들은 은사파, 방언파라며 비판하기도 한다.

(2) 성결교회

성결교회도 오순절파처럼 중생과 성령 세례를 구분한다. 중생 때 성령이 신도 안에 내주하시게 되지만 성령 세례의 체험이 또 한 번 필요하다고 보는 것이다. 성령 세례는 첫 성령 충만의 체험이라 할 수도 있다. 그러므로 이후의 성령 충만은 성령 세례의 계속적인 사건이라고 여기기도 한다.

그러나 오순절 교단들이 방언으로 나타나는 성령의 은사에 강조점을 두고 있다면, 성결교회는 사람을 변화시키는 성령의 내적 사역에 더 큰 강조점을 둔다. 성결교회는 성령 세례를 성결과 동일시하기도 한다.

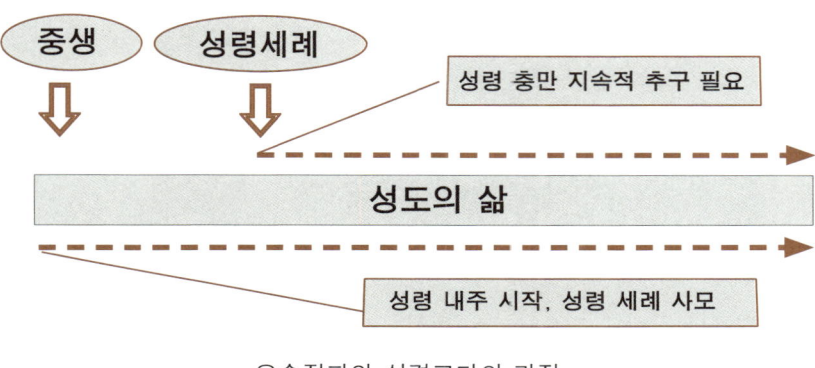

오순절파와 성결교단의 관점

(3) 개혁파와 다수 교단

개혁파는 중생하는 순간 신자는 성령 세례를 받는 것으로 본다. 그리고 한번 성령 세례를 받은 성도는 지속적으로 성령 충만한 삶을 추구하며 살아야 한다. 또한, 성령의 내주는 중생과 성령 세례 때 함께 주어지는 것이다. 이는 매우 간단명료한 정리로서 많은 정통 개신교회가 이러한 개혁파의 입장을 지지한다.

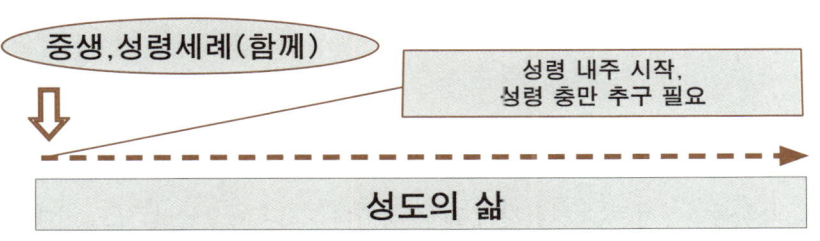

개혁파와 다수 교단의 관점

4) 성령의 은사

성령의 은사는 교회의 봉사를 위해 주어지기도 하며 표적이나 능력으로도 나타날 수 있다. 그 은사의 내용은 다양하다. 대부분의 정통 개신교회에서는 로마서 12장, 고린도전서 12-14장 등에 나타난 성령의 은사들이 오늘날 성도들에게도 각자의 믿음의 분량에 따라 주어진다고 믿고 있다. 성령의 은사가 주어지는 이유는 교회를 덕스럽게 하며 성도들의 영적 유익을 위함이다. 성령의 아홉 가지 열매도 있다(갈 5:22-23).

성령의 은사를 논함에 있어서 보수적인 칼빈파에서는 은사중단론(Cessationism)을 주장하기도 한다. 곧 성경에 나오는 성령의 은사들은 신약성경 시대에만 국한되고 오늘날은 재현되지 않는다는 견해이다. 이런 은사중단론자들 중에서도 완전단절설이 있고 부분단절설이 있다.

반면, 비칼빈파에서는 요엘서 2장과 신약의 많은 부분을 이유로 은사중단론에 동의하지 않는다. 논란이 이어지고 있지만 중도적 입장에서는 이렇게 정의될 수 있다.

> 성령의 은사가 오늘날에는 없다고 할 수 없다. 그러나 사도적 권위의 계시나 직분은 사도 시대로 종결되었다고 보아야 한다. 곧 사도 시대의 이적과 기사들은 사도들을 통해 주시는 계시를 확증해 주는 사도적 이적이었다. 그에 반해 우리 시대의 은사나 이적은 우리를 향해 베푸시는 하나님의 은혜와 기도의 응답으로 개인에게 주어지는 개인의 신앙 체험인 것이지 사도적 이적과는 다르다.

곧 은사 그 자체의 존재는 인정하나 사도적 직분이라든가 성경과 같은 효력의 특별계시로는 인정하지 않는 것이다. 그리고 오늘날 사도 시대와 같은 은사가 나타난들 그 권위적인 면에 있어 차이가 있다고 보는 것이다.

특별히 예언의 은사가 오늘날 가장 많은 논란거리가 되는데 그 문제 해결의 단서는 사도행전 21장을 통해 발견할 수 있다.

예언의 은사를 받은 아가보는 바울이 예루살렘으로 올라가면 유대인들이 그를 묶어다가 이방인들에게 넘겨주리라고 예언했다. 그러나 그 예언은 대략적인 것은 맞았지만 세부적인 내용에 있어서는 완전치 못했다.

아가보는 유대인들이 결박하여 넘겨주리라고 했지만 실제로 유대인들은 바울을 죽이려 때렸던 것이고 로마 군인들은 그를 보호하려는 차원에서 결박하여 데려갔다(행 21:10-11; 27-34).

이로 보건대 구약 시대 선지자들이나 신약 시대 사도들과 교회 지도자들에게 임했던 예언들은 세부적인 부분에 있어서까지 100퍼센트 완전한 응답과 증명이 되었던 반면, 신약 시대 이후 은사로서 주어진 예언들은 그 응답과 증명에 있어 불완전함이 있다고 해석될 수 있다. 곧 권위와 정확성에 차이가 있다는 말이다. 그러므로 은사에 대한 다음과 같은 바람직한 태도가 요구된다.

(1) 은사는 성경을 통한 검증 가운데 행해져야 한다(고전 14:32-33)

무언가 은사를 받은 듯하다고 해서 다 신뢰해서는 안 된다. 주께서 허락하신 온전한 은사인지 검증하는 작업이 반드시 필요하다. 그 검증의 최우선 기준은 성경이다. 일부 사람들이 받았다는 예언의 진실성은 더 크고 최고의 예언인 성경을 통해 검증되어야만 한다.

교회사를 통해 볼 때 많은 사람이 천국에 다녀왔느니, 직통계시를 받았느니 한 경우가 있다. 심지어는 집단적으로 계시를 받고 환상을 보기도 했다. 그런데 그들의 체험을 잘 살펴보면 대부분 성경의 가르침과 다를 뿐만 아니라 상식적으로 판단해도 매우 황당하며 유치한 경우가 대부분이다. 결국, 거짓말이었든지 악한 영의 작용이었다.

설령 그것이 합당한 것이라고 해도 그것은 교회나 그 대상을 위해 기도하라는 뜻으로 알고 무엇보다도 먼저 기도에 힘쓸 일이다. 그렇지 않고 자기 과시적 명예나 이익을 위한 방편으로 여겨서는 결코 안 될 것이다.

오늘날에 있어서 진정한 예언의 은사는 성령의 조명해 주심을 통해 최고의 예언인 성경을 깊이 있게 잘 배우고 알아서 그 깨달음으로 신도들을 바르게 가르치며 교회에 덕을 세우는 것이라고 이해함이 안전하다.

(2) 목회자의 통제를 따라야 한다(히 13:17; 고전 14:26-33)

아무리 뛰어난 은사 소유자라고 할지라도 그가 어느 교회에 소속이 되어 있다면 그는 그 교회 목회자의 권위 아래 있다. 특별히 목회자는 이런 질서에 대한 뚜렷한 의식이 필요하다. 질서에 위배되면 그 누구라고 할지라도 마땅히 치리 해야만 교회가 시험을 면하고 덕을 세울 수 있다. 그렇지 않으면 심각한 결과에 직면할 수 있다.

2008년 한국의 어떤 목회자는 귀신 쫓는 은사가 있다는 한 여자 집사를 지나치게 떠받들다가 심각한 결과를 당했다. 그 자신마저 그 여집사로부터 귀신을 쫓는다는 명목으로 상습적인 폭행을 당해야 했을 뿐만 아니라 결국 그 여집사에게 자기 아내가 맞아 죽고 말았다.

또 한편, 교회나 목회자의 관리를 받기 싫다고 기도원 등을 통해 단독으로 은사 사역을 하는 경우도 매우 조심해야 한다. 말씀과 신학적 기초가 약한 사람이 은사에만 몰입하다 보면 결국 그릇된 신비주의에 빠질 가능성이 매우 높다.

(3) 외적 현상에 너무 집착하지 않아야 한다

오늘날 많은 사람은 눈에 보이는 현상에 집착하다가 본질을 놓치는 경우가 많다. 이는 매우 조심해야 할 태도이다.

(4) 은사로 인한 영적 교만을 주의해야 한다

은사를 받고 교만함보다 은사를 안 받고 평범함이 낫다.

(5) 질서와 절제 중에 사용되어야 한다(고전 14:40)

사도 바울은 은사에 대한 내용을 고린도전서 12-14장에서 자세히 논한 이후에 결론적으로 모든 은사는 적당하고 질서 있게 행해져야 한다고 했다. 과한 것은 오히려 부족함만 못하다. 최근에는 성령 춤을 춘다는 사람들이 있기도 한데 그 성경적 근거도 모호할 뿐만 아니라 교회의 공예배나 집회의 질서를 어지럽히는 경우가 적지 않다는 보고가 있으므로 이것도 주의해야 할 것이다.

(6) 은사에 대한 과도한 욕심을 버려야 한다

집회 중에 자기가 평소에 사모하던 방언이나 기타 은사를 위해 뜨겁게 기도하는 것은 매우 아름다운 행위이다. 그런데 그릇된 집회에서는 인도자가 타인의 방언을 따라 하거나 흉내를 내면 방언을 받는다고 유도하기도 하는데 그런 가르침은 단연코 거부해야 마땅하다.

그런 행위 속에서 오히려 악령을 받는 경우도 있다. 이 경우 방언 비슷한 소리가 나오므로 당장에는 기쁠 수 있지만 그 방언을 할수록 점점 기쁨과 평안이 떠나고 이상한 느낌과 불안감이 찾아오게 된다. 방언 소리도 정상적인 사람들의 것과는 무언가 미묘한 차이가 날 수 있다.

이런 현상이 나타나면 지체 없이 담임목회자에게 문의하고 그 방언을 더 이상 하려 해서는 안 된다. 또한, 악한 영이 떠나고 심령에 평강이 돌아오기를 기도해야 한다. 오래 방치할 경우 문제가 커질 수 있다.

성령께서 그에게 그 은사 주시기를 원치 않으심에도 그 사람이 사모한다는 구실로 정도를 넘어선 행위를 반복할 경우, 악령이 슬쩍 틈타는 경우도 더러 있다.

성령이 내주하시는 성도에게도 귀신이 틈탈 수 있냐고 문의할 수 있다. 물론 귀신이 성령을 쫓아내고 그 안에 들어올 수는 없는 일이다. 하지만, 그 사람의 영적 상태에 따라 성령께서 귀신으로 하여금 그 사람을 붙들고 흔들도록 방치하실 수는 있다고 봐야 한다.

(7) 은사를 주신 이유가 무엇인지 항상 염두에 두어야 한다

은사는 성도 개인의 영적 성숙과 교회의 덕을 세우기 위하여 주어지는 것이다. 교회에 덕이 안 되면 교회 안에서는 중지되어야 마땅하다.

우리는 요셉의 꿈에 대해 야곱이 취한 태도를 눈여겨볼 필요가 있다. 그 꿈은 하나님께서 요셉에게 주신 것이지만 요셉이 자꾸 말하고 다니는 것은 형제들 사이에 덕이 되지 못했다. 이에 야곱은 요셉이 함부로 자기 체험에 대해 말하는 것을 금지시킨다. 그렇지만 그 내용을 마음에 담아 두었다.

오늘날 은사추구자들도 이런 야곱의 태도를 본받을 때 쓸데없는 분쟁에 휩쓸리지 않을 것이며 교회의 질서와 덕은 높아질 것이다(창 37:5-11).

5) 성령론 이단들

(1) 성령의 신성 및 인격(위격)성을 부인하는 이단

아리우스는 성부만이 유일신이라고 이해했으므로 성령의 신성과 인격(위격)성을 부인했다. 동방교회에서도 '성령훼손당'(Pneumatomachen, 성령적대파)이라 불리는 집단이 나타나서 성령은 하나님의 피조된 능력 내지는 도구라고 주장하기도 했다. 또한, 대부분의 단일신론파들이 성령의 신성을 부인한다.

사벨리우스파는 양태론에 입각하여 성령은 성부의 다른 양태로 보았다. 따라서, 그에 의하면 성령은 개별 인격(위격)을 가진 분이 아니시다. 종교개혁기의 소시니도 성령을 하나님이 사용하는 단순한 힘으로 이해했다. 오늘날 여호와의 증인도 성령의 신성과 인격(위격)을 부인한다.

(2) 자칭 보혜사 이단

고대의 이단 몬타누스는 자기를 가리켜 보혜사 성령이라고 했다. 이런 모습은 한국의 이단 천부교의 박태선에게서도 나타났다. 또한, 신천지가 이만희 교주를 일컫는 이름이기도 하다. 하나님의교회에서는 이미 죽은 지 오래된 교주 안상홍을 보혜사라고 한다.

(3) 성령 역사를 왜곡하는 경우

① 심령술의 오용

오늘날은 심령 치유의 방법을 마치 성령의 능력인 양 왜곡하여 사용하는 이단 사이비들도 있다. 그들은 힌두교식 영성에 가까운 신초월주의(neotranscendentalism)와 뉴에이지(New-Age) 운동, 고대 종교 혹은 이교적 종교혼합주의 색채를 띤 정신측정(psychometry), 영매(mediumism), 마술, 최면, 강신술(spiritualism), 맹목적인 긍정을 외치는 미국식 번영신학의 영성이 담긴 적극적 사고와 긍정적 사고 등을 이용하여 심령 치유(psychic healing)를 일삼기도 한다.

사람의 심리란 복잡하지만, 단순하기도 해서 저런 수단으로 치유가 가능할 때도 있다. 그러나 이런 것을 성령의 치유하심으로 혼돈해서는 안 된다. 성령의 치유하심과 능력은 값없이 주시는 은혜와 성도 개인의 기도와 경건의 깊이로 말미암는 것이지 심리적인 교묘한 수단들로는 결코 주어지지 않는다. 성령의 역사가 아님에도 불구하고 성령의 역사인 양 행하거나 가르치는 것은 성령 훼방죄가 될 수도 있다(막 3:29).

② 빈야드식 현상

빈야드식 쓰러짐 현상도 주의해야 한다. 성경을 보면 예수님과 사도들의 사역에서 환자를 고치는 경우 쓰러뜨려 치료한 예가 없다. 오히려 누웠거나 앉아 있는 자들을 일으키며 고치셨다(막 5:41; 행 3:6-10). 단지 쓰러진 경우를 들자면 귀신 들린 사람의 경우뿐이다. 그러나 예수님은 귀신이 쫓겨 나가며 아이를 쓰러뜨리자 그 쓰러진 아이를 즉시 일으켜 세우셨다(막 9:20-27).

오늘날처럼 일부러 쓰러짐을 유도하여 병을 고친 예가 없다. 더욱이 쓰러진 사람들을 그대로 놔두어 입신 체험을 유도한 경우 또한 없었다. 이런 사실을 볼 때 오늘날 쓰러짐을 유도하는 류의 집회는 무언가 크게 잘못된 것이 아닐 수 없다.

물론, 웨슬리의 '페터레인(Fetter Lane)의 체험'(1738년 12월 31일 송구영신 예배에서 은혜를 사모하며 기도하던 웨슬리와 여러 사람이 바닥에 뒹굴 정도로 뜨거운 성령 체험을 했다고 함)과 같은 현상까지 잘못되었다고 하는 것은 아니다. 여기서 분명한 것은 웨슬리의 경우는 열렬히 기도하던 중 의도하지 않은 상황 속에서 땅에 뒹굴 정도로 열심히 기도하고 찬양한 것을 말하는 것이다. 따라서, 그 넘어짐은 전혀 중요한 것이 아니었다.

그러나 오늘날의 빈야드 형태의 집회는 인도자가 넘어짐을 억지로 조장할 뿐만 아니라 정신을 놓고 엑스터시를 체험하고 입신에 들라고 인도한다. 이는 영지주의나 이교 신앙이 추구하는 방법이다. **우리 기독교는 정신줄을 놓고 믿는 종교가 아니다. 정신을 차리고 믿는 종교이다.**

빈야드 운동의 창시자 존 윔버는 다니엘이나 에스겔이 하나님의 영광 앞에 엎드린 것을 성경적 근거로 삼기도 한다(겔 1:28; 단 10:7-9). 그러나 그들 선지자가 엎드림은 하나님의 사자의 영광에 압도되어 일어난 일시적인 현상이지 치유 행위나 입신을 위한 준비 작업이 아니었다. 오히려 하나님의 사자들은 그들을 다시 일으켜 세워 온전한 정신으로 하나님의 말씀을 받도록 했다(겔 2:1; 단 10:10-12). 결코 몽롱한 정신이나 빈 마음에 신비한 체험이 들어온 것이 아니라는 말이다.

사도 바울의 경우는 강한 빛을 보고 눈이 멀어 엎드러진 것이므로 성격 자체가 다르다고 봐야 한다(행 9:1-9). 그러므로 오늘날 집회에서 인위적으로 넘어져 뒹굴도록 유도하거나 넘어진 채 몽롱한 정신으로 입신에 들어가기를 유도하는 행위는 최면술, 혹은 심령술에 지나지 않는다⟨pp. 271-274 참조⟩.

특별히 오늘날 빈야드 현상과 같은 류의 쓰러짐이나 광적 현상은 성경의 인물 중 단 한 사람 사울왕에게 나타났던 것을 보게 된다. 다윗을 잡아 죽이고자 사무엘 앞에까지 달려간 사울에게 하나님의 신이 임하자 사울은 예언을 하며 벌거벗은 채 하루 밤낮을 누워 있었다(삼상 19:18-24).

사울이 성령에 충만해서 그런 모습이 나타난 것일까?

오히려 회개하지 않는 악한 영성을 가진 사람, 하나님은 안중에도 없이 제 탐심을 따라 수단 방법을 가리지 않는 사람에게 나타난 성령의 징계 현상으로 봄이 더 타당하다. 곧 성령께서 사울로 하여금 악령에 사로잡히도록 해 버리신 것으로 볼 수 있다. 이는 변절해 버린 사울을 하나님이 악령(악신)을 부리셔서 괴롭게 하셨다는 말씀과 결부하여 이해하면 더 명확해진다(삼상 16:14).

그래서 성경은 이 부분을 두고 "사울도 선지자 중에 있느냐"(삼상 19:24)며 비아냥대는 말이 속담이 되었다고 결론 내리고 있다. 그러므로 사울과 다를 바 없는 영성의 사람들이나 혹은 그런 영성의 사람들이 악한 영에게 미혹됨을 통해 경험될 수 있는 현상이 빈야드식 체험이라 할 것이다. 한 마디로 부끄러운 현상이다.

오늘날 교회 지도자들이 신자들을 이런 집회로 내몰아 영적 혼미에 빠지게 하는 것은 분별력이 약하기 때문이다. 알고도 행하는 경우라면 신자들의 내적 변화와 성장에 관심을 기울이기보다는, 자기 과시와 영웅심에 사로잡혀 있거나 자기 이익과 명성을 위해 비정상적 방법을 통해서라도 교회를 빨리 성장시키려는 그릇된 발상 때문이다.

더욱이 신자들이 이런 빈야드식 신앙에 심취하다 보면 결국 사울의 최후를 답습하지 말라는 보장이 없다. 사울은 끝까지 회개할 줄 모르고 종국에는 귀신 들린 무녀를 찾아가 묻기까지 하다가 하나님께 버림을 당했다. 신비주의를 추종하는 많은 사람이 소위 영험하다는 사람을 찾아 예언 기도를 받고자 몰려다니는 태도도 사울의 행동과 다를 바 없다고 할 것이다.

김기동의 베뢰아아카데미와 같은 귀신파의 귀신축출 사역, 빈야드 운동 계열과 그 아류들의 사역은 대부분 성령의 역사를 왜곡하여 이해하는 이단의 범주에 속한다. 또한, 직통계시파나 신비주의적 경향의 사람들이 그릇된 현상을 성령의 역사라고 가르치는 경우도 많으므로 주의가 요구된다.

③ 귀신을 쫓는다며 폭력을 일삼는 경우

귀신을 쫓는다는 명목으로 사람을 때리거나 눈을 찌르며 안찰을 하는 단체도 있다. 이로 인해 사람이 다치거나 심지어 죽는 경우도 있다. 귀신을 쫓는다는 명목으로 가해지는 폭력의 경우 대상자나 가족들이 맹종적으로 동의하는 예가 많은데 그 과정에서 심하면 사고가 발생하는 것이다.

성령께서는 때리지 않아도 귀신을 내쫓아 주신다. 사람이 억지로 하려다 부작용이 일어나는 것을 조심해야 할 것이다. 귀신이 속히 나가지 아니한다면 계속적으로 기도할 일이지 물리력으로 하려 해서는 안 된다. 사람의 물리적 힘으로 귀신이 쫓겨난다면 그것은 애초부터 귀신의 역사가 아니었다고 봐야 한다.

또한, 정신병과 귀신 들림도 확고히 구분해야 한다. 귀신 들렸다고 생각될 만한 사람의 상태도 단순 정신병인 경우가 많다. 귀신이 들리지 않앉음에도 귀신이라며 쫓을 때 성령께서 역사하실 리 없다. 사람이 횡설수설하는 경우 다른 영이 들린 말을 한다면 귀신 들림이지만, 자기 말을 두서없이 하며 정신이 오락가락한다면 단순 정신병이라고 할 것이다.

이런 식으로 구분하는 것도 주의가 요망되므로 차라리 의사의 검진 결과를 보고 기도하는 것이 낫다. 그러므로 기도할 때는 치료를 위해 간구함이 바람직하지 무조건 귀신이라고 쫓는 행위는 도를 넘는 것이다.

6) 성령론 이단의 특징

지금까지 살펴본 성경론 이단의 특징을 정리하면 다음과 같다.

- 성령의 인격성을 부인한다. 피조물 혹은 단순히 하나님의 능력으로만 여긴다.
- 성령의 위상을 종속적으로 이해한다. 성부나 성자께 예속된 존재로 본다.
- 성령의 능력을 제한한다. 그러면서 교주나 단체의 역할을 강조한다.
- 성령의 사역을 왜곡 이해한다.
  - 구원 사역에 있어서 성령의 역할을 제한한다.
  - 말씀을 떠난 은사와 체험 위주의 집단 ➡ 빈야드 운동, 신비주의 집단
  - 인간사의 모든 것을 귀신과 결부하여 해석하며 집회는 주로 축귀 사역을 한다.
  - 심리학이나 심령술, 최면술 등을 이용하여 성령 사역으로 위장하는 집단도 있다.
- 성령의 역사를 자기들 특정 집단이나 개인의 전유물로 여긴다.
- 자칭 성령(보혜사)이라고 한다.

5. 인간론

1) 인간의 창조

(1) 인류의 통일성

정통 신학에서는 성경을 근거로 사람은 하나님이 직접 창조하셨다고 믿고 있다. 또한, 첫 사람은 아담과 하와 두 사람뿐이었다(창 1:26-28; 2:7). 그래서 사실상 전 인류가 한 혈통 한 형제임을 인정한다(행 17:26). 그릇된 견해 중에는 인류가 아담과 하와 이외에도 다수가 있었다고 하는 이중창조를 주장하는 경우와 하나님의 직접 창조를 변형하여 진화론적으로 이해하는 경우가 있다.

(2) 영혼의 기원

사람의 영혼은 어떻게 생겨나는 것인가에 대한 견해가 엇갈린다. 오늘날 정통 개신교회에서는 영혼 창조설이 널리 지지받고 있으나 영혼 유전설을 옹호하는 측도 있다.

① 영혼 선재설

플라톤과 같은 이원론 철학자들과 신학자들은 영혼의 선재를 주장했다. 영혼이 이전 세상에서 미리 만들어져 있다가 육체와 결합한다는 것이다. 정통 신학에서는 거부하는 견해이다.

② 영혼 유전설

부모로부터 자손에게 생식에 의해 유전된다고 본다. 하나님은 인간에게 생기를 불어넣으신 이후에는 번식의 방법에 의존하셨다(창 1:27-28). 또한, 성경에 자손은 조상의 허리에 있었다고 표현하기도 한다(히 7:10). 이 이론에 의하면 부모의 특성이 육체뿐만 아니라 정신적인 것도 유전되는데 아담의 죄도 그렇게 그 후손들에게 전가된다고 본다.

③ 영혼 창조설

각 사람의 영혼을 하나님께서 직접 창조하사 잉태로부터 출산까지의 어느 시점에 육체에 넣으신다는 견해이다. 하나님은 모든 영의 아버지라는 말씀에 근거한다(히 12:9). 그리고 육신과 영혼은 상이한 기원을 가지고 있다고 여겨지기도 한다(창 2:7; 사 42:5).

2) 하나님의 형상

사람은 하나님의 형상이다(창1:26-27). 하나님의 형상에 대한 이해는 정통 개신교회 내에서도 루터파와 개혁파의 견해차가 있다. 대부분의 정통 교단은 개혁파의 견해를 따르고 있다.

(1) 로마가톨릭의 견해

로마가톨릭은 하나님의 형상을 창조 시에 받은 두 가지 은사로 이해한다. 그것은 자연적 은사와 초자연적 은사이다.

자연적 은사란 이성, 양심, 판단력, 도덕성, 의지, 자유 등을 가리키는데, 이들이 서로 충돌되지 않고 조화를 이룬 상태를 말한다. 초자연적 은사란 인간의 저급한 욕구를 다스리도록 주어진 능력이다.

자연적 능력으로는 이해할 수 없는 구원에 이르는 지식, 삼위일체에 대한 신(神)지식, 초월에 접근할 수 있는 능력 등과 같은 초자연적 은사가 인간에게는 덧붙여져 있다. 그런데 아담이 타락했을 때 파괴되고 상실된 것은 덧붙여진 초자연적 은사이다. 그래서 구원에 이르는 지식을 잃어버렸다.

그러나 자연적 은사들은 타락과 상관없이 건재하다. 이성도, 양심도, 도덕성도, 의지도 타락 전이나 후나 역시 죄의 영향을 받지 않고 건재하게 창조된 그대로 유지된다. 초자연적 은사를 회복하는 방법은 영세(세례)를 통해서이다.

이런 견해는 죄의 심각성을 간과하는 측면이 있고, 인간의 공로주의가 개입될 소지가 크며, 초자연적 인간과 자연적 인간 사이에 계급이 형성될 가능성이 있으므로 이런 그들의 견해를 정통 개신교회에서는 거부한다.

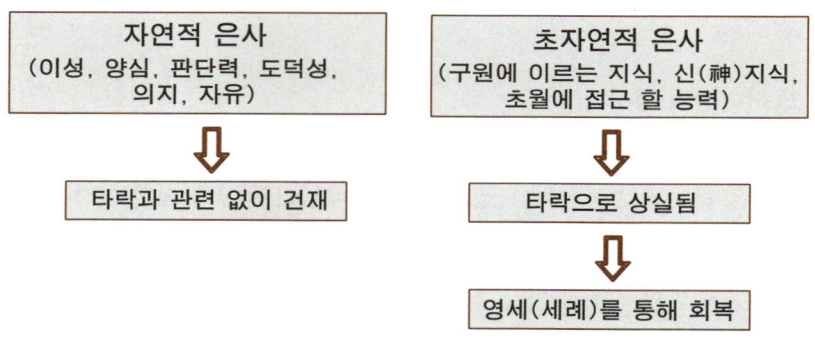

로마가톨릭의 하나님의 형상관

(2) 루터파의 견해

루터파는 하나님의 형상에 대해 제한적인 개념을 가진다. 즉, "원의"(原義)만을 하나님의 형상으로 이해한다. 원의란 영적 특질, 도덕적 자질을 말하는 것으로서 에베소서 4:24, 골로새서 3:10에서 말하는 참된 지식, 의, 거룩이 그 주요 덕목이다. 루터파는 인간이 죄로 말미암아 하나님의 형상을 전적으로 상실하여 동물과 다를 바 없다고 본다. 루터파는 로마가톨릭교회의 선행 공로주의에 대한 반동으로 이런 주장을 하는 것이지만, 타락 이후의 인간 상태를 너무 극단적으로 생각하는 경향이 있다.

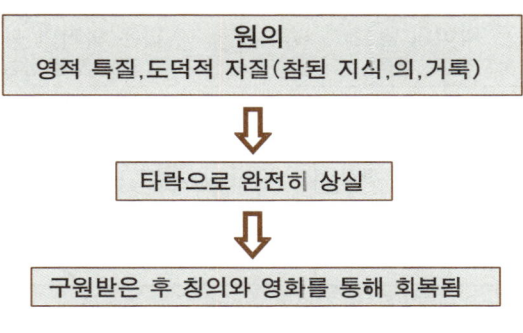

루터파의 하나님의 형상관

(3) 개혁파의 견해

루터는 천주교에 대항하는 입장에 서다 보니 타락한 인간은 하나님의 형상이 아니라고 보았지만, 칼빈의 개혁파는 타락한 이후에도 인간은 여전히 하나님의 형상이라고 본다. 하나님의 형상이란 인간으로 하여금 인간 되게 하는 것이기에 인간이 인간이기를 중지하지 않는 한, 비록 타락했다고 할지라도 사람은 여전히 하나님의 형상일 수밖에 없다.

개혁파에 있어서 하나님의 형상은 좁은 의미에서 참지식, 의, 거룩성을 말하며(루터파의 원의와 같은 범주임), 넓은 의미로는 이성, 지성, 양심을 가진 것을 말한다. 타락으로 말미암아 좁은 의미의 하나님의 형상(기능적인 면)은 파괴되었으나 넓은 의미의 하나님의 형상(구조적인 면)은 타락 이후에도 잔존한다고 본다.

그럼에도 개혁파는 인간의 전적 부패를 말하는데 죄의 영향 아래 넓은 의미의 하나님의 형상도 들어갔기 때문이다. 즉, 개혁파가 전적 부패를 말할 때는 질적 타락뿐만 아니라 범위에 있어서도 죄의 영향력을 받지 않는 범위가 없다는 관점이다. 그래서 인간의 실질이 상실되지는 않지만 비정상적인 인간이다.

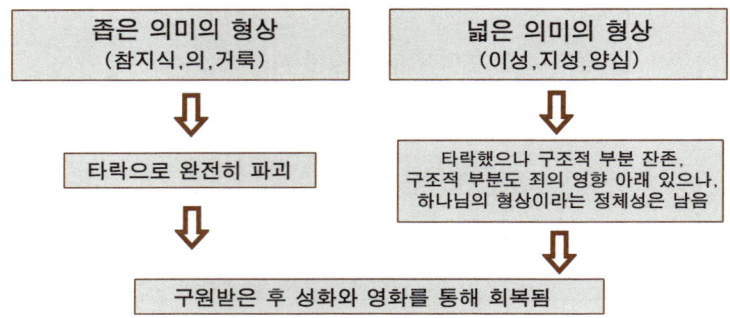

개혁파의 하나님의 형상관

성경적 용어로 죄인이요, 영적으로 죽은 것이다. 그럼에도 인간은 그 자체가 하나님의 형상이다. 인간이 단순히 하나님의 형상을 소유한 정도가 아니라 인간 그 자체가 하나님의 형상이다. 성도는 구원받은 이후 그 잃었던 부분들을 성화의 과정에서 점차적으로 회복하게 되며, 궁극적 구원의 상태인 영화의 단계에서는 완전히 회복한다.

3) 인간의 구조

사람이 영·혼·육의 구조이냐, 영혼과 육체(관점에 따라 따라 영-육체, 혹은 혼-육체)의 구조이냐, 아니면 전인적인 것이냐에 대해서는 많은 논란이 이어져 오고 있다. 뚜렷한 결론은 내려지고 있지 않지만 오늘날 정통교회에서는 이분설이 가장 많은 지지를 받으며 이분설 지지자 중 일부는 전인설과 함께 이해하기도 한다. 물론, 삼분설 지지자도 적지 않다.

(1) 삼분설

삼분설은 데살로니가전서 5:23의 "너희 온 영과 혼과 몸이…"라는 구절과 히브리서 4:12에 "혼과 영과 및 관절과…"라는 구절에 근거하여 주장된다. 물론, 삼분설 주장자들도 성경에서 영과 혼이라는 말이 가끔 혼용되어 쓰이고 있음을 인정하고 있다. 하지만, 영과 혼은 명확히 구분된다고 주장한다.

삼분설에 의하면 보편적으로 영은 선하고 육은 악하기 때문에 둘 사이는 대립된 관계로 이해된다. 인간의 정신 부분인 혼은 영과 육 사이에 끼어 있다. 만일 혼이 영에 가까워지면 그 혼은 영적 성격의 것으로 간주되며, 혼이 육에 가까워지게 되면 혼은 육적 존재로 전락한다. 그래서 신도들 사이에서도 육적 그리스도인, 영적 그리스도인의 계급이 존재한다고 보기도 한다.

삼분설을 주장했던 고대의 지도자는 이단이었던 아폴리나리우스가 유명하다. 그는 사람의 구성을 몸·혼·영 또는 마음(Nous, 누스)으로 보았으며, 그리스도의 경우는 신성인 로고스가 사람의 영을 대신했다고 가르쳤다. 중국의 워치만 니도 영·혼·육의 극단적인 삼분설을 주장하는데 그의 사상은 한국 교회에도 큰 영향을 끼치고 있다.

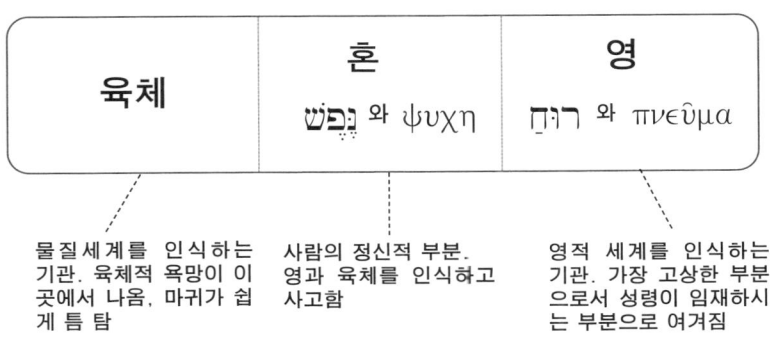

삼분설

이분설이나 전인설에 비해 삼분설 주장자 중에 이단 출현이 많은 것도 사실이다. 그 이유는 영을 혼이나 육체에 비해 고귀한 것으로 보며, 영의 일을 정신인 혼이 다 알 수 없으므로 영의 일에 민감하려고 노력해야 한다는 관념 때문이다. 곧 영의 일에 민감하고 영의 요구에 맞추기 위해 영성을 개발한다며 영지주의나 신비주의적 태도로 흐를 가능성이 상대적으로 높다.

(2) 이분설

이분설 주장자들은 성경이 압도적으로 이분설에 근거하고 있다고 본다. 삼분설의 근거는 데살로니가전서 5:23과 히브리서 4:12 두 구절뿐이라고 여긴다. 그러나 삼분설을 비판하는 입장에서는 그것도 충분히 성경 원문과 문맥을 분석하면 삼분설이 아니라고 여긴다.

데살로니가전서 5:23의 "너희 온 영과 혼과 몸이 … 보존되기를 원하노라"라는 구절에서 "온"과 "보존되기를 원하노라"에 해당하는 원문은 복수가 아닌 단수이다. 이는 영과 혼과 몸이 하나의 온전한 전인(全人)을 이룸을 말함이지 그것의 분리를 말함이 아니란 것이다.

특별히 바울은 그의 모든 서신에서 히브리인들의 전통을 따라 이분설적 표현들을 쓰고 있는데 데살로니가서에서만 삼분설로 말했을 리 없다고도 본다.

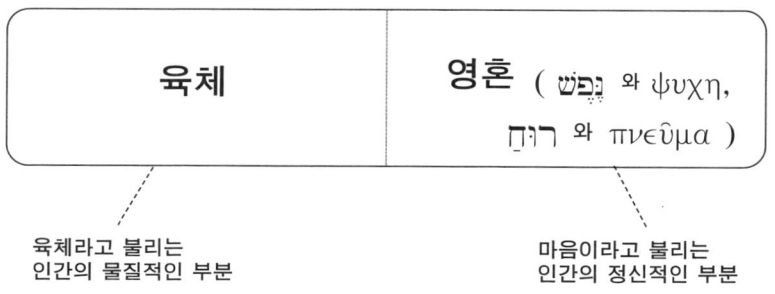

이분설

또한, 히브리서 4:12 "하나님의 말씀은 살아 있고 활력이 있어 좌우에 날 선 어떤 검보다도 예리하여 혼과 영과 및 관절과 골수를 찔러 쪼개기까지 하며"라는 구절은 하나님 말씀의 능력을 예증하며 주신 말씀이다. 그러므로 본래적으로는 쪼개지지 않는 영혼까지도 하나님은 능히 쪼개실 수 있다는 의미로 이해할 수 있다.

삼분설 주장자들은 구약의 חוּר(ruach, 루아흐)와 신약의 πνεῦμα(pneuma, 프뉴마)를 영으로, 구약의 נֶפֶשׁ(nephesh, 네페쉬)와 신약의 ψυχη(psyche, 프쉬케)를 혼으로 구별하여 삼분설의 근거로 삼는데 이것도 오류가 있다고 본다.

실제로 성경에는 이 두 용어가 서로 혼용되고 있으며, 병행어법에 강조적으로 사용되고 있다(마 6:25, 22:37; 눅 1:46-47; 10:27; 욥 7:11; 33:20). 그리고 바울의 기록들도 이분설적이며(롬 8:10; 고전 5:5; 7:34; 고후 7:1; 엡 2:3; 골 2:5), 또한 혼을 말하는 구절들도 영과 다르지 않다고 본다.

삼분설 지지자들은 인간과 동물의 차이를 동물은 혼과 육, 인간은 영, 혼, 육이기 때문이라며 그 구조적인 측면에서 찾기도 한다. 그러나 전도서 3:21의 내용은 삼분설의 주장을 무색케 하고 있다. 이 본문에서는 사람의 혼과 짐승의 혼에 대해 동일하게 루아흐를 적용하고 있기 때문이다.

인생의 혼(חוּר, **루아흐**)은 위로 올라가고 **짐승의 혼**(חוּר, **루아흐**)은 아래 곧 땅으로 내려가는 줄을 누가 알랴.

중문 성경 화합역본(和合譯本, CUV)은 이 부분을 "사람의 영(靈)"과 "짐승의 혼(魂)"으로 번역하고 있는데 이는 성경 원문을 그릇 번역한 것이다. 히브리어 성경 원문에는 분명히 인간의 혼과 짐승의 혼 모두에 루아흐를 사용하고 있다. 비 삼분설 입장에서 사람과 동물의 다른 점은, 사람은 하나님의 형상이라는 점에 있다.

동물은 그 종류별로 각기 유한한 특성대로 살아갈 뿐이지만, 사람은 그 존재 자체가 하나님의 형상이므로 하나님과 교제할 수 있고, 영적인 것을 추구하며 살아갈 수 있는 지상에서 가장 고귀하고 특별한 존재다.

(3) 전인설

삼분설뿐만 아니라 이분설도 반대하면서 인간은 결코 어떤 방식으로도 나누어질 수 없는 영육통일체(psycho-somatic unity)라는 주장이다. 영혼과 육체는 세상에 살아 있는 동안 분리될 수 없는 연합상태에 있으며 영혼과 육체가 합하여 전인(全人, whole man)을 이룬다. 그런데 그것은 오직 죽음을 통해 분리가 가능하다는 이론이다. 이 이론은 최근에 많은 지지를 얻고 있다.

```
┌─────────────────────┐
│      영육 단일체      │
└─────────────────────┘
```

인위적으로 나뉘어질 수 없는 영육단일체로서의 인간,
오직 죽음을 통해서만 영혼과 육체가 분리됨

전인설

🔍 이단 사이비 종파는 대부분 인간의 구조 이해에 있어서 삼분설을 고집한다. 삼분설로 인간을 설명해야 영지주의적인 이설(異說)을 적용하기 쉽기 때문이다. 물론, 삼분설을 주장한다는 이유만으로 이단은 아니지만 많은 이단이 삼분설을 추종하고 있는 것도 사실이므로 삼분설을 지지하려면 성경 해석과 적용에 더한층 주의를 기울여야 할 것이다. 중국 교회 신도들의 경우 90퍼센트 이상이 삼분설을 지지한다. 이는 중화권에서 가장 널리 읽히는 중문 성경인 화합역본(和合譯本)이 삼분설적인

관점에서 번역되었기 때문이다. 그래서 오늘날의 중국 교회는 한국 등 다른 나라에 비해 이단 사이비에 빠진 비율이 상대적으로 높다. 절대적 삼분설 지지가 이런 현실에 일조하는 면이 적지 않은 것이다. 필자는 중국 교회가 삼분설 지지 성향을 낮춰갈수록 이단 사이비 발생률도 함께 낮아질 것이라고 확신한다.

또 한편, 칼케돈 신경에는 예수님의 인성을 논할 때, '이성적인 영혼과 몸을 가진 참사람'이라고 묘사하고 있음도 참고할만하다. 기는 이분설의 입장임이 분명하다 ⟨p. 73 참조⟩.

4) 언약 상태 아래 있는 인간

하나님과 사람의 관계를 언약의 관점으로 이해하는 것은 정통 개신교회들이 널리 받아들이는 내용이다.

(1) 행위 언약

하나님이 인류의 대표인 아담을 상대로 법적 관계에서 하나님을 순종하면 영생을 주시고, 불순종하면 죽을 것임을 언약한 것을 의미한다. 만일 당시 온전한 자유의지를 가지고 있던 아담이 선악과를 따 먹지 않았다면 사람은 영생을 누렸을 것이다. 그러나 그 언약을 지키지 않았기에 사람은 죽어야만 했다.

(2) 은혜 언약

아담이 행위 언약에 실패하자 하나님은 다시 은혜 언약을 세우셨다. 이 언약의 당사자는 성삼위 하나님과 범죄한 인간이다(시 2:7-12). 인간 편에서는 하나님께서 그리스도를 통해 구원하심을 믿고 받아들이는 것이며, 하나님 편에서는 그 사실을 받아들이는 사람을 구원하신다는 내용이다.

5) 죄론

(1) 죄의 정의

죄라는 말은 매우 다양하지만, 히브리어로는 חָטָא(chata, 하타)와 헬라어 ἁμαρτία(hamartia, 하마르티아)가 가장 일반적으로 쓰인다. 이는 '과녁을 벗어나다'의 의미이다. 곧 사람이 하나님의 규범(율법)에서 벗어나거나 그 규범에 미치지 못하는 것을 죄라고 한다.

(2) 죄의 기원

하나님은 죄의 조성자가 아니다. 단지 잠깐 동안 허용하신 것이다. 죄의 기원은 사탄을 위시한 일부 천사들의 교만과 타락으로 말미암았다(유 1:6). 그것이 인간에게까지 이어진 것이다(창 3장).

사람을 향해서는 먼저 사탄의 유혹이 있었다. 그러나 인간은 변명할 수 없다. 교만과 탐욕에 빠져 스스로의 판단과 결정을 따라 하나님을 향한 불순종과 반역의 행위를 저질러 타락하고 말았기 때문이다(전 7:29).

그러므로 그 죄는 여자 때문이라든지, 뱀 때문이라든지 하는 변명의 여지를 띤 것이 아니었다. 이렇게 타락해 버린 인간은 지, 정, 의의 모든 면에서 오염과 변질을 겪게 되었다. 곧 참된 지식과 의와 거룩이라는 좁은 의미에서 하나님의 형상은 완전히 상실하게 되었고, 넓은 의미의 하나님의 형상인 이성, 지성, 양심 또한 오염되고 말았다.

(3) 죄의 구분

① 원죄

원죄란 죄의 전가로 인해 사람이 날 때부터 가지고 태어나는 죄인 된 신분과 상태를 말한다. 곧 원시적 죄책(罪責)과 원시적 오염(汚染)을 가지고 태어난다는 말이다. 이 원죄는 자범죄(본죄)의 원인이기도 하다.

② 자범죄

자범죄는 사람 개인이 현실적으로 범죄한 것을 말한다. 신체적, 외적 범죄뿐만 아니라 모든 마음과 뜻으로 범죄한 것이 다 포함된다(갈 6:1; 엡 4:18; 딤전 1:13; 5:24). 원죄와 자범죄를 비교하면 다음과 같다.

- 원죄는 자범죄의 원인이다.
- 원죄는 그 유무에 대해 의문이 제기되기도 하지만, 자범죄는 공히 인정받는다.
- 원죄보다 자범죄의 죄책이 더욱 중대하다.
- 원죄는 한 유형이지만 자범죄-알고 짓는 죄와 모르고 짓는 죄, 고범죄, 과실죄, 용서받지 못할 죄(성령훼방)-는 다양하다.

(4) 죄의 전가

아담의 죄는 자신뿐만 아니라 모든 후손에게도 전해져서 결과적으로 아담처럼 사망에 처하게 되었다. 이를 죄의 전가(Imputation)라 한다. 죄의 전가에 대한 견해는 교파마다 조금씩 다르다.

① 펠라기우스파의 견해

아담의 죄와 그 후손들의 죄는 무관하다. 그럼에도 후손들이 죽는 것은 그들 스스로의 죄 때문이라는 것이다. 그러나 이 견해는, 영아(嬰兒)는 죄를 짓지 않고도 죽는 것과 아담과는 다른 죄를 지은 사람도 죽는다는 사실을 설명하지 못한다. 그러므로 정통교회는 이 견해를 거부한다.

② 로마가톨릭교회의 견해

아담의 죄가 후손에게 영향을 미쳤지만, 단순히 죄의 상태만이 전가되었다고 주장한다. 그러나 이는 비성경적이다. 성경은 모든 사람을 범죄자로 규정하며(롬 3:23), 아담의 죄의 결과가 인류에게 고스란히 전가되었다고 증거한다(롬 5:12-18). 그러므로 정통교회는 천주교의 견해를 거부한다.

③ 정통 개신교단들의 견해

아담의 범죄는 그 후손들도 그와 동일한 범죄를 저지른 것과 같은 결과를 낳았다. 모든 후손이 어떻게 아담의 죄에 동참할 수 있었는가에 대한 대답은 실재론과 대표론의 두 가지로 나누어지는데 대표론이 보다 널리 지지받고 있다.

㉮ 실재론

인류는 시조 아담의 죄 속에 동참한 것이다. 인간의 유기적 단일성으로 말미암아 모든 인간은 아담의 죄에 동참했다. 즉, 모든 인간은 아담의 내부에 실재했으므로 그의 범죄는 후손들의 단체적 범죄와 마찬가지이다. 유전설이라고도 한다. 이는 죄를 혈통적 '유전(遺傳)'으로 보는 경향이다.

이전에는 아우구스티누스의 주장을 따라 임신과 분만을 통해 죄가 후손에게 유전된다고 보는 관념이 강했으나 오늘날은 아담과 그 후손들의 유기적 단일성에 초점을 두고 죄의 유전을 이해한다. 영혼이 조상으로부터 유전된다는 영혼 유전설 주장자들에게 이 견해가 많다. 단점은 조상의 모든 죄가 그 후손들에게 계속적으로 전달된다는 관념을 낳을 수 있고 그리스도의 무죄성에 대해서도 이해하기 어려운 측면이 있다.

㉯ 대표론

아담은 온 인류의 대표 자격으로 언약을 맺었다가 범죄했으므로 그 죄의 영향이 온 후손에게 미치는 게 당연하다는 견해이다. 이는 첫째 사람 아담과 대조되는 마지막 아담, 그리스도가 아담 안에서 죽은 모든 사람을 살린다는 사실에서도 확인된다(고전 15:22; 45-49).

(5) 전가의 내용

아담의 죄가 후손들에게 전가될 때 그 구체적인 내용이 무엇인가를 규명하는 데는 두 가지 이론이 있는데 정통교회는 직접 전가론에 지지를 보낸다.

① 간접 전가론

죄의 결과인 죄책과 오염 가운데 오염, 즉 죄로 인한 부패한 성격만이 전가되었다는 이론인데 개신교 정통교회에서는 거부된다.

② 직접 전가론

직접 전가는 죄의 결과인 죄책과 오염 모두 후손에게 이어지는 것을 말한다. 로마서 5장은 아담의 죄가 그 후손에게 전가되는 것은 간접적이 아니라, 직접적으로 전가된 것이라고 말한다. 아담의 범죄로 말미암아 모든 사람이 죄인이 되었고 죄인으로 태어나게 되었다. 즉, 아담에게 선포된 형벌은 모든 사람에게 전가(Imputation)되는 것이다.

6) 인간론 이단

- **펠라기우스**: 인간의 죄는 오직 자기에게만 영향을 주었을 뿐이며 모든 인간은 처음 창조 시의 아담처럼 태어난다. 이는 원죄를 부인하는 것이다.

- **김기동(베뢰아)**: 인류의 조상 아담은 창조 시에 지어진 많은 사람 중에서 뽑힌 한 사람이라고 한다. 그리고 인간의 타락을 하나님이 사탄을 멸하기 위한 한 과정에서의 필연적 결과로 본다. 그에 의하면 인간은 하나님의 특정한 계획으로 말미암아 애매하게 고난당하게 된 것이다.
- **위트니스 리(지방교회)**: 하나님의 사람을 창조하신 목적은 하나님이 자신을 대량으로 '생산'할 것을 계획하심에 있다. 그런 하나님은 하나님 자신을 사람 속에 공급하신다. 신인합일 사상이다.
- **몰몬교**: 우리도 모두 하나님이 될 수 있는 가능성을 가지고 있다고 말한다. 우리의 현재는 과거의 하나님과 같고, 현재 하나님의 모습으로 우리는 변화할 것이라고 가르친다.
- **라엘리안 무브먼트**: 인간은 우주인 하나님의 실험실에서 만들어진 생명체이다.
- **가계저주론**: 구원받은 신자에게도 여전히 조상대로부터의 저주가 남아 있으므로 특별한 방법으로 해결해야 한다고 주장한다. 이는 사람의 죄인식에 문제가 있을 뿐만 아니라 대속의 능력을 제한하는 태도이기도 하다. 그리고 이런 단체는 그 저주를 씻기 위한다는 명목으로 헌금을 강요하거나 자기네 조직에 충성하도록 이끈다.

7) 인간론 이단의 특징

지금까지 살펴본 인간론 이단의 특징은 다음과 같다.

- 인간이 한 혈통임을 부정한다.
- 진화론적 관점에서 인간을 이해한다.
- 인간의 구조를 이해함에 있어 대부분의 경우 영, 혼, 육의 삼분설로 이해한다.

- 원죄를 부정하거나 원죄의 파괴성을 제한하여 이해한다.
- 죄의 심각성을 인정하지 않는다. ➡ 영지주의적 집단, 구원파
- 왜곡된 죄관을 가지고 있다. ➡ 가계의 저주, 4단계 회개 등
- 율법에 대한 양 극단적 견해를 가진다. ➡ 율법폐기론(도덕폐기론) 혹은 율법주의적 경향
- 인간의 위상을 지나치게 과대평가한다. ➡ 신인합일 등의 사상
- 인간의 위상을 지나치게 과소평가한다. ➡ 왜곡된 귀신론
- 자기들 집단의 교주나 특정한 사람, 혹은 자기들은 죄가 없다고 한다.

6. 구원론

구원론에 있어서 정통 개신교회는 내 죄를 대속하신 예수 그리스도를 믿음으로 구원을 얻는다는 이신칭의(以信稱義), 이신득구(以信得救), 이신득의(以信得義) 사상을 전제로 한다. 이는 칼빈주의나 알미니우스주의나 모두 동일하게 고백하는 절대 명제이다. 단지 두 진영은 예정에 대한 해석이 다를 뿐이다.

1) 삼위일체 하나님의 구원 사역

인간의 구원은 삼위일체 하나님의 사역으로 말미암는다. 타락한 인간을 향한 구원 계획은 성부 하나님에 의하여 세워졌다. 이에 따라 성부는 성자 하나님을 이 땅에 보내셨다. 그리고 성자 예수 그리스도는 신인(神人)으로서 구속 사역을 이루셨다. 그러한 구속 사역의 효과를 인간에게 직접적으로 적용하여 구원으로 이끄시는 이가 성령 하나님이시다.

2) 구원의 성격

우리가 얻는 구원의 성격은 사람이 구원을 받았다고 해서 의가 주입되어 그 존재가 순식간에 완벽해지는 개념이 아니다. 사람은 여전히 죄인이지만 예수 그리스도를 믿는 그 믿음으로 말미암아 의롭다 인정받아 구원에 이르는 것이다.

한편, 칭의를 말함에 있어서 우리가 그리스도를 믿을 때 그리스도의 의가 우리에게 전가되는 것으로 설명되기도 한다. 그런데 이 경우도 의가 주입되는 개념은 아니다. 오직 그리스도의 의(그분의 십자가 희생과 순종으로 이룬 의)가 믿는 사람에게 그대로 전해짐으로 인해, 죄인인 여부나 어떤 공로와 상관없이 누구든지 하나님의 은혜로 의롭다 칭해지는 것이다.

그러므로 구원에 있어서 사람은 결코 자랑할 것이 없고 오직 그리스도의 은혜에 감사해야 할 따름이다. 물론, 구원받은 성도는 영적으로 구원받은 상태에만 머물러 있지 않고, 성령의 인도하심을 따라 이 세상에서 성화의 길을 걸어가게 되며, 그리스도의 재림 시에는 부활의 몸을 입고 완전한 구원에 이르게 될 것이다.

3) 구원의 서정에 대한 각 교단의 견해

웨슬리-알미니우스로 대표될 수 있는 알미니우스주의 성향의 교단들과 칼빈주의 교단들의 관점에 뚜렷한 차이점이 있다.

한편, 오늘날의 성공회는 두 진영의 주장 모두를 인정하며 신도들에게 선택을 강제하지 않는다. 침례교회와 회중교회는 각 개교회 회중의 선택을 따라 칼빈주의 교회도 있고, 알미니우스주의 교회도 있다.

〈구원의 서정 용어 이해〉

- 소명: 하나님이 사람을 구원으로 부르시는 사건임.
- 회심(신앙, 믿음): 하나님을 믿지 않던 사람이 하나님께로 돌이켜 참 신앙을 가지는 것임.
- 회개: 회심과 관련한 회개는 단회적임. 구원받은 성도는 실생활 속에서의 회개가 반복적으로 요구됨.
- 중생: 죄인의 영혼이 성령을 통해 새 사람으로 다시 태어나는 사건임.
- 칭의: 죄인이었던 사람이 죄를 사함 받고 의롭다 칭하심을 받는 것임.
- 양자: 죄인이었던 사람이 하나님의 자녀로 여김을 받는 것임.
- 성화: 성도가 실생활에서 거룩함을 점차적으로 이뤄가는 것을 말함.
- 견인: 구원받은 성도의 구원이 유지되는 것을 말함.
- 영화: 궁극적 구원의 상태. 구원의 완성.

(1) 로마가톨릭교회

로마가톨릭의 구원관은 성례전과 관련되어 있고 행위구원론적이다.

첫째, 영혼이 거듭나는 세례
둘째, 세례받은 사람이 성령의 은사를 받는 견진
셋째, 그 안에서 성찬의 떡을 뗌을 통해 그리스도의 살과 피 자체를 나누는 성만찬
넷째, 그것에 의해 그리스도의 죽으심의 혜택이 세례받은 후 정도를 벗어난 사람들에게 시여되는 회개
다섯째, 죽음을 앞둔 사람을 준비시키고 그의 남은 죄를 깨끗케 하는 종유식

로마가톨릭교회의 구원의 서정은 3단계 혹은 4단계로 요약 가능하다.

- **3단계**: 구원의 준비단계 ➡ 칭의 ➡ 선행에 의한 공로 만족
- **4단계**: 충족은혜 ➡ 주입은혜 ➡ 협력은혜 ➡ 연옥 혹은 천국
- **충족은혜**: 교회 밖에서 들어온 신자가 세례를 받기에 흡족한 은혜가 되게 하는 초보적인 은혜
- **주입은혜**: 하나님의 은혜로 과거의 죄를 사함 받고 양자로 칭함 받는 은혜를 의미(주입은혜는 성례와 고백성사를 통해 점차적으로 채워진다).
- **협력은혜**: 하나님의 은혜로 양자 된 신자는 하나님의 은혜와 협력하여 선행을 쌓아 가야 하는 은혜(선행이 없는 대죄는 주입은혜를 상실할 수 있다).
- **연옥**: 이 세상에서 사함 받지 못한 죄를 마저 처벌받는 곳(이곳에서 죄를 해결하고 천국으로 올라간다).

(2) 루터파

신앙이 구원의 순서에 있어서 매우 큰 비중을 차지한다. 그리고 회심이 중생보다 앞서 있는데 이는 하나님의 은혜에 대한 사람의 응답에 강조점을 둔 것이다. 그래서 루터파의 경우도 알미니우스주의처럼 인간의 구원이 상실될 가능성을 인정한다. 루터파 구원의 서정 중 또 다른 특징은 성화를 따로 구분하지 않는 것이다. 성화는 칭의의 자연스러운 결과이다.

소명 ➡ 조명 ➡ 회심 ➡ 중생 ➡ 신앙 ➡ 칭의 ➡ 신비적 연합 ➡ 갱신 ➡ 보존

(3) 칼빈주의

칼빈주의는 절대예정과 견인을 전제로 구원의 서정을 전개한다. 그러나 그 보수성의 차이에 따라 학자마다 순서에 약간씩의 차이가 있을 수 있다. 그러나 회심이나 신앙보다 중생을 앞에 두는 공통점이 있다. 이는

절대예정과 무조건적 선택에 기초하여 믿음도 하나님이 믿도록 해 주셔야 가능하다고 보기 때문이다.

학자에 따른 순서는 다음과 같다.

- **일반**: 소명 ➡ 중생 ➡ 회심(회개와 신앙) ➡ 칭의(양자) ➡ 성화(견인) ➡ 영화
- **벌콥**(Louis Berkhof): 그리스도와의 신비적 연합 ➡ 외적 소명 ➡ 중생과 유효적 소명 ➡ 회심 ➡ 신앙 ➡ 칭의 ➡ 성화 ➡ 성도의 견인
- **하지**(A. Hodge): 소명 ➡ 중생 ➡ 신앙 ➡ 그리스도와의 연합 ➡ 회개 ➡ 칭의 ➡ 양자 ➡ 성화 ➡ 성도의 견인
- **아브라함 카이퍼**(A. Kuyper): 중생 ➡ 소명 ➡ 칭의 ➡ 신앙 ➡ 성화
- **박형룡**: 소명 ➡ 중생 ➡ 회심 ➡ 신앙 ➡ 칭의 ➡ 양자 ➡ 성화 ➡ 견인 ➡ 영화

(4) 웨슬리-알미니우스주의

예지예정(하나님의 선택은 인간의 신앙과 순종을 미리 예견하심을 통해 이뤄진다고 보는 견해)과 보편 속죄(하나님의 선행 은혜에 대해 응답하는 사람은 누구든지 구원을 얻음. 그런데 인간의 태도 여하에 따라 구원이 변할 가능성도 인정함, 곧 심각하게 타락했을 경우 구원이 취소될 가능성을 인정하는 것인데 그 정도가 얼마나 되어야 하는지에 대해서는 사람이 알 수 없고 하나님의 판단에 맡김)를 전제로 한 구원의 서정이다.

웨슬리-알미니우스주의 신학에 있어서의 구원의 서정은 다음과 같다.

선행은총의 역사 ➡ 회개를 포함한 믿음 ➡ 칭의 ➡ 신생(중생) ➡ 성화 ➡ 완전성화 ➡ 영화

4) 칼빈주의 구원관

(1) 칼빈주의 5대 강령

칼빈주의 5대 강령에 의하면 칼빈주의의 구원관을 대략 짐작할 수 있다. 칼빈주의는 하나님의 절대주권을 강조함을 통해 구원관도 절대예정을 전제로 전개된다.

- **전적 타락**(Total Depravity): 인간은 전적으로 타락하여서 자기 능력으로는 구원을 위해 아무것도 할 수 없다.
- **무조건적 선택**(Unconditional Election): 하나님의 선택은 인간의 의지와 관계없이 주어진다. 하나님은 당신의 의지대로 신자들을 무조건 선택하신다.
- **제한 속죄**(Limited Atonement): 그리스도는 영원 전부터 선택된 사람들만을 위해 죽으셨다.
- **불가항력적 은혜**(Irresistable Grace): 구원으로 선택된 사람은 하나님의 뜻에 항거할 수 없이 그 은혜를 입게 된다.
- **성도의 견인**(Perseverance of Saints): 하나님이 한 번 선택하신 사람은 궁극적 구원에 이르기까지 하나님께서 이끌어 주신다.

(2) 회심보다 앞서는 중생

칼빈주의는 구원의 서정을 논함에 있어 중생이 회심 앞에 온다고 본다. 예정으로 선택받은 자에게 성령이 임하셔서 그를 중생시키시고, 믿고 회개하게 하시고, 구원으로 이끄신다는 것이다. 이처럼 중생이 회심보다 앞에 놓이는 이유는 구원이 사람의 노력이 아닌 하나님의 주권에 의하기 때문이라는 것이다. 반면 비칼빈파 교단들은 회심을 중생 앞에 둔다.

(3) 인간의 선택과 유기

절대예정을 전제로 구원받을 자에 대해 하나님은 무조건적으로 선택(Election)하신다. 이는 미리 구원받을 자와 구원받지 못할 자를 정하신 것을 말한다. 그리스도 십자가의 은혜도 이 선택받은 사람들만을 위함으로 제한적이다. 그리고 선택받지 못한 사람들은 유기(Reprobation)되었다. 유기된 자들은 결코 구원받을 수 없다. 이 이론은 '이중예정'이라고도 한다.

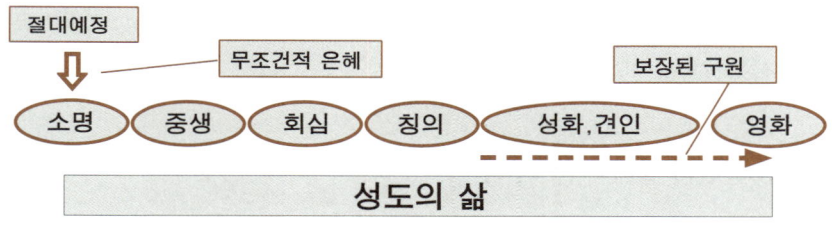

칼빈주의 구원관의 특징

(4) 칼빈주의 구원관의 변화

칼빈주의 5대 강령에 기초한 교리는 많은 반론을 낳았으며 후대에 이르러서는 칼빈주의의 변화로까지 이어졌다. 특별히 미국의 대각성 운동을 거치며 '제한 속죄'를 완화하거나 인정하지 않는 경향이 등장했다. 곧 누구든지 믿는 자는 구원을 받는다는 사실을 강조한 것이다.

이런 흐름의 대표적인 실례가 미국 북장로고단이 1903년에 웨스트민스터 신앙고백 개정판을 발표한 모습에서 드러난다. 개정의 내용은 선택과 유기의 이중예정의 문구를 매우 부드럽게 완화하여 이해할 것을 권장하는 선언문을 넣고, 성령의 사역과 하나님은 모든 사람의 구원을 원하심(선교의 필요성)을 강조하는 조항을 추가했다.

이와 같이 칼빈주의의 완화된 경향을 일컬어 '온건 칼빈주의'(Sober Calvinism)라고 부른다. 오늘날 세계의 대다수 장로교회와 칼빈주의 신학을 받아들이는 일부 침례교회 등 여러 교단이 이런 온건한 경향을 수용하고 있다〈pp. 116-117 참조〉.

한국 장로교단 중에는 통합, 백석, 고신 등이 이 문서를 채택한다. 수정하지 않은 1647년의 초판 웨스트민스터 신앙고백을 그대로 지지하는 교단은 합동, 합신 등이다. 특정 교단의 색채를 따지지 않더라도 칼빈주의 교단이라고 하면서 선교나 교회에서의 봉헌과 섬김, 성화의 삶을 강조한다면 온건 칼빈주의적이라 할 수 있다. 또한, 알미니우스주의이면서도 전적인 타락이나 하나님의 주권을 강조한다면 개혁적 알미니우스주의(Reformed Arminianism)라고 할 수 있다.

5) 오늘날의 알미니우스주의

17세기의 초창기 알미니우스주의자들은 대륙의 칼빈주의자들에 의해 탄압을 받았다. 그래서 많이 위축된 상태로 있어야만 했다. 그럼에도 알미니우스주의를 표방한 침례교회들이 세워지기도 했다. 그러던 중 18세기에 이르러 알미니우스의 사상은 영국의 웨슬리에 의해 받아들여지며 큰 발전을 이루게 된다.

그렇다고 웨슬리가 알미니우스의 사상을 그대로 차용한 것은 아니다. 알미니우스주의의 예지예정과 보편구원의 개념을 받아들이고 칼빈주의의 제한 속죄를 거부하지만, 그렇다고 전면 거부하는 것이 아니라 전적 타락 등 일정 부분을 수용하기도 한다. 그래서 웨슬리의 신학을 그냥 알미니우스주의라 하지 않고 '웨슬리-알미니우스주의' 혹은 '알미니우스-웨슬리주의'라고 한다. 이러한 웨슬리의 구원관은 알미니우스주의와 칼빈주의의 중간에 서 있다고 평가되기도 한다.

오늘날 알미니우스주의를 표방하는 교회는 미국 등 서구의 침례교회와 회중교회, 오순절 계통 교회에서 많은데, 그렇다고 17세기의 구(舊)알미니우스주의를 고집하는 곳은 거의 없다. 대부븐 타교파의 좋은 점을 편견 없이 받아들이기를 꾀한다. 그래서 웨슬리주의는 물론 칼빈주의까지 폭넓게 흡수한 면모를 보이고 있다.

알미니우스주의가 배척을 받던 시절 그들은 결국 율법주의로 흘러가고 말 것이라는 부정적 시각이 많았던 것도 사실이다. 그러나 오늘날의 알미니우스주의에는 그런 면모는 크게 드러나지 않는다. 오히려 건전한 복음주의적 경향이 두드러진다. 물론, 일부는 자유주의로 흘러간 경우도 있고, 너무 세속화한 모습도 있다.

> 칼빈주의에서는 알미니우스주의가 행위 구원론으로 흘러갈 수 있다고 비판을 가한다. 반면 알미니우스주의와 비칼빈파 입장에서 칼빈주의는 신도들을 운명론에 빠뜨릴 수 있으며, 전도와 선교도 중요하지 않다고 인식시킬 가능성이 있다고 비판을 가한다. 이런 시각 차이는 예정론의 해석에서 기인하는데 사실상 인간의 이성으로는 쉽게 극복하기 어려운 이견이라고 할 만하다.
>
> 그러나 이는 서로 간 신학적 견해차로 인함일 뿐 양자간의 신앙이 달라서는 결코 아니라고 할 것이다. 칼빈주의도 신앙으로는 하나님의 사랑을 고백하며 전도와 선교의 필요성을 부르짖는다. 알미니우스주의도 신앙으로는 인간의 한계를 절감하며 하나님의 주권을 깊이 고백한다. 결국, 각자 주장하는 강조점은 달라도 믿음 안에서는 이미 한목소리를 내고 있다. 그러므로 서로 간 장점을 바라보며 좋은 점을 존중하고 인정함이 바람직하다고 할 것이다. 서로 간 단점만 바라보면 반목과 분쟁이 있을 뿐이다. 오늘날 두 진영은 도르트 회의 때의 갈등을 뒤로하고, 시대의 변화에 따라 상호 포용과 관용의 길로 나아가고 있음은 부정할 수 없는 현실이기도 하다.

6) 웨슬리-알미니우스주의 (Wesleyan Arminianism) 구원관

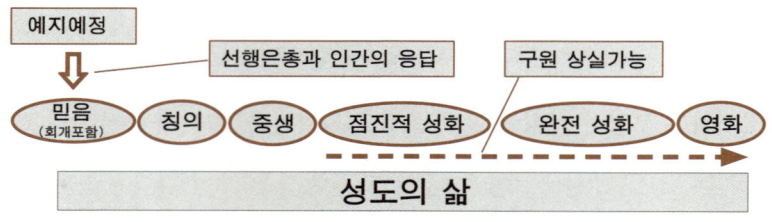

웨슬리-알미니우스주의 구원관의 특징

(1) 구원을 위한 예비 은총으로서의 '선행은총'(先行恩寵, Prevenient Grace)

웨슬리는 '이신칭의'와 '만인구원'(Salvation for All), 곧 '하나님은 모든 사람이 구원받기 원하신다'(딤전 2:4)는 말씀을 기본 전제로 구원론을 전개한다. 그러면서 선행은총을 말한다.

선행은총이란 먼저 주어지는 은총(grace that goes before)을 뜻한다. 즉, 우리가 구원받기 전 죄인일 때 우리를 구원으로 이끄시는 하나님의 은총이다(롬 5:8). 이는 모든 사람에게 값없이 골고루 주시는 만인을 위한 은총(Universal Grace)이다. 타락한 사람은 선을 행할 능력이 없지만, 하나님께서는 그리스도로 말미암아 모든 사람에게 구원에 응답할 수 있는 능력을 허락하신다. 이 선행은총에 응답할 때 성령을 통해 구원으로 인도받는다.

(2) 자유의지와 신인협동

칼빈에게 있어서 하나님의 은혜는 제한적이고 특수한데 비해, 웨슬리는 인간이 전적으로 타락한 존재이지만 그리스도로 말미암은 선행은총에 의해 부분적으로나마 회복된 자유의지(혹은 생래적 양심: 양심이 선행은총으로 말미암아 구원의 부름에 응답할 수 있을 만큼 회복된 상태)를 가지게 되었기에 구원의 부름에 응답할 능력이 있다고 보았다.

따라서 칼빈주의에서는 구원이 하나님의 주권에 의해 주어지므로 인간에게는 구원의 책임이 없으나, 웨슬리 신학에서는 인간이 하나님의 부르심에 응답하거나 거역하는 것에 대해 스스로 책임을 지게 된다. 이는 곧 하나님의 은총과 자유의지 사이의 조화를 말하는 것으로서 '복음적 신인협동설'(Evangelical Synergism)이라 불린다.

일각에서는 신인협동이라는 단어를 하나님과 사람이 절반씩 나누어 협력한다거나, 하나님 100퍼센트, 사람 100퍼센트 등으로 오해하는 경우가 많이 있기도 하다. 그러나 웨슬리의 관점은 구원의 주도권이 하나님께 있으되 사람은 그에 응답하는 구조이므로 하나님의 은혜가 전적으로 강조된다. 곧 인간의 의지가 성령의 역사에 수동적으로 협동함으로서, 하나님의 주도적 은혜의 역사에 전적으로 이의 없이 협동하는 것을 말함이다.

웨슬리에 의하면 구원은 결국 전적인 하나님의 은혜다. 다만, 인간편에서는 하나님의 그 큰 은혜를 받아들이는 믿음의 응답이 필요한 것이다. 이것은 물에 빠진 사람이 구조해 주는 사람의 손을 꽉 잡는 것에 비유될 수 있다.

(3) 칭의 이전의 회개를 포함한 믿음

웨슬리에 의하면 "믿음은 구원의 문(the door) 이요, 회개는 구원의 현관(the porch)이요, 성결(성화)은 구원의 안방(the rooms)"이다. 칭의의 유일한 조건은 그리스도의 은혜를 믿는 믿음이다. 그런데 이 믿음은 반드시 회개를 포함하는 것이어야만 한다. 이 교리는 회심의 체험을 강조하는 것이라고 할 수 있다. 합당한 믿음을 소유한 사람은 칭의를 얻는데, 칭의는 또한 새로운 탄생(신생, 중생)을 동반한다.

(4) 신생(중생)

웨슬리는 설교에서 '중생'(regeneration)이란 단어보다 새로운 출생이란 의미인 '신생'(the new born)이나 '다시 태어남'(be born again)을 즐겨 사용했다. '칭의'가 하나님과 인간의 관계적인 변화라면 '신생'은 인간 전인의 실제적 변화다.

웨슬리는 중생의 필요성을 다음과 같이 설명한다.

- 죄악에서 벗어나 깨끗하고 경건한 삶인 성결을 위해서는 먼저 거듭나야만 한다.
- 거듭나지 않고는 하나님과 교류할 수 없기 때문에 진정한 구원을 위해 필요하다.
- 중생은 천국에서는 물론 이 세상에서도 사랑과 기쁨이 충만한 행복한 삶을 살기 위해 필요하다.

또 한편, 웨슬리는 중생의 표적을 세 가지로 봤는데 그것은 믿음, 소망, 사랑이다. 중생한 사람의 삶에는 믿음, 소망, 사랑의 열매가 맺힌다.

(5) 성화(Sanctification)와 그리스도인의 완전(Christian Perpection)

중생(신생)이 다시 태어나는 것을 의미한다면, 성화는 실제적인 삶의 성장이라는 것에 의미가 있다. 중생한 신자는 어린아이 모습에 머무르지 않고 성장해야 마땅하다. 이 성화는 개인의 노력으로 되지 않고, 오직 성령의 도우심과 공급하시는 능력을 통해 가능한 것이다.

성령과 동행할 때 성화는 점차적으로 이뤄지며, 경우에 따라서는 순간적으로 완전에 이르기도 한다. 그러므로 웨슬리는 모든 신자가 완전성화를 신앙생활의 목표요 이상으로 삼아야 한다고 가르쳤다.

그러나 완전성화에 이르러야만 구원을 받는다는 것은 아니다. 신자는 이미 칭의의 단계에서 구원을 받았기 때문이다. 칭의를 받은 신자는 자기의 삶 속에서 구원의 행복을 누리는 성화의 길(구원의 안방에서의 삶), 즉 실제적인 구원의 길을 걸어가는 것이다. 물론, 이러한 성화에는 단계와 정도의 차이가 있기는 하다.

웨슬리는 소수의 사람에게 해당하는 일이지만 신자가 성령의 인도를 따라 성화의 삶을 살 때 어느 시점에 이르러서는 완전성화에 이를 수도 있다고 보았다. 그런데 이것은 신적 거룩이나 천사의 거룩 같은 것이 결코 아니다. 인간의 연약함을 전제로한 제한된 완전이다. 완전성화에 이른 신자는 하나님을 향한 마음과 행동에 온전히 순수함을 가지며, 잃어버렸던 하나님의 형상을, 그리스도를 모방함으로 되찾아 죄를 극복하고, 사랑을 실천하며 하나님께 전적으로 헌신하고 영광 돌리는 삶을 살 수 있게 된다.

7) 구원의 수단에 대한 견해

구원의 수단이 무엇이냐에 대한 견해에 따라 그 교단이 추구하는 구원관이 명확히 드러나기도 한다.

(1) 로마가톨릭
믿음 외에 수단만으로도 구원을 얻을 수 있다고 본다. 곧 교회가 제공하는 세례와 성찬 그리고 여러 성사를 수납함을 통해서도 구원을 얻을 수 있다는 것이다.

(2) 루터교회
믿음을 통한 수단을 말한다. 곧 믿음을 고백하는 신자가 세례와 성찬을 수납함을 통해 구원 얻는다고 한다.

(3) 칼빈주의

수단이 없는 믿음을 전제로 한다. 유효한 은혜(구원에 이르게 하는 특별한 은혜)에 의해 구원을 얻는다.

(4) 웨슬리-알미니우스주의

수단이 없는 믿음을 전재로 한다. 일반적 은혜(선행은총)를 받아들임으로 구원을 얻는다.

8) 구원론 이단

(1) 펠라기우스

사람은 믿음만으로는 구원받을 수 없고 율법의 행위로 구원받는다. 그리스도는 하나의 모범일 뿐이다.

(2) 율법주의 단체

안식교는 토요일 안식일 준수와 여러 가지 율법적 조항을 지켜야만 한다고 가르친다.

여호와의 증인은 행위의 비중에 따라 내세의 위상이 결정된다.

(3) 류광수 등 귀신파

그리스도의 속죄는 죽어야만 할 인간을 대신한 죽음이라기보다는 하나님이 사탄에게 속전을 치르는 행위(사탄배상설)로 이해한다.

(4) 예정론을 전면 부정하는 경우

정통 개신교회는 예정론에 대한 견해차가 있을 뿐 예정론 자체를 거부하지는 않는다. 칼빈주의는 절대예정을 지지하며, 비칼빈주의 진영에서는 예지예정을 지지한다.

(5) 기타

그리스도의 대속의 은혜를 통한 구원을 부인하는 자, 성령의 구원 사역을 부인하는 자, 자기나 특정 단체를 일컬어 믿거나 가입하여야만 구원받는다고 하는 자, 공로구원을 강조하며 금전을 내게 하거나 억지로 헌신을 강요하는 자는 모두 이단성이 있는 것이다.

9) 구원론 이단의 특징

지금까지 살펴본 구원론 이단의 특징을 정리하면 다음과 같다.

- 이신칭의 사상을 거부하거나 제한한다.
- 지나친 방종이나 지나친 율법주의 경향이 있다.
- 그리스도의 구원의 복음을 거부하거나 왜곡, 혹은 제한한다.
  - 그리스도께서 죄인인 나를 위해 대신 죽으셨다는 형벌대속 사상을 거부 혹은 제한한다.
  - 그리스도의 십자가와 부활의 능력을 거부 혹은 제한한다.
  - 기성교회의 방법은 구원에 이르기에 부족하며 자기들에게만 구원이 있다고 주장한다.
  - 특별한 지식을 가져야만 구원을 받는다고 한다.
  - 특별한 구호나 내용을 입으로 말해야 구원을 받는다고 한다.
  - 구원을 위한 의가 사람에게 주입되는 것으로 이해한다.

- 사탄배상설을 주장한다.
- 특정한 사람이 그리스도의 부족한 구원 사역을 완수하는 자라고 말하기도 한다.
- 세속적 구원에만 치중하든지 내세적 구원에만 치중하든지 한다.
  - 내세의 구원을 빌미로 현실에서 과도한 헌신을 강요한다.
  - 현실 세계에서 조상이나 혈통의 저주를 씻기 위한 물질 헌신을 강요한다.

7. 교회론

1) 교회의 정의

(1) 루터파

교회는 '거룩한 사람들의 회중'(congregatio sanctorum)이며, '부름받은 사람들의 회중'(congregatio vocatorum)이다.

(2) 개혁파

교회는 그리스도를 머리로 한 신비적 영적 통일체로 정의한다. 그리고 유형교회(조직체로서의 지상의 교회로서 현세적이며 항상 개혁이 필요함)와 무형교회(유기체로서의 천상의 교회로서 우주적이며 완전함)로 구분한다. 무형교회가 참실체이나 유형교회도 중요하다.

2) 교회의 본질에 대한 이해

(1) 로마가톨릭교회
외부적 유형적 조직체로서의 교회에 강조점을 둔다. 교황청을 중심으로 가시적 교회가 진정한 교회다.

(2) 동방정교회
가시적 측면과 불가시적 측면을 모두 강조하나, 외적 조직체에 더 강조점을 둔다.

(3) 정통 개신교회
본질은 행정조직체에 있지 않고 성도의 교통(Communio sanctorum)에 있다고 본다. 교회란 그리스도 안에서 하나로 도인 사람들의 생명적 유기체 연합이다. 무형교회를 더욱 중시한다.

3) 교회의 속성

(1) 통일성(Unity)
로마가톨릭의 경우 전 세계에 존재하는 자기들 교회의 외형적 행정조직에서 그 통일성을 찾는다. 그러나 개신교회는 그리스도를 그 머리로, 신자들을 몸으로 하는 유기적 통일성에 강조점을 둔다(엡 1:22-23).

(2) 거룩성(Holiness)
로마가톨릭의 경우 교리, 교훈, 예배 의식, 권징 등 교회의 외적 요소에서 거룩성을 찾는다. 그러나 개신교회는 구성원들이 하나님의 자녀로 구별된 존재이므로 그리스도의 의를 힘입어 거룩하다고 여기며 내면적 영적인 의미에서 거룩을 찾는다(벧전 2:9).

(3) 보편성(Catholicity)

로마가톨릭의 경우 외형적 조직에서 보편성을 찾는다. 그러나 개신교회는 그리스도의 구원 역사(고후 5:19), 복음 전파(마 28:19-20), 구원받은 자들의 시공을 초월한 보편성에서 교회의 보편성을 찾는다. 곧 무형교회적 요소에서 보편성을 찾는 것이다.

(4) 사도성(Apostolicity)

로마가톨릭의 경우 로마 교황이 사도 베드로의 후계자라며 그들의 사도성을 주장한다. 그러나 개신교회에서는 교회가 사도들의 교훈을 그대로 따름을 통해 사도성을 지닌다고 여긴다(엡 2:20).

(5) 생명성(Livingness)

교회는 생명이신 그리스도의 몸이요(요 11:25), 구성원들은 생명을 소유한 자들이고(요일 5:11-12), 교회는 생명의 복음을 전하고 있기 때문에 생명성이 있다.

(6) 무오성(Infallibility)

로마가톨릭은 교황의 교시(敎示)가 무오하므로 자기네 교회 또한 무오하다고 주장한다. 그러나 개신교회는 무형교회는 무오하다고 보지만 유형교회는 항상 개혁되어야 하는 불완전한 존재로 이해한다.

4) 교회의 세 가지 표지

(1) 말씀 전파

말씀 전파의 목적은 일차적으로는 교회 안의 성도들을 말씀 안에서 견고히 세우기 위함이다. 신약의 서신서들도 이런 목적으로 기록되었으며, 사도들과 선지자들도 동일한 목적을 가지고 말씀을 선포했다. 또 한편으로는 복음 전도를 위한 말씀 전파다. 불신자들을 향해 말씀을 전파하는 것은 교회의 특별한 임무이다(막 16:15).

(2) 성례의 바른 시행

로마가톨릭교회는 7성례를 규정하고 있으나, 개신교회는 세례와 성찬만을 성례로 인정한다. 성례의 적절한 시행은 교회와 성도들의 삶에 은혜를 더한다.

(3) 권징

신자들이 범과할 때 이를 적절히 권징하지 않으면 교회는 거룩성을 상실할 수도 있다. 현대 교회에서 거의 상실되다시피 한 것이 이 부분인데, 그 결과 교회가 세상 사람들로부터 손가락질당하는 일이 잦아지고 있다. 그러므로 적당한 권징은 교회에 반드시 필요하다.

5) 교회의 기능

교회의 기능은 다음 여섯 가지로 정리할 수 있다.

- 정기적으로 함께 모여 예배 드림은 성도의 마땅한 의무이다(히 10:25; 고전 14:26).

- 신자들을 주의 말씀 안에서 올바로 양육하여 그리스도인 답게 세워야 한다(벧후 3:18).
- 신자들 간에 덕을 세움으로 그리스도의 몸을 세워 나가야 한다(살전 5:11).
- 하나님 나라의 확장에 최선을 다해야 한다(행 1:8).
- 성도들 간에 화합과 교제가 온전히 이뤄져야 한다(행 2:42).
- 세상의 그늘진 곳을 돌아보고 사회에 봉사하도록 해야 한다(마 5:16; 롬 12:8; 엡 4:28).

6) 세례 (Baptism)

(1) 세례의 정의

물로서 성부, 성자, 성령의 이름으로 씻는 성례다. 영적으로 하나님의 사람이 될 것을 서약하고 인치는 행위다. 중생의 씻음, 성령의 새롭게 하심과 죄 씻음을 의미하기도 한다. 또한, 그리스도와 연합의 증표이기도 하다. 로마가톨릭의 경우 세례를 구원의 수단으로 생각한다. 그러나 개신교회는 그 의미를 매우 중요하게 여기지만 구원의 수단으로 여기지는 않는다.

(2) 세례의 형식

① 침례파

성경의 어원적 해석을 중시하여 사람이 물에 완전히 잠겼다가 나오는 침수례만을 인정한다. 침수례가 그리스도의 죽음과 부활을 가장 잘 표현해 준다는 것이다.

② 개혁파

세례의 본질을 '씻어 정결케 한다'로 본다. 따라서, 어떤 특정한 형식을 요구하지 않는다고 생각하여 침수, 뿌리는 것, 쏟는 것 등을 모두 인정한다.

(3) 유아세례

정통교회 안에서도 침례파는 유아세례의 정당성을 부정한다. 왜냐하면, 유아들은 믿음을 가질 수 없으며, 신약에서 유아세례를 명한 곳이 없고 선례도 없다는 것이다. 반면에 침례파를 제외한 여타의 개신교회는 대부분 유아세례를 인정하고 있다. 그 논리적 근거는 구약의 할례가 세례로 대체되고, 유월절은 성찬으로 대체되었다고 여기는 점에 있다.

7) 성찬(Eucharist, 성만찬)

성찬에 관한 여러 견해를 나열하자면 다음과 같다.

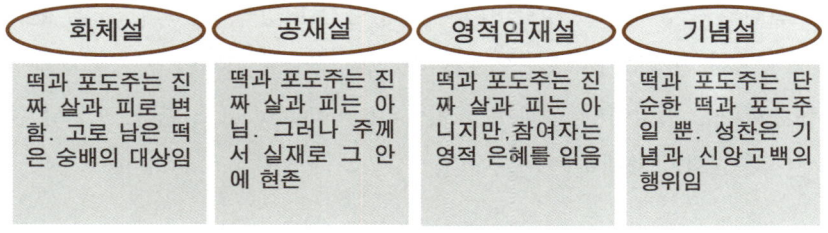

성찬에 대한 견해 비교

(1) 화체설(Transubstantiation)

로마가톨릭의 공식 교리다. 사제가 성별의 기도를 하고 나면 성찬의 요소들(빵과 포도주)이 그리스도의 실체(살과 피)로 변화된다고 하는 주장이다. 성찬 후 남은 빵을 성체라 하여 숭배하는 이유도 여기에 있다. 성찬 시 빵만 회중에게 제공하고 포도주는 사제가 대표로 모두 마신다. 동방정교회도 화체설을 따르지만 회중에게 떡과 포도주를 모두 제공한다. 개신교회는 화체설을 거부한다.

(2) 기념설(Memorialism)

쯔빙글리가 주장한 이론으로 "이것을 행하여 나를 기념하라"(눅 22:19)고 하신 말씀처럼 성찬은 하나의 기념일 뿐이라는 주장이다. 오늘날 침례교회에서 많이 채택하고 있다.

(3) 공재설(consubstantiation)

루터의 견해로서 쯔빙글리와 로마가톨릭의 중간 입장이다. 성찬의 요소들(포도주와 빵)은 변화되지 않으나 그리스도는 참으로 현존하신다는 입장이다. 오늘날 루터교회의 입장이다.

(4) 영적 임재설(Spiritual Presence)

칼빈의 주장이다. 쯔빙글리와 루터의 중간 입장이다. 그리스도의 현존은 있으나 실체로서의 현존이 아니라 그의 권능과 효험이 신앙을 통해서 현존한다는 입장이다. 그래서 효험주의(virtualism)라고도 한다. 오늘날 많은 정통교회가 채택하는 이론이다.

8) 교회의 정치 형태

- **교황정치(전제군주정치)**: 로마가톨릭교회, 종교개혁의 원인이 교황권에 대한 반발이었던 만큼 개신교회는 교황정치를 인정하지 않는다.
- **감독정치(귀족정치)**: 초대교회, 성공회, 감리교회

- **국가교회**(한 국가에 한 개의 국가 교회가 있어서 산하 개교회를 지배함): 네덜란드 교회, 동방정교회
- **에라스티안파**(국가의 한 기관으로 봄, 국가의 간섭을 받음): 독일 교회, 영국 교회, 스코틀랜드 교회, 중국 삼자교회
- **회중정치**(회중 중심, 교회 간 상호독립, 회중 다수결로 결정): 침례교회, 회중교회
- **장로교회**(대의정치): 장로교회, 개혁교회
- **무교회주의 정치**: 퀘이커(Quakers), 달비파(Darbyites) 등 일부 신비주의 종파, 무교회주의는 정통 개신교회에서는 바람직하지 않게 여긴다.

9) 교회의 직제

어떤 정치체제를 채택하고 있느냐에 따라 그 교회는 직제를 달리한다.

(1) 침례교회, 회중교회

본래 목사와 집사만을 직제로 두고 있지만 장로도 인정하고 있다.

(2) 장로교회

목사, 장로, 집사를 두며 목사와 장로들은 당회를 구성해 교회 전반의 업무를 처리한다. 중대 사안은 세례교인 전부가 참여하는 공동회 등을 통해 최종 의결한다. 장로는 치리권, 목사는 치리와 강도권(講道權)을 함께 가진다.

(3) 감리교회

감독이 최상위에 있고 감리사들이 각 지역 교구를 통괄 관리한다. 본래 감리교단 개교회에는 목사, 권사, 속장 직제만 있으나 한국은 장로와 집

사직도 도입하고 있다.

(4) 무교회주의
무교회주의이므로 직제가 필요치 않다. 모두 형제, 자매로 통하곤 한다.

(5) 기타 교단
위에 소개된 직제를 다양하게 채택하고 있다.

한국의 경우는 장로교회 직제가 익숙한 것과 역사적 이유, 이명으로 인해 타 교단에서 옮겨 온 경우의 예우 등으로 인해 대부분의 교단이 장로를 인정하고 있다. 하지만, 장로교단 외의 교단에서는 장로에게 치리권을 부여하지 않는 분위기다.

권사는 감리교에서 남녀 불문하고 주어지던 직위인데 여성에게 장로안수를 주지 않는 교단에서 여성에 대한 예우 차원으로 권사를 임명한다. 그것이 한국에서는 전 교단에 확산되어 오늘날의 권사직으로 정착되었다.

교회의 직제가 독특하다고 해서 이단이라고 할 수는 없지만 너무 생소하거나 상식을 벗어난 형태라면 문제가 있을 수도 있으므로 잘 살펴볼 필요가 있다. 특별히 그런 교회에서 기성교회의 역사적 정통성을 부인하는 듯한 태도를 취한다면 이단성이 있다고 볼 수 있다.

10) 교회론 이단

(1) 몬타누스주의(Montanism)
몬타누스는 직통계시에 입각한 예언 활동을 하면서 교회의 세속화와 제도화에 강한 반발 운동을 전개한 이단이다. 이들은 죽은 자에게도 세례를 베풀었고 성령의 영감을 강조했다. 그리고 기성교회와의 분리 추구로 인해 오히려 교권을 강화한 측면이 있다.

(2) 도나투스주의(Donatism)

이들은 교회의 엄격한 권징과 순수한 교회원의 자격을 주장했다. 그리고 자기들이 보기에 무가치한 성직자를 거부했다. 또한, 박해에 의해 배반했다가 돌아온 성직자들에 의한 성례를 거절했다. 그리고 자기들 교파에 들어오는 자는 세례를 다시 받게 했고, 기성교회를 거부하고 자기들만이 참교회라고 했다.

(3) 몰몬교

몰몬교는 세례 요한이 죽은 후 1830년(조셉 스미스가 몰몬교를 창설한 시기)까지만 기성교회가 유효하다고 주장한다. 그 이후에는 오직 자신들의 성례만이 유효하다고 가르친다.

(4) 안식교

자기들 교회를 '남은 교회'(Remnant Church)라 한다. 자기들의 지도자였던 엘렌 G. 화이트 여사에게 예언의 영이 임했다고 하며 자기들만이 구원을 받는 마지막 시대의 참교회라고 주장한다. 자기네 나름의 기본 신앙고백 외에 '제7일 안식일'과 예언의 영과 남은 교회와 십일조 등에 대한 신앙고백을 해야 하며, 침례를 원칙으로 한다. 성찬식은 세족식을 한 후 시행한다.

(5) 여호와의 증인

이들은 기성교회의 신도들은 악마의 추종자라고 규정한다. 그리고 자신들만이 하나님의 선택을 받은 14만 4천 명에 속하며 천국과 지상에서 그리스도와 함께 통치하게 될 것이라고 주장한다. 병역을 거부하는 등 국가와 교회의 관계를 단절한다.

(6) 교회 밖의 구원을 주장하는 자

어떤 사람들은 교회 밖의 구원을 주장하기도 한다. 그러나 정통 신학의 입장은 단호하다. 타 종교에는 구원이 없고 오직 기독교에만 구원이 있다. 그리고 교회 밖의 구원도 없다. 물론, 이 교회는 무형교회를 말함이다. 그러나 유형교회도 구원을 위하여 매우 중요하다. 그런데 일부 그릇된 사람은 유형교회를 부정하다가 교회 자체 곧 무형교회마저 부정하기도 한다.

무교회주의자들은 '내 마음속으로 하나님만 믿으면 되지 유형교회가 무슨 소용이냐'는 태도를 가지기도 하는데 이는 매우 위험한 생각이다. 제도권 교회가 비록 마음에 들지 않는다 할지라도 신앙을 가진 사람이 교회 자체를 떠나서 바른 신앙을 유지하기란 더욱 어렵기 때문이다.

오늘날 한국에는 신앙은 있으나 교회에 나가지 않는 성도들이 많은데 이들을 '가나안 성도'라 칭한다. 이 사람들은 제도권 교회에서 상처를 받거나 여러 가지 부담감 때문에 교회 출석을 하지 않는 것이다. 그래서 예배는 방송이나 인터넷 매체를 통해 대신하는 경우가 대부분이다. 그렇지만 이런 사람들이 매체를 잘못 접할 경우 이단에 빠질 확률도 높아진다. 기성교회는 가나안 성도들을 다시 불러오기 위해 노력해야 할 것이다.

11) 교회론 이단의 특징

- 자기들만이 마지막 시대에 선택받고 구원받은 무리라고 한다.
    - ➡ 모든 이단의 공통된 특징이기도 하다.
- 기성교회는 구원받지 못한 자들이요 사탄의 세력이라 한다.
    - 자기들만의 특별함을 강조하기 위한 교리(144,000 구원관, 특별한 결혼관 등)가 있다.

- 자기들 교회를 위해서라면 기본 윤리마저도 초월하도록 가르친다.
  - 특정 지방교회만을 인정하는 배타성을 가지기도 한다.
- 2천 년 교회의 역사성과 전통을 부정하며 자기들이 대체했다고 한다.
- 2천 년 교회의 역사성과 전통을 자기들만이 계승했다고 주장한다.
- 제도적 교회를 전면 부정하거나 제도적 교회만을 강조한다.
- 지나치게 성례에 집착하든지 성례 폐지를 주장하든지 한다.
- 세례는 주로 침례만을 주장하는 경향이 있다.
- 자기들에게 가입하려면 세례를 다시 받도록 한다.

8. 종말론

그리스도인에게 있어서의 종말이란 단순히 끝을 뜻하는 것이 아니라 그리스도의 재림으로 말미암아 이 세상의 심판이 있고, 성도들은 영원한 천국에 들어가는 것을 의미한다.

1) 죽음과 내세

(1) 개인의 종말-죽음

인간의 육체적 죽음을 개인의 종말이라 한다. 육체로부터 영혼이 분리되는 것이다. 죽음의 원인은 죄로 말미암은 형벌로 인함이다(창 3:17-19). 이 죽음은 누구도 피해갈 수 없고 죽음 이후에는 심판이 있다(히 9:27). 성경에는 예외적으로 죽음을 보지 않고 승천한 사람을 소개하는데 단지 에녹과 엘리야 두 사람만 있을 뿐이다.

(2) 죽음 이후의 상태

죽음 이후의 상태에 대해 로마가톨릭은 지옥, 연옥, 림보(영세 받지 못하고 죽은 영아들이나 구약 선조들이 거하는 곳), 천국으로 갈린다고 주장한다.

그러나 정통 개신교회는 천국과 지옥만 인정한다. 또한, 대부분의 개신교회는 개혁파의 견해와 같이 죽은 성도의 영혼은 육체의 부활 때까지 깨어 있어서 그리스도와 함께 쉬고 있을 것으로 믿는다(눅 16:22-25; 계 6:9-10). 이 상태를 낙원에 있는 것이라고 할 수 있다(눅 23:43). 물론, 악인의 영혼은 지옥으로 간다.

(3) 죽은 자의 부활

죽은 자의 육신은 영혼과 분리되어 썩어지지만, 영혼은 의식을 가지고 있다가 그리스도의 재림 때 부활체인 신령한 몸과 합해진다. 이 몸은 본래의 몸과 같으나 신령하게 변화되어 완벽한 것이다.

부활에는 두 가지가 있다. 영생의 부활과 심판의 부활이다. 누구든지 사람은 죽은 후 부활할 것이다. 의인이든 악인이든 모두 부활할 것이며 자기 행위에 따라 심판을 받을 것이다. 아래는 악인들의 운명에 대한 그릇된 견해들인데 모두 비성경적이라고 여겨 정통 개신교회에서는 거부한다.

① 보편구제설(Universalism)

종국에는 모든 사람이 구원을 받게 된다는 것이다. 하나님의 사랑이 그들도 다 구원하신다는 것인데 이는 비성경적이다(요 3:36; 롬 6:23).

② 만민구제설(Restorationism)

지옥의 형벌은 영원한 것이 아니고 정화시키기 위함이라고 한다. 그러나 성경은 이런 주장을 거부한다(마 25:41)

③ 내세시련설(Second Probationism)

모든 인간이 죽음과 부활 사이에 구원받을 수 있는 기회를 한 번 더 갖게 된다고 한다. 그러나 성경은 말씀하기를 인간이 한 번 죽는 것은 정해진 것이며 그 이후에는 심판이 있다고 했다(히 9:27).

④ 영혼 멸절설(Anihilationism)

하나님이 악한 자의 영혼을 멸절시켜 버리신다고 생각한다. 이것 역시 성경이 거부한다. 악인에게는 영원한 심판이 주어질 것이다(마 25:41).

2) 그리스도의 재림

(1) 재림의 형태

그리스도는 당신 백성의 구원과 세상의 심판을 위하여 다시 오신다. 그 오시는 모습은 모든 사람이 볼 수 있는 초월적인 방법이다. 이는 성경이 분명히 증거하고 있는 내용으로서 이 사실을 영적으로 해석하거나 다른 관점에서 이해하거나 축소한다면 이단이다(마 24:30; 행 1:11; 계 1:7).

(2) 재림의 시기

재림의 정확한 시기는 아무도 모른다. 예수 그리스도께서는 당신도 모르고 오직 성부만이 아신다고 했다. 이는 우리들로 하여금 재림의 시기를 두고 억측을 갖지 말라는 경고의 말씀인 것이다(마 24:36; 막 13:32). 그러므로 재림이 언제 있다고 시기를 말하는 자는 모두 이단이다.

(3) 재림의 양식

① 재림은 그리스도의 인격적 재림이다(살전 4:16-17).

② 영뿐만 아닌 육체적 재림이다. 그러므로 영적 재림일 뿐이라고 하는 말은 거짓이다(마 24:30).
③ 각 사람의 눈으로 직접 볼 수 있는 재림이다(계 1:7).
④ 그리스도의 오심은 돌발적이고 예측하기 어려울 때 있을 것이다 (눅 17:24; 고전 15:51; 살전 5:2-3).
⑤ 영광의 재림이며 그 대적을 멸하는 재림이다(계 19:11-21).
⑥ 성도의 구원과 악인의 최종적인 심판을 위한 재림이다(마 25:31-33; 계 1:7).

(4) 최후 심판과 신천신지

재림하신 그리스도는 세상의 모든 사람에 대한 최종적 평가를 한다. 그것을 최후 심판이라고 부른다. 최후 심판에 의하여 모든 사람의 결국은 영원한 구원과 영원한 지옥의 두 갈래 길로 나뉘어진다. 최후 심판은 요한계시록 20:11-15에 백보좌 심판으로 묘사되어 있다.

이 심판이 시간적으로 어느 시점이냐에 대해서는 어떤 천년왕국설을 지지하느냐에 따라 조금씩 달라질 수 있다. 최후 심판 후에는 새 하늘과 새 땅이 임한다(계 21:1-22:5). 새 하늘과 새 땅의 임재는 성경의 예언과 우리 구원의 모든 것이 온전히 성취된 완벽한 하나님 나라의 임재라고 할 수 있다.

3) 재림에 대한 여러 견해

그리스도의 재림과 관련하여 요한계시록 20장에 나오는 천년왕국과 백보좌 심판이 언제 있을지에 대한 의견이 엇갈린다. 그에 대한 이론은 개신교회 안에 크게 다음 네 가지가 있다.

(1) 무천년설

보수적인 색채가 강한 교파일수록 이 견해가 많다. 이 견해에 의하면 천년왕국은 그리스도의 초림과 재림 사이에 죽은 성도들의 영혼이 그리스도와 함께 영적으로 왕 노릇 하는 것을 의미한다. 천 년이란 기간은 문자적으로 해석하지 않고 단지 긴 기간을 상징하는 것으로 보는 것이다.

그리스도 재림 시에 신자나 불신자들이 심판을 받기 위해 모두 부활한다. 그래서 이 설은 예수 그리스도의 재림이 언제 있을지 모르기 때문에 우리는 항상 깨어 경건한 삶을 유지하며 성도의 본분을 다하며 살다가 주의 재림을 맞이하면 된다고 가르치는 단순 명료성이 있다.

하지만, 요한계시록 20:1-6을 단순히 상징적으로만 해석하기는 곤란하다고 보는 견해도 많다.

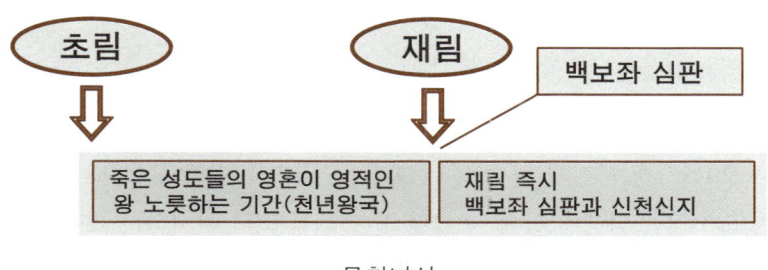

무천년설

(2) 후천년설

이 견해는 자유주의적인 학자들의 견해다. 명확하지는 않지만 세상 종말기는 오랜 기간 지속되는데, 이 시기에 복음이 온 세상에 전파되는 신앙의 황금기가 도래할 것이다. 곧 세계는 기독교화 되겠고 긴 시간 동안 평화를 누릴 것이다. 바로 이 기간이 천년왕국이며 그 후 그리스도의 재림이 있을 것이다.

그러나 너무 낭만적 역사관에 기초했다고 여겨진다. 그래서 현 세계의 영적인 퇴보현상들이나 선과 악의 긴장 관계를 너무 간과하고 있다는 비판을 듣는다.

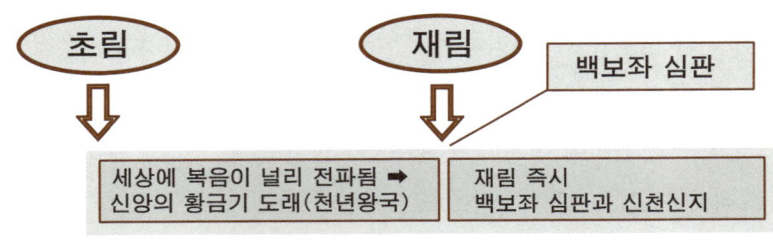

후천년설

(3) 세대주의적 전천년설

이 견해는 소위 세대주의자라고 불리는 사람들의 이론으로서 하나님의 계획을 7세대-무죄 시대(자유의 시대) / 양심 시대(자기 결정의 시대) / 인간(인류) 통치의 시대 / 약속 시대(족장 통치 시대) / 율법 시대 / 은혜 시대(교회 시대) / 천년왕국 시대-로 나누어 이해한다.

19-20세기 말까지는 이 견해가 제법 큰 지지를 받기도 했으나 현재는 지지도가 많이 약해져 있다. 오늘날 이 견해를 적극 지지하는 교단으로는 몇몇 오순절 교파가 있으며, 중국의 일부 가정교회가 있다. 이 견해에 의하면 그리스도의 재림은 공중재림과 지상재림으로 나뉜다. 공중재림 시에는 성도가 모두 휴거되고, 지상재림 시에는 휴거되었던 성도가 그리스도와 함께 내려온다. 이때 그리스도께서 직접 통치하시는 가견적 천년왕국이 건설되는 것이다.

성도의 휴거는 7년 대환난 전에 일어나고, 7년 대환난 후에는 그리스도의 지상재림이 있다. 천년 후에는 그리스도와 사탄의 마지막 일전이 벌어지고 사탄은 멸망한다. 그 후 불신자들이 부활하여 백보좌 심판을 받는다.

그러나 하나님의 역사를 7세대로 나누어 해석하는 것이 바람직하지 않다는 비판적 견해가 많다. 또한, 일부 세대주의자는 인류 역사를 6천 년으로 보고 7천 년에 접어들면 천년왕국이 도래한다고 보기도 했는데 이는 위험한 발상이었다.

한때 한국을 온통 떠들썩하게 했던 시한부 종말론자들은 1992년 10월 28일에 재림이 있고, 이후 7년간 대환난이 있다고 외쳤다. 그들의 주장 이면에는 세상 역사가 6천 년(구약 시대 4천 년, 신약 시대 2천 년, 도합 6천 년)으로 마치고 7천 년기부터는 천년왕국이 열린다는 관점이 깔려 있었다.

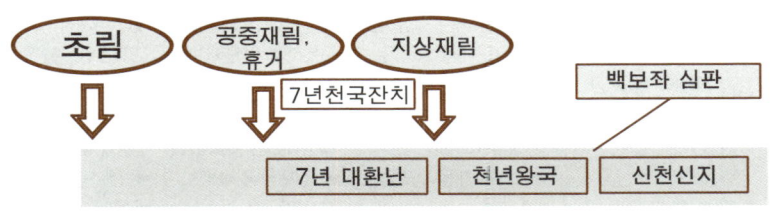

세대주의적 전천년설

(4) 역사적 전천년설

오늘날 많은 교단이 받아들이고 있는 이론이기도 하다. 천년은 문자적인 천년이다. 그리스도께서 세상 종말의 대환란 시에 재림하여 죽은 자들을 부활시키신 후 그들과 더불어 왕 노릇 하는 기간이 천년왕국이다.

이 견해에 의하면 성도가 환란을 통과하던 중에 재림을 맞이하는 것으로 이해할 수 있다. 천년왕국 전에 그리스도께서 지상통치를 위해 재림하신다. 그 재림 시에 성도의 휴거와 죽은 성도들의 부활이 있다. 천년기 후에는 마지막 시험이 있을 것이다(계 20:7-9). 그리고 곧 백보좌 심판이 있으며 새 하늘과 새 땅이 열릴 것이다. 그러나 요한계시록 20장을 해석함에 있어 너무 문자적으로 치우쳐 있다는 비판도 있다.

역사적 전천년설

⟨천년왕국설 비교⟩

	무천년설	후천년설	세대주의적 전천년설	역사적 전천년설
주장의 내용	천년왕국은 상징적인 의미임. 종말 시에는 재림이 있고 곧 최후 심판이 있음	천년왕국은 상징적인 의미, 세상 종말기 긴 기간 동안 복음이 전파되어 교회의 황금기 도래(천년왕국), 그 후 재림이 있음	세상 역사를 7세대로 구분하여 이해하며 환난 전에 성도는 휴거됨. 7년 대환난 ➡ 재림 ➡ 천년왕국 ➡백보좌 심판	세상 마지막 때에 교회는 종말을 맞이하여 환난을 통과하다가 재림을 통해 구원을 받음. ➡ 천년왕국 ➡ 백보좌 심판
장점	종말과 재림 등에 대한 이해가 간단명료함	종말과 재림 등에 대한 이해가 간단명료함	시대에 따른 역사의식을 갖게 할 수 있음	과도한 기대나 걱정을 하지 않고 착실히 신앙에 정진할 수 있음, 문자적 해석에 있어 가장 바람직하다고 여겨짐
단점	계 20장의 내용을 너무 상징적으로만 해석함	너무 세상 역사를 낙관적으로 봄	세상 역사를 7시대로 나누는 것은 억지적 요소가 있음, 시한부 종말론에 빠질 우려가 큼	너무 문자적 해석에 치우쳐 있는 경향이 있음
지지층	장로교회, 개혁교회 등 보수적인 교단 신도들	자유주의자들	일부 오순절파와 세대주의 사상의 영향을 받은 신도들	성경을 문자적으로 해석하기를 즐기는 신도들

4) 종말론 이단

(1) 종말을 부인하는 경우

이 이론은 주로 하나님은 세상을 창조하신 후 법칙대로 흘러가도록 해 놓고 더 이상 개입하지 않으시고 떠나 계신다는 이신론자(理神論者, deism)들의 견해이기도 하다. 이들은 인간의 지혜와 힘만으로도 세상 문제를 다 해결할 수 있다고 본다. 이는 낙관적 역사관이며 강한 자유주의와 인본주의적 경향이다. 이들에 의하면 그리스도가 세상에 오실 필요도 없고 종말도 없다.

(2) 종말은 있으나 재림은 없다는 경우

이들은 예수 그리스도가 직접 오시지 않고 대리인을 보낼 것이며, 그 대리인이 자기네 교주라고 말한다. 또는 어떤 특정 단체가 그런 일을 하고 있다고 말한다.

(3) 재림이 영적으로만 있다는 경우

그리스도의 육체적 부활을 거부하는 것으로부터 출발한다. 그리스도는 영만 부활하셨고 영적으로 하늘에 계시니 오실 때에도 육체가 아닌 영적으로 오신다고 한다. 대표적으로 여호와의 증인이 있다.

(4) 아무도 모르게 이미 재림했다는 경우

자기를 재림 예수라고 주장하는 자들의 경우 그리스도가 아무도 모르게 이미 재림했다고 한다. 이들은 주로 재림했다는 교주를 중심으로 반사회적 사이비 종파를 형성하여 비상식적인 일을 벌이는 경우가 많다.

(5) 재림의 날짜를 미리 알 수 있다는 경우

이런 주장을 하는 사람들은 마태복음 24:36과 데살로니가전서 5:1-3을 무시하고 직통계시를 받은 자기들은 재림의 날을 알 수 있다고 한다. 미국의 경우 안식교의 시조 윌리엄 밀러가 재림 날짜를 두 번이나 예언했다가 불발했다. 한국은 이장림이 1992년 10월 28일 재림을 예언했으나 불발했다. 중국에서도 여러 종파가 재림을 예고했다가 불발했다.

(6) 재림 사상으로 인해 세상 일을 포기하는 경우

재림은 반드시 있다. 그러나 그 재림의 시기는 아무도 모르기에 우리는 하루하루 최선을 다해 살며 그리스도 오실 때 부끄럽지 않도록 해야 할 필요가 있다. 그러나 어떤 극단적인 사람들은 재림이 있을 것이므로 세상을 등지는 것이 바람직하다고 가르치기도 한다. 이는 사회가 혼란스럽거나 세상에서 소망이 없다고 여겨질 때 더욱 끌리는 방식이기도 하다. 그래서 사회를 떠나 산이나 섬 등지에서 집단생활을 하기도 한다.

5) 종말론 이단의 특징

- 위의 4) 항의 여섯 가지 형태의 태도가 나타난다.
- 천년왕국설은 주로 세대주의적 관점을 취한다.
- 육체적 부활을 부인하기도 한다.
- 만민구제설, 보편구제설, 내세시련설 등의 그릇된 종말관을 가진다.
- 지옥은 없고 구원받지 못한 영혼들은 멸절된다고 한다.
- 기록된 성경 말씀보다는 개인적인 체험이나 간증에 더 민감하다.
- 자칭 재림 예수라고 칭한다.
- 세상에 자그마한 사건만 터져도 종말과 결부시키려 한다.
- 요한계시록을 자기들만이 정확히 풀 수 있다고 한다.
- 144,000명이라는 숫자를 강조하거나 집착하게 한다.

제4장
•
이단 종파

* * *

중국 이단을 제외한 서구와 한국 이단에 대한 자료는 「현대종교」에서 제공한 자료들을 근간으로 하여 설명을 덧붙였다. 제1-3장의 내용을 잘 이해하고 본 장을 보게 된다면 이단 사이비 및 불건전 단체의 논리가 얼마나 엉성하고 편협한지 쉽게 알 수 있을 것이다.

1. 서구 이단 사이비 및 불건전 단체

1) 제칠일안식일예수재림교회(안식교)

(1) 일반 사항

① 명칭 : 제칠일안식일예수재림교회 / SDA(Seventh-day Adventists)
② 조직 : 대총회(전 세계) ➡ 지회(국가 간 모임) ➡ 연합회(1개 국가 내 협회 모임) ➡ 협회(지역별 교회모임) ➡ 교회
③ 교세 : 자기들의 주장에 의하면 세계 200여 개국에 2천만 명에 육박한다고 한다. 많이 부풀려진 측면이 있지만 세계에 알려진 이단 중 가장 큰 교세를 이루고 있다고 할 수 있다. 한국에만 900여 교회가 있고, 정식 입교한 신도 수만 20만여 명을 넘어선다. 중국의 경우 안식교가 정식으로 삼자교회에 가입되어 있다.

(2) 연혁

제칠일안식일예수재림교회는 미국태생의 엘렌 G. 화이트(Ellen G. White, 1827-1915) 여사가 1863년 5월 창립했다. 19세기 초엽 미국과 유럽을 중

심으로 신약에 예언된 예수의 재림이 임박했다고 하는 종말론 사상이 크게 확산되었다. 이러한 종말론적 신앙 분위기를 배경으로 하여 미국에서는 이른바 '**밀러 운동**'이라는 재림 운동이 초교파적으로 전개되었으며, 지도자는 당시 침례교도였던 윌리엄 밀러(William Miller, 1782-1849)였다.

1831년부터 1844년까지 계속된 '예수 재림의 대각성' 운동은 각 개신교 교회로부터 대대적인 호응을 얻어, 당시 이름이 확인된 목회자만 해도 174명이었으며 비공식적으로 가담한 목회자까지 합치면 700여 명이 넘었고 신자는 10만 명 이상을 헤아렸다. 당시로서는 엄청난 숫자였다. 교파도 다양하여 감리교, 침례교, 회중교회, 크리스챤교, 장로교, 성공회, 루터교, 개혁교회, 퀘이커교 등 많은 신자가 동참했다.

밀러는 구약성경 다니엘서 8:13-14에서 짓밟히며 더럽혀졌던 성전이 정결함을 입게 되는 때가 2300주야 이후라는 예언 연구를 근거로 1843년 8월 21일을 예언했다가 불발하자 다시 1844년 10월 22일에 예수께서 재림하실 것을 주장했다. 그는 2300주야의 1주야가 1년이라는 전제 아래, 아닥사스다왕이 조서를 내린 해인 주전 457년 부터 2,300년을 헤아려 1843년 혹은 1844년의 날짜를 얻었다.

그러나 다니엘서 어디에도 그 2300주야의 1주야를 1년으로 계산하라는 말이 없다. 단지 다른 성경 구절에 있는 내용을 거기에 억지로 끌어와 적용했을 뿐이다. 그런데 당시 밀러 운동에 가담했던 사람들은 밀러의 계산을 철석같이 믿고 1844년의 그 날짜를 기다렸는데 그 재림의 예언은 보기 좋게 불발했다.

결국, 재림이 불발하자 밀러를 추종했던 사람들은 큰 실망에 빠지고 말았다. 안식교 역사에서도 이 사건을 **대실망** 사건이라고 기록하고 있다. 이 때 많은 사람이 신앙을 버리거나 다시 기성교회로 돌아가기도 했다. 그러나 여전히 재림의 약속에 대한 미련을 버리지 못하는 사람도 상당했다. 자기들이 철석같이 믿던 재림이 불발하자 심한 허탈감에 빠져서 무언가 합리적인 이유나 변명거리를 찾아보려 했다.

　기성교회로 다시 돌아갔다면 좋았겠지만 당시의 그 무리는 그것을 매우 부끄럽게 여긴 듯하다. 그래서 여전히 많은 사람이 남아서 모임을 가지며 성경 연구를 계속했다. 이때 지도자로 나선 사람이 J. 화이트(J. White, 1821-1881)와 그의 아내 엘렌 G. 화이트이다.

　그들은 요한계시록 11장에서 재림 운동의 예언적 근거를 발견했다고 했고, 다니엘서에 나타난 2300주야의 끝이 예수께서 이 땅에 오는 사건이 아니라 지상에 오시기 전에 먼저 지성소로 들어가신 사건이라고 주장하게 되었다. 그리고 그때 1844년 10월 22일로부터 예수께서 각 사람에 대한 **조사심판**을 시작했다고 말한 것이다. 이에 밀러를 따르던 무리가 다시 화이트를 중심으로 결집하게 된다.

　더 나아가 화이트 부부는 1848년에 이르러 자기들 나름의 확고부동한 재림 신앙과 함께 창조주 하나님을 예배하는 참된 예배일은 오늘날의 토요일이라고 주장했다. 화이트 여사는 지성소의 환상을 봤을 때 십계명의 돌판 중 4계명이 유독 빛나는 것을 보았다고 한다. 곧 이 환상이 토요일 안식일 준수의 가장 큰 근거가 되는 것이다.

　그 후로 이들은 태초부터 제정된 일곱째 날인 토요일을 안식일로 지키며 예수 재림의 확고한 소망을 가지고 기다리는 신앙공동체를 구성하기로 결정했다. 그리고 1860년에 Seventh-day Adventists(SDA), 곧 제칠일안식일예수재림교회라는 이름을 채택했으며 3년 후인 1863년에 세계 선교를 위한 대총회를 조직하여 제1차 총회를 개최했고 초대 대총회장에 존 바이잉턴(John Byington, 1798-1887)이 취임했다. 창교 이후 미국 전역은 물론 세계 전역에 선교사를 파송했고 한국에는 1904년에 전래되었다.

(3) 주요 교리

아래의 주장은 안식교가 정통 교단과 다를 바 없다고 강조하기 위하여 정리하여 알리는 것이지만, 실재로는 다음과 같이 율법주의적이며 그릇된 종말관과 화이트 여사의 가르침을 기반으로 하고 있다.

① 성경전서, 곧 구약과 신약은 성령의 감동을 받아 기록된 영감된 말씀임을 믿으며, 신앙의 유일한 그리고 최고의 권위이며 표준임을 믿는다.
② 성부, 성자, 성령 삼위의 하나님이 일체이심을 믿는다.
③ 교회의 머리는 오직 예수 그리스도이심을 믿는다.
④ 예수 그리스도는 하나님이시며, 동정녀 마리아에게서 출생하신 것과 죄가 없으신 것, 십자가에 달려 죽으셨다가 삼일만에 부활하신 것 그리고 하늘로 승천하사 우리를 위해 중보하심을 믿는다.
⑤ 구원은 오직 그리스도를 믿는 믿음으로 얻는 하나님의 선물임을 믿는다.
⑥ 침례는 예수 그리스도의 죽으심과 부활을 믿고, 죄에 대해 죽고 새 생활을 살겠다는 공적 신앙고백이며, 성경대로 물에 잠기는 방식으로 행하는 것이 옳다고 믿는다.
⑦ 십계명은 폐하거나 변경할 수 없으며, 그리스도인 생활의 표준임을 믿는다.
⑧ 십계명에 순종하는 것은 구원의 조건으로서가 아니라 구원을 받은 하나님 백성의 생활에 나타나는 자연스러운 결과임을 믿는다.
⑨ 십계명의 제4계명에 명시되어 있는 제7일 안식일을 창조와 구원의 기념일로 준수하는 것이 성경의 원칙임을 믿는다.
⑩ 성령께서 그리스도인들로 하여금 하나님의 말씀에 순종할 수 있는 힘을 주시며 하나님의 뜻을 행하도록 도와주심을 믿는다.

⑪ 우리의 몸은 하나님의 성전임을 인식하고 건전한 생각을 하며 깨끗한 음식물을 섭취하여 최선의 건강 상태를 유지하는 것이 하나님의 뜻임을 믿는다.

⑫ 인간의 불멸은 예수께서 재림하셔서 죽은 자들을 부활시키시고, 산 자들을 변화시키실 때 주어질 것을 믿는다.

⑬ 십일조와 헌금제도는 하나님의 교회를 보존하며, 복음을 세상에 전파하기 위해 제정된 성경적인 제도임을 믿는다.

⑭ **신관**: 만물의 창조주 하나님을 유일한 경배의 대상으로 믿는다.

⑮ **인간관**: 인간의 타락과 그리스도의 십자가를 통한 구속의 은총을 믿는다.

⑯ **교회관**: 안식교만이 지상에서 유일한 하나님의 남은 자의 교회다.

⑰ **재림관**: 그리스도 재림의 목적은 모든 질고를 없이 해 주며 죽은 자가 부활하고 하늘로 올라가며 정당한 보상을 주는 데 있다.

⑱ **기독론**: 예수 그리스도는 하나님이시니 그는 영원하신 아버지와 같은 성질과 본질을 가지신 존재다. 그는 신성을 가지신 분이면서 또 인성을 가지신 분이면서도 인성을 입으시고 인간으로 땅에 사시고 그 생애로서 우리에게 의의 모범과 원칙을 보이시고 큰 이적을 행하시므로서 그와 하나님과의 관계를 증거하시고 우리 죄를 위하여 십자가에 죽으시고 죽은 자 가운데서 부활하시고 아버지께로 올라가셔서 거기서 항상 사시고 우리를 위하여 중재하신다.

⑲ **구원관**: 그리스도 십자가 구속을 통한 구원의 역사를 믿으며 다니엘 8:11-14; 9:24-27에 근거하여 조사심판을 통한 구원을 믿는다.

(4) 교리의 이단성

위 (3) 항의 내용은 자기들이 정통교회와 다르지 않지만 일부 특별한 것이 있다는 식으로 알리는 교리다. 그러나 주의해야 할 것은 그 실체적인 면에서 안식교는 아래와 같은 이단성을 가지고 있다.

① 조사심판설

월리엄 밀러의 그릇된 시한부 종말론을 기반으로 하므로 안식교는 태생부터 이단이다. 더욱이 화이트 여사 교리의 핵심이 '조사심판설'인데 이것은 월리엄 밀러의 재림 예언을 다른 시각으로 돌린 것에 불과하다.

조사심판이란 부활 이후 승천하사 하늘 성소에 머무시던 예수님이 1844년에 재림을 준비하러 하늘 지성소에 들어가셨다는 것이다. 예수님은 현재 거기에서 누가 천국에 들어갈 준비가 되었는지 성도들의 품성을 샅샅이 조사하고 계시다. 만일 사람 개개인에게 회개하지 않은 죄가 있다거나, 용서받지 못한 죄가 남아 있다면 그 이름이 생명책에서 지워진다. 이 기간을 조사심판 기간이라고 하며 이때가 구원을 받을 수 있는 은혜의 기간이라고 한다.

② 2300주야 해석의 오류

화이트 여사는 밀러가 다니엘 8:13-14에 나오는 2300주야의 1주야를 1년으로 계산한 방식을 그대로 받아들인다. 그리고 아닥사스다왕의 '성전 중건령'이 내린 주전 457년으로부터 2300년 후인 1844년에 성전이 정결케 되는 것은 옳다고 보았다. 하지만, 예수님이 그 당시 하늘 성소의 지성소에 들어가서 조사심판을 시작한 것이지 재림은 아니었다고 했다.

이런 논리는 밀러를 추종하며 재림을 기다리다 그것이 불발하자 부끄러운 형편에 빠졌던 사람들에게 좋은 면피거리가 되었고, 결국 오늘날의 안식교로까지 발전하는 발판이 되었다.

그런데 화이트 여사의 이 해석은 첫 단추부터 착오가 있었다. 예루살렘 성전은 주전 536년경 고레스왕의 칙령으로 예루살렘에 귀환한 유대인들이 재건을 시작하여 주전 516년경에 이미 완공되었기 때문이다. 곧 화이트 여사는 성전 재건령의 연대에 대한 중대한 착각을 하고 있었다. 그래서 이 착오를 발견한 후대의 안식교 지도자들은 화이트가 성전 재건령이라고 했던 부분을 아닥사스다왕의 예루살렘 성읍(혹은 성벽) 재건령이라고 얼버무리고 있다.

그런데 사실상 주전 457년경의 아닥사스다왕의 조서도 엄밀히 말해서는 성읍 재건령이라고 하기보다는 에스라를 중심으로 한 유대인들에 대한 제2차 포로귀환령이라고 하는 것이 더욱 적합하다. 성벽 재건은 주전 444년경 유대인들에 대한 제3차 귀환령이 내린 이후 느헤미야에 의해 재건되었기 때문이다. 이런 사실만으로 판단해도 안식교의 태동은 엉터리 논리와 억지 주장에 기인한 것임이 명확해진다.

더욱이 다니엘 8:11-14의 2300주야는 어느 특정 시점에 성전과 성전 제사가 짓밟히고 더럽혀졌다가 2300주야를 지나서 정결케 된다는 예언이다. 그러나 주전 457년 아닥사스다왕의 조서는 예루살렘의 회복을 위한 것이므로 더럽혀짐과는 정반대의 상황이다. 더욱이 주전 516년경 성전은 이미 재건되고 정결한 상태에서 제사가 진행되고 있었다.

그런데 왜 성전에 아무런 문제도 없는 주전 457년부터 2300주야를 계산해야 한다는 것일까?

결국, 화이트 여사의 주장에는 어떤 합리성도 없다. 1주야를 1년으로 환산할 성경적 근거 또한 전무하다. 오히려 그들이 자기네 교리의 근거로 삼아 제시하는 성구 자체가 그들의 모순을 더욱 신랄히 지적해 주고 있는 셈이다. 하지만, 화이트 여사는 오류를 인정하지 않고 끝까지 미련을 못 버린 재림 운동 추종자들을 규합하여 제 갈 길을 가 버린 것이다.

③ 율법적 구원관

대외적으로는 믿음으로 얻는 구원을 말하고 있지만 실상은 행위 구원을 주장한다. 구원을 큰 구원과 영원한 구원으로 나눈다. 큰 구원은 믿음으로 얻는 구원이나 취소될 수 있는 불완전한 구원이고, 영원한 구원은 율법을 지킴으로 얻어지는 구원으로서 흠도 티도 없어야 받는 완전한 구원이다.

그들의 여러 교리책에서는 하나님의 거룩한 율법의 표준에 의하여 사람들이 최후의 심판날에 심판을 받을 것이라고 명시하고 있다. 그래서 율법의 행위를 통한 구원, 현세의 완전한 성화, 품성의 변화를 위한 부정한 음식과 육식의 금지와 채식을 강조한다. 안식교에 오래 몸담고 열심인 사람일수록 음식에 대해 구분하는 태도가 뚜렷하다. 그러나 성경은 이런 율법주의로는 구원받을 수 없다고 분명히 가르치고 있다(갈 3:1-11).

④ 배타적 교회관

로마가톨릭은 배도(背道) 했으며 개신교회는 성경 진리로부터 떠났다. 고로 자기들만 구원을 받는다고 주장한다. 특별히 사도적 교회의 역사성은 1844년 재림 사건 이후부터는 자기들 안식교인들에게만 주어지는 것이라고 주장한다. 그래서 자기들은 남은 자(Remnant, 렘넌트)요 참교회이다. 이런 배타적 구원관은 모든 이단의 공통된 특징이기도 하다.

⑤ 안식일 문제

토요일 안식일을 지키지 않고 일요일을 지키는 것은 인간의 계명을 따르는 것으로 거짓 예배라 한다. 이는 '짐승의 표'를 받음과 같아서, 곧 가장 참혹한 심판을 초래하는 행위라고 한다. 한마디로 '안식일 준수'는 그들에게 있어서 구원의 조건이다. 그런데 이런 태도는 그리스도의 십자가 구속의 능력을 제한하는 그릇된 태도다.

오늘날 정통교회들이 일요일을 주일로 지키는 것은 안식 후 첫날에 모여 그리스도의 부활을 기념하며 예배하던 사도적 전통을 따르는 것이다. 이는 안식일의 의미를 더욱 확장하고 승화시킴이지 결코 무시하거나 변질시킴이 아니다(눅 6:5; 요 20:1; 행 20:7; 고전 16:2; 계 1:10). 이날은 사도들은 물론 그 직계 제자들 시대에도 계승되어 지켜지고 있었음을 교회 역사가 증언한다.

70-80년경의 바나바서신과 사도 베드로의 후계자로 여겨지는 이그나티우스(Ignatius)에 의한 107년경의 서신에서는 더 이상 유대교적 안식일을 지킬 것이 아니라 주일을 지켜야 할 이유에 대해 설명하고 있기도 하다.

⑥ 계시론

안식교는 성경만이 모든 교리의 기준이라고 가르치면서도 엘렌 G. 화이트가 보았다는 환상이나 그녀의 책들 또한 특별계시로 여긴다. 그녀는 '예언의 신의 은사'를 받은 선지자다.

⑦ 영혼 멸절의 문제

안식교는 영원한 지옥과 사후 영혼의 존재를 부정한다. 곧 영혼 멸절설을 취하는 것이다. 의인은 부활하여 영생하지만, 악인은 부활하여 불태워 소멸되기 때문에 지옥도 존재하지 않는다고 한다. 그러나 성경은 천국과 지옥이 반드시 있다고 가르친다(막 9:43; 계 20:11-15).

(5) 활동 상황

한국의 경우 제칠일안식일예수재림교회는 선교 활동과 더불어 교육, 구호, 의료, 출판, 외국어 학원, 건강식품, 청소년 기술 교육 등의 사업을 전개하고 있다. 또한, 전국에 초등학교 10개, 중학교 8개, 고등학교 7개, 대학교 1개, 전문대학 2개, 대학원 2개의 교육 기관을 운영하며 교육 사업도 하고 있다. 최근에는 인터넷과 위성방송을 통해 활발한 포교 활동을 전개하고 있다.

(6) 기타 사항

일찍이 미국에서는 보수적인 정통 교단들로부터 이단시되고 있었으므로 한국에서도 1915년 예장총회에서 안식교와 교류하는 사람은 면직, 제명할 것을 결의했었다. 그러다가 예장통합 제80회(1995년) 총회에서 이단으로 정식 규정하였다.

그 근거는 안식교의 율법주의적 구원론, 토요일 안식일 문제, 엘렌 G. 화이트의 계시론, 영혼 멸절설, 영원지옥 부자설, 또한 조사심판 및 2300주야 등의 성경 해석의 문제에 있다.

한국에서는 90년대 초 안식교 신자인 이상구 박사가 주장하는 건강론이 한동안 화제였으나 안식교에서 주장하는 채식옹호론과 같은 내용으로 특정 종교의 홍보와 영양 불균형 등의 문제로 논란이 심화되기도 했다. 현재 이상구 박사는 안식교를 탈퇴한 상태다.

중국에서는 공산정부가 삼자교회를 결성할 때 안식교도 함께 참여한 결과, 삼자교회의 일원으로 인정받고 있다. 그래서 중국 삼자교회에 가 보면 토요일에는 안식교 예배, 주일에는 정통교회 예배를 드리는 곳을 찾아볼 수 있다.

안식교에서 분파하여 활발히 활동하는 한국 이단으로는 '하나님의교회'(세계복음화선교협의회, 안상홍), '엘리야복음선교원'(현 십계석국총회) 등이 있다.

2) 예수 그리스도 후기 성도 교회(몰몬교)

(1) 일반 사항

① 공식 명칭: 예수 그리스도 후기 성도 교회
② 조직: 미국 본부 ➡ 각국 지구(대교구) ➡ 스테이크(Stake, 교구) ➡ 지방부(교회)
③ 교세: 전 세계적으로 약 500만 명 내외로 추산된다. 세계적으로 선교에 열을 올리고 있으나 교인의 대부분이 미국인이다. 2013년 현재 한국에서의 신도 수는 약 8만 명이다.

(2) 연혁

① 1대 교주 조셉 스미스

몰몬교의 창시자 조셉 스미스(Joseph Smith, 1805-1844)는 1805년 12월 23일 미국 버몬트주 샤론(Sharon, Vermont)에서 태어났다. 그가 11세가 되던 1816년에 그의 가족은 뉴욕주의 팔마이라(Palmyra, New York)로 이사를 했는데, 아홉 명의 자녀를 가진 그의 부모는 경제적으로 어려운 형편이었다.

스미스는 이곳에서 인생의 전환점을 맞게 되는데, 바로 미국을 휩쓸던 대부흥 운동이 그곳에서도 활발하게 일어났기 때문이었다. 14세의 스미스는 1820년대 초반에 일어난 미국의 제2차 대각성 운동에서 큰 영향을 받게 된다. 당시 미국의 제2차 대각성 운동 시기에는 교파 간의 경쟁이 심하여 나름의 혼란도 컸다.

어느 날 그는 성부와 성자로부터 모든 교파는 잘못되었으니 그 어느 교파에도 가입하지 말라는 계시를 들었다고 한다. 이러한 환상을 주변 사람들에게 말한 후에 스미스는 많은 어려움을 겪게 된다. 하지만, 스미스는 핍박에도 불구하고 그의 환상에 대한 증언을 계속한다.

스미스에 따르면, 계속되는 환상을 통해 그는 1827년 9월 22일 『몰몬경』의 내용이 기록된 금판을 발견했다고 주장했다. 그리고 그는 그것을 번역했다고 하며 1830년 3월에 『몰몬경』으로 출판한다. 그런 후 1830년 4월 6일 뉴욕주 파이엇(Fayette, New York)에 측근 6명과 함께 몰몬교회를 공식적으로 조직한다. 이듬해, 1831년에는 오하이오주와 미조리주로 그의 교회를 확장해 나아간다.

그리고 1840년에 스미스는 일리노이주 나부(Nauvoo, Illinois)에 몰몬교도들을 위한 도시를 건설했고, 나부는 그 당시 몰몬교의 중심이 된다. 그 과정에서 몰몬교와 주민들 간의 전쟁(1838 Mormon War, 제1차 몰몬전쟁)이 벌어지기도 했다.

그런데 몰몬교도가 대부분이었던 나부시에서 스미스는 비윤리적이고 무법적인 태도로 일관하다가 어려움을 겪게 된다. 한 지역신문사가 일부 다처제를 비판하자 스미스는 그 신문사를 파괴하라는 명령을 내렸다. 결국, 그 일로 인해 스미스는 1844년 6월 12일에 그의 동생 하이럼(Hyrum) 등과 함께 체포된다. 그리고 갇혀 있는 동안 그는 일단의 반대자들에 의해서 1844년 6월 27일 살해당하게 된다.

② **2대 교주 브리검 영**

스미스의 죽음은 몰몬교의 종말이 아니라 새로운 시작을 의미했다. 그 후로 스미스와 그가 받았다고 하는 계시는 몰몬교회의 절대적이고 중요한 교리가 되었다. 그리고 브리검 영(Brigham Young, 1801-1877)이 새로운 지도자가 되어 교세를 계속 확장시키게 된다.

그러나 주변의 핍박이 커지자 영은 핍박을 피하기 위해 나부를 떠나기로 결심하고, 1848년 9월 20일 모든 신도를 이끌고 유타주 솔트레이크 시티(Salt Lake City, Utah)로 이주하게 된다.

스미스처럼 영도 절대적 영도력을 가진 영적 지도자인 동시에 정치적 지도자였다. 영은 매우 명석한 사람으로서 탁월한 지도력과 경영술을 발휘했다. 그래서 그를 통해 몰몬교는 더 크게 성장하게 되어 한때는 미국 연방정부와 전쟁을 벌이기까지 했다.

영은 공개적으로 일부다처제를 지지했다. 하지만, 아브라함 링컨 대통령(Abraham Lincoln)이 반(反)일부다처 법률을 제정한 후 그 법률로 인해 영은 1863년 체포되기도 했다. 몰몬교의 기초를 든든히 세운 브리검 영은 조셉 스미스의 이름을 부르며 1877년 8월 29일 사망했다.

(3) 주요 교리

성경관, 계시관, 인종차별, 남성우월주의, 창조관, 구원관 등 모든 면에서 정통 신앙을 완전히 벗어난 명백한 이단이다.

① 13개조의 신조를 믿는다

이것은 조셉 스미스가 작성했다고 하는데 몰몬교회의 교리가 간략히 잘 나타나 있으며, "성경과 『몰몬경』의 동등 권위"와 "미국 대륙으로의 지상천국 건설" 등 기성교회와의 현저한 교리적 차이점이 분명하게 드러나 있다.

그 내용은 다음과 같다.

> 제1조 영원하신 아버지 하나님과 그의 아들 예수 그리스도와 성신을 믿는다.
> 제2조 사람이 자기 자신이 범한 죄에 대해 형벌을 받고 아담의 범죄로 인해 형벌을 받지 아니함을 믿는다.
> 제3조 그리스도의 속죄를 통해 온 인류가 복음의 법과 의식을 지킴으로써 구원받을 수 있음을 믿는다.

제4조 우리는 복음의 첫째 되는 원리와 의식은 ① 주 예수 그리스도를 믿는 신앙 ② 회개 ③ 죄 사유함을 위한 침수로서의 침례 ④ 성령의 은사를 받기 위한 안수례임을 믿는다.

제5조 사람이 복음을 전파하며 또한 복음의 의식을 집행하기 위해서는 예언과 권능 있는 자의 안수에 의하여 하나님으로부터 부름을 받아야 할 것을 믿는다.

제6조 초대 교회에 있었던 것과 똑같은 조직, 즉 사도, 예언자, 감독교사, 축복사 등이 교회에 있어야 할 것을 믿는다.

제7조 방언의 은사, 계시와 시련을 받는 은사, 병을 고치는 은사 및 방언을 통변 하는 은사 등을 믿는다.

제8조 성경이 정확하게 번역된 한 하나님의 말씀임을 믿고 또한 『몰몬경』도 하나님의 말씀이다.

제9조 하나님께서 이제까지 계시하신 모든 것과 지금 계시하고 있는 모든 것과 앞으로도 하늘나라에 관하여 많은 위대한 중대한 것을 계시하실 것을 믿는다.

제10조 이스라엘 민족이 문자 그대로 집합하고 그 열 지파가 회복될 것을 믿는다. 우리는 이 대륙(미국)에 시온이 건설되며 그리스도께서 친히 지상을 다스리고 땅은 새로워져서 낙원의 영광을 받게 될 것을 믿는다.

제11조 자기 양심의 지시에 따라 전능하신 하나님을 예배할 특권이 있음을 주장하며, 또 사람마다 그가 원하는 대로 어디서나 어느 모양으로나 혹은 무엇이라도 예배할 수 있는 똑같은 특권이 허용됨을 주장한다.

제12조 우리는 왕, 대통령, 통치자, 장관에게 순종함을 믿으며 또한 법률을 존중하고 지키며 처리함을 믿는다.

제13조 우리는 정직, 진실, 순결, 인자, 유덕 그리고 만인에게서의 선행을 믿는다. 진실로 바울의 훈계를 따른다 할 수 있으니 우리는 모든 것을 믿으며 모든 것을 바라며 많은 것을 참아 왔으니 모든 것을 참을 수 있기를 원한다. 무엇이든 유덕하고 사랑할 만하고 듣기 좋아하며 칭찬할 만한 일이 있기를 우리는 구하여 마지않는다.

② 신론

삼위일체관도 완전히 왜곡되어 있다. 성부는 인간과 같은 신체요, 성자는 아담(첫 사람 아담)과 마리아 사이에서 난 아들이며, 성령은 '에테르' 같은 존재로 여긴다.

③ 경전

신성시하는 네 개의 경전이 있다. 곧 '성경', 『몰몬경』, 『교리와 성약』 그리고 『값진 진주』다. 이 중 『몰몬경』은 가장 기본이 되는 중요한 교리서로써, 여기에는 주전 6세기경 예루살렘에서 아메리카로 이주해 온 고대인들에 대한 이야기가 기록되어 있다는 것이다. 시기적으로 『몰몬경』은 주전 600년경부터 주후 421년까지의 이야기가 기록되어 있다고 믿고 있다. 그러나 『몰몬경』은 솔로몬 스폴댕(Solomon Spalding, 1761-1816)이라는 사람이 1812년 발표한 과대망상적 소설을 위작한 것이라는 설도 있다. 스폴댕은 미국 사람들이 이스라엘 민족의 분손(分孫)이라는 생각에서 소설을 썼는데 아무도 읽어 주지 않았다. 이를 스미스가 헐값에 사서 새롭게 조작하고 1830년에 출판했다는 것이다.

스미스와 그를 추종하는 몰몬교 초창기 일부 증인은 그 금판으로 된 책을 그들이 함께 보았고 그 내용을 그대로 필사하고 나자 천사가 그 금판을 가져가 버렸다고 증언했다. 그러나 직접 책의 조작에 가담했다고 하는 두 명의 증인, 카우드리(Oliver Cowdery, 1806-1850)와 해리스(Martin Harris,

1783-1875)는 후일 몰몬교를 탈퇴한 후 그 일이 거짓이었다고 증언했다.

④ 지도자들

무엇보다도 몰몬교회는 『몰몬경』과 함께 "살아 있는 예언자들"(Living Prophets, 몰몬교회의 세 명의 최고 지도자들)을 통한 지속적인 계시를 성경과 동등 혹은 보다 높은 권위로 받아들인다. 몰몬교회는 이들 최고 지도자들이 스미스의 후계자라고 믿으며, 이들의 지시를 절대적으로 순종한다. 이런 모습은 계급주의적이며 사이비적인 면모이기도 하다.

⑤ 인종차별 색채

하얗고 선한 사람들을 검은 사람들이 죽였다고 『몰몬경』에는 기록하고 있다. 그래서 한때 흑인들은 저주받은 함족의 자손으로서 구원받을 가치가 없다고 여기기도 했다. 후일 인종차별적 교리를 뺐지만 그 경향은 여전하다.

⑥ 인간관

몰몬교에 있어서 가족은 교회와 사회의 기본적인 단위(the basic unit)이며, 그 필요성과 중요성은 모든 것에 우선한다고 믿는다. 또한, 모든 인간은 하늘의 부모(heavenly parents)에게서 받은 영(a spirit)을 가지고 있으며, 하나님처럼 되기 위해서 이 땅에 태어나게 되었다고 믿는다. 이는 변형된 신인합일 사상이다.

⑦ 타락관

인간의 타락으로 창조 계획이 성취되지 못했기 때문에, 타락으로부터 회복되기 위해 지상천국을 건설해야만 했으며, 지상에서의 결혼을 통해서만 지상천국이 건설될 수 있다고 믿는다. 그래서 최고의 상태에 이르기 위해서는 몰몬교 신전에서 그들의 방식대로 결혼을 해야 한다고 가르치고 있다. 그러면서 일부다처주의를 주장하고 실시했다.

현재는 미국의 법률에 따라서 일부다처제를 교리로 금하고 있다. 이전에는 조셉 스미스의 지시를 따라 일부다처제를 권장했으나 현대의 몰몬교 최고 지도자들은 새롭게 받았다는 계시를 통해 일부다처제를 금한다. 그러나 원리주의자들의 경우는 전혀 아랑곳하지 않고 일부다처제를 실천하고 있어 사회적 문제를 일으키고 있다.

⑧ 구원관

몰몬교의 구원관은 정통교회와 완전히 다르다. 위에 소개된 신조 제2조와 3조를 보면 원죄를 부정하며 행위 구원을 주장하는 모습이 뚜렷하다. 물론, "그리스도의 속죄"라는 말을 교회에서 사용하고는 있으나 실제적 속죄는 몰몬교 사제가 베푸는 전신침례를 통해서라고 한다.

또한, 충실한 교인은 누구나 신이 되는데 신이 되는 조건 중 가장 중요한 것은 "천적 결혼"(天的結婚)이라고도 하는 "해의 왕국의 결혼"이다. 이 결혼은 그들의 성전에서 행해져야만 하며 이 결혼으로 남녀가 부부로 인봉되며 태어나는 자녀도 부모에게 인봉된다.

이 인봉 후 계명에 순종만 한다면 가족이 영생을 누리게 된다. 그런데 그 천상왕국 통과의 최종 승인자는 조셉 스미스다.

⑨ 신인합일

하나님은 유일하신 신이 아니고, 우리도 모두 하나님이 될 수 있는 가능성을 가지고 있다고 한다. 즉, 하나님은 단순한 영이 아니라 인간과 같은 살과 뼈로 된 유형의 몸을 가지고 있다. 우리의 현재는 과거의 그와 같고, 현재의 그의 모습으로 우리는 변화할 것이라고 가르친다.

또한, 하나님은 여러 명의 처가 있다고 하며 하늘 어머니가 있다고도 한다. 이런 해석은 하나님을 인간과 다를 바 없는 존재였으나 승화한 존재 정도로 전락시키는 신성모독적 발상이다.

⑩ 일부다처 문제

몰몬교는 아브라함과 야곱 등 족장이 첩을 거느린 것을 두고 자기네의 일부다처주의를 정당화해 왔다. 특별히 조셉 스미스는 예수님과 베다니의 마리아와 마르다 자매가 결혼한 관계라 했고, 막달라 마리아는 예수님의 정부(情婦)라고까지 주장하며 자기의 일부다처제를 정당화했다. 심지어 조셉 스미스 자신은 예수님의 혈통적 후손이라고까지 주장했다.

이런 이유로 일부다처제는 교리화되어 오랫동안 지속되었으나 오늘날은 세상 법에 따라 지도자들이 금지하고 있다.

(4) 활동 상황

세계 여러 나라에 독특한 형태의 몰몬교 성전이 건축되고 있고, 한국에는 남산에 그 성전이 있다. 이 성전이 세워진 나라는 곧 몰몬교회의 선교가 일정한 수준에 이르렀다는 것을 의미한다.

정치문화적으로 미국의 영향권 안에 있는 **나라**(독일, 일본, 필리핀, 한국 등)와 백인 중심의 사회(호주, 남아프리카공화국 등)에서 몰몬교가 성공적으로 정착하고 있다. 이런 모습은 몰몬교가 '미국적'이며 '백인중심적'인 면이 있음을 드러낸다.

몰몬교도의 수는 1850년 51,839명에서 1900년 283,765명으로 증가했다. 매년 약 4퍼센트씩 증가한 셈이다. 이 기간 동안 유럽, 호주, 인도, 남아프리카 등지의 많은 이민자가 유타주로 몰려들었다. 1870년에는 98퍼센트의 몰몬교도가 이 지역에 거주했고, 실제로 유타주의 솔트레이크시티는 몰몬교도의 성지가 되어 오늘에 이르고 있다. 현재는 그 교세가 5백만 명에 이른다.

(5) 기타 사항

오늘날 총본부에서는 일부다처제를 금지하고 있으나 그 지침이 잘 시행되고 있는지에 대해서는 회의적인 보도가 많다. 특별히 몰몬교에서 분파된 원리주의자들은 일부다처 집단을 형성하고 살며 닥치는 대로 축첩하여 물의를 빚고 있기도 하다.

미국 텍사스에 위치했던 '원리주의 예수 그리스도 후기 성도 교회'(FDLS)의 경우 교주 워렌 제프스(Warren Steed Jeffs)는 아내를 70여 명이나 거느렸고 심지어는 12-13살 정도밖에 되지 않은 소녀를 아내로 두었다가 2006년 8월에 체포되어 종신형을 선고받고 수감 중이다(몰몬교에서는 이 FDLS는 자기들의 분파도 아니며 자기들과는 전혀 상관없다고 주장하고 있다).

그런데 2008년 4월에는 그 단체의 신도들이 거주하는 집단 목장에서 한 제보가 있어 경찰이 구출에 나섰다. 구출해 보니 성인 여성은 139명이었고, 미성년자와 아이는 416명이었다. 구출된 14-17세의 소녀 중 60퍼센트 이상이 이미 출산과 임신 경험이 있었다.

3) 여호와의 증인(Jehovah's Witnesses)

(1) 일반 사항

① 명칭 : 여호와의 증인(Jehovah's Witnesses)
② 조직 : 워치타워성서책자협회(Watch Tower Bible and Tract Society of Pennsylvania) ➡ 지부 ➡ 지구 ➡ 지역 ➡ 회중(교회에 해당함) ➡ 봉사부 ➡ 번역부 ➡ 발송부

③ 여호와의 증인 왕국회관의 직제
- 순회감독: 회중을 순회하면서 감독 업무를 수행함
- 주임감독(교회의 종): 교회의 운영권자로 개신교의 목사에 해당함
- 부회중의 종: 회중의 영적 복지를 위한 책임자

부문별로는 다음과 같은 책임자가 있다.

- 성서연구의 종: 여호와의 증인 교인들의 성서 활동을 돕고 가정방문 전도의 재방문을 지도한다.
- 잡지구역의 종: 「파수대」란 잡지를 공급하고 봉사할 구역을 할당한다.
- 서적의 종: 소책자와 신세계역성서 및 전도지를 나누어 주며 회중의 서적 보급의 상태를 점검한다.
- 회계의 종: 자발적으로 내는 헌금을 관리한다.
- 파수대 연구의 종: 매주 열리는 회중 파수대 연구를 인도한다. 가장 중요한 직책이다.
- 신권전도학교의 종: 교회의 주일학교 책임자와 같다.
- 회중서적의 종: 회중서적 연구 주관과 야외봉사(잡지판매)를 인도한다.

④ 교세: 전 세계적으로 약 7백만 명에 이르는 것으로 집계되고 있다. 한국에서는 8-9만 명에 이른다.

(2) 연혁

창교자 찰스 테즈 럿셀(Charles Taze Russell, 1852-1916)은 1852년 2월 16일 미국 펜실바니아주(Pennsylvania) 태생이다. 그의 나이 20세 때 당시 안식교

서적을 탐독하다가 예수 재림의 시기에 관심을 갖게 되었고, 후일 자신과 동일한 생각과 신앙을 가진 사람들을 모아 성경 연구 모임을 갖기 시작했다.

럿셀은 1879년 「아침의 여명」이란 잡지를 냈는데 그 후 「파수대」로 변경하고 '시온의 파수대 소책자협회'라는 명칭으로 펜실바니아주에 단체 등록을 했다. 럿셀의 가르침은 여호와의 증인의 신학 기초가 되었다.

럿셀은 1874년에 이미 예수 그리스도가 인간의 눈에 보이지 않게 재림했다고 주장하고 1914년 아마겟돈 전쟁이 일어나 세상 정치 권력이 멸망하고 천년왕국의 시작이 있을 것이라고 했는데 그 예언은 이루어지지 않았다. 럿셀은 이로 인해 큰 충격을 받았고 1916년 10월 31일 캘리포니아에서 설교를 하고 집으로 돌아오다가 열차에서 사망하고 말았다.

그의 후계자들이 지금까지 조직을 끌어오고 있으며 한국 등 아시아 국가에는 1910년대부터 활발히 전파되었다.

(3) 주요 교리

① 여호와 하나님 단 한 분이 영원으로부터 존재하며 그분은 우주와 그 안에 있는 모든 만물의 창조주이시며 보호자이시다. 삼위일체를 부인한다. 예수 그리스도는 하나님이 아니다. 하나님이 최초로 창조한 영적 피조물일 뿐 신성이 없다. 성경의 천사장 미가엘을 예수라 한다.
② 성령은 단지 하나님의 능력일 뿐이다. 성령의 인격성을 부인한다. 곧 TV의 전파와 같은 역할을 하는 존재가 성령이라고 한다.
③ 인간의 영혼은 불멸하지 않는다. 영혼은 인간의 몸으로부터 분리되지 않고 죽음과 함께 멸절된다.

④ 예수는 십자가에 못 박혀 죽은 후 육체는 썩고 영만 부활했을 뿐이다. 1914년에 이미 눈에 보이지 않기 재림했다(1874년은 공중재림, 1914년은 여호와의 증인 사이의 재림). 지금은 천국에서 지구를 통치하신다.
⑤ 지옥이나 영원한 심판도 없다(지옥 부재설 주장).
⑥ 1975-2975년 천년왕국을 이루고 여호와의 증인만이 구원을 받는다.
⑦ 기성유형교회는 부정하고 여호와의 증인 왕국회관만이 진정한 교회라고 한다.
⑧ 구원을 두 가지로 나눈다. 땅을 통치하는 왕들로서 지상에서 영생을 누리는 부류와 천국에 가게 되는 극소수(144,000명)의 거듭난 여호와의 증인들이다.
 구원받을 수 있는 사람을 소수로 제한함을 통해 조직에 충성하도록 이끈다. 이들에게 있어 전도 활동은 구원을 이루는 가장 좋은 수단이 된다. 곧 행위 구원을 가르치는 태도다. 곧 그리스도는 구원의 길을 열어 놓았을 뿐, 구원의 완성은 인간의 절대적 헌신과 봉사로 이루는 것이라고 한다. 이는 자력구원설의 면모이기도 하다.
⑨ 신·구약성경을 믿되 해석법에 있어서 여호와의 증인에게 필요한 성경 구절만 뽑아 연결 지어 해석한다.
⑩ 여호와의 증인들만의 성경인 『신세계 번역판 성서』가 있다.

(4) 교리 비판

① 삼위일체관이 종속론에 입각한 단일신론이다. 예수 그리스도는 천사장 중의 하나라고 하는데 이는 정통고회의 입장을 완전히 벗어난다. 초대 교회의 아리우스주의를 답습한 형태다.

② 그릇된 종말관, 곧 시한부 종말론을 주장하는데 이는 계시관이나 성경관에 심각한 문제가 있기 때문이다.
③ 성령의 인격성을 부인하는 측면은 성경의 많은 부분을 부정하는 태도다.
④ 재림과 종말의 사건들이 자기들의 예언대로 이뤄지지 않자 모두 영적인 사건인 양 돌리고 있다. 또한, 144,000명만의 특별함을 강조하며 교인들의 충성을 유도하기도 하는데, 이로 인해 사회 일탈적 행동이 조장될 가능성도 있다.
⑤ 구원관은 행위 구원관이며, 많은 교리가 정통교회로서는 도저히 받아들이지 못할 이단 사설이다.

(5) 활동 상황

① 「워치타워」(*Watch tower*): 월 2회 발행, 1879년 7월 1일 창간, 세계 75개 국어로 번역
② 「파수대」: 월 2회 발행, 1952년 9월 1일 창간
③ 「어웨이크」(*Awake*): 월 2회 발행, 1919년 10월 1일 창간, 세계 33개 국어로 번역

2인 1조가 되어 성경과 「파수대」 등의 간행물을 들고 호별 방문하여 교리를 전파하기도 하고, 큰 거리에서 가판을 세우고 「파수대」를 판매하기도 한다.

(6) 기타 사항

여호와의 증인은 수혈행위를 금하고 있다. 피는 생명과 일체이기 때문이라는 것이다. 생명을 소중히 여기기 때문에 수혈을 금한다고 하나 수혈

을 꼭 해야 할 사람에게 수혈을 금함으로 귀중한 생명을 잃게 하여 논란이 되고 있다.

또한, 병역 의무 기피 및 집총 거부, 직업 포기, 의무 교육 거부 및 학업 포기, 국가체제를 사탄으로 간주하여 반대, 애국가 국기배례 거부 등을 조장하는 교리로 인해 신도들 스스로가 범죄자가 되고 있다.

성경 해석의 차이로 인해 기성교단으로부터 이단으로 규정되었으며 세계 48개국에서 포교가 금지되었다.

과거에는 '시간의 십일조'라는 미명하에 신도들이 포교 활동을 하기 위해 직장을 포기하거나 가정을 포기하고 포교 활동에 앞장서, 가족 간의 반목이 심화되고 학업에 대한 편견으로 학업을 포기하는 사례가 빈번했으나 최근에는 사회환경의 변화에 따라 이러한 예는 많이 사라져 가고 있다. 그러나 병역 기피, 수혈 거부 등의 문제는 아직도 여전하여 많은 논란을 낳고 있다.

4) 빈야드 운동 (Vineyard Movement)

이 운동은 1990년대부터 온 세계에 파급되기 시작했다. 이 단체들이 행하는 집회에서 성령의 역사라며 일어나는 현상들은 매우 괴상하고 혐오감을 준다. 전 세계적으로 오순절파나 은사주의가 강한 곳에서 크게 유행하고 있다. 한국에서도 크게 유행을 탔는데 기성교회에 많은 골칫거리를 안겨 주었다.

중국에는 토론토 중국 유학생을 통해서 유입된 이래 해남(海南), 광동(廣東), 복건(福建) 등에서 폭발적인 유행을 타고 중국 전역에 확산되어서 이 유형의 집회에 참석해 보지 않은 기독교인을 찾아보기 힘들 정도였다. 그러던 중 기성교회들의 반발로 조금 주춤했다가 신종 코로나19 사태 이후

수면 아래로 내려가 있는 상태이다.

이 사역은 성령 사역에 대한 그릇된 이해와 교회 분열을 조장하는 위험성이 있다. 한국 교회의 여러 정통 개신교 교단들이 불건전한 운동, 혹은 참여 금지를 결의했다.

(1) 빈야드 운동 개요

① 빈야드라는 이름

빈야드 운동은 '제3의 물결', '빈야드 운동' 혹은 '토론토 블레싱'이라 불리곤 한다. '제3의 물결'이라 불린 이유는, 빈야드 운동의 대부격인 피터 와그너(Peter Wagner, 1930-2016)가 그의 저서 『제3의 물결』이란 책을 통해 빈야드 운동을 매우 긍정적인 성령의 현상이라고 기록한 데서 유래한다.

'빈야드'라고 불리는 직접적 이유는 미국 캘리포니아의 애나하임(Anaheim, California)에 있는 '빈야드교회'(Vineyard Christian Fellowship)를 이끄는 존 윔버(John Wimber)를 비롯해서 그 운동을 하는 사람들이 형성한 단체 이름이 '빈야드교회연합'(Association of Vineyard Churches)이기 때문이다.

'토론토 블레싱'이라 함은 존 아노트(John Arnott)가 개척한 '토론토공항교회'(Toronto Airport Vineyard)를 중심으로 일어나는 현상에 대해 언론이 그렇게 지칭했기 때문이다.

빈야드 운동에서 존 윔버는 권능주의적인 측면이 강하고, 존 아노트는 감정주의적인 면이 강하다.

② 빈야드 운동에서 드러나는 현상

초자연적인 은사들과 능력 그리고 신비 현상들이 지나치게 강조되고 있다. 특정한 은사들이나, 격렬한 감정의 분출 현상이나 이적들이 지나치게 강조된다. 그들의 집회에서는 거룩한 웃음, 떨림, 쓰러짐, 짐승 소리

등의 현상을 유도한다. 그런데 이런 행위는 성령 역사의 더욱 중요한 측면인 말씀, 사랑의 삶, 성도의 교제, 사회에 대한 책임적 행위 등과는 관계가 멀며, 오히려 보는 사람들로 하여금 혐오감을 양산할 뿐이기에 덕을 세우는 모습이 결코 아니다.

(2) 문제점 집중 분석

① 빈야드 집회 시의 특별한 현상에 대한 비판

㉮ 쓰러뜨림 현상

빈야드 단체는 에스겔(겔 1:28), 다니엘(단 8:17), 예수님 앞에서 쓰러진 병정들(요 18:6), 무덤을 지키던 파수꾼들(마 28:4), 다메섹 도상의 사울(행 9:4), 밧모섬의 사도 요한(계 1:17) 등의 실례를 들어 자기들의 주장을 정당화한다. 그러나 에스겔과 다니엘, 사도 요한은 천사나 주의 임재 앞에 압도되어 잠시 힘이 빠지거나 숙인 것일 뿐, 다시 일어나 말씀을 받았다.

또한, 병정들과 파수꾼들은 은혜 체험을 한 것이 아니라 주를 대적하다 엎드러짐에 불과하다. 바울의 넘어짐도 빛을 보고 시력을 잃음에 있었지 빈야드식 체험이 결코 아니다.

간혹 정상적인 집회에서나 기도 중에 쓰러지는 사람이 나타나기도 한다. 이런 사람은 대개 심신이 쇠약한 사람이 많다. 곧 학교에서 학생들이 운동장에 열을 맞춰 서 있다 보면 간혹 쓰러지는 학생이 나오는 것과 다르지 않은 이치다. 지치거나 연약하기 때문인데 간혹 그런 중에 깊이 사모한 결과로 인해 영적 체험을 했다는 사람들도 있다.

그런데 빈야드는 이런 현상을 과대해석 한다. 그래서 그들 집회에서는 쓰러짐이라는 현상 자체를 일부러 사모하게 하고 그 현상을 인위적으로 조장함을 통해 직통계시나 신비한 체험을 하도록 유도한다. 곧 성령 체험을 빙자하여 오히려 비성경적인 태도를 취하도록 하는 문제가 있다.

ㄱ. 쓰러짐을 사모하게 유도함

빈야드는 쓰러짐을 성령의 강한 임재로 인해 서 있을 수 없기 때문이라고 한다. 성령의 펀치를 맞고 쓰러져야 '종교의 영'이 떠나간다(자기들 같은 주장과 신앙 방식을 거부하거나 비판하는 태도를 종교의 영에 사로잡힌 태도라고 함). 곧 많이 넘어지고 잘 넘어질수록 영이 새로워지고 영적 성숙에 들어가는 것이다. 심지어는 쓰러짐을 체험하는 것이 복음이라고 가르치기까지 한다. 그래서 이 현상에 심취한 사람들은 보다 크게 자주 넘어지려고 애쓴다.

만일 빈야드의 주장이 사실이라면 예수님도 이런 일을 행하셨어야 마땅하다. 그러나 그런 기록은 없다. 오순절 성령강림 이후에야 비로소 그런 일이 나타나게 되었다고 한다면 사도행전에서만큼은 집단 쓰러짐의 사건이 분명히 기록되어 있어야 마땅할 것이다. 그러나 성경에는 예수님과 사도들의 시대에 이런 일이 발생했었다는 기록 자체가 없다.

ㄴ. 인위적인 쓰러뜨림의 문제

쓰러뜨림 집회에 있어서 회중은 집회 내내 일종의 최면과 같은 세뇌를 받는다. 강사와 집회 팀원들은 쓰러짐과 광적 현상이 성령 체험임을 집회 내내 회중 뇌리에 주입시킨다. 그런 말을 반복적으로 한 다음 집회의 주 강사가 회중을 향해 손짓을 하면 회중이 동시다발적으로 쓰러지기도 한다. 회중은 자기도 모르게 집단 최면에 걸린 결과다.

또 한편, 집회에서는 쓰러뜨림만을 전문으로 하는 2인 1조의 전담자들이 있는 경우도 있다. 한 사람은 넘어뜨리는 사람이고 한 사람은 넘어지는 사람이 다치지 않게 뒤에서 받아 주는 사람이다. 이들은 집회 중에 넘어뜨릴 대상자들을 쭉 세워 놓고 앞과 뒤에 한 사람씩 서서 사람들을 넘어뜨린다. 이때 넘어질 사람들의 얼굴을 보든지 혹은 그 귀에 대고 이런 저런 말을 한다.

"성령이여 임하소서" 혹은 "터치" 등이다. 심지어 귀나 얼굴에 대고 "후우" 하고 바람 소리를 내뱉기도 한다. 그러면서 손을 대면 깊이 몰입한 사람일수록 쉽게 넘어지고 그렇지 않은 사람은 아무런 반응이 없이 뻣뻣하다. 이럴 때 쓰러뜨림 사역자들은 그 뻣뻣한 사람을 살짝 밀어 쓰러뜨리곤 한다. 이때 밀린 사람은 밀기 때문에 쓰러진 것인지 진짜 성령의 능력이 임해서인지 헷갈리게 된다.

그러나 공통적인 것은 이런 체험 도중 쉽게 넘어지는 사람들도 왜 쓰러져야만 하는지 이유도 모르며 쓰러지곤 한다는 사실이다. 간혹 넘어진 채 가만히 있다 보면 잠이 들어 꿈을 꾸기도 하고 실제 정신을 잃고 입신 같은 경험을 하는 사람도 있는데, 문제는 그 보았다는 내용이 대부분 비성경적이며 황당하다는 것에 있다. 때로는 넘어진 사람들이 뒹굴면서 광적인 행동을 하기도 한다.

더 큰 문제는 다른 사람은 넘어지는데 나는 안 넘어질 경우 그것이 부끄러워 스스로 넘어져 버리는 경우가 굉장히 많다는 사실이다. 대개 넘어지는 사람의 상당수는 스스로 넘어지는 사람들이다. 또 어떤 경우는 뒤에서 받아 주는 사람이 있으니 진행자가 손을 대면 그냥 안심하고 넘어가 보자 하고 넘어가는 경우도 많다는 것이다.

이는 교회로부터 정직을 배우는 것이 아니라 위선과 거짓을 배우는 것과 다르지 않다. 이런 태도가 익숙하다 보면 세상 삶에 있어서도 갖가지 위선적인 태도가 나올 수 있다.

동일한 맥락에서 빈야드 운동가들은 자기들이 새로운 성령 운동을 일으키고 있다고 말하고 있지만 그 열매는 매우 실망스럽지 않을 수 없다. 성령께서 일으키신 역사적 부흥 사건들의 현장에는 참된 경건과 도덕 회복이 있었고 신도들의 삶에 아름다운 변화들이 있어서 세상 사람들로부터도 칭송을 받는 일이 두드러지게 나타났다.

그러나 빈야드의 열매는 혐오스러운 행동들에 대한 손가락질 받음 외에는 특별한 열매가 없다. 교회 내의 사람들도 손가락질하며 교회 밖의 사람들도 손가락질한다. 자기들을 이해해 줄 사람들은 자기들 내부의 빈야드 운동 추종자들뿐이다.

한마디로 집단 쓰러뜨림 현상은 집단 최면술, 심령술, 회중 기만이라 봐도 무방하다. 곧 '영적 간질병'을 전염시키는 것과 다를 바 없는 행위이므로 경계해야 마땅하다〈pp. 190-192 참조〉.

㉯ 진동

빈야드 단체는 이사야 66:5이나 예레미야 5:22, 마가복음 5:33, 누가복음 8:47, 사도행전 16:29, 고린도전서 2:3, 고린도후서 7:15, 빌립보서 2:12, 히브리서 12:21 등을 인용하여 '진동'을 강조하는 자기네의 주장을 합리화한다. 그러나 위의 본문은 대부분 두려운 상황에서 떠는 자연스러운 현상이거나 마음가짐에 대한 표현이지 빈야드 집회에서 강조하는 주체할 수 없는 신비적 감정이 아니다.

사실 진동은 기도를 뜨겁게 하다 보면 부분적으로 나타날 수 있는 현상이다. 전혀 부정할 수는 없다. 그런데 문제는 진동에 의미를 부여하고 인위적으로 유도하거나 조장하는 것에 있다.

오늘날 빈야드 운동가들은 진동을 평온한 진동과 격렬한 진동으로 나누어 이해한다. 진동은 여러 모습으로 나타나는데 평온한 진동은 개인의 소명과 관련이 있고, 격렬한 진동은 마귀와 싸우는 것이라고 한다.

성경에 귀신 들렸던 사람들이 경련한 예가 나온다. 그러나 그 현상은 예수님이 귀신을 꾸짖어 쫓아내시자 귀신이 그 붙잡고 있던 사람을 경련케 함 때문이지 그 영 안에서 싸움이 일어났기 때문이라는 성경적 기록은 없다(막 1:26; 막 9:20, 26; 눅 9:39, 42).

㉓ 짐승 소리

빈야드 단체는 짐승 소리의 정당화를 위해 예수님을 "유다 지파의 사자"라고 묘사한 요한계시록 5:5 이라든지 "사자가 부르짖은즉 … "이라는 아모스 3:8 등을 인용하여 정당화하고 있다. 그러면서 짐승 소리나 자연의 소리를 내는 것도 모두 의미가 있다고 한다.

닭 소리는 주님의 재림을 의미하고, 개 소리는 사탄의 소리며, 사자 소리는 중국의 악한 용의 영을 사자가 쫓아내는 소리다. 바람이나 비 소리들은 자연도 하나님을 찬양하는 의미가 된다. 이런 견해는 억지가 심하다고밖에 볼 수 없다. 빈야드 집회에서는 짐승 소리만 낼 뿐만 아니라 그 짐승 같은 시늉도 한다.

하나님의 형상인 사람이 무엇이 그리 아쉬워서 짐승 흉내를 내야 한단 말일까?

㉔ 그릇된 기도법

빈야드 집회에서는 소리내어 기도하지 말고 조용히 기도하든지 잠잠히 기다리라고 한다. 그래야 잘 쓰러지게 되고 성령을 체험할 수 있다고 한다. 쓰러진 상태에서는 일어나지 말고 그대로 있으면서 성령의 임재를 기다리라고 한다. 입신을 유도하여 직통계시에 이르라고 유도하는 것이다. 기도는 소리내어 할 수도 있고 잠잠히 할 수도 있다.

그런데 쓰러지기 좋게 기도한다는 것은 심각한 억지가 아닐 수 없다. 더욱이 성경 어디를 보아도 정신을 놓고 멍하니 누워 있으면 성령께서 강하게 임재하신다고 한 예는 없다. 오히려 예수님은 피곤에 지쳐 조는 제자들을 일부러 깨우면서까지 기도하라고 명하셨다(마 26:41). 오순절 성령의 강림도 또렷한 정신으로 마음을 다해 기도하며 모여 있을 때 있었던 일이다(행 1:14; 2:1-4).

하나님의 사자나 천사들의 말씀 전달 과정에서도 마찬가지였다. 그들은 하나님의 말씀을 선지자들에게 전달할 때 그 위엄에 놀라 선지자들이 엎드린다 해도 오히려 일으켜 세웠던 것을 볼 수 있으며 늘 또렷한 정신으로 말씀을 받도록 유도했다(겔 2:1; 단 10:10-12).

무아지경(無我之境)을 추구하며 믿는 종교는 힌두교 등 신비주의 이교의 방식이다. 그러나 우리 기독교는 정신을 똑바로 차리고 맑은 이성으로 믿는 종교라는 사실을 결코 간과해서는 안 된다.

㉮ 비명 소리

빈야드 집회에 참여한 사람들은 광적인 비명을 지르기도 하는데 이것도 악한 영과 싸우는 것으로 해석한다.

미친듯이 소리지르면 악령이 정말 떠나가는 것일까?

오히려 귀신에 사로잡힌 모습일지도 모를 일이다.

㉯ 광적인 웃음

빈야드 집회에서는 '거룩한 웃음'이라고 하는 깔깔거리며 웃는 일이 벌어지기도 한다. 이에 대해 그들은 아브라함이나 사라의 웃음(창 17:17; 21:6)을 예로 든다. 그러나 아브라함이나 사라의 웃음은 미친 듯 웃은 것과는 차원이 다른 것이므로 전혀 설득력이 없다고 보아야 한다.

특별히 이런 빈야드식 집회를 사모하여 쫓아다니는 사람들의 성향을 보면 내면의 성숙보다는 집회를 통해 그 순간의 자기 만족과 카타르시스에 몰두하는 경향이 크다. 그런 집회를 통해 그동안 쌓인 스트레스를 다 해소한 후 세상에 나간다. 그리고 일정한 때가 되면 다시 돌아가 스트레스를 풀고는 또 나가기를 반복한다.

곧 이런 사람들이 집회에서 은혜 받았다고 하는 것은 진정한 의미에서의 은혜 받음의 개념과는 거리가 멀다. 즉의 말씀에 대한 배움, 회개, 헌신, 봉사보다는 그저 자기 만족에 초점이 맞춰져 있다. 곧 지극히 개인주의적인 신앙 성향을 띠는 것이다. 그리고 매우 뻔뻔스럽기까지 하다. 집회 중 온갖 괴상한 행동을 하고도 성령의 나타나심이라고 말하기 때문이다.

또 한편으로 그들은 은근한 영적 우월감에 젖어 있기도 하다. 자기들은 빈야드식 체험을 통해 하나님과 보다 깊은 교제를 나누고 있다고 여기기 때문이다. 결국, 성숙하고 덕스러운 신앙의 태도보다는 자기 만족과 자기 과시가 강한 것이 이 사람들의 특징이라고 할 수 있다.

② 성경관

성경에서 그리스도와 사도들이 복음서와 사도행전에서 일으켰던 사건들을 오늘날에도 재현해야 한다고 주장한다. 그러면서 여러 가지 괴상한 행동에 대해 모호한 성경 구절들을 근거로 합리화시키고 있다. 그러나 그들이 제시하는 성경의 어떤 내용들도 빈야드식 집회 현장에서 일어나는 현상들을 변증해 주기는 역부족이다.

③ 인간론

빈야드는 주로 인간 삼분설적 시각에서 그들의 현상을 해석한다. 곧 삼분설을 영지주의나 신비주의적 관점에서 해석하고 적용한 결과라고 할 것이다.

④ 성령론

집회 시의 괴상한 행동들과 체험을 모두 성령의 역사로 간주하는 태도는 성령의 역사가 자칫 혐오스럽고 광적인 현상인양 여겨질 위험성이 있다. 그리고 빈야드 집회의 모습들은 성령의 역사라고 하기에는 너무나 무질서하며 비성경적이다.

(3) 활동 상황과 아류

현재 전 세계적으로 빈야드 단체와 직간접적인 관계 속에 그들과 유사한 현상을 재현하는 크고 작은 단체가 난립하고 있다. 조심해야 할 것은 집단 최면이나 정신요법으로도 빈야드식 현상은 나타날 수 있다는 사실이다. 게다가 자칫하면 악한 영을 받을 수도 있다. 빈야드의 아류들 중에는 빈야드와의 관련성을 밝히는 단체도 있지만 전혀 관계없다고 해명하는 단체도 있다.

(4) 신사도 운동과의 연관성

빈야드 운동을 '제3의 물결'이라는 이름을 붙여 주며 공인한 바 있는 미국의 교회성장학자 피터 와그너와 그의 후예들은 '신사도 운동'을 벌이고 있다. '신사도'란 피터 와그너가 현시대의 사도라 칭할 만한 예언자들을 임의로 선정하여 사도로 임명한 사람들을 말한다.

와그너와 함께 이 운동의 유명한 인물로는 캔자스시티 예언가들(Kansas City Prophets)로 불리는 마이크 비클(Mike Bickle), 밥 존스(Bob Jones), 폴 케인(Paul Cain), 릭 조이너(Rick Joyner), 존 폴 잭슨(John Paul Jackson) 등이다. 이 운동은 보다 세련된 형태의 직통계시파 운동이기도 하며 빈야드 형식의 집회를 답습하는 것이기도 하다.

신사도 운동에 대해서는 한국의 각 교단이 문제점을 인식하고 지속적으로 연구 중에 있다. 한국장로교총연합회(한장총)는 2009년 6월 29일 '신사도 운동에 대한 진단과 평가'라는 세미나를 통해 직통계시와 예언을 주장하는 그들의 주장에 이단성이 있음을 지적했다. 그리고 2009년 예수교장로회 합신 측 제94회 총회에서는 신사도 운동에 대해 '참여 및 교류 금지'를 결의했고, 같은 해 예수교장로회 고신 측 제59회 총회에서도 '참여 금지'를 결의했다.

2014년 기독교장로회 총회도 제99차 총회에서 성서 해석의 오류, 복음의 본질 왜곡, 사도의 지배권 등에 문제가 있다고 여겨 '도입·참여·교류 금지'를 결의했다. 2018년에는 한국의 대표적 오순절 교파인 기하성(여의도)이 제86차 총회에서 극단적인 신비주의적 감성 추구와 임파테이션 주장 등을 문제삼아 '예의 주시'를 결의했다.

5) 지방교회(회복교회)

지방교회는 그 시초가 워치만 니로 여겨지지만 위트니스 리에 의해 미국에서 오늘날의 조직으로 재탄생하여 다시 아시아로 전래되었으므로 본서에서는 서구 이단과 함께 분류했다. 지방교회는 중국에서는 호함파로 불린다. 그런데 오늘날 한국과 미국, 대만 등지에서 활동하는 본 지방교회 측에서는 자기들과 중국의 호함파와는 관계가 없다고 밝히고 있다. 그러므로 본 단락에서는 호함파와 관계 짓지 않고 본 지방교회만 다루기로 한다⟨pp. 298-304 참조⟩.

(1) 일반사항

① 명칭 : 지방교회(회복교회)
② 대표 : 위트니스 리(Witness Lee, 1905-1997), 이희득
③ 설립자 : 워치만 니(Watchman nee, 1903-1972)
④ 조직 : 지방교회의 행정은 각 지방별 단위로 독립적이며 서로 형제, 자매로 부른다. 사도직과 장로직 그리고 집사직이 있으나 직급과 감투가 아님을 강조한다. 사도는 하나님의 보내심을 받은 자로서 예수 그리스도의 종이며 대사와 같이 하나님의 전권을 위임받은 자를 뜻

한다. 사도는 한 특정 지방교회에 속하지 않고 그가 사역하는 모든 교회를 책임지고 교육하며 인도한다. 사도 외에도 하나님의 비밀을 사도가 전하며 선포할 때 그것을 먼저 받아서 깨닫는 자를 '선지자'라고 하며 복음을 믿지 않는 이들에게 전하는 자를 '복음 전하는 자'라 한다. 그리고 사도가 전한 진리를 듣고 깨달아 교회 안에 복음을 전하고 교인들을 심방하고 생명 공급을 전하는 '목자'가 있으며 목자는 무보수다.

사도, 복음 전하는 자, 목자, 교사 등은 은사이며 교회 안의 직분으로는 장로(감독)와 집사가 있다. 장로는 교회를 대표하고 교인들에게 생명을 공급하며 교회 안에서 불법을 행하는 자를 감독하고 치리하는데 성령을 통해 임명하며 초신자나 여자는 될 수 없다. 집사는 교회의 각 부문의 일을 맡아 봉사한다. 장로는 교회마다 두 명 이상을 두며 집사도 여러 명을 둘 수 있다.

⑤ 교세: 교당(교회) 수는 각 지역별로 집회소라 불리는 회당이 전국에 60여 개 있다. 교직자 및 신도는 대만, 미국, 필리핀을 비롯한 전 세계에 8만여 명의 신도가 있으며 국내에는 2,000여 명의 신도가 있다.

(2) 연혁과 변천 과정

① 창교자와 창교 과정 - 워치만 니

지방교회의 창시자인 워치만 니는 1903년 11월 4일 중국 동남부 복건성에 있는 푸저우에서 9남매 중 셋째로 태어났다. 그의 중국식 본명은 니슈주(倪述祖)이다. 기독교인이 된 후, '니토성'(倪柝声)이라 했는데, 그 뜻은 '징 치는 자'다. 그리고 영문명으로 취한 것이 워치만 니라는 이름이다. 18세인 1920년 기독교를 믿게 되었고 가두전도에 헌신하는 한편 영국 선교사들을 통해 빌려온 책을 탐독하며 신앙생활에 정진해 나갔다.

1923년 워치만 니는 '소군파'(小群派, 작은 무리파, The Little Flock Movement)라는 경건주의 신앙 운동을 시작했다. 이 운동은 16년 만에 7만 명을 전도했고 700개가 넘는 집회소를 만들어 워치만 니를 훌륭한 복음주의 운동가로 평가받게 했다.

그러나 중국에서 가장 존경받는 가정교회 지도자 중 한 분인 왕명도(王明道, 왕밍따오, 1900-1991) 선생의 증언에 의하면, 워치만 니는 추종자들이 자기네 집회소 외의 교회들을 교파주의라며 두녀뜨리고 신도들을 끌어오는 행위를 묵인했다고 한다. 공산화 이후에는 삼자회에 적극 협조했다. 그러나 토지개혁의 시기에 자기네 토지를 지키기 위해 삼자회에 로비를 하다가, 다른 가정교회 지도자들보다 3년 일찍 체포되어 투옥되었다고 증언한다(가정교회 지도자들이 삼자교회 가입을 거부하다가 체포되기 시작한 해는 1955년부터이다). 그리고 워치만 니는 간음행각을 오랫동안 벌였는데, 그 사실이 밝혀지자 많은 사람이 실족하였다고 증언하기도 했다.

워치만 니는 1952년 중국 공산당으로부터 부패와 국가재산 절도 등의 죄목으로 체포되어 20년을 복역하고, 1972년 출소를 하루 앞두고 옥사했다.

② 변천 과정-위트니스 리

워치만 니에게는 두 명의 절친한 동역자가 있었는데 한 사람은 현재의 지방교회를 이끌어온 위트니스 리이고 다른 한 사람은 스티븐 강이었다(스티븐 강은 위트니스 리와 미국에까지 함께했지만 위트니스 리의 급진적 노선으로 인해 갈등을 벌이다가 조직 내에서 도태되었다고 전해진다).

상해와 필리핀을 담당하는 대표사역자인 위트니스 리는 1949년 교인들을 이끌고 대만으로 이주하는데, 이때 워치만 니의 후광으로 대만 소군파의 지도자가 되었다. 위트니스 리의 사상적 변화는 1950년대 이전과 이후로 구분된다. 특히, 1950년대 이후에는 '신인합일'(神人合一)이라는 그 자신의 독특한 사상을 전개하기 시작했다.

위트니스 리의 대만 교회는 제법 성장했지만, 임헌고 선생의 글에 의하면 그의 가르침이 워치만 니의 가르침과 성경을 많이 벗어난 문제로 인해 큰 분열을 겪기도 했다고 한다. 그리고 그 아들의 재정 비리와 부도덕 문제가 터지게 되자, 위트니스 리는 대만을 떠나 미국으로 이주했고, 1962년 L.A.에 최초의 지방교회를 설립하기에 이른다. 그 후 1978년 지방교회는 다시 중국 대륙으로 진출하게 되는데 현지의 소군파 신도들을 흡수하며 폭발적 성장세를 이루었다. 이들을 호함파라고 하는데, 본 지방교회에서는 자기들과는 관계 없다고 선을 긋고 있다.

한국에 지방교회가 전래된 것은 워치만 니의 직계 제자라 자처하는 왕중생(한국명-권익원) 씨에 의해 1966년 시작되었다. 한국인으로 중국군의 연대장까지 진급했던 왕 씨는 '회복의 복음'을 조국에 전파할 각오로 귀국하여 열정적으로 전도에 힘썼다. 그러나 폐쇄적이고 권위주의적인 왕 씨의 성향은 외국의 지방교회와 교류를 어렵게 했는데 왕 씨의 사망 후 자연스럽게 위트니스 리의 지방교회와 교류가 활발해지면서 한국의 지방교회는 위트니스 리의 영향을 받게 되었다.

(3) 주요 교리

지방교회의 성경 해석은 언뜻 보기에는 기성교회와 큰 차이가 없어 보이나, 들여다보면 볼수록 심각한 문제점을 발견할 수 있다.

① 삼위일체

삼위일체론은 기성교회가 정죄한 양태론이다. 그러나 그들은 오히려 정통교회의 삼위일체관을 삼신론이라고 공격한다. 그러면서 하나님을 '삼일하나님'이라는 용어로 지칭하며 "아들은 아버지시요, 주(아들)는 성령이시다"라고 정의하는데, 이는 삼위 하나님의 인격(위격)의 구분을 부정하는 모습이다. 그들은 자기들의 삼일하나님을 설명함에 있어 한 통의 수박 비유를 즐겨 쓴다. 아버지는 온전한 수박, 아들은 조각난 수박, 성령은 과즙이라고 한다.

② 신인합일

지방교회는 하나님이 사람을 창조하신 목적이 하나님 자신을 사람 속에 넣어서 사람과 연합하여 하나님과 같이 되게 하기 위함이라 한다. 그리고 하나님의 경륜과 계획은 그분 자신을 사람으로 만드는 것이며, 또한 그분이 창조하신 우리를 하나님으로 만드는 것이라고 한다.

곧 하나님은 인간화되시고(man-ized), 우리는 신격화되는 것(God-ized)이란 말이다. 이는 하나님과 사람이 동일한 존재가 되는 것으로 이해 가능하다. 곧 지방교회에 있어서의 구원은 사람이 하나님과 합일되어 하나님-사람(God-man)이 되는 것으로 볼 수 있다. 그들은 오해라고 변명하지만, 저런 주장은 위트니스 리 저서의 여러 곳에서 발견된다.

③ 기독론

하나님의 독생자에게는 신성만 있고 하나님의 아들로 인정된 인성이 없었다. 그러나 부활 안에서 그는 신성과 인성을 다 지닌 하나님의 맏아들이 되었다. 초림 때 예수님의 육신은 그 안에 사탄이 있는 사람의 모양을 입으신 것이다. 곧 죄가 없었으나 죄의 육신의 모습은 있었기에 인성은 거룩하지 않았다. 그런 예수님은 거룩해질 필요가 있었는데, 부활을 통해 그 완성에 이르렀다는 것이다. 이는 곧 예수님의 인성과 위상에 변화가 있었다는 지극히 이단적인 주장이다.

④ 윤리관

위트니스 리는 "사탄의 화신인 죄를 멸하신 예수님을 영으로 모시고 살기 때문에 회개할 필요를 느끼지 않는다"라고 했는데 이는 도덕폐기론적 주장이다. 여기서 사탄의 화신인 죄라 함은 죄를 사탄과 동일시하는 관념이다. 그들의 이 같은 주장은 귀신파의 주장과 매우 흡사하다.

⑤ 구호의 반복을 통한 구원

"오! 주 예수여"라고 부르며 호흡하면 공기 같은 그 영이 들어와서 생명을 주신다고 가르친다. 이 구호를 3회 이상 반복하면 구원을 얻는 것이다. 또한, 성령 충만하게 되는 방법이다. 영이 육체에 들어와 구원이 이루어진다고 해서 이를 '영육합일 구원'이라고도 한다. 그래서 지방교회 신도들은 모일 때마다 숨을 크게 들이마시며 저 구호를 주문처럼 반복한다.

⑥ 극단적인 인간 구조 삼분설

지방교회는 워치만 니의 가르침을 따라 사람이 영, 혼, 육으로 지어져 있는데, 혼(겉 사람)은 사람의 인격이 머무는 곳이고, 영(속 사람)은 거룩하며 성령이 머무는 장소가 되며, 육체(제일 바깥 사람)는 악하고 마귀가 들어오는 곳이라 한다. 그래서 혼이 영에 이끌리면 평안함이 있지만 육에 이끌리면 불안하고 죄악을 양산한다.

사람의 내면은 이 혼을 두고 하나님과 사탄이 싸우는 구조인 것이다(이런 관념은 수많은 이단 종파의 이론 속에서 동일하게 발견되는 특징이기도 하다). 그러므로 사람이 이런 구조에서 자유를 얻으려면 영을 해방시켜야 하는데, 그 방법은 자아 또는 혼이 깨어져야 한다는 것이다. 겉 사람이라고 할 수 있는 혼이 깨어짐을 통해, 속 사람인 영이 밖으로 흘러나와 활동할 수 있게 되는 것이 참 자유다. 이를 '자아 파쇄'라고도 하는데, 지방교회는 자아를 파쇄하기 위해 '자아 처리'를 해야 한다고 한다.

⑦ 교회론

모든 교파는 바벨론, 음녀, 배교자, 여로보암과 같고 사탄의 조직이다. 그러므로 기성교회는 결국 멸망할 것이라고 한다. 기성교회의 목회자와 예배를 부정하고 침례를 구원의 조건으로 삼는다. 대예배 외 여러 형태의 집회가 행해지고 있다.

여자들은 천주교 미사 때와 같이 머리에 하얀 미사포를 쓴다. 또 한편, 교회는 한 도시에 그 도시 이름을 딴 한 교회간 있어야 한다고 한다. 곧 어느 지역이든 그 지방의 이름을 딴 한 교회만 있어야 한다고 해서 지방교회인 것이다.

위트니스 리가 이단으로서 가장 우려되는 것은 그의 저서가 많고 흥미를 끌 만한 문체를 구사한다는 점이다. 특히, 분별력은 없으되 열정이 끓어 넘치고 특이한 것을 좋아하는 신도들에게 더욱 위험할 수 있다.

지방교회는 위트니스 리의 주장을 비판하는 사람들을 향해 늘 "그것은 오해다. 잘못 본 것이다. 한군데만 보고 비난하는 것이다"라고 하며 해명하고 반박한다. 그런데 왜 위트니스 리의 책들에는 독자가 오해할 부분이 그렇게도 많은 것인지, 지방교회의 복음은 왜 그리 복잡하고 난해한 것인지 의아하지 않을 수 없다.

(4) 활동 상황

예배는 주일 대예배로 모이고, 주중에도 여러 모임이 있다. 좌석 배치는 신도들이 원형이나 ㄷ자 형태로 앉고 설교자는 그 앞에서 설교를 행한다. 통성기도로 예배를 시작하여 찬송을 부르는데 기성교회에서 사용하는 찬송가 대신 지방교회에서 제작한 찬송가를 사용한다.

1980년대 초반까지는 설교자의 설교 후 신도들 중 은혜를 체험한 사람이 간증을 했지만, 현재는 모든 신도가 1-3분 분량의 설교(신언, 申言)를 준비해 와서 말하도록 하고 있다.

경기도 용인시 기흥구 상갈동에 '성경진리사역원'을 두고 성경 교육을 실시하며 분당에 있는 출판사 한국복음서원을 통해 워치만 니와 위트니스 리의 저서를 번역 출간하고 있다.

(5) 기타 사항

예수교장로회 통합 측 75회기 사이비신앙 운동 및 기독교 이단대책위원회(위원장 정행업)는 경북노회가 제출한 '지방교회의 정체에 대한 질의'에 따라 연구 결과 '이단'으로 밝혀졌다고 1991년 제76회 총회에 보고했고 이 보고는 그대로 가결되었다. 이어 제77회 총회에 '추가 연구보고서'가 제출되어 채택되었다.

한편, 최근 미국 기독교계 내에서는 지방교회에 대한 긍정적인 재평가가 있기도 했다. 2010년 '크리스천 리서치 인스티튜트'(Christian Research Institute, CRI)의 대표인 행크 해네그래프는 지방교회에 대한 기존의 입장을 뒤집고 "우리가 틀렸었다"라고 발표, 한기총 앞으로 서신을 보내 지방교회에 대해 재평가해 줄 것을 요청했다.

2. 중국 이단 사이비

오늘날은 글로벌 시대다. 따라서, 이단 대처 사역도 한 지역, 한 나라에 국한되는 것이 아니다. 정통 교파들이 열심히 선교하는 것 이상으로 이단 사이비 종파들 또한 선교에 열심이다. 특별히 최근에는 이웃 나라 중국으로부터 이단 사이비가 역유입되고 있기도 하다. 아직까지 성장세가 미미한 상황이기는 하지만 항상 경계심을 늦추어서는 안 된다.

용어에 있어서 중국에서는 보편적으로 **사교(邪教)**라는 말이 많이 쓰인다. 특정 종교에 국한되지 않고, 모든 종교 영역에서 신앙을 빙자하여 인민들을 탈선케 하거나 괴롭히는 사악한 종교를 일컫는 말이다.

*본 항목에서의 한자는 간자체로 표기한다.

1) 중국 이단 사이비 생장의 배경

현재 중국의 많은 교회가 이단에 물들어 있다. 기독교인을 총 1억 명이라 추정할 때 2-3천만 명은 족히 이단에 물들었든지 그러한 경향을 띠고 있다고 봐야 한다. 중국 이단의 생장 배경은 다음과 같이 요약할 수 있다.

(1) 가정교회의 폐쇄성

중국은 1949년 공산화 이후 종교를 국가의 통제 아래 두기 위해 1951년 삼자애국운동(三自爱国运动)이라는 단체를 결성하여 모든 교회가 가입할 것을 명했다. 삼자란 자치(自治), 자전(自传), 자양(自养)을 말하는데 이는 곧 어떤 외세에도 간섭받지 않으며 중국 나름의 토착화된 종교 활동을 지향한다는 것이다(중국 공산당은 아편전쟁 등 중국 근대사의 아픔을 거울삼아 서방의 선교사를 제국주의의 주구[走狗]로 여긴다. 그러므로 종교에 있어서는 외세의 개입을 극도로 경계한다).

당시 많은 개신교회가 삼자회에 가입했지만, 또 한편 많은 교회가 공산당이 교회의 머리일 수는 없다며 가입을 거부하고 가정교회로 남았다. 문화대혁명 등 핍박 시기에는 이 가정교회가 지하교회라고 불리기도 했다. 그러다가 개혁개방의 시기를 맞이하여 단속이 완화된 분위기를 타고 중국의 가정교회는 폭발적인 부흥을 이루었다. 오늘날 가정교회 신도의 숫자는 삼자교회의 두 배 이상으로 볼 수 있다. 그런데 문제는 이 가정교회로부터 많은 이단 사이비가 발생하고 있다는 사실이다.

삼자교회는 목회자가 정부의 눈치를 보느라 이단 사이비로 흐르기가 쉽지 않지만, 가정교회는 지도자의 생각 여부에 따라 쉽게 변질될 소지가 크다. 그리고 정식으로 허가 받지 못한 모임이라는 그 폐쇄성 때문에 이단 사이비로부터 피해를 당한들 공권력의 도움을 요청하기도 힘들다.

가정교회가 중국 교회 신앙의 순수성을 지켜 온 것은 사실이지만, 또 한편 이단 사이비에 약한 부분은 심각하게 고민하며 개선해야 할 부분이라 아니할 수 없다. 그렇다고 삼자교회가 대안이 될 수도 없는 형편이다. 삼자교회는 그 태생적 한계가 있을 뿐만 아니라 안식교와 참예수교회(真耶穌教会, 안식교 분파의 중국 자생 이단) 등의 이단 종파까지 받아들이고 있기 때문이다.

나름 좋은 모델로는 지역의 명망 있는 삼자교회 지도자들이 주변의 가정교회들을 자기 교회의 처소교회(위성교회)로 칭하게 한 후, 직간접적으로 보호하고 돕는 모습을 볼 수도 있는데, 이는 교회의 덕을 세울 뿐만 아니라 이단 대처도 용이하게 하므로 매우 모범된 모습이라 할 수 있다.

(2) 지도자 부족의 문제점

삼자교회든 가정교회든 교인의 숫자는 폭발적으로 증가했으나 합당한 자격 기준을 갖춘 건전한 지도자가 절대 부족한 형편이므로 목양이 뒤따르지 못하고 있다. 중국 당국으로부터 허가를 받은 신학교는 중국 전역에 20여 개 정도인데 학교당 학생 정원도 수십 명에 불과하여 신도 수 1억 명이 넘는 중국 교회를 도무지 감당해 낼 수가 없다. 더욱이 커리큘럼에 교양과목이 대부분이며 신학과목은 몇 개 되지도 않는데 그 내용도 중국적 특색의 과정신학 정도를 배울 뿐이다.

그래서 많은 중국 교회 지도자는 정규 신학교를 외면하고 선교사들이나 자국 지도자들이 세운 사설 신학교를 찾아 공부하기를 선호해 왔다(심지어 삼자신학교를 졸업한 사람들도 사설 신학교에서 다시 공부하는 경우가 허다하다). 이런 배경은 가정교회가 삼자교회보다 더욱 성장하는 이유가 되기도 했다. 그러나 이런 구조는 곧 이단이나 그릇된 목자가 쉽게 틈탈 큰 구멍이기도 하다. 정통교회 선교사들이 세운 신학교도 많지만 이단 선교사들이 세운 신학교도 적지 않기 때문이다.

또한, 자국 지도자들이 세운 사설 신학교도 그 수준의 차이가 클 뿐만 아니라 이단 사설이 섞여 들어와도 제대로 분별하지 못한 채 가르치는 경우가 허다하다. 더욱이 2017년 이후에는 종교정책이 더욱 폐쇄적으로 돌변함으로 인해 많은 한국 선교사가 철수해야만 했다. 그 결과, 중국 교회의 합당한 지도자 양성의 필요성은 더욱 절박해진 상태라고 할 것이다.

(3) 사다(四多) 현상과 미신 문화 유입

사다 현상이란 중국 교회에 농촌 배경이 많고 교육 수준이 낮으며 노인이 많고, 여성이 많음을 의미한다. 이런 배경으로 인해 중국 기독교인들의 의식에는 여전히 미신적 관념이나 전통 종교의 습성이 많이 남아 있기도 하다.

사실 문화혁명 시기에 많은 미신적 요소가 훼파되었는데, 개혁개방의 시기가 찾아오자 그동안 갈 곳을 잃었던 미신에 익숙하던 사람들이 교회로 대거 몰려들어 오기도 했다. 그런 사람들은 말씀을 받아도 이해력이 부족하여 오해하거나 미신적으로 재해석하여 여러 가지 문제를 야기하며, 더 나아가 이단 생성에 일조하는 측면도 있다.

(4) 신학의 불균형

조직신학, 역사신학, 실천신학의 세부 분야가 매우 취약하다. 특별히 중국 교회에 있어서 역사신학 분야는 불모지와 같다. 그나마 주경신학은 나은 편이다. 이유인즉, 지도자는 설교를 위해 성경을 봐야 하기 때문이다. 그러나 이 부분도 조직신학이나 역사신학, 성경 원어에 대한 바른 이해가 뒷받침되지 않은 경우가 많으므로 왜곡된 성경 해석이 나올 가능성 또한 크다.

(5) 이단들의 빠른 진화

이전까지는 중국 자생 이단이 농촌을 중심으로 많이 발생했지만 오늘날에는 보다 고차원적인 이단 사이비들이 도시를 중심으로도 나타나고 있다. 더욱이 농촌을 주무대로 하던 이단 사이비들이 세련된 방법론들을 배워서 도시에서도 교세를 넓혀 가고 있는 추세다.

(6) 화합역본(和合译本) 성경의 인간 구조 삼분설 번역의 문제

중화권에서 가장 널리 읽히는 중문 성경인 화합역본(和合译本, Chinese Union Version, 1906년 신약, 1919년 신·구약 합본 출판)은 매우 번역이 잘 되어서 중화권의 흠정역(KJV)이라 불릴 만하다.

그러나 크게 아쉬운 부분이 있는데 인간의 구조에 대해 영, 혼, 육으로 이해하는 삼분설을 전제로 번역되었다는 점이다. 그래서 중국 교회 신도들은 자연스레 삼분설을 지지하게 된다. 삼분설이 이단 사설은 아니지만 영지주의와 쉽게 접목되는 약점이 있음은 부인할 수 없다.

삼분설은 영은 선하고 육은 속되다는 생각에 빠지기 쉽게 하는데, 중국 기독교인들에게 그 같은 관념이 압도적이다. 그래서 인간 타락을 이해함에 있어서 영은 타락하지 않고, 육체만 타락했다고 이해하는 경향이 강하다(타락에 대한 이해에 있어서만큼은 알미니우스주의나 웨슬리주의도 넘어선 반(半)펠라기우스적 면모라고 할 수 있다). 결국, 전적 타락을 가르치고 설교한다 해도 저런 관념이 기저에 깔려 있음으로 인해 잘 수용되지 않는다.

또 한편, 화합역본에는 창세기 2:7 "생기를 그 코에 불어넣으시니 사람이 생령이 되니라"(고영민 원문번역 주석성경: 그 코에 생명의 숨을 불어넣으시니 '살아 있는 생물'[원문: 네페쉬 하야]이 되었다)에서 원문 '네페쉬 하야'를 영을 가진 산 사람(有灵的活人)으로 번역하고 있다(너 페쉬 하야는 사람뿐만 아니라 동물들에게도 동일하게 사용되는 '생물'이라는 의미의 단어이다). 그런데. 이 부분에 대해 중국 기독교인 중에는 하나님이 사람에게 당신의 영을 분배하여 불어넣으신 것으로 오해하는 경향이 의외로 많다.

영은 타락하지 않았다는 생각이 이런 관념을 더욱 부채질한 측면도 있다. 그래서 이런 현실은 신도들이 호함파의 신일합일 같은 이론에 쉽게 넘어가는 이유가 되기도 한다. 그리고 내가 곧 하나님이라고 주장하는 자들에게 성경적 근거를 제공하는 측면도 있다. 물론, 사람은 하나님이 직접 그 코에 생기를 불어넣어 창조하셨다는 특별함이 있는데, 그 의의는 사람이 하나님의 형상으로 지어졌다는 사실에서 찾아야 안전하지 그 이상의 무엇으로 해석하는 것은 위험한 논리에 빠질 수 있다. 불어넣으신 생기도 생명의 호흡이지 영이 아니다.

중국 교회는 이제 화합역본 성경만 고집할 것이 아니라 다른 역본도 폭넓게 받아들여 오류를 줄여 나가야 할 것이다.

그릇된 영혼 이해 + 영지주의적 관념 ➡ 이단 사설 출현 가능성 증가

(7) 선교사의 문제

중국의 공산화 이후 서방의 선교사들은 중국에서 모두 철수해야만 했다. 그러던 중 중국이 개혁개방을 하게 되자 한국이 주도적으로 중국 선교에 이바지하게 되었다. 그런데 이 과정에서 훌륭한 선교사들만 들어간 것은 아니었다. 자격 미달의 선교사도 많은 것이 현실이다. 그들은 오히려 건전한 선교에 큰 장애물이 되기도 한다.

더욱이 한국 대부분의 이단 사이비 단체에서도 중국을 기회의 땅이라 여겨 자기들의 선교사를 파송하고 선교에 매진한 결과 많은 중국인이 이단에 물들고 있다. 중국 자생 이단 사이비도 많지만 한국이나 미국 등의 선교 활동을 통해 물든 이단 사이비 신도 또한 허다하다. 심지어 중국의 신도 수가 한국 본 교단 신도 수를 넘어선 이단 단체도 여럿 있다.

2) 중국 이단 사이비의 특징

(1) 교주 신격화

중국 이단은 교주 신격화가 옛 중국의 황제 숭배 못지않게 강하다. 이는 중국 이단들이 이성보다 권위로 다스리는 형태가 강하기 때문이다. 기성교회에서도 자기가 좋아하는 지도자를 열광적으로 떠받드는 모습이 있는데 이런 경향은 이단 발생의 잠재적 요소가 되기도 한다.

(2) 재물 갈취

이단 교주는 본래적 목적이 신자들의 구원에 있는 것이 아니라 자기들의 야망과 이익을 위함이다 보니 교인들을 향하여 매우 노골적으로 재물이나 가치 있는 것을 바치고 참된 축복을 받으라고 한다. 일반 신자들의 기복주의적 종교관념을 악용하는 경우라 할 것이다.

(3) 터무니없는 성경 왜곡

지식이 짧은 사람이 왜곡된 성경 교리를 가르치고 있다. 이에 대부분 아전인수격이거나 심하게 왜곡되어 있다. 어떤 경우에는 너무 황당해서 웃음이 나올 법한 경우도 많다.

(4) 괴상한 행위

무언가 특별한 자기들만의 행위를 반복하도록 하기도 한다. 예를 들면, '곡파'라고도 불리는 '중생파'는 집회 시 울어야만 구원을 받은 것으로 간주한다. 호함파의 경우도 '오, 주, 예수'를 반복한다. '냉수파'라는 사이비는 모든 문제를 냉수로 해결하려 한다. 병이 들어도 냉수만 마시라고 하다가 죽은 신도가 있을 정도다.

(5) 부패한 생활

거짓으로 미혹하는 것이 이단이므로 그 열매 또한 부패한 생활로 나타날 수밖에 없다. 부녀자 유린, 반대자 처단, 이탈자 보복, 지도층의 사치향락 등이 그들의 대표적 열매다.

3) 중국 이단 사이비의 포교 수단

(1) 속임수

사람들에게 접근하여 거짓말로 미혹한다. 자기들에게 특별한 능력이 있다고 하든지 자기들을 믿어야만 구원이 있다고 한다.

(2) 유인

가입한 사람들에게 만족할 만한 상을 주거나 여러 가지 감언이설로 자기들의 체제에 순응하도록 이끄는데, 일단 그렇게 들어간 자는 빠져나가기가 곤란하게 된다.

(3) 협박과 보복

신도들에게 여러 가지 경고나 저주, 협박을 통해 탈퇴할 용기를 내지 못하게 한다. 실재로 탈퇴하려는 사람에게 생명의 위협을 가하기도 한다. 목숨을 걸고 탈퇴하지 않는 한 후회해도 소용없다.

(4) 일반 가정교회로 위장함

모든 중국 이단 사이비는 자기들을 가정교회로 위장하여 포교한다. 그런데 아무리 위장을 한들 금방 정체를 파악할 수 있는 종파가 있는 반면, 금방 분별이 어렵도록 단계별로 정체를 드러내는 종파도 있다. 중국 이단 사이비들은 운영과 포교 방식에 있어 꾸준히 진화해 가고 있는 중이다.

4) 중국 당국이 지정한 16개 사교(邪敎) 단체

중국 정부는 2000년에 14개의 사교 단체를 지정하여 공안기관에 단속을 지시했는데, 그 후 전능신교와 법륜공이 더해져서 16개 단체가 되었다. 그 단체들은 아래와 같다.

이 단체들은 현재 교주가 죽은 경우도 있지만 그 조직은 여전히 활발히 활동 중이다. 이 중에서 13개가 기독교 계열, 2개가 불교 계열, 하나는 도가 계열이다(법륜공). 한국 단체도 통일교, 다미선교회, 십계석국(한농복구회) 등 세 개나 있다. 중국 당국은 특별히 체제 저항적인 면모가 클수록 강력히 단속한다. 중국 정부가 지정한 단체는 다음과 같다.

(1) 呼喊派(호함파)

위트니스 리의 지방교회가 중국에서 토착화된 형태다. 이들은 미국과 한국 등의 것보다 더욱 과격하고 급진적이다〈p. 298 참조〉. 중국 공안에서는 한때 이들과 이들로부터 분파한 전능신교를 동일시하기도 했다.

(2) 門徒会(문도회)

호함파 간부로 있던 계삼보(季三保, 지싼빠오)가 창교했다. 교리는 문도회에 가입해야만 구원을 받는다는 내용이다. 재림은 삼속(三贖, 계삼보 자신)이 중국 시안에 나라를 세우는 때라고 했다.

성경의 시온을 중문성경에서 錫安(Xian)으로 기록하는데 오늘날의 중국 시안(西安, Xian)과 발음이 같다. 그는 시안 주변에서 교통사고로 죽었다. 농촌 등을 중심으로 크게 성장해서 활동 중인데 온갖 미신적인 행위와 혼합이 되어 있기도 하다.

(3) 全范围教会(전범위교회)

중생파의 다른 이름이다. 생명회 집회를 통해 삼일 밤낮을 울어야 구원받는다고 한다. 많은 가정교회가 이들로 인해 시험에 들고 깨졌다. 그래서 가정교회 지도자들은 이들을 심각한 이단으로 취급한다〈p. 312 참조〉.

(4) 灵灵教(영영교)

교주 화설화(华雪和, 화쉐허)가 창립했는데 자기 이름이 여호와(중국어: 耶和华, 예허화)와 한 글자만 다르므로 자기가 구세주라고 했다. 영은파(극단적인 중국 오순절파)처럼 열광적인 집회와 신비주의를 추구한다.

(5) 全能神教(전능신교)

호함파의 간부 출신 조유산(赵维山)이 창립했으며 '동방번개'라고도 불린다. 양향빈이라는 여자를 재림주요 전능신이라고 떠받든다. 오늘날 중국 교회에 있어서 가장 위협적인 이단 사이비 단체다〈p. 304 참조〉.

(6) 法轮功(법륜공, 파룬공)

이홍지(李洪志, 리훙쯔)라는 인물이 만든 종교 혼합적 면모를 가진 기(氣) 수련단체다. 그 조직이 방대해지자 중국 정부와 충돌이 발생하여 전방위적인 단속령이 내렸다. 이홍지는 미국에서 망명 중이다.

(7) 新约教会(신약교회)

홍콩 배우 출신 강단의(江端仪, 쟝두안이)가 창교했다. 신비주의에 심취하여 자기를 이 시대의 선지자라 했고, 기성교회에는 구원이 없다고 했다. 대만으로 넘어가 크게 성장했고 대륙에까지 진출했다. 그녀의 사후 교단은 몇 번의 분열을 겪으며 성장세를 달리고 있다. 그 분파인 좌곤(左坤, 주오쿤)의 사도신심회(使徒信心会)도 중국에서 널리 활동 중이다.

(8) 观音法门(관음법문)

불교계열 사이비 집단으로 석청해(释清海, 스칭하이)라는 영국계 화교가 대만에 창립한 것이다. 그는 자기를 청해무상사(清海无上师)로 칭하기도 했는데 자기를 예수, 부처, 알라와 동격이라고 붙인 이름이다. 자기를 통해야만 성불을 할 수 있다고 했다. 그의 제자 허성강(许成江, 쉬청쟝)이 중국에 원돈법문(圆顿法门)이라는 조직을 세우고 활동했다.

(9) 主神教(주신교)

호함파에서 파생한 피립왕파에서 갈려 나갔다. 피립왕파와 주신교는 중국판 JMS라고 할 수 있다. 교주에게 모든 것을 바칠 것을 강요하는데 여성은 정조와 삶을 바쳐야 한다. 교주 류가국(刘家国, 류지아구오)은 체포되어 사형에 처해졌지만 후계자들이 활동 중이다.

(10) 被立王(피립왕파)

호함파 간부 출신이던 오양명(吴杨明, 우양밍)이 교주이며, 자기를 세움 받은 왕이라는 뜻의 피립왕이라고 칭했다. 그리고 성경의 예수라는 이름은 피립왕으로 바꿔서 읽게 했다. 체포되어 사형에 처해졌지만 그 후계자들이 활동하고 있다. 중국판 JMS의 원류라고 할 수 있다.

(11) 统一教(통일교)

문선명의 통일교다. 투자 원조, 직무와 교육업무, 문화 교류 등의 명목으로 사람을 파견하여 중국에 진출했다. 막강한 자금력을 바탕으로 사람들을 한국에 데려가 교육시키고 귀국 후 통일교를 널리 전파하게 한다. 중국 목회자들에게는 무료 단체관광 등의 선심을 베풀며 접근하기도 했다.

(12) 三班仆人派(삼반복인)

교주는 서문고(徐文库, 쉬원쿠)로서 자기는 이 시대의 대복인(大仆人=큰 종)이다. 금욕주의를 강요하며 신도들을 구타하며 관리하는 것으로 유명하다. 그러나 정작 자기는 초호화 생활을 누렸다. 한때 전능신교 신도들을 멸하라는 명령을 내리자 신도들이 수십 명의 전능신교 교도들을 죽이기도 했다. 체포 후 사형에 처해졌다.

(13) 灵仙真佛宗(영선진불종)

1979년 미국계 중국인 노승언(卢胜彦, 루성옌)이 창립해 미국 시애틀의 뇌장사(일명 영선진사총당)에 본부를 두고, 1988년부터 중국에 진출했다. 그는 자신을 '활불', '불주'라고 주장했다. 공산당을 공격하며 천안문사태로 죽은 망령들을 위한 법회를 열기도 했다.

(14) 天父的儿女(천부의 자녀)

1968년 미국의 데이비드 버그(David Berg)에 의해 창립된 '신의자녀들'(The Children of God: COG)은 집단혼음과 미성년자 간음을 서슴치 않던 단체다. 이들은 세상 종말을 외치며 특별히 사회주의를 배격했는데 그 아류인 '천부의 자녀들'이 상해 북경 등 대도시에 들어가 활동했다.

(15) 达米宣教会(다미선교회)

1992년 휴거 불발 사태 이후 다미선교회는 소수이지만 중국에도 그 잔존 세력들이 남아 있다. 주로 동북 지방 조선족들을 상대로 활동한다. 2012년에도 종말이 온다고 했었다.

(16) 世界以利亚福音宣教会(한농복구회)

1993년 이후 중국에 전파되어 동북 3성 지역 조선족 교포가 많은 곳을 중심으로 20여 곳의 모임과 연락소를 각지에 설치하고, 8곳의 '석국' 거주촌을 조성했는데 6백여 명이 재산을 처분하고 집단생활을 했다가 중국 당국의 단속을 받아 해체되었다.

5) 한국에까지 영향을 미치는 중국 이단 사이비(호함파, 전능신교, 중생파)

(1) 호함파(呼喊派, 중국대륙에서 토착화 된 지방교회)

미국과 한국 등지의 지방교회와 중국의 호함파는 뿌리가 같다고 하지만, 현재는 많이 다르다. 미국과 한국의 본 지방교회 측도 자기들은 호함파와 무관하다고 일찍부터 천명하고 있다. 물론, 얼마나 관계없는지는 그들 수뇌부만이 정확히 알 것이다. 어쨌든 현재의 중국 호함파는 보다 극단적으로 진화한 지방교회라고 할 수도 있다.

2024년 현재 중국 호함파가 한국에 전래되었다는 특별한 보고는 아직 없다. 그러나 위트니스 리의 지방교회에 그 뿌리를 두고 있으며, 전능신교와 같은 수많은 중국 이단 사이비 종파의 모태가 되고 있으므로 한국 교회에서도 꼭 알아 둘 필요가 있다.

① 일반 사항

㉮ 명칭: 호함파(呼喊派, 후한파이), 하나님의 교회(神的教会), 지방소회(地方召会), 지방교회(地方教会), 주의 회복(主的恢复) 등 다양하다.
㉯ 대표: 이상수(李常受, 리창쇼우, Witness Lee, 1905-1997), 현재는 중국 각지 각 분파의 호함파 지도자들이 교주 노릇을 하고 있다고 할 수 있다.
㉰ 교세: 현재 중국 대륙에는 호함파 신도 수가 1천만 명에 육박한다는 말도 있다. 절강성(浙江省, 저장성, 중국의 예루살렘이라 불려온 온주[溫州市, 원저우]가 이 성에 속함)의 경우 기독교 인구가 최대 약 1천만 명에 육박한다고 알려져 있는데 그들 중 약 3분의 1이 호함파라 한다.
㉱ 조직: 중국의 호함파는 기존 지방교회 조직과 비슷하다고 할 수 있으나 워낙 분파가 많다 보니 일정하다고 할 수는 없다〈p. 279 참조〉.

② 중국에서의 현황

㉮ 전파 시기

1978년경 대륙으로 재전파된 것으로 알려져 있다. 그런데 미국과 한국의 본 지방교회에서는 호함파와 자기들은 무관하다고 선을 그으며, 이상수가 중국 대륙으로 들어간 일도 없다고 한다. 그러므로 미국 본부로부터 공식적으로 전파되었다기보다는, 미국과 대만 등의 지방교회 인사들에 의해 비공식적으로 대륙에 전파되었다가 급속히 확산되었을 가능성도 있다. 산동성(山東省), 절강성(浙江省), 하남성(河南省)에 먼저 전파된 관계로 현재 그곳의 교세가 상당하다.

㉯ 소군파와의 관계

전파 초기에는 함께 워치만 니를 추종한다는 이유로 소군파(小群派)와의 관계가 나쁘지 않았다. 그러나 이상수의 교리를 못마땅하게 여긴 소군파 지도자들에게 배척을 당하여 곧 갈라섰다고 전한다. 그래서 중국에서는 워치만 니와 이상수(위트니스 리)를 분리해서 이해하는 경향이 강하다.

현재 양자 간 사이는 매우 좋지 않다. 일찍이 워치만 니에 의해 설립되었던 소군파는 현재 중국 남방에서 굉장한 교세를 보이며 그 분파 또한 다양하다. 온건한 분파는 워치만 니를 맹목적으로 숭배하지도 않으며, 기성교회들과 교류도 활발하여 정통파와 다를 바 없다. 반면 호함파는 그 성향과 관계없이 중국 현지에서 이단으로 분류되어 큰 경계 대상이 되고 있다.

㉰ 호함파라 불린 배경

집회 시에 "오! 주, 할렐루야, 아멘", 혹은 "오! 주 예수여" 등을 외치는데 그리할 때 묶인 영이 해방되는 자유를 얻는다고 한다. 그런데 세인들이 그 모습을 특이하게 보고 '외치는 자들'(呼喊的)이라 칭한 결과 호함파라 불리게 되었다.

㉱ 교리의 극단화

이상수는 워치만 니의 사상 중에서 인간론과 교회론을 차용하지만, 핵심 문제로 지목되는 삼위일체관, 기독론, 구원관, '신인합일' 등은 이상수 자신의 주장이라 할 수 있다. 중국의 호함파는 위트니스 리의 지방교회 사상을 그대로 답습하지만, 더욱 과격하고 극단적이다.

중국 가정교회 지도자 임헌고(林獻羔, 린시엔가오, 1924-2013) 선생은 이상수와 호함파가 중국 본토에서는 어떻게 알려지고 있는지 그의 소책자 『중국의 이단』(中國的异端)을 통해 생생하게 들려주고 있다.

그 내용을 몇 가지 소개하자면 다음과 같다.

- 양태론적 삼위일체관을 가지며 성부, 성자, 성령, 교회의 4위1체의 양상을 보이기도 한다
- 예수님은 최초의 피조물이라고 하며 그 신성을 부정하기도 했다. 또한, 사탄과 예수가 십자가에 함께 못 박혔다고 한다. 예수의 육체 안에 사탄의 성정이 있었다며 예수 그리스도의 무죄성을 부정 폄하한다. 그리고 이상수는 70세가 넘은 후인 1976년 "십자가의 도리는 모두 말소되었다"(十字架的道理都 '一笔勾销')고 했다.
- 이상수는 70세 이후 성경의 권위를 하찮게 취급하기 시작했다. 그 결과 그의 사역자들은 "현재는 영의 시대다. 도(道, 요 1:1의 '말씀'에 해당)의 시대는 지나갔다. 영의 시대로 접어들었다"(现在是灵的时代, 道的时代已过去, 转入灵的时代了)라고 가르친다. 그래서 그의 추종자들 사이에서는 "이상수의 책 한 권 읽는 것이 성경 백 번 읽는 것보다 낫다"(读李常受的书一遍, 胜过读圣经一百遍)라고 말한다.
- 이상수는 집회를 통해 지속적으로 신인합일을 가르쳤다. "주를 먹고, 주를 마셔라. 주는 작고, 나는 크다. 주여! 나는 크고 당신은 작습니다"(吃主、喝主、主小我大、主啊！我大祢小)라고 했으며, 말년에는 집회 중에 회중으로 하여금 "나는 신이다"(我是神)라고 크게 외치도록 하기도 했다.
- 중국 남방 모처(鼓浪屿, 구랑위, 샤먼시에 속한 섬)에서의 집회 중 이상수는 "하나님의 뜻은 사도에게 계시로 나타나고, 사도는 장로들에게 전달한다. 장로는 다시 신도들에게 전달한다. 그러므로 사도가 전한 것은 온 교회가 순종해야 한다. 그것은 하나님의 명령이기 때문이다. 비록 사도가 좀 틀렸더라도 그것은 사도와 하나님과의 관계에서 해결하면 되는 일이므로 신도들은 무조건 복종하기만 하면 된다. 예를 들어,

청소를 할 때 유리창을 깨 버리고 창을 닦으라고 해도 그대로 따르고, 피아노를 거꾸로 놓아두라고 해도 그렇게 해야 한다"라고 했다(필자 주: 이상수는 호함파에서 사도로 불린다. 곧 자기에게 무조건 복종하라는 말이다. 이런 권위주의적 태도는 오늘날의 호함파뿐만 아니라 모든 이단 지도자가 즐겨 사용하는 방법이기도 하다).

- 많은 이상수의 추종자가 '예수는 이전 사람이고, 다시 오지 않는다, 이제는 이상수가 재림하여 자기들을 구원할 것'이라 한다. 더 이상 성경도 볼 필요 없고 이상수를 찬미하고 경배하면 된다고 한다. 이상수는 만주의 주, 만왕의 왕이기 때문이다.

㉮ 상수주파(常受主派)

현재 중국 대륙에서의 호함파는 이상수의 가르침을 따르는 것을 넘어서서 그를 '상수주'로 외치며 숭배하는 자가 많다. 이들은 '상수주파'라고 불린다. 그들은 상수주의 이름으로 기도하며 그를 통해 구원을 얻을 것을 믿고 있다. 심지어 예수는 이미 지나간 사람이라 재림하지 못하고 이상수가 재림한다고 믿기도 한다. 중화대륙행정집사참(中华大陆行政执事站)이라는 분파는 보다 과격한 상수주파라고 할 수 있다.

현재 호함파 안에도 다양한 파벌이 있어서 이상수를 떠받드는 정도에 상대적 차이가 있기도 하지만, 많은 호함파가 이상수를 상수주라 부르기에 큰 거리낌이 없기도 하다. 그 이유는 호함파의 신인합일 사상은 신도들 누구나 하나님이 된다는 이론이기 때문이다.

일반 신도들 누구나 신이 된다고 한다면, 하물며 자기들이 숭배하는 지도자는 더욱 신이어야 마땅한 것이다. 본 지방교회에서는 사람이 하나님과 동등한 존재로 변하는 것을 말하는 것이 아니라고 어필하기도 하지만, 대륙의 많은 호함파 신도는 사람이 하나님과 동등해진다고 믿고 있다.

위의 내용 중 이상수가 행했다는 극단적 행위들에 대해서 미국과 한국 등의 본 지방교회는 이상수는 그리한 적이 없으며 이상수가 중국 대륙에 들어간 일도 없고, 아울러 지방교회 차원에서 중국 본토에 선교사를 공식 파송한 일도 없다고 해명할 것이다.

그러나 오늘날 대륙의 호함파는 위에 열거한 내용처럼 이상수를 믿고 있는 것이 현실이다. 그러므로 지방교회 측에서는 대륙의 신도들에게 보다 적극적으로 이상수는 신이 아니고 사람일 뿐임을 알려야 오해가 해소될 것으로 보인다. 교리에 대해서도 마찬가지다. 사실 제3자의 입장에서 볼 때 동일하게 이상수를 최고 지도자로 믿고 그의 책을 열심히 탐독하는 지방교회와 호함파를 다르다고 하기도 어렵다.

지방교회가 진정 억울하다면 합리적 의심을 가진 사람들을 설득하기에 힘쓰기보다는, 오해를 일으키는 이상수의 가르침 중 많은 부분을 손보아 의혹을 근본적으로 제거하는 것이 덕스러울 것이다. 지금도 대륙에는 이상수를 왜곡 이해하여 사교(邪敎)의 구렁텅이에 빠져 있는 호함파 형제가 너무나 많다.

회복을 부르짖는 지방교회는 그 어떤 회복보다 그들의 회복을 위해 힘써야 마땅하지 않을까?

③ 그 분파들

호함파는 중국 이단 사이비 중 가장 교세가 크다. 워낙 많으므로 분파가 난립 중이다. 지역마다 색채가 다르고, 어떤 지도자를 두고 있느냐에 따라 또 다르다. 이상수를 열광적으로 추종하는 그룹이 있는 반면 상대적으로 덜한 그룹도 있다.

중국이라는 사회의 특성상 공식적인 교단 설립이 불가능하므로 더욱 분파가 난립하기 쉽고 독자 행동도 쉽다. 그래서 내부 갈등도 많다. 호함파라는 간판은 달고 있다고 해도 이미 새로운 일파를 이룬 곳도 부지기수라고 봐야 한다.

　호함파로부터 중국의 많은 새로운 이단이 생성되어 갈려 나오고 있는 중이라 할 것이다. 중국에서 가장 악명높은 이단 사이비 단체인 전능신교(全能神教), 피립왕파(被立王派), 문도회(门徒会) 등이 호함파로부터 갈려 나왔다. 피립왕파로부터는 주신파(主神教)가 분파했다. 이들은 모두 100만 명 이상의 교세를 가진 분파인데 모든 교주가 자기를 하나님 혹은 재림주라 칭한다. 호함파에서 갈려 나가며 너도나도 하나님이라고 칭할 수 있는 것은, 호함파의 신인합일 사상이 매우 유용한 이론적 도구가 되어 주기 때문이다.

(2) 전능신교(全能神教, 동방번개. 东方闪电)

① 일반 사항

㉮ 명칭: 전능신교, 전능하신하나님의교회, 동방번개, 칠영파, 이차구주파, 참빛파, 참도파로도 불린다.
㉯ 조직: 내부조직의 등급은 대제사장, 성령이 사용하는 사람, 성급 책임자, 구급 책임자, 부문별 책임자, 소그룹 지도자, 세포조직 지도자 등으로 나뉜다. 엄격한 규율로 움직이며 제각기 맡은 책임과 임무를 완수해야 한다.
㉰ 교세: 흑룡강성에서 시작해 순식간에 전국적인 조직을 형성했다. 날로 교세가 커지고 있고 현재 중국에서 가장 우려할 만한 사교다. 현재는 전국적으로 최소 200만 명은 족히 넘어섰다고 여겨진다. 무서운 점은 전통적인 중국의 비밀조직이나 범죄집단의 활동 방식으로 움직인다는 것이다.

㉪ 실질적인 배후 : 호함파에 몸담았던 조유산(趙维山, 쟈오웨이산)이라는 인물로 호함파에서 나와 양향빈(杨向彬, 양샹빈)이라는 이름의 여인을 앞세워 동방번개를 창설했다. 정부로부터 수배당하다가 2001년 양향빈과 함께 미국으로 망명했다. 망명 후 수하들을 통해 조직을 지배하고 있는데, 수뇌부에 대한 숙청과 임명을 반복하며 복종을 유도한다.

② 창교 과정

1987년 호함파에 가입한 조유산은 흑룡강성(黑龙江省) 아청시(阿城市) 영원진(永源镇)에 영원교회(永源教会)를 세우고 자칭 '능력의 주'(能力主)라 칭하며 교세를 수천 명까지 불렸다가 공안의 단속을 받아 핵심 신도들과 함께 도피하여 하남성과 산동성 등지에 다시 둥지를 트게 된다.

거기서 입시에 낙방하여 귀신 들림 현상을 앓던 양향빈이라는 여인을 만난다. 양향빈에게 흥미를 느낀 조유산은 그를 높여 주게 되고 1991년 그에게 『신화』(神话, 신의 말씀)라는 책을 시작으로 계속적인 집필을 하게 하여 오늘날 자기들의 교리서로 삼았다.

그 시기에 조유산은 신의 본체를 믿어야 한다고 주장하기 시작했다. 그러면서 신의 본체는 여러 분체로 나타난다 하며 자기네 핵심조직원 8명에게 전권(全权), 전성(全成), 전비(全备), 전영(全荣), 전승(全胜), 전지(全智), 전존(全尊), 전귀(全贵) 등의 이름을 주었다. 이들 사이에서 양향빈은 처음에는 전성신이었고, 조유산은 전권신으로서 교회 전체를 관할했다.

그 후 1993년에 조유산은 양향빈을 유일하신 참신이라고 하며 이름은 동방번개, 전능신, 실재신 등으로 칭하며 최고의 위치로 떠받들기 시작했다. 이 시기부터 동방번개의 책과 교리를 전파하기 시작했는데 폭발적인 성장세를 이루어 당국의 단속 대상에 올랐다.

한때 조유산은 공안에 체포되어 상급 경찰서로 이송당하기 직전에 탈출하기도 했다. 2000년 9월경 양향빈과 함께 미국으로 도주하여 망명 신청을 했고 오늘날에 이르기까지 해외에서 중국 내 조직을 원격조종하고 있다.

③ 주요 교리

㉮ 교주 신격화

ㄱ. 여자 그리스도는 자신을 전능신이라 칭하며 이 시대의 재림주라고 한다. 초창기 주로 쓰이던 초기 명칭인 동방번개는 마태복음 24:27의 "번개가 동편에서 나서 서편까지 번쩍임 같이 인자의 임함도 그러하리라"를 인용하여 자기를 재림주라고 칭하는 것에 있다.
ㄴ. 예레미야 31:22의 " … 여호와가 새 일을 세상에 창조했나니 곧 여자가 남자를 둘러 싸리라"를 "여그리스도가 남그리스도를 안으리라" 란 뜻으로 왜곡하여 자기의 권위를 높인다.

㉯ 세 시대설

첫 번째 시대: 율법 시대, 하나님의 이름을 '여호와'라고 함
두 번째 시대: 은혜의 시대, 하나님을 '예수'라고 함
세 번째 시대: 국도 시대(国度, 주기도문의 '나라와 권세와 영광…' 할 때의 나라에 해당하는 중문 단어임. 여그리스도가 옴으로 주의 나라가 임했다는 의미로 이해 가능), 이 시대 하나님의 이름은 '전능신'이다.

이 세 번째, 맨 마지막 시대는 심판의 때이며, 여자 그리스도를 통해 구원받아야만 한다. 이제 처음 두 시대는 효력이 없고 이미 폐하여졌다. 다

시 오신 여그리스도는 이전의 일-설교, 병그침, 귀신쫓기-를 반복하지 않는다. 이유인즉, 하나님은 항상 새롭기 때문이다.

㈐ 성경관
성경은 영감된 것도 아니고 완전한 것도 아니다. 이제는 재림주가 왔으므로 그의 명령이 성경보다 권위 있으니 그어게 복종하면 된다.

㈑ 종말론
전능신이 통치하는 국도 시대가 임했다. 세상에도 말세의 심판이 임할 것인데, 전능신을 믿어야만 구원을 얻는다. 모든 불신자와 적대자는 번개에 의해 죽임을 당할 것이다. 중국 공산당은 요한계시록 12:3의 "큰 붉은 용"(大红龙)인데 전능신이 그를 멸하고, 그가 통치하는 나라를 세울 것이다.

㈒ 기타
정통 신학의 모든 교리를 부정한다. 신론, 삼위일체론, 기독론, 성령론, 인간론, 구원론, 교회론 등 모든 면에 있어서 부정하거나 여자 그리스도를 통해 성취되었다고 해석한다.

신학적으로 논할 가치도 없을 정도로 왜곡된 사이비 사교집단이지만 전도 방법이 매우 집요하고 악랄하여서 크게 주의해야 할 대상이다. 이 단체의 전도자들과는 아예 처음부터 관계하지 않는 것이 가장 안전하고 바람직하다.

④ 중국에서의 활동

㉮ 3단계 전도전략

온갖 방법을 동원하여 자기들 신도로 만든다. 특별히 3단계 전도전략을 이용한다.

1단계: 복음을 전함, 듣는 이들로 하여금 이전에 들었던 모든 진리를 버리고 3일간 연속해서 들어야 한다고 요구한다.
2단계: 파송, 순종을 잘하는 사람들을 택하여 가정을 떠나게 하고 각지에 다니며 전도케 한다.
3단계: 여자 그리스도를 영접하게 함, 전도된 자들을 외부와의 접촉을 금지하고 다른 한쪽으로는 비밀집회를 조직하여 '새 노래'를 부르며 '영무'(靈舞)를 추면서 '여자 그리스도'를 영접하게 한다.

㉯ 갖가지 악랄한 수단

전도를 받지 않는다는 이유로 기성교회 신도를 살해하거나 불구로 만들기도 한다. 전도자의 남녀 성비는 엇비슷하다. 이들은 온갖 방법을 동원하여 사람들을 유혹하고 교회를 파괴한다.

ㄱ. 자기 신상에 대해 가짜 이름(그들은 이를 "새 이름"이라고 함)과 가짜 주소를 쓴다.
ㄴ. "거짓말을 할 줄 아는 것도 지혜다"라며 공개적으로 가르쳐서 사람들로 하여금 거짓말의 정당성을 받아들이도록 한다.
ㄷ. 교회에 처음 침투할 때는 예배에 성실히 참여하며 늘 "찾고" "배우는" 태도로 행동한다. 그리고 목회자와 교인과 친숙해진 다음 가짜 선교사를 슬그머니 끌어들여 설교를 하거나 사람들을 유혹함으로

교회를 파괴한다.
ㄹ. 그들을 향해 무언가를 물으면 오히려 다시 엉뚱한 물음으로 화답하는 특징이 있기도 하다. 성경에 대해 묻는다면 "하나님이 큽니까? 아니면 성경이 큽니까?" 하고 묻는다. 또한, "당신들은 거듭나고 구원을 받았습니까?" 하고 물으면 "무엇이 구원입니까?", "무엇이 생명입니까?" 하는 형식으로 되물어서 대화가 이어지기 어렵게 한다.
ㅁ. 자기들의 전도를 받지 않는 사람에 대해서는 위협을 가하며, 이미 자기네 교인이 된 사람들은 당분간 외부인들과는 접촉하지 못하도록 한다. 그들의 전도를 받지 않았다가 폭행이나 상해를 입은 사람들의 실례가 허다하다.
ㅂ. 그들에게 가입했다가 배반한 사람에 대해서는 온갖 욕설과 저주는 물론 납치나 감금, 심지어 상해를 가하거나 죽이는 경우도 있다.
ㅅ. 내부 단속의 방법도 다양하다. 공적에 따라 금전과 지위 등의 확실한 포상을 한다. 그리고 현지의 여러 전언에 의하면 남녀 신도들 간의 성행위를 천인합일(天人合一, 다른 이름으로 영적 침상에 오른다는 상영상[上灵床] 혹은 과영상[过灵床])이라는 이름으로 조장하고 있다고도 하는데, 이런 행태는 전능신교에서 헤어나오지 못하게 되는 주요 요인 중 하나로 보인다.
ㅇ. 기성교회 지도자를 넘어뜨리려 갖은 음란한 방법을 동원한다. 전능신교 신도가 거짓으로 위장하여 기성교회에 출석하고 지도자와 친해진 후, 기회를 보아 타 지역으로 가서 설교해 주기를 요청하거나 여러 가지 방법으로 지도자를 유인해 납치 감금한 후 폭력, 섹스 등의 방법으로 올가미를 씌우고 자기들 교리를 주입, 세뇌시켜 노예화한다. 중국에서는 이런 사례를 흔하게 들을 수 있다. 사역자가 이런 함정에 빠졌다가 운 좋게 탈출하더라도 그 후유증으로 인해 정상적인 사역을 하기 힘들게 되는 경우도 다반사다.

ㅈ. 기성교회 신도들을 미혹하는 방법들도 치밀하다. 주로 가정교회를 대상으로 침투하되, 먼저 그 교회 사람들의 신상(주소나 전화번호)을 속히 파악하려 한다(한국 교회는 교인 연락처 등에 대한 접근이 비교적 쉬운 편이므로 이런 단체를 경계하기 위해서라도 지혜로운 방법을 고안해야 할 것이다). 그리고 나서는 직분이 높거나 부자이든지, 여성이라면 미인을 위주로 치밀한 계획을 세워 집요하게 포섭한다. 사람은 누구나 한두 가지 부분에서 약한 것이 있는데 전능신교 신도들은 그런 약점 파악에 능하다. 물질에 약한 사람에게는 재정적인 능력이 되는 듯이 행동하며, 실제로 사역자에게는 용돈을 주거나 헌금을 많이 하며 환심을 산다. 이성에 약한 사람에게는 성적인 유혹을 가하여 넘어뜨린다.

여성 신도를 확보하는 과정에서 약취, 유인, 강간도 서슴지 않는 것으로 전해지고 있다. 특별히 미인일수록 더욱 중요한 타깃이 된다. 가난한 여대생에게 장학금을 대주며 환심을 사고나서 좋은 집회에 가자고 유인한 후, 강간하고 조직에 굴복을 강요하던 중 여대생이 정신 이상 증세를 보이자 버리고 가 버린 사례도 있었다고 전해진다.

ㅊ. 산동성 맥도날드 사건: 2014년 5월 28일 밤 산동성 소원시 (招远市, 자오위엔시)의 한 맥도날드 매장에서 한 여성이 여섯 명의 무리와 말다툼 중 그들에게 구타당해 죽는 사건이 발생했다. 공안의 조사 결과, 그들은 전능신교 교인인데 포교를 위해 그 여성에게 전화번호를 요구하다가 거부당하자 살해하게 된 것이었다. 이 사건은 중국 전역을 떠들썩하게 했으며 중국 당국은 전능신교 단속에 더욱 힘을 쏟게 되었다. 여섯 명 중 주모자 두 명은 사형에 처해졌다. 그러나 사실 대륙에서는 잘 보도가 안 되고 있을 뿐 전능신교로 인해 직간접적으로 죽거나 상해를 입는 경우가 허다하다.

⑤ 한국에서의 활동

㉮ 한국 진출의 배경

중국이 2012년 가을, 18대 중국공산당대회를 앞두고 사회정화 활동을 목적으로 사이비 종교 소탕을 진행했고, 중국 정부에 저항적인 모습을 보여온 전능신교는 숙청 대상이었다. 이처럼 중국의 사교 척결 정책이 심해지자 전능신교는 한국 등 해외에 거점을 마련하고 있다.

㉯ 한국 진출의 주된 방법

전능신교는 테러지원국을 제외한 180개국 외국인에 한해 한 달간 비자 없이 국내에 체류할 수 있는 무사증 제도를 시행하는 제주도를 통해 주로 한국에 들어온다. 이후 난민소송을 통해 장기체류를 하고 있다.

㉰ 한국 내 거점

국내로 침투한 전능신교는 서울 구로, 강원도 횡성, 평창, 충북 보은과 괴산 등에 수련원 등을 매입하는 방식을 통해 거점을 확보하고 있다. 그뿐만 아니라 농업회사법인을 설립하고, 농촌 지역 부동산도 집중적으로 매입해 국내에 정착할 수 있는 기틀을 잡고 있다. 동시에 유튜브와 SNS를 적극적으로 활용해 자기들의 교리를 전파하고 있다.

㉱ 현재 특징

난민신청을 악용해 국내로 들어온 신도가 많다. 2020년 8월 현재 이미 1,000여 명을 넘어선 것으로 여겨진다. 난민 인정을 기다리는 상황이라 타 이단 사이비에 비해 잠잠하게 지내는 것이 특징이다. 폭력성이 강한 집단으로 알려진 것을 고려해, 농가의 일손을 도우며 이미지 개선에도 신경 쓰고 있다.

㉮ 포교 현황

한국 각종 일간지에 2013년 한 해 동안만 663회에 걸쳐 전면 광고로 자기들의 교리를 소개하기도 했다. 2024년 현재 아직 한국인들이 얼마나 포교되었는지에 대해서는 정확히 알려진 것이 없다. 조선족 신도들이 한국인을 포교하는 경우가 목격되고 있기는 하다. 조선족 등 중국 국적자가 많이 거주하는 지역에서는 자국민들끼리 포교하기도 한다.

㉯ 향후 전망

워낙 조직력과 자금력이 막강하므로 한국 교회가 경계하고 또 경계해야 할 대상이다. 중국풍이라 촌스럽다고 가벼이 볼 대상이 아니다. 본격적으로 활동을 시작하게 된다면 신천지와 유사한 방식의 모략 포교를 하되 더욱 악랄할 것이라 예상된다. 중국에서의 사례들을 고려할 때 그 사악함은 **현시대 세계 최악의 사이비 집단**이라고 해도 과언이 아니다.

(3) 중생파(重生派, 전범위교회)

중생파는 이단이냐 단순히 극단일 뿐이냐 하는 논란이 있지만 현재는 거의 이단 사이비화되었다고 볼 수 있다. 물론, 중생파가 그 문제점으로 지적받는 부분들을 속히 고치기만 한다면 건실한 정통교회로 인정받을 수도 있을 것이다. 그러나 현실적으로 매우 어려운 일이기도 하다.

① 일반 사항

㉮ 명칭: 중생파로 널리 알려져 있으나 몇 가지 다른 이름도 있다. 곡중생(哭重生), 오해파(懊悔派), 전범위교회(全范围教会) 등의 이름으로도 불린다.

㉯ 조직: 사단(使团)에서 파송자를 내보내는데 이때 파송된 사람들을 '복음의 사자'라 부른다. 세부 조직은 6局(화북, 서북, 동북, 중남, 화동, 서남) 밑에 교구(성), 소구(시), 교회(현, 향)로 구성된다. 그리고 하부의 복음의 사자들이 여는 집회를 '생명회' 집회라 한다.
㉰ 대표: 서영택(徐永泽, 쉬용쩌), 서영령(徐永玲, 쉬용링) 남매가 대표다. 다른 이단과는 달리 교주 신격화와 같은 현상은 없다.

② **연혁**

1976년 하남성(河南省) 진평현(镇平县)에서 서영택이 광야신학교를 세움으로 시작되었다. 광야신학교는 산이나 폐쇄된 공간에 복음의 사자들이 몇 달간 합숙하며 전도훈련을 받고 파송되어 생명회 집회를 열도록 하는 곳이다. 전국적으로 지부가 있으며 하남성, 해남성(海南省), 광동성(广东省) 등지에 가장 많다.

집회 방식이 특이하여 삼일 삼야를 눈물 뿌려 울어야만 구원을 받은 것으로 간주한다. 그래서 이 집회에 참여하면 어떻게 해서라도 울려고 노력한다. 그 과정에서 탈진하기도 하며 죽은 사람마저 있다고 전한다. 그 극단적인 집회 방식과 기성교회를 어지럽히고 파괴하는 작태로 인해 일찍부터 중국 대륙에서는 이단 사교로 여겨져 오고 있다.

이런 상황 속에서 지도자 서영택은 그릇된 행동들을 교정하여 수습할 생각은 하지 않고, 자기 안전만을 위해 여동생 서영령만 남겨 둔 채 미국으로 망명해 버리고 말았다.

서영령은 중국 당국에 의해 연금을 당하기도 하며 감시를 받고 있기에 자유롭게 지도력을 발휘하기도 어렵다. 그로 인해 하부조직이 동요하며 오히려 더욱 본래의 그릇된 행태에 매달리는 역효과를 낳고 있다.

③ 극단화 과정

생명회 현장에서 복음의 사자들은 자기들의 열정만 앞세운 채 기성교회를 무시하고 배타적인 태도로 집회를 여는 경우가 다반사다. 또한, 몰래 기성교회 신도들을 꼬드겨 집회에 참석시키는데, 그러고 나면 신도들에게 큰 후유증이 남게 된다. 정서적 문제가 생기기도 하고, 영적 교만이 올라와서 교회를 어지럽히고 분열을 조장하기도 한다. 그래서 일찍이 중국 교회의 영향력 있는 여러 지도자로부터 중생파는 사교(邪敎)집단이라는 평가를 받았고, 중국 정부도 단속을 벌이고 있다.

중생파가 태동 때부터 3일 밤낮을 울어야 한다고 했는지에 대해서는 알려진 것이 없다. 그런데 초창기에는 많은 사람의 칭송을 받기도 했다. 복음의 사자는 최소 12살, 최고 24살 사이의 청소년들인데 그들의 열정과 그들이 전하는 텍스트상의 메시지는 충분히 복음적이었다고 전해지기 때문이다.

그런데 어느 때부터 삼일 밤낮을 울어야 구원을 얻을 수 있다고 주장하게 되었고, 곧 이어서는 그 삼일 밤낮의 기간 동안 죄 사함의 음성을 듣는다든가 무언간 신비한 것을 보는 체험이 있어야 구원을 받는다는 조건들이 덧붙게 되었다. 삼일 밤낮을 그리해야 하는 이유는 요나의 물고기 뱃속, 예수님의 죽음, 바울이 눈 멀었던 기간을 근거로 제시하는데 그저 억지스러울 뿐이다.

그래서 이런 현상은 처음부터 가르쳐진 것은 아니었던 것으로 보는 견해도 있다. 아마도 생명회 집회를 거듭하던 중, 어떤 성과가 있었는가를 보고할 때 "우리는 몇 명이나 울며 회개하더라" 하는 식의 현장 상황을 이야기하다가 거기에 집착하게 된 결과라 할 수 있다. 곧 복음의 사자들 간의 경쟁의식이 기화가 되어 극단 위에 극단을 더하며 초래된 부작용이라고 할 수 있다. 그런데 그것을 지도부가 관리하지 못하고 용인한 것이 결정적인 문제가 된 것이라 할 것이다.

④ 평가

㉮ 안타까운 부분

ㄱ. 관리 부실의 아쉬움: 중생파가 사용하는 구원론의 메시지들은 매우 성경적이다. 교리에 대한 것도 정통의 관점을 벗어나지 않고 있다. 그러나 그 텍스트의 적용이 현장에서 어긋나 버렸다. 이런 문제를 교정해 주기 위해 지도자가 존재하는 것이다. 하지만, 중생파 수뇌부는 그렇게 하지 않았다. 알고도 방임한 것인지, 무지해서 그리한 것인지, 아니면 지도부가 기성교회와 차별화된 새로운 세력 규합을 추구하기 위해 조장한 것인지 궁금할 따름이다.

ㄴ. 복음 사자들의 양면성: 복음의 사자들 열정은 칭송받아 마땅하다. 생명회를 열기 위해 산속에서 몇 달간 학숙하며 말씀을 암송하고 금식하며 준비하는 열정은 아무나 흉내 낼 수 있는 모습이 아니기 때문이다. 그런데 문제는 복음의 사자들이 그런 준비 과정을 거치며 영적 교만에 빠져 문제가 발생했을 가능성도 크다. 그들이 기성교회 목회자들을 우습게 보고 무시하는 태도가 그것을 증명한다.

복음의 사자들은 대부분 10대 후반-20대 초반의 청년들로 구성된다. 집중훈련을 받아 아무리 자신감이 넘치고 현장 스킬이 뛰어나다고 한들, 많은 부분에서 미숙할 수밖에 없음을 스스로 인정해야 할 것인데 그렇지 못했다. 그리고 생명회 집회에 사람들을 끌어오기 위해 갖가지 무리수와 거짓된 행위를 남발하기도 한다.

㉯ 비판 받을 부분

ㄱ. 지나친 정서주의: 생명회 집회는 습관적으로 정서주의에 편중하는 경향이 있다. 이들이 곡파(哭派)로 불리는 것도 집단적인 정서주의

를 자극하여 울도록 하기 때문이다. 울어서 죄가 해결된다면 그것
은 기독교의 복음이 아니다.
ㄴ. 지나친 성과주의: 전도는 매우 중요하지만, 현장에서 즉시 눈에 띄
는 변화를 찾아내려고 하는 것은 무리다. 오랜 시간을 거쳐야 드러
나는 신앙의 결실도 있다. 특별히 자기들 집회에 참여해야만 중생할
수 있다고도 하는데 이는 이단 논리다.
ㄷ. 지나친 정형화로 인한 극단 초래: 한 가지 방법론을 사용한 후 탁월
한 효과가 증명된다면 폐쇄적인 조직 내에서는 그 방법이 절대화되
기 쉽다. 울어야 참 회개라고 여기는 태도는 그런 현상의 좋은 실
례다. 더욱이 울음을 통한 구원이라는 도식은 이신칭의의 구원관을
흔들 수 있는 좋지 못한 태도다.

중생파는 다방면에 미숙하고 나이 어린 전도인들이 자기들의 실적을 올리기 위해 극단적인 방법들을 동원하며 전도한 결과, 기성교회와의 갈등의 골은 깊어졌고 돌이킬 수 없는 지경에 이르게 되었다. 더욱이 현재는 우는 것 외에 신비주의적인 체험을 과도하게 덧붙이는 경향이 갈수록 늘어가는 추세라고 한다. 더욱 사교(邪敎)화되어 가는 모습이다.

⑤ 한국에 미치는 영향

한국에 『하늘에 속한 사람』이란 책으로 유명세를 탄 윈(云, 본명: 刘振营, 유진영, 류전잉) 형제가 바로 이 종파에 속한 것으로 알려져 있다. 많은 사람이 그의 책을 보고 감동과 도전을 받기도 했지만, 사실 그가 쓴 책의 내용은 거짓과 과장이 많았다고 전한다.

중국 가정교회의 최고 원로 중 한 사람이었던 (故) 임헌고(林獻羔) 선생과 원로 10여 명은 2004년 10월 25일 중생파의 윈 형제가 감언이설로 타국의 성도들을 미혹하고 있으니 주의를 당부한다는 공개 서신을 띄우기도 했다.

특별히 윈 형제는 백투예루살렘운동(Back to the Jerusalem Movement, 이하 BTJ)을 주장하기도 했는데, 이는 오늘날 한국의 많은 교회가 동일한 이름으로 동참하는 운동이기도 하다. 그 의도와 방법이 순수하고 모범적이라면 힘써 행할 만한 일일 것이다. 그러나 중생파와 같이 이단성이 있는 종파와 함께한다면 과연 건전하게 수행될 수 있을 것인가 하는 의문이 남지 않을 수 없다.

더욱이 한국 교회에서 이단 시비가 깊은 인터콥(InterCP)도 백투예루살렘운동을 벌이고 있다. 그들은 예루살렘을 향해 가는 길목의 회교국가들을 굴복시키기 위해 땅 밟기를 해야만 한다며 목숨을 걸고 그 일을 하고자 한다. 땅 밟기를 통해 그 지역 악한 영의 견고한 진을 훼파하고 그 영들을 쫓아내기 위함이라는 논리다〈pp. 45-46 참조〉.

2006년 어린이를 대동한 1천여 명의 인터콥 관련 신도가 땅 밟기를 목적으로 아프가니스탄을 찾으려 했다가 그 의도를 눈치챈 그 나라 당국에 의해 강제출국 및 입국거부 조치를 당하며 행사가 취소되었다. 그런데 그 이듬해 2007년 아프가니스탄에서 S교회 소속 23명의 단기선교팀이 납치되었다가 두 명의 대원이 죽임을 당하는 비극이 벌어졌다. 이 일이 인터콥과 직접적 관계가 있는가에 대해서는 뚜렷한 증거가 없지만, 그 일 년 전 땅 밟기 사태로 인한 후유증일 가능성은 배제할 수 없다.

과연 땅을 밟으면 그곳을 지배하는 악한 영들이 쫓겨나는 것일까?

아프가니스탄에서의 그 사태로 인해 정작 쫓겨난 이들은 오랜 세월 그곳에 살며 헌신해 오던 정통교회 선교사들이었다. 오히려 선교에 큰 방해가 될 뿐이었던 것이다.

선교는 간혹 일방적인 선포가 필요할 때가 있기도 하다. 그렇지만 대부분 은근과 끈기와 인내로 해내야 부작용이 없고 그 열매가 아름다운 것이다. 많은 사역자가 기적의 부흥이라 불리는 여의도광장에서 열렸던 빌리 그레이엄 목사의 부흥 성회와 같은 것을 꿈꾸기도 하는데, 그런 생각

자체가 영적 탐욕일 수 있다. 내가 아무리 선한 목표를 가졌다고 해도 하나님의 시간표는 다를 수 있다. 그러므로 겸손하게 작은 열매라도 맺힘을 감사하며 성실히 사역할 때, 때가 되면 하나님은 큰 열매도 허락하실 것이다.

서영택과 원 형제는 2022년 현재 BTJ가 쓰여진 여행상품을 판매하고 있는 모습이 포착되기도 했다. 그리고 미국에서 반중(反中) 활동에 힘쓰고 있기도 하다.

3. 한국의 이단 및 사이비

1) 세계평화통일가정연합(통일교)-문선명, 한학자

(1) 일반 사항

① 명칭: 현재 공식 명칭이 '세계평화통일가정연합'이며 줄여서 '가정교회'라 부른다. 평소 일반적인 명칭은 통일교다.
② 대표: 문선명(1920-2012), 현재는 한학자
③ 조직: 세계기독교통일신령협회를 모체로 세계평화통일가정연합이 있고 두 개 단체 산하에 청소년순결 운동본부, 초교파기독교협의회, 국제크리스챤교수협의회, 세계종교협의회, 국제기독학생연합회, 국제승공연합, 남북통일전국대학생연합, 해외한민족회, 전국초중고원리연구회, 전국교사원리연구회 등을 비롯한 사회전반에 걸쳐 수많은 조직이 구성되어 있다.
④ 교세: 2011년 현재 한국에 210여 개 교회와 1만 9천여 명의 신도가 있다.

(2) 연혁과 변천

① 창교자와 창교 과정

세계평화통일가정연합(이하 통일교)의 창설자 문선명(본명: 문용명)은 1920년 1월 6일(음력) 평안북도에서 부친 문경유와 모친 김경계 사이에서 차남으로 태어났다. 문선명이 15세 때 형과 둘째 누이의 정신 이상 증세가 있자 온 가정이 기독교를 믿게 되었다.

문선명은 13세까지 한학을 공부하고, 1934년 15세에 이르러 평안북도 정주에 있는 오산 보통학교 3학년에 편입했다가 1935년 4월 정주 공립 심상소학교에 전학하여 1938년 졸업하고, 1941년 3월 22세 때 경성상공 실무학교를 졸업한 후 일본에 건너가 와세다대학(早稻田大學)부속고등공업학교 전기과에 입학, 1943년 9월 졸업했다.

　해방 직전 1943년 말 귀국, 흑석동에 거주하면서 토목회사에서 기사생활을 했으며 상도동에 새로운 집을 마련하면서 1945년 경기도 파주군 임진면 섭절리에 자리 잡고 있는 김백문의 이스라엘 수도원에 6개월간 몸담았었다. 그때 김백문의 『기독교 근본원리』를 복사해 사실상 창교 준비를 했던 것으로 보인다.

　문선명은 1945년 4월 28일 최선길과 결혼하여 1946년 4월 2일 장남 문성진을 낳고, 1957년 1월 8일 최선길과 이혼하고 1960년 3월 1일 추종신도인 홍순애의 딸 한학자(당시 17세, 현 세계평화통일가정연합총재)와 재혼했다.

　통일교가 본격적인 활동을 하기 시작한 것은 1954년 5월 1일 서울 성북구 북학동 391번지에 간판을 걸면서부터다. 그때로부터 '세계평화통일신령협회'라는 이름으로 활동하다가 1997년 세계평화통일가정연합을 창설하여 활동했다. 2010년에는 세계평화통일가정연합에서 '통일교'로 공식 명칭을 변경했다. 문선명은 2012년 9월 3일 사망했다.

② **변천 과정**

　1954년 5월 1일 '세계기독교통일신령협회'라는 간판을 걸고 '성화기독학생회'를 조직했다. 1957년 사상적 토대인 『원리해설』을 발간하고, 1960년 10월 14일 협회의 전국 조직을 만들었다. 이때의 전국 조직은 9개 지구, 72개 지역이었다.

1966년 1월 10일에는 '전국대학원리연구회'를 발족했다. 1968년 박정희 정권이 국시를 '반공'으로 하자 '국제승공연합'을 창설하여 반공 교육으로 입지를 강화하고, 당시 정부의 적극적인 지원을 받아 군수사업 및 주요사업을 확장하는 계기로 삼았다. 1973년에는 교수조직인 '전국평화교수협의회'를 창립하고, 1962년 예술단체인 리틀엔젤스를 창립, 활성화했다.

통일교는 다수의 언론기관을 두고 있는데 60년대 말에 서울에서 종합일간지를 발행하려다가 실패한 이후 「주간종교」로 출발하여 월간 「광장」, 「주류」 등 네 종이 발행되고 있으며 출판사만도 3개가 있다. 외국에는 「워싱턴 타임즈」(Washington Times)를 비롯해서 8개 종의 일간 신문을 발행하고, 주간지 3종, 월간지 6종 외에도 40여 개 국가에서 주간지 및 월간지를 발행하고 있다. 일간지 「세계일보」는 곽정환 씨가 사장으로 취임하며 발간하기 시작했다.

통일교는 600여 개 종파를 대상으로 1966년 11월 7일 종파 간의 대화합을 내세워 '초교파운동본부'라는 조직을 구성하여 단체의 홍보 활동을 활발히 하고 있다. 이 단체의 활발한 활동은 1958년 말경 기성교회 원로목사, 현직목사, 장로, 권사, 전도사, 여자 임원 등 각 층을 망라한 소위 '4성회'(1976년 성청회를 포함해 5성회가 됨), 곧 성노회, 성목회, 성장회, 성녀회, 성청회 조직으로 발전했다. 이들은 지속적으로 기성교회 성도들을 포섭하여 기성교회와의 마찰이 심화되었다.

이외 '세계반공연맹, 국제승공연합'의 조직을 가지고 활동하고 있으며 1999년부터는 '청소년순결 운동본부'를 조직하여 전국의 초·중·고등학교 학생을 대상으로 순결 운동을 활발하게 펼치고 있다. 전국 학교에서 순결서약 운동을 벌이기도 하고 학생들에게 '순결 캔디'를 나눠 주기도 했다.

2009년 문선명은 나이 90세를 전후하여 후계구도 구상을 마쳤다. 세계 평화통일가정연합 한국 및 세계 회장으로 그의 막내 아들 문형진, 기업경영은 4남 문국진, 교육이나 비정부단체 기구는 3남 문현진이 임명되었다.

그러나 '통일교 왕자의 난'이라 불리는 후계 아들들의 갈등이 불거지기도 했다. 특별히 3남 문현진은 부친을 메시아로 인정하지 않는 등의 행위로 인해 문선명 생전에 크게 배척당하기도 했고 문선명의 장례식에도 참여를 거부당했다. 한학자는 그 과정에서 영향력을 확대했고, 문선명 사후에는 막내아들 형진을 밀어내고 통일교 수장이 되었다.

현재 한학자와 세 아들은 서로 갈라진 상태이며 부친의 유산을 두고 서로 각종 소송에 휘말려 있다. 모친 한학자에게 2015년 교주 자리를 빼앗긴 문형진은 현재 미국 펜실베니아에 자기가 세운 세계평화통일성전(World Peace and Unification Sanctuary, 생츄어리교회)을 운영하고 있다.

그는 모친 한학자를 독한 말로 저주하며 이단이라고 파문을 하기도 했는데, 한학자가 이미 통일교 본 교단을 장악하고 말았기에 본 교단 내에서 문형진의 영향력은 미미한 실정이다. 문형진은 2018년 이후 그의 교회에서 "마귀 사탄에 대적하기 위해서는 총기로 무장해야 한다"고 주장하며 모든 신도에게 지속적으로 총기를 소지하고 군사 훈련도 받게 하되, 심지어 예배에까지 총을 들고 참석하도록 하여 큰 물의를 빚고 있다.

(3) 주요 교리

㉮ 신론

통일교는 자연계의 모든 존재가 음양, 마이너스와 플러스, 이렇게 양극성의 관계를 띄고 상대적으로 존재한다고 한다. 이러한 상대적 원리 현상은 창조의 제일 원리가 되는 신의 본질이 음과 양의 상대 관계로 이루어져 있기 때문이며, 이 신은 그 스스로도 음성과 양성의 상대 원리에 복종하지 않으면 존재할 수 없다고 한다. 하나님은 내적 신(神)이고 인간은 외적 신(神)이라고 한다. 말하자면 신은 곧 인간이요, 인간은 곧 신이라는 것이다. 이는 범신론적인 모습이기도 하다.

㉯ 기독론

통일교의 교리서인 『원리강론』에서 창조 이후 등장하는 하나님과 예수는 재림주를 소개하기 위한 예비자로 본다. 『원리강론』은 예수를 실패자로 간주한다. 통일교는 예수가 십자가에 처형당한 까닭에 영육 양면의 구원 섭리를 완성하지 못했다고 주장한다. 또 여수가 사탄을 굴복시키지 못한 까닭에 실패자가 되었다고 한다. 그러면서 문선명을 높이는데 이는 성경과 모든 역사의 중심이 문선명이라는 논리다.

㉰ 모든 종교의 통일

통일교라는 이름은 만물의 통일, 모든 종교의 통일이라는 원리를 내세우기 때문에 붙인 것이기도 하다. 통일교는 이미 죽은 '영인'이 지상의 인간에게 재림하여 상호 협조함을 통해 완전에 이른다고 주장한다. 곧 죽은 사람들의 영혼이 자기들 생전에 지상에서 이루지 못한 사명을 현재 지상의 성도에게 재림해서 이룰 수 있다고 하는 것이다. 이를 '재림부활'이라 한다. 신자이든, 불신자이든, 타 종교인이든 다시 지상의 인간에게 재림해서 그들과 함께 복귀섭리를 이루어 간다.

그러므로 때가 되면 모든 종교인은 재림주를 중심으로 복귀섭리에 협조할 것이며, 결국 재림부활 섭리를 통해 종교의 통합을 이룰 것이다. 그러므로 통일교의 재림주는 불교의 미륵불, 유교의 진인, 한국의 정도령이기도 하다.

㉑ 타락론

인간의 타락은 성적 타락의 결과라고 한다. 『원리강론』은 타락한 천사 루시엘과 인류의 어머니 하와 사이의 성적 간통사건이 타락의 시발점이라고 한다. 인간의 타락은 두 가지인데 그중 영적 타락이란 하와와 사탄 루시엘의 간음이요, 육적 타락은 그렇게 더럽혀진 하와와 아담의 성적 관계를 말한다. 이런 결과 모든 인간에게 사탄의 피가 생물학적 유전 혈통을 따라 흐르고 있다고 한다. 이런 인간은 오직 재림주와의 피가름 법칙을 통해서만 육체적 구원을 받을 수 있다는 것이다.

㉒ 에덴동산의 두 나무

『원리강론』에서는 생명나무를 "창조 이상을 완성한 남성", 곧 완성한 아담이라고 주장하며, 선악을 알게 하는 나무는 "창조 이상을 완성한 여성", 즉 완성한 하와라고 한다. 예수는 바로 이 생명나무로 세상에 왔다는 것이다. 따라서, 예수는 타락한 아담이 이룩하지 못한 "완성된 남성"으로 남자의 가능성을 성취하는 모범이 되기 위해 이 땅에 왔다고 한다.

그러나 초림 예수가 이를 실천, 완성하기도 전에 십자가에 못 박혀 죽는 실패자로 인생을 마쳤기 때문에 재림주가 생명나무로 다시 와서 인류를 접붙임 해야 자범죄뿐 아니라 원죄까지도 속죄 받을 수 있다고 한다. 이 생명나무로 오신 재림주는 문선명을 가리킨다.

㉓ 말세관

초림에 오신 예수가 지상천국 건설에 실패했기 때문에 말세에는 재림주(문선명 자신)가 그 일을 완성할 것이라고 한다. 여기서 말세란 "사탄이 주장하는 죄악 세계가 하나님이 주관하는 지상천국으로 바뀌는 시대"를 말한다. 즉, "지상지옥이 지상천국으로 바뀌어지는 때가 이른다"는 것이다. 부활에 있어서는 기성교회의 주장과 달리 육체의 부활은 없고 영인들의 재림부활이 있다〈㉰ 항 참조〉.

㉻ 탕감복귀설(복귀섭리)

인간이 죄에서 벗어날 수 있는 길은 인간과 하나님 양쪽의 협력으로만 이루어질 수 있다고 한다. 구원은 본래 인간의 책임 분량을 수행함으로써만이 가능하다. 인간이 저지른 원죄란 그 대가를 지불해 줌으로써 씻어질 수 있는 것이요, 그 대가를 인간이 지불해야 하고 또 할 수 있다는 것이다. "탕감이란, 타락한 인간이 창조 본연의 위치와 상태로 복귀하기 위하여 잃어버린 것을 회복하는 일"이라고 한다.

㉠ 탕감복귀의 영도자론

탕감복귀의 섭리를 이룰 마지막 재림 예수는 인간 지도자이어야만 한다는 것이다. 재림 예수는 한 남성으로 한국 땅에 태어나 한 여자를 찾아, 하와와 뱀이 만들어 낸 사악한 육적 관계를 씻어 낼 수 있는 사랑(성관계)을 통해 참자녀를 낳아야 한다는 것이다.

이 메시아는 바로 문선명이기에 3, 12, 70, 120명의 자녀 축복(자기들 의식을 통한 합동결혼식) 순으로 추악한 성관계를 씻어 주며, 사탄의 피를 몰아내 온 인류의 참부모가 되어야 한다. 곧 문선명이 한국을 중심으로 하여 하늘나라의 왕권을 세우고 만국의 통일을 이루어 세계 인류의 왕이 되며, 영원한 지상천국을 건설한다는 논리다.

㉡ 합동결혼식

통일교는 합동결혼식을 가장 중요시하는데 그 정식 명칭은 '교차교체 축복결혼'이다. 이것을 통해 타락한 혈통을 바꾸는 '혈통전환'을 이룬다고 한다. 혈통전환이란 '피가름'(혈대 교환)의 세련된 이름이다. 합동결혼식을 통해 치루는 세 가지 의식은 아래와 같다.

• 성주식

참부모의 사랑의 증표와 피의 상징을 넣은 술을 모든 합동결혼식 당사자들이 나누어 마시는 것이다. 이 의식은 원죄를 속하고 참자녀가 되어 사망에서 생명으로 옮겨 감을 상징한다.

• 탕감봉

하체로 죄를 지었으니 그 죄를 탕감하기 위해 부부가 탕감봉으로 서로 엉덩이를 번갈아 가며 세 번 때림으로 그 원죄를 털어 낸다는 의미다.

• 삼일식

부부가 삼 일간 성관계를 치르는 방식이다. 이는 참부모에 의해서 다시 태어나는 조건을 세우는 탕감 의식으로 아내가 먼저 복귀되어 남편을 다시 낳도록 한다는 의미이다. 성주식이 내적 탕감이라면 이는 외적 탕감 의식이다.

(4) 활동 상황

통일교에는 다음과 같은 주요 종교 기념일이 있다. 세세한 기념일까지 합치면 1년에 모두 50여 회가 넘는다.

- 1월 1일(음): 참하나님의 날(하늘 부모님의 날)
- 1월 6일(음): 참부모 탄신일(문선명과 한학자의 생일이 같다)
- 3월 1일(음): 참부모의 날
- 5월 1일(음): 참만물의 날
- 7월 17일(음): 천주성화(天宙聖和, 문선명 사망일)
- 10월 1일(음): 참자녀의 날, 천주통일국 개천일

통일교는 경제 활동도 활발하게 펼치고 있다. 국내에는 식품회사인 (주)일화와 일성건설, 통일중공업, 일신석재 등의 대표적인 기업이 있으며 전 세계적으로 해양, 에너지, 기계, 제약, 화공, 조선, 운수, 무역, 건설, 출판 언론 등 150여 개의 회사를 운영하고 있으며 정기간행물로는 「통일세계」(월간), 「종교신문」(주간), 「세계일보」(일간), 「세계와 나」(월간), 「세계여성」(월간) 등을 발행하고 있다.

통일교 산하 문화, 예술단체로는 국제문화재단, 리틀엔젤스합창단, 유니버설발레단, 새소망합창단, 선버스트경음악단, 한선무용단, 국제민속발레단, 뉴욕심포니오케스트라, 새소망합창단, 고우윌드브라스밴드 등이 있다. 교육기관으로는 선문대학교를 위시하여 선화예술중·고등학교, 선정중·고등학교, 경복초등학교, 한국통일신학교, 미국통일신학대학원 등이 있다.

(5) 기타 사항

① 1957년 5월 11일 전후 이화여대 교수 5명과 학생 14명, 연세대 학생 3명이 통일교와 관련된 문제로 인해 학교 당국으로부터 퇴교처분 당했다.
② 1995년 8월 8일 문선명의 후계자 문효진(문선명, 한학자 사이의 장남이었으나 2008년 사망함)의 부인 홍난숙이 14년간의 결혼생활을 청산하고 탈출해서 출연한 미국 CBS TV 60분 프로그램에서의 인터뷰와 저서를 통해 문교주 가정 생활의 비리 – 온갖 위선, 폭력, 마약과 섹스에 물든 가족사 – 를 폭로했다.
③ 현재는 세계평화통일가정연합이라는 이름과 '참가정'이라는 구호 아래 종교적 색채를 배제한 채 주로 사람들로 하여금 사회적 공감대를 형성하도록 하며 결혼상담소 등을 운영한다. 곧 과거 통일교의

이미지를 탈피하는 데 주력하고 있다.

④ 통일교가 지금의 경제력을 확보하는 데는 신도들에게 비싸지 않은 물건도 고가(高價)로 판매하는 영감상법(靈感商法), 무보수나 다름없는 교인들의 노력봉사 등의 결과로 알려지고 있다. 또한, 통일교의 독특한 결혼 방식인 합동결혼식은 사회적 논란의 대상이 되고 있다. 최근에는 결혼식 후 긴 공백기 없이 동거하게 하고 있는 것으로 보이나 한때는 수년간 별거하며 전도와 헌금 등 내부 가르침에 충실한 이후에라야 동거할 수 있었다고 한다.

⑤ 2007년 이후 한국 기독교인들에게는 성지와도 같이 인식되고 있던 전남 여수 지역 땅을 사들여 그곳에 대규모의 리조트 여러 채와 골프장, 각종 해양 레저 시설까지 운영하고 있다.

⑥ 문선명이 2012년 9월 3일 죽은 후 통일교 교단은 한학자의 지배 아래 있다. 한학자는 현재 문선명을 칭했던 '독생자'에 상당하는 '독생녀'로 불리우며, 통일교의 가장 중요한 과업인 합동결혼식을 주재하고 있다.

⑦ 2022년 7월 8일 일본의 아베 신조(安倍晋三) 전 총리가 선거 유세 도중 야마가미 테츠야(山上徹也)라는 이름의 남성에게 사제총을 맞고 피살당했다. 범행의 이유는 그의 모친이 통일교에 빠져 재산을 바치고 가정을 방치한 때문에 통일교에 원한을 품고 있다가 평소 통일교와의 관계가 밀접했다고 알려진 아베 전 총리를 저격했다는 것이다. 그동안 통일교는 일본에서 영감상법으로 인해 잦은 구설수에 오르고 있기도 했다. 일본 정부는 2023년 10월 13일 법원에 통일교의 해산명령을 청구했다. 최종 결론은 몇 년 걸릴 것으로 보인다. 해산명령이 내려지면 종교법인 자격이 박탈되어 세제 혜택을 받지 못해 교세 확장에 큰 제약이 따르게 된다.

2) 신천지예수교증거장막성전(신천지)-이만희

(1) 일반 사항

① 명칭: 공식명은 '신천지예수교증거장막성전'(일명 신천지)이며 다른 명칭으로 신천지중앙교회, 기독교무료성경신학원, 시온신학원, 평신도성경신학원 등의 이름을 사용하거나 간판이 없다.
② 대표: 이만희
③ 조직: 과천의 본부교회 아래 지역별 12지파를 두고 있고, 그 아래 교리를 전하는 신학원들을 두고 있다.
④ 교세: 2017년 현재 국내외 1,200개소 이상의 교회 및 교육시설을 운영 중이다. 한때 교인 수가 20만 명에 달한다고 여겨졌으나 2020년 코로나19 확산에 일조했다는 혐의로 사회의 지탄을 받은 이후 교세가 주춤하고 많은 탈퇴자가 나오기도 했다. 그러나 코로나19로 인한 각종 사회적 규제가 완화된 이후 다시 활발한 활동을 전개하고 있다. 최근에는 신천지 간판을 걸고 노방전도를 하는 등 공개적 활동 빈도가 높아지고 있다.

(2) 연혁

창교자 이만희는 1931년 9월 15일 경북 청도군 풍각면 현리 702번지에서 아버지 이재문과 어머니 고상금 사이에서 태어났다.

이만희는 서울로 상경해 장막성전(한국의 1960-70년대 크게 성장하던 사이비 종파로서 당시 17세의 어린 종 유재열이 교주였음. 교주 유재열의 이탈 후 추종자들이 흩어지거나 신천지 등에 흡수됨)의 어린 종 유재열의 집회에 참석한 후부터 유재열을 추종하다가 1967년 2월 재산을 다 털리고 사기를 당했다며 이탈했다. 1971년 9월 7일에는 40개 항목의 혐의로 유재열과 측근 신도

김창도를 고소해 법정에 세우기도 했다.

그 후 1978년 장막성전의 영명 '솔로몬'으로 통하던 백만봉을 추종하며 '솔로몬창조교회' 12사도 조직의 한 사람으로 있다가 1980년 3월 14일 자신을 따르는 세력을 규합해 경기도 안양에 신천지중앙교회를 설립했다. 그리고 현재는 자기들의 성지로 지정한 과천으로 본부를 이전한 상태다.

(3) 주요 교리

이만희는 장막성전의 몰락을 요한계시록과 연계하여 비판하면서, 세를 규합하기 위해 다음과 같이 기성교회와는 전혀 다른 성경 해석을 한다.

① 보혜사 이만희

'인자가 구름 타고 오신다' 함은 '성령께서 육체로 오신다'는 뜻이며, 재림주는 예수라는 이름이 아니라 다른 이름으로 오신다고 주장하며 이만희 자신이 다른 이름으로 오신 보혜사 성령이라고 한다.

② 창조관

음부는 이 세상이요, 이 세상은 사망이라고 한다. 성경의 천사는 인간이라고 한다.

③ 교리서

신천지교회의 교리서라고 하는 『신탄』은 통일교에서 이탈한 김건남의 저서로서 김백문의 『기독교 근본원리』와 정득은의 『생의 원리』, 변찬린의 『성경의 원리』, 통일교의 『원리강론』의 내용과 유사하다.

④ 성경론

성경은 암호로 기록된 책이고, 비유와 상징으로 기록된 책이라고 하며 도(道)의 맥을 다룬 영적 차원의 기록이라고 한다. 마태복음 24장과 요한계시록만 새 언약이며, 신약과 구약은 무효라고 한다. 성경에서 알 것은 오직 세 가지라고 한다.

- 하나님과 하나님께서 보내신 자, 이만희를 아는 것이다.
- 하나님의 나라(장소=신천지와 과천)를 아는 것이다.
- 하나님 나라의 의를 확립시킨 이만희와 그를 중심한 무리를 아는 것이다.

오늘날까지 세상에서 성경을 통달한 곳은 오직 신천지뿐이라고 하며, 특별히 구원받은 성도가 반드시 알아야 할 성구가 24가지 있다고 한다. 이는 다 자기네 교주 이만희를 믿게 하고 자기네 신천지인들로서의 자긍심을 갖도록 억지로 해석한 성구다.

⑤ 요한계시록

요한계시록은 성구 해명을 요구하는 말씀이 아니라 예언된 그 실상이 나타남으로써 이루어지는 말씀이라고 한다. 그러면서 이만희는 자기와 요한계시록의 사도 요한을 동일시한다. 또한, 자기는 요한계시록 2-3장의 이긴 자이며, 현세에서 요한계시록의 실상을 정확히 보고 아는 사람은 오직 자기 한 사람뿐이라고 한다.

⑥ 삼위일체론

"예수는 이미 육체에 거하는 혼이며, 하나님의 보좌는 성령이신 본체 신(神)이 좌정하는 자리다. 즉, 성령과 예수의 혼과 땅의 육체 이 셋이 연합하여 하나가 되는 이것이 하나님의 보좌다. 따라서, 이 삼위가 일체되는 그날이 여호와의 한 날이요 변화 성신하신 신인(神人)이 탄생하는 날이다"라고 주장한다.

곧 하나님의 삼위를 "세 의자에 한 몸"으로 이해하는 양태론이다. 한문 글자의 위(位)를 '위격'(인격)으로 이해하지 못하고 '자리'로 이해하는 오류를 범한다. 또한, 신인이 탄생한다고 하는 것은 이만희 자기가 재림주로 세상에 오는 것을 의미한다고 할 수 있다.

⑦ 구원론

기성교회는 구원이 없고 오직 신천지만이 구원을 받는다. 예수를 믿음으로 구원을 얻는 것이 아니라 사도 요한적인 사명자를 만나야 한다. 사도 요한적인 사명자(보혜사)의 말씀을 듣고 지켜야만 영생에 이르며, 요한을 말미암지 않고는 예수께 올 자가 없다.

또한, 이만희는 성령이신 예수께서 직접 보여 주고 들려주신 것을 전하는 진리의 한 사자가 출현하여 영생의 말씀을 전파하고 있다면서, 자신의 책을 "성령이 나를 통해서 교회들에게 하시는 말씀"이며 "일곱 인으로 봉한 하나님의 책 요한계시록의 비밀이 이제 개봉되어 만천하에 공개되는 계시라고 함으로 자신을 아담, 노아, 아브라함, 모세, 예수와 동등한 대언자 또는 사도 요한적인 보혜사로 암시한다.

⑧ 재림론

요한계시록 10:8-11에 나오는 내용처럼 하나님의 책을 받은 한 목자가 와서 우리를 참진리로 인도해 준다고 한다. 그 목자는 곧 이만희이며 그가 보혜사다. 택한 보혜사에게 예수께서 성령으로 오는 것이 재림이라고 한다.

요한계시록에서 말하는 144,000명의 숫자는 자기들 신천지인의 숫자를 말함인데, 그 수가 다 차면 신천지가 열리고, 요한계시록 20:4의 순교자의 영들이 144,000명과 결합하고, 예수님의 영은 이만희 육체와 결합한다. 그리하여 신천지 인들이 육체 영생을 하며 세상의 지배자가 된다. 이 교리는 신천지인들이 모든 것을 포기하고라도 전도에 뛰어드는 가장 큰 이유이다.

그런데 현재 신도 144,000이 초과되자 '인 갖은' 144,000명과 '흰무리'로 교리를 변개했다. 아울러 '인 맞은 144,000'에 들라고 하며 '인 맞음 확인시험'을 치르기도 하고 있으며, 100퍼센트, 90퍼센트가 있으며 또 인 맞음이 바뀔 수도 있다고 한다.

⑨ 영생론

"믿는 자는 영생한다고 하셨으니 실제로 믿는다면 실제로 영생해야 마땅하다"라며 조희성이 설립한 영생교의 영생론과 흡사한 주장을 한다. 그래서 신천지 안에서 이만희는 이미 보혜사요, 이긴자요, 약속의 목자이므로 결코 죽지 않고 영생한다고 믿어지고 있다.

이만희는 이미 고령이라 거동이 불편하여 공식 석상에도 휠체어를 타고 나타난지 오래되었다. 그런데 2023년 현재 이만희는 93세인데 집회 도중에 "내가 너무 오래 살았다. 인명재천, 죽는 것은 육체이지 영혼은 아니다. 남은 시간 동안 받아먹은 거 증거하려 한다"는 등의 말을 하여 내부에 동요를 일으키기도 했다.

⑩ 교회론

기성교회는 낡고 부패하여 더 이상 생명력이 없다. 신천지는 죄도 흠도 없는 거룩한 하나님의 백성 된 교회공동체다. 하나님이 말씀을 주신 곳은 오직 신천지뿐이며 만국이 예배 드리러 오는 장소도, 만물이 소성함을 입을 수 있는 장소도 오직 신천지뿐이다. 이는 교회의 정통성이 자기들에게만 있다고 하는 모든 이단의 대표적 특징이기도 하다.

⑪ 천국론
"성경에는 사후 천국에 관한 기록이 단 한 구절도 없다"고 주장하고 지상천국과 신천지를 주장한다.

⑫ 부활론
부활을 불교의 윤회와 같은 것으로 보고 있다. 죽은 사람의 영혼이 산 자와 하나 되는 것을 말한다. 신천지식 신인합일(神人合一) 주장이다. 신천지가 열리면 하늘의 영들이 증거장막 신도들에게 임하게 된다. 하나님과 예수의 영은 약속의 목자 새 요한에게 임하고, 12사도의 영은 12지파장에게 임하며, 많은 하늘의 영은 신천지 신도에게 임한다. 이렇게 신인합일된 신천지 신도들이 하나님과 함께 영원히 살게 된다.

⑬ 성경의 성사 과정
배도, 멸망, 구원의 사이클을 말한다. 신천지에서는 성경을 분류하면 역사와 교훈과 예언으로 기록되었고, 성사 과정은 목자 택함-언약-배도-심판(멸망)-구원-재창조-새 언약-부활의 순서로 되어 있다고 한다. 그런데 지금 이 시대의 배도자와 멸망자, 구원자를 바로 아는 것이 영생이라고 한다.

이만희는 장막성전 교주 유재열을 하나님이 세운 언약의 사자였지만 배신한 배도자라 한다. 그리고 멸망자는 신천지를 괴롭혔던 오 모 씨 등이고, 구원자는 이만희 자신이라는 것이다. 신천지 신도들은 이런 배도-멸망-구원의 사이클을 중시하여 '배·멸·구'라고 하며 늘 읊조린다.

(4) 활동 상황

신천지는 전국적으로 무료 성경신학원을 운영하면서 기성교회 성도들을 상대로 자신들의 교리를 설파하고 있다. 또한, 그 이름을 평신도성경신학원, 로고스신학원, 기독신학원 등 다양하게 변형하면서 선전을 하기 때문에 기성교회와의 마찰이 심하다.

추수꾼들의 '산 옮기기 작전'으로 인해 많은 교회가 피해를 보기도 했다. 산 옮기기란 기성교회에 신천지의 추수군이 몰래 침투하여 계속적으로 자기네 신천지인들을 전도해 들어오고, 또한 일부 기존 교인들은 포섭하면서 기존 신도들보다 자기네 교인이 더 많아지게 하여 완전히 한 교회를 점령해 버리는 방법이다.

신천지는 국내에 지파본부 12개소, 지교회 55개소, 선교센터 266개소, 기타 801개소의 시설로 총 1,200여 개의 시설을 운용 중이며 해외에도 많은 시설이 있다.

교리 교육을 위해 열리는 복음방의 신학원의 수강시간은 월, 화, 수, 목요일 등 주 4회이며 오전 11시, 오후 3시, 저녁 8시 등 세 차례 실시한다. 2개월마다 개강하며 동일한 내용을 하루 4회 강의하고 시간은 선택이 가능하다. 교재와 강의 내용이 담긴 영상자료들을 판매한다. 그러나 핵심적인 교리 내용이 담긴 문서는 등록자가 공부할 때만 나눠 준다.

2007년 5월 8일 한국의 MBC 방송 〈PD수첩〉에서 신천지교회를 자세히 해부하여 고발하는 프로그램이 방영된 이후 사회에 그 이단성과 사이비성이 널리 알려지게 되었다.

2020년 3월 코로나19가 확산일로에 있었던 시기 신도들이 중국을 방문 후 감염 사실을 숨겼다는 의혹을 사서 이만희가 공개사과를 하기도 했는데, 방역법 위반과 횡령, 업무방해 등의 혐의로 기소되었다가 2022년 방역법은 무죄 확정, 횡령과 업무방해 혐의는 집행유예를 판결 받았다.

2020년 코로나19 사태 이후 집합금지 명령에 따라 대부분의 신학원이 폐쇄되었고, 온라인을 중심으로 교육과 포교에 힘쓰다가 방역기준이 완화되면서 다시 활발한 활동을 시작했다. 그런데 코로나19 사태 이후에는 이전과 다르게 공개적인 포교 방법을 부쩍 많이 사용하고 있다. 신천지 간판을 그대로 건 채 노방전도를 한다. 그리고 각종 인터넷 매체, 유튜브 등을 통해 자기네 교리 소개와 변증 활동을 활발히 전개하고 있다.

물론, 은밀한 전도 활동도 여전할 것이므로 항상 주의해야 마땅하다. 최근에는 거리에서 설문 등 다양한 방식으로 포교하고 있다. 50대 이상을 대상으로 스마트폰 무료강좌 수강생을 모집하는 모습도 발견되고 있다. 심지어 섹스 포교도 하고 있다는 소문이 있기까지 하다.

사실상 오늘날 신천지의 포교 방법은 이러하다 하며 한 가지로 정의 내릴 수 없다. 그들은 사람과 사람 관계 속에서 가용한 모든 방법을 동원해 포교한다고 생각하면 된다. 어떤 형식으로든 사람을 만났는데, 결국 비밀리에 성경 공부를 하자고 한다면 신천지라고 할 수 있다. 신천지 교인들은 오늘도 개개인이 수단 방법을 가리지 않고 갖은 지혜를 짜내어 포교에 전념한다. 그들이 이렇게 포교에 열심인 이유는 전도하지 못할 경우 구원에서 탈락할 수도 있다고 여기기 때문이다.

(5) 기타 사항

한국의 다수 정통 교단에서는 이만희가 장막성전(당시 교주 유재열) 계열의 이단으로서, 그가 가르치고 있는 계시론, 신론, 기독론, 구원론, 종말론 등 대부분의 교리는 도저히 기독교적이라고 볼 수 없는 이단이라고 규정했다. 그리고 이런 이만희의 교리나 주장을 가르치고 따르는 신천지교회나 무료성경신학원에 교인들이 참여하는 것을 전면 금했다.

3) 기독교복음선교회(JMS) - 정명석

(1) 일반 사항

① 명칭: 현재의 공식 명칭은 기독교복음선교회(CGM, 이하 JMS)이다. '기독교대한감리회(진리)'라는 이름의 자체 교단도 설립하여 산하 교회들은 이 명칭을 교단명으로 사용한다. 사회에는 JMS로 많이 알려져 있다.
② 대표: 정명석
③ 조직: 한국에는 기독교복음선교회 산하에 각 지역별로 지교회가 있고 대학별로 갖가지 형태의 동아리가 조직되어 있다.
④ 교세: 교당은 2백여 개소가 있다. 한때 20만 명에 육박하는 교세를 과시했으나 정명석의 부도덕과 이단성이 널리 알려진 이후 교세가 계속 축소되어 2024년 현재는 약 1-2만 명 정도인 것으로 추산된다. 정명석은 성폭행 혐의로 재판을 받아 2009년 10년형을 받고 출소한 이후, 또 다시 성추문을 일으키고 2024년 현재 구속상태에 놓여 있다. 하지만, 잔존 신도들은 여전히 그를 추종하며 무죄를 주장하고 있다.

(2) 연혁

창교자 정명석은 1945년 2월 3일(음) 충남 금산군 진산면 석막리(월명동)에서 부친 정팔성(1997년 사망)과 황길레의 6남 1녀 중 3남으로 태어났다. 정명석은 초등학교 4학년 때 초상집에서 시체를 염하고 매장하는 것을 보고 인생의 허무를 깨달았다고 한다.

초등학교 졸업이 학력의 전부인 정명석은 성경 읽기와 산 기도에 열중하던 중 22세 되던 해에 입대해 두 차례의 월남 참전 후 1969년 9월에 전역하여 나운몽 장로의 용문산기도원과 삼각산기도원을 전전했다.

남한산성에서 70일 기도를 통해 영계를 깨달았다는 정명석은 노방전도를 하다가 한 양장점에서 통일교 여신도를 알게 되어 금산 통일교에 입교, 후에 통일교의 승공연합에서 반공강사로 활동하기도 했다. 정명석은 1975년도에 측근 신도들에게 통일교 창시자 문선명의 사명은 끝났고 1978년부터 자신의 사명이 시작됐다고 공언하기도 했다.

1980년 2월 서울 남가좌동에 애천교회를 개척한 것이 기독교복음선교회의 모체이다. 같은 해 11월 서울 삼선교 성향원이라는 허름한 부랑자 시설의 2층 모자원 건물을 사용하면서 공식적인 활동을 시작했으며 1980년대 중반 '국제크리스천연합'으로 개칭했다.

주로 대학생들을 대상으로 전도 활동을 하며 교세를 확장하던 정명석은 1986년 예수교대한감리회 교단에서 목사안수를 받기도 했는데 창설 때부터 내부적으로 끊이지 않는 여신도와의 성추문이 언론에 보도되면서 간부들과의 갈등이 일었고, 교단 내 불법 모금운동 등으로 핵심신도들과 불신의 골이 깊어져 갔다. 이때 정명석은 고향인 석막리(월명동)에 성전을 짓고 본부를 지금의 장소로 옮겼다.

1990년대 초 정명석이 교회를 맡고 2인자 격인 안구현(1999년 이탈)이 선교회를 맡는 이원화 구도가 깨어지면서 생긴 갈등으로 서울의 교회가 여러 교회로 분리되고, 본부가 금산 월명동으로 옮겨가 친족 구도로 운영체제를 갖추고 성역화 작업을 마쳤다. 그 즈음 SBS 방송국의 시사고발 프로그램 〈그것이 알고싶다〉 방영의 파문으로 개혁을 주장하는 측과 친족 중심의 수구 세력인 일명 왕당파 간의 주도권싸움에서 개혁 세력 측이 밀려나고 정명석을 추종하는 왕당파가 전권을 장악했다.

정명석은 〈그것이 알고 싶다〉를 통해 그의 성비위가 알려진 이후 성폭행 혐의로 체포 위기에 놓이자 해외로 도피했다. 이때 일명 왕당파는 1999년 10월 15일 충남 유성에서 '대한기독교복음선교회'로 교단명을 변경하고 표면상으로는 도피중이던 정명석과 단절한 것처럼 외부에 공표했지만 여전히 정명석의 지휘하에 있었다.

정명석은 언론보도 이후 해외 선교를 핑계 삼아 도피생활을 계속하다가 인터폴 적색수배자 명단에 올랐다. 그럼에도 그는 중국에 은신하며 한국에서 여자들을 불러들여 성추행을 했고 2007년 중국 요녕성 안산시 모처에서 은신 중 체포되었다.

정명석은 중국에서 재판을 받기도 하던 중 2008년 2월 국내로 강제 소환된 이후 2009년 4월 23일 대법원 확정 판결로 10년형을 선고받았다. 재판과정에서 당신이 메시아냐는 재판관의 질문에 자기는 그렇게 생각해 본 적도 없고 가르친 적도 없다고 발뺌했다. 이에 많은 JMS 신도가 충격에 빠졌고 몇몇 교회는 속았다며 JMS 교단으로부터의 이탈 성명을 내기까지 했다.

2018년 출소 후에도 또 다시 여신도들을 성폭행한 혐의로 2022년 다시 구속수감되어 재판 중이며, 2023년 12월 1심 판결에서 징역 23년 형을 선고받았다.

(3) 주요 교리

정명석은 『30개론』이란 교리를 가르친다. 이 책의 내용은 수많은 입신을 통해 예수께서 자기에게 알려 주신 것이라고 하지만, 사실상 통일교의 『원리강론』을 표절하고 약간의 수정을 가한 것으로 여겨진다.

그 30단계는 아래와 같다.

- **입문 5과목**
    ① 성경을 보는 관 ② 태양아 멈추어라 ③ 엘리야와 까마귀 밥
    ④ 7단계 법칙 ⑤ 삼분설

- 초급 7과목

　⑥ 비유론 ⑦ 불의 개념 ⑧ 말세론 ⑨ 무지 속의 상극세계 ⑩ 홍수심판 ⑪ 이단의 개념 ⑫ 예정론

- 중급 8과목

　⑬ 중심인물론 ⑭ 부활론 ⑮ 사단론 ⑯ 가인의 성격 ⑰ 영계론 ⑱ 계시론 ⑲ 메시아 자격론 ⑳ 지상천국론

- 고급 10과목

　㉑ 엘리야와 예수님의 재림 승천 실상 비교 ㉒ 예수님과 세례 요한의 관계 사명 ㉓ 유대교와 기독교의 교리 비교 ㉔ 두 감람나무와 두 증인 ㉕ 한 때 두 때 반 때 ㉖ 창조 목적 ㉗ 타락론 ㉘ 구원론 ㉙ 재림론 ㉚ 역사

위의 30개론의 결론은 정명석을 메시아로 고백하도록 만드는 것에 있다. 입문 과정에서는 의문을 가지고 흥미를 끌 만한 내용들에 대해 그럴 듯한 해석을 해 주어 마음을 열게 하고 계속적인 공부 과정에서 자기들의 이론과 교리를 슬그머니 주입한다. 이 과정에서 학습자는 자기도 모르게 그 사상에 물들게 되는 것이다. 그리고 마지막 고급 과정에 이르러서는 정명석을 메시아로 믿도록 집중 교육시킨다.

21단계인 '엘리야와 예수님의 재림 승천 실상 비교'에서는 다음과 같은 도식으로 가르친다.

- 엘리야 ➡ 승천 ➡ 재림 = 세례 요한에게 영이 강림
- 예수님 ➡ 승천 ➡ 재림 = JMS에게 영이 강림
- 주의 날이 도적같이 오리니 ➡ 예수님의 영 강림의 날

JMS 측의 중심된 교리를 요약하자면 다음과 같다.

① 성경관

기성교회와 달리 성경의 정경성을 인정하지 않는다. 그리고 성경을 해석할 때는 다음 네 가지를 풀지 못하면 하늘 뜻을 이룰 수 없고, 깨닫지 못하면 구원 문제가 좌우된다고 한다.

- 지상천국은 어떻게 이루어지나?
- 구세주는 어떻게 와서 어떤 일을 하실 것인가?
- 구원은 어떻게 이루어지나?
- 심판은 어떻게 이루어지나?

우주가 일곱 가지 법칙에 의하여 창조되었으므로 모든 것은 이 법칙에 맞아야 한다.

일곱 가지 법칙은 다음과 같다.

1단계: 광물계-광맥을 보지 못하면 광물을 캐내지 못한다.
2단계: 생물계-생리에 맞지 않으면 못산다.
3단계: 물질계-물리적 조건에 맞지 않으면 썩거나 변질된다.
4단계: 땅-지리적 조건에 맞지 않으면 지진, 폭발, 해일이 일어난다.
5단계: 우주-원리에 맞지 않으면 균형의 파괴와 천재 지변이 일어난다.
6단계: 인간-심리가 맞지 않으면 미움, 시기, 분쟁 등이 일어난다.
7단계: 하나님과 인간-진리에 어긋나면 하나님과의 관계가 단절되어 사망한다.

② 말세관

통일교의 『원리강론』에서 부분적으로 표절하여 용어만 조금씩 바꾸어 놓은 것으로 순환적 말세관을 주장한다. 순환적 말세관이란 『원리강론』

의 말세관에서 말하는 구약의 노아 때, 신약의 예수님 때, 예수님의 재림 때를 말세라고 하는 주장이다.

③ 부활론
통일교에서 말하는 것과 똑같이 부활을 윤회와 같은 것으로 보고 있다.

④ 영계론
지상영계(선영계·음부)와 천상영계(낙원·무저갱·천국·지옥)로 구분하는데 영(靈)을 영형체급, 영인체급, 성령체급으로 나누고 있다. 특히, 영계 견학이라는 신비 체험을 조장하여 정명석을 신격화하면서 그의 주장을 합리화한다. 그들 JMS 신자들은 집회 참여 등으로 입신에 빠지게 되면 영계에서 정명석이 메시아임을 보게 된다고 한다.

⑤ 타락론
통일교의 타락론을 인용한 것으로 아담의 타락을 하와와 천사의 간음으로 본다. 타락한 인간은 소생기, 장성기, 완성기를 거쳐 완성된다고 주장한다. 특히, 여자는 소생기 7년, 장성기 7년, 완성기 7년을 합한 21년이 되면 완성되고 남자는 재창조 연수인 8년, 8년, 8년을 합한 24년이 되어야 완성된다고 한다.

결국, 통일교처럼 하와의 간음으로 인한 인류 타락을 이야기한다면 그것을 해결할 자는 정명석 교주다. 그 교리적 구조상 정명석은 여자들과의 성추문이 끊일 수 없다고 보아야 한다.

⑥ 구원론
구원은 육적 구원과 영적 구원 그리고 중심자 구원으로 구분하는데 1차 구원과 2차 구원이 있다고 한다. 결국, 그 구원의 완성자는 정명석이다.

(4) 활동 상황

JMS는 대학캠퍼스를 주 활동 무대로 하고 있다. 주로 학술, 체육, 무용, 응원 등의 비종교 동아리로 위장하여 활동하고 있으며 이 동아리 대부분은 JMS와 무관하다고 주장하거나 이름을 자주 바꾸고 있다. 또한, 타 동아리에 단체로 가입하여 그 동아리를 잠식하고 있어 심심찮게 마찰이 일어나고 있다. 꼭 JMS가 아니라고 해도 위와 같은 유형으로 동아리를 운영하는 이단들이 있으므로 주의가 요구된다.

(5) 기타 사항

창교 초기부터 끊이지 않은 정명석과 여성 신도들 간의 성추문은 여러 차례 언론의 도마에 오르곤 했으나 그때마다 여신도들의 수치심과 명예 때문에 흐지부지되어 왔었다. 1998년 12월에는 이탈 신도를 폭행해서 물의를 빚었고, 2003년에는 반 JMS 모임인 엑소더스의 회장인 김도형 씨의 부친을 폭행하여 충격을 주기도 했다. 그리고 불우이웃 돕기 등의 명목으로 성금을 모금하여 교단 운영자금으로 전용한 사실이 1999년 1월 SBS 방송을 통해 보도되기도 했다. 이러한 JMS는 창설 초기부터 통일교와 유사한 이단으로 분류되어 왔다.

정명석은 성추행 혐의로 10년 복역 후 2018년 출소했으나, 또다시 여신도를 성폭행한 혐의를 받게 된다. 2022년 3월 16일 성폭력 피해자 기자회견에서 외국 국적의 여성 두 명이 준강간, 준강제추행 피해를 입었다고 밝힌 후, 정명석은 전격 체포되어 10월 구속 수감되었다.

그리고 2023년 3월 넷플릭스 〈나는 신이다〉 방영 후 JMS에 대한 전국적인 관심도가 높아진 가운데 정명석은 2023년 12월 1심 판결에서 징역 23년 형을 선고받았다.

JMS 내부적으로는 2인자로 여겨지던 정조은(본명 김지선)이 정명석의 성적 문제를 인정하고 메시아가 아니라고 발언하는 등 JMS 교단 측과의 갈등이 이어지고 있다. 정조은이 문제를 조기에 수습하고 교단을 장악하려 그리했다고 추측되지만, 그 역시도 정명석의 행위를 방조한 혐의로 구속되어 재판에 회부되었는데 2023년 10월 1심에서 징역 7년을 선고받은 상태다.

4) 하나님의교회 세계복음선교협회(안상홍증인회) – 장길자

(1) 일반 사항

① 명칭: 공식 명칭은 '하나님의교회 세계복음선교협회'이다. 1990년대 중반까지는 '하나님의교회 안상홍증인회'라고 했다가 이후 안상홍을 빼고 '하나님의교회'란 이름으로 바꾸었다.
② 대표: 장길자, 김주철
③ 조직: 총회조직에 3개의 위원회가 있으며 실행위원회 산하에 전도국을 비롯한 10개의 활동국이 있다.
④ 교세: 2023년 현재 자기들의 교세를 175개국 7,500개 교회 신도 수 330만 명이라고 선전하고 있다. 한국에서는 약 20만 명에 이른다고 볼 수 있다. 심하게 과장된 측면이 있지만 해외에서 크게 성장 중인 것만은 부정할 수 없다. 특별히 중국에서 괄목 성장 중이다.

⑤ 교육 방식: 집중적인 교리 교육을 통해 전도능력을 키우는데, 초급 3단계, 중급 2단계, 고급 2단계의 총 7단계로 구성되어 있다.

(2) 연혁

창설자 안상홍은 1918년 1월 13일 전북 장수군 개남면 명덕리에서 태어나 어린 시절 부산 해운대로 이사하여 성장했다. 1937년 일본에 건너갔다가 1946년 귀국하여, 1947년 7월 안식교에 입교했다. 1953년 예수 재림 시기를 주장하는 '시기파' 운동에 참여했다.

1962년 3월 17일 안식교 교단으로부터 출교되자 동년 3월 24일에 그를 따르는 23인과 함께 안식교회를 탈퇴했다. 2년 후인 1964년 4월 28일 부산 해운대에서 '하나님의교회 예수증인회'를 창립하면서 시작된 것이 오늘날의 하나님의교회의 기원이다.

'하나님의교회 예수증인회' 창립 후 포항을 비롯한 여섯 곳에 지교회를 설립하고 활동을 펼치다 1985년 2월 25일 안상홍이 사망하자 추종자들은 같은 해 3월 22일 서울교회로 총회본부를 옮겼으며, 동년 6월 22일 '하나님의교회 안상홍증인회'로 개칭하여 지금에 이르고 있다. 교주의 자리는 그의 아내인 장길자가 차지한 후 오늘에 이르고 있다.

(3) 주요 교리

① 안상홍 하나님

안상홍은 마지막 때에 잃어버렸던 절기(새 언약)를 발견해 회복하는 사람이 성령이고, 그 성령이 곧 육체로 오시는 예수라고 주장했다. 그가 바로 안상홍 자신이다. 예수님은 다윗의 위로 왔고, 다윗의 재위 기간이 40년인데 반해 예수님은 3년밖에 일하지 못했기에 재림 예수가 다시 와서 37년을 채워야 다윗의 재위 기간 40년이 완성된다. 예수님은 3년 만 다스리셨으니 나머지 37년은 재림주인 안상홍이 채웠다고 한다.

안상홍은 1948년 30세 되던 해 침례를 받은 후 1985년인 37년 만에 죽었다. 그는 이 사실을 1981년에 예언으로 공표했는데 과연 1985년 죽었다는 것이다(식사 도중 중풍으로 쓰러져 죽음). 곧 이런 안상홍을 재림주로 믿어야만 한다는 것이 이들의 중심 교리다.

② 유월절과 안식일 준수

특별히 유월절과 안식일을 지켜야 구원을 받는다고 한다. 유월절은 초림 예수께서 세우셨으나 암흑세기 동안 짓밟혀 오던 것인데 재림주 안상홍이 다시 와서 유월절 성만찬을 회복했다. 그래서 구원받을 144,000명은 이 일을 통해 진리를 되찾게 되었다. 토요일 안식일 준수는 안식교의 이론과 같다. 이는 새로운 율법주의의 행태이다.

③ 구원관

성령 시대에는 예수의 이름만으로는 구원받을 수 없다. 성부 시대에는 여호와 하나님이 구원의 주체로서 이스라엘 백성으로 하여금 유월절을 지키게 함으로 구원을 주었고, 성자 시대에는 예수께서 유월절 어린양으로 오셔서 예표된 절기를 이행하며 구원의 길을 여셨다. 예수께서는 십자가에 죽기 전 유월절 성만찬의 새 언약을 세우셨는데, 마지막 성령 시대에는 보혜사 성령으로 온 안상홍이 잃어버린 새 언약 곧 유월절을 회복하는데 이로 말미암아 구원이 완성된다.

④ 하나님의 신부 장길자

안상홍의 주장에 의하면 요한계시록 22:17의 '신부'를 근거로 신부는 마지막 시대에 등장한다고 한다. 아담이 예수의 표상이라면 하와가 필요한 것인데 초림 예수가 이루지 못한 갈비뼈 문제를 자기가 이루었다고 주장한다. 그래서 안상홍이 죽고 없는 현재 장길자는 이 집단의 정신적 지주로서 군림하고 있다.

안상홍 교인들은 그녀를 '새 예루살렘, 하늘 어머니, 어머니 하나님, 하나님의 신부' 등으로 부른다. 이런 행태는 인본주의 신학의 하나인 여성 신학자들도 혀를 내두를 모습이 아닐 수 없다.

⑤ 종말관

시한부 종말관이 교리의 핵심이기도 했다. 144,000명이 안상홍의 인침을 받게 되면 안상홍이 공중에 재림하고 144,000명만이 휴거가 일어나고 지구는 흔적도 없이 멸망하고 만다고 주장해 왔다. 그래서 1988년 서울 올림픽 기간과 1999년에 안상홍이 재림한다고 소동을 피우기도 했다.

그런데 현재 이들의 교세는 20만 명을 넘은 지 오래이고 2010년 전후로 전 세계적으로 신도 수 100만 명이 넘었다고 선전하고 있다. 더욱이 안상홍의 저서 『신랑이 더디 오매 다 잘새』에는 결코 2012년을 넘기지 않을 것이라는 내용이 수록되어 있기도 했는데 역시 재림은 불발했다.

장길자와 김주철은 신도 수 144,000명을 이미 한참 초과했음에도 재림이 없으므로 말을 바꾸기 시작했는데, 2007년에는 세계 선교 사명과 관련하여 "바다를 깨끗하게 하는 3퍼센트의 소금"이라며 60억의 3퍼센트는 1억 8천만이므로 큰 무리 1억 8천만 명을 전도하자고 했다. 그러다가 최근에는 다시 70억, 80억 전 인류를 전도하자고 말하고 있다.

⑥ 예배관

예배 시 예배당에는 신발을 신고 들어갈 수 없다. 기도 시 안상홍의 이름으로 기도한다.

⑦ 신앙실천의 일곱 가지 특징

이 일곱 가지를 통해 중세의 왜곡된 교리를 바로잡아 진리로 돌아가게 된다고 한다.

첫째, 여자들은 로마가톨릭과 같이 머리에 수건을 쓸 것
둘째, 세례는 침례로만 받을 것
셋째, 토요일을 안식일로 지킬 것
넷째, 성탄절은 태양신 기념일이므로 지키지 말 것
다섯째, 유월절을 지킬 것
여섯째, 십자가는 우상이니 세우지 말 것
일곱째, 유월절·무교절·초실절·칠칠절·나팔절·대속죄일·초막절 등 3차의 7대 절기를 철저하게 지킬 것

(4) 활동 상황

1985년 2월 25일 안상홍이 사망한 이후 총회장인 김주철과 하늘 어머니라 불리우는 장길자(女)를 주축으로 국내는 물론 해외까지 활발한 활동을 펼치고 있다.

이들의 포교 방법은 2인이 짝을 지어 각 가정집을 방문하거나 거리에서 설문지를 통한 설문 조사식의 포교를 하는데 설문지의 내용은 '교회의 십자가', '성탄절', '세상 종말에 대한 견해', '오늘날 기독교에 대한 인식', '일요일은 주간의 몇째 날인가' 등의 10개항으로 되어 있다. 이런 도구를 통해 기성교회 신도들에게 접근하여 안식일이나 유월절을 지키지 않는 것은 큰 잘못이라는 등의 말을 하며 미혹한다.

1988년 지구 종말이 온다고 했다가 실패한 후 많은 신도가 이탈했다. 그러나 조직을 재정비하고 기성교회 교인들이 성경 지식에 대해 취약한 점을 십분 활용하여 기성교회 교인들을 집중적으로 전도하기 시작해

1998년 5월 6일 올림픽체조경기장에서 2만 명 전도 발대식을 가질 정도로 교세가 확장되었다.

2000년 9월 27일 용인에 건평 2,500평(7,500m²)의 4층짜리 선교센타를 완공하고 교세 확장에 주력하고 있다. 2천 년대 들어서 안상홍 측은 포교 전략을 새롭게 했다. 사회봉사 활동을 많이 하여 이미지 쇄신을 꾀하는 것이다. 그래서 지역교회 신도들이 모두 길거리에 나가 청소봉사를 하는 경우도 잦다.

(5) 기타 사항

하나님의교회 안상홍증인회는 "1988년 종말이 오며 지구는 흔적도 없이 사라질 것이라며 인침을 받은 144,000명 이외에 모조리 멸망한다"고 주장하여 1988년 충남 연기군 소정면 전의산에 안상홍증인회의 신도들이 모여 안상홍의 재림을 준비하는 한편 안상홍이 88서울올림픽 개막식 때 종합운동장으로 재림한다 하여 신도들이 입장권을 매입해 들어가는 소동을 빚은 바도 있다.

이후 지속적으로 해를 바꿔 가며 시한부 종말론을 신도들에게 유포하는 한편 가족들과의 마찰로 가출하는 신도들로 인해 가족들의 탄원이 매년 제기되어 왔다. 1999년에는 특히 Y2K 등의 사회여론과 이에 편승한 시한부 종말론을 신도들에게 주장함으로써 이 단체로부터 피해를 입었다는 피해자의 실상과 하나님의교회 안상홍증인회의 실상 등이 각 언론에 보도되었다.

또한, 같은 해 7월 15일에는 KBS 시사고발프로그램인 〈추적 60분〉에서 하나님의교회 안상홍증인회에 대해 방영하기로 하자 이를 저지하기 위하여 방송사(KBS)앞 한강고수부지에서 전국에서 상경한 신도들이 항의시위 성격의 집회를 갖기도 했다.

한편, 2000년 2월 29일에는 하나님의교회 안상홍증인회를 이탈하여 이 단체의 실체를 공개한 정 모 씨가 신도 400여 명에게 둘러싸여 폭행을 당하기도 했다. 한국의 많은 교단으로부터 이단으로 규정받았다.

5) 십계석국총회(한농복구회, 엘리야복음선교회)-박명호

(1) 일반 사항

① 명칭: 십계석국총회
② 대표: 이광길, 김범기
③ 교당(교회) 수: 교회는 없으며 한국 강원도 원주에 본부를 두고 경북 울진, 경북 봉화, 전북 정읍, 전남 영광, 경남 산청 등지를 고센 땅으로 삼아 집단촌을 형성하고 있다. 브라질에도 집단촌을 형성했다.
④ 교역자와 교인 수: 약 5천 명

(2) 연혁

창교자 박명호(본명 박광규)는 1943년 10월 1일생으로 본적은 충남 보령군 대천읍 대천리 555번지로 되어 있으나 태어나기는 부여에서 박산옹의 4남 3녀 중 여섯 번째인 3남으로 태어났다.

중학교 재학 시 토사곽란을 치유코자 외삼촌이 장로였던 안식교에 나가게 되었으나 설교를 들을 때면 머리가 아파 출석을 중단하고 안식교의 통신강좌 〈오늘의 신앙〉을 공부하던 중 믿음을 갖게 되었다. 그 후 아버지의 엄격한 유교정신에 못 견디어 가출을 네 번씩이나 하다가 1976년 김경희라는 사람의 소개로 천안에 있는 삼일고아원에서 목사의 후임 전도사 격으로 있으면서 〈예언의 소리 성경통신 강좌〉를 원생들에게 가르치고 원장까지 가르치려 하려다 4월 30일 사임했다.

같은 해 5월 2일 천호동 근교 광주군 내 모 고아원 뒷산에서 찬송하고 기도하던 중 환상을 보았는데 그것은 유명한 목사들이 양 떼를 이끌고 천국이 아닌 멸망의 길로 장사진을 이루어 계속 끌고 가더라는 것이다. 이에 놀란 그는 울며 부르짖었다는 것이다.

"엘리야의 하나님, 엘리야의 하나님, 나를 엘리야로 보내 주소서. 그리하여 저 죽어 가는 양 떼를 생명의 길로 바로 인도하도록 나를 엘리야로 보내 주소서."

이후 전국을 돌아다니면서 온갖 궂은 일을 도맡아 했다고 한다.

1980년 4월 13일부터 『이것이 영생이다』를 저술하기 위해 인제군 갑둔리에서 원고작성에 들어갔고, 11월 전도사를 사임하고, 1981년 2월 10일 경북 상주군 장각골에서 새벽 7명의 추종자들에게 '마지막 남은 자손의 신조'를 내림으로서 '엘리야복음선교회'의 설립 계기가 되었다.

이들은 1982년 집회장소를 택해 소규모 집회를 시작했는데 첫 집회가 같은 해 4월 16일 강원도 원성군 귀래면 귀래리에서 있었다. 강원도 원주의 엘리야복음선교원은 1984년 6월 25일 창설되었다.

박명호는 1984년 10월 강원도 인제군 갑둔리에서 현재의 경북 상주군 화북면 상오 1리 장각골로 이사해 살았고, 강원도 원주에서의 첫 집회 후 교세를 확장하여 수만 명의 신도들을 확보하기도 했다.

그러던 중 1994년부터 엘리야복음선교원이라는 명칭을 버리고 외부적으로는 종교와는 무관한 한농복구회(한국농촌복구회의 약칭)를 결성하는 한편 신도들은 기존의 교회나 집을 처분하여 집단촌을 형성하며 유기농법 등으로 자급자족 생활을 하며 오늘에 이르고 있다. 현재는 공식 명칭으로 '십계석국총회'라는 이름을 사용한다.

(3) 주요 교리

① 이들의 교리서는 박명호 저서 네 권을 합한 『천국사람들』이라는 책이다. 기본 신조는 1981년 2월 10일 경북 상주군 화북면 산오 1리 장각골의 박명호 집에서 내린 다음과 같은 '마지막 남은 자손들의 일곱 가지 신조'라 할 수 있다.

1. 우리는 그리스도 반석 위에 굳게 선 하나님의 계명과 예수의 증거를 가진 남은 자손이다.
2. 우리의 사명은 주 예수께서 친히 맡겨 주신 하나님의 사랑의 복음을 온 세상 끝날까지 전파하는 것이다.
3. 우리의 모든 행정은 신정(神政)에 의해야 한다. 우리의 감독자는 성령이시요, 우리의 지도자는 그리스도요, 우리의 총 책임자는 우리 친아버지시라.
4. 우리는 첫째로 사랑하고 온 인류 형제들을 내 몸과 같이 사랑한다.
5. 우리는 빛 가운데 사는 형제끼리 뜨겁게 사랑하며 서로 먼저 존경한다.
6. 우리는 사탄과 그 세력을 대적할 것이며 악한 자와 어떤 타협도 하지 않는다.
7. 우리는 하나님의 영광을 위해 기꺼이 죽는다.

② 기독교에는 하나님이 없다. 모든 교파는 마귀가 만들었다고 주장한다. 이는 모든 이단의 공통 주장이기도 하다.
③ 말라기 선지자가 예언한 마지막 때의 엘리야가 한국에 왔다.
④ 천국 가는 길은 좁은 길이 아니라 황금 고속도로다.
⑤ 하나님은 우리의 친 아빠라고 부르고 있고 찬송가도 그렇게 고쳐 부른다.

⑥ 교인들에게 너도 하나님이 되라고 가르친다.
⑦ 중보가 필요 없다고 가르친다.
⑧ 영혼 불멸은 마귀 소리라고 주장한다.
⑨ **구원관**: 심판 때 신학이란 학문은 몰라도 이방인 가운데 하나님을 섬긴 자들은 멸망을 당하지 않는다. 비록 예수를 모르고 성경을 몰라도 속세를 떠나 천연계에 들어가서 하나님과 깊이 교제하므로 그의 형상과 모습을 닮은 사람들은 곧 신선이 되어 승천하게 된다. 이렇게 승천한 사람은 생명강 가에서 예수님께 특별 보충교육을 받게 된다. 이런 주장은 행위 구원적이며 종교다원주의적인 발상이다.
⑩ **비밀교리**: 내부 핵심요원용 교리서는 『영광의 빛』이라는 책이다. 박명호는 고향 땅 성주산(聖主山, 거룩하신 분께서 잠시 머무르셨다가 가신다는 뜻) 기슭에 하나님 아드님께서는 광규(光奎, 박명호의 본명)라는 이름으로 자라나게 되었다고 한다.
⑪ **박명호 심판주론**: 예수님은 패장이요 박경호는 '인류의 구속주'라고 주장한다. 박명호가 마지막 심판주이며 죽은 자를 살려내 영생을 준다고 하여 만일 이 수천 억 명을 살려내 지구가 비좁을 경우에는 열 개, 백 개라도 더 지구를 창조해서 모두 다 영생을 누리게 해 줄 것이라고 주장한다.
⑫ **아들론**: 이 지구상에 하나님께서 직접 낳으신 아들은 세 명뿐인데 하나는 에덴동산에 아담, 둘째는 2천 년 전 예수님, 셋째는 마지막 아들로서 박명호를 하나님께서 친히 낳으셨는데 하나님께서 "너는 인간의 아들이 아니다. 내 아들이다"라고 하셨고 "이 마지막 아들을 당신의 큰 뜻인 인류와 우주 구속사업의 완결자이자, 완성자로 낳았다"라고 주장한다.
⑬ **종말관**: 안식교의 조사심판설을 그대로 가르치고 있다.

⑭ 하나님을 '하나님 아버지'라 하지 않고 '친 아빠'라 호칭하고 교인들끼리 남자 교인은 '왕자님', 여자 교인은 '공주님'으로 부른다.
⑮ 현재는 '창기 십자가 교리'를 주장하고 있다. 마지막 그리스도인 교주 박명호가 색욕의 함정에 들어가 더러운 여자들과 관계를 맺고, 대신 죄를 지으며 인류를 구원한다는 주장이다.

(4) 활동 상황

1982년부터 시작한 한 달에 한 번 꼴로 갖는 10일간의 집회(9박 10일간)를 통해 교세를 확장하여 오던 엘리야복음선교원은 집회에 참석한 사람들의 대다수가 기성교회 교인으로 집회 참석 후 이곳에 심취하여 소속 교회를 이탈하는 것은 물론 가족 간의 불화로 많은 논란이 야기되어 왔다.

이 단체는 집회 활동 외에 시내 요소에 건강원 등의 생식전문점을 차려 건강에 관심 있는 사람들에게 자신들을 홍보하는 한편 각종 노래 선교단을 구성해 전철에서 포교를 하거나 형편이 어려운 개신교의 개척교회 등을 찾아 간증을 하며 교회 신도 전부를 포섭하려고 하여 기성교회와의 마찰이 심화되었다.

엘리야복음선교원은 1994년 제106차를 끝으로 10일간의 집회를 중단하고 엘리야복음선교회라는 명칭을 버리고 '한농복구회'라는 이름으로 집단촌을 형성하여 표면적으로는 종교와 전혀 무관한 농촌공동체로 전환했다. 현재는 공식 명칭으로 '십계석국총회'라는 이름을 사용한다.

1993년 이후 중국에도 들어가 활발히 활동하며 20여 곳의 연락소와 8곳의 석국 거주촌을 조성하여 6백여 명이 가산을 팔고 산골로 들어가 집단생활을 했는데, 그 고장 주민들의 방해와 공안의 단속으로 무산된 바 있다. 이 일로 인해 중국 당국이 지정한 사교집단 16개 중 하나가 되었다.

2012년에는 SBS 시사고발프로그램 〈그것이 알고 싶다〉에서 "탐욕인가 희생인가, 창기 십자가의 비밀"이란 제목으로 이 단체의 실체를 폭로했다. 여신도들은 교주를 향해 "여보", "신랑"이라 불렀으며, 일부 여성은 교주로부터 성적 피해를 입었다는 내용이다. 이에 대해 다수 신도가 세상 사람들은 박명호 교주를 알지 못하므로 문제를 삼는다고 변호했다.

2022년에는 십계석국 브라질 지부 '돌나라오아시스' 농장 공사장에서 토사가 갑자기 무너지면서 한국 국적의 어린이 5명이 숨졌다.

(5) 기타 사항

강원도 원성군이 동방의 중심지이자 박명호 자신이 동방에 나타나는 마지막 선지자 엘리야라고 주장하는 한편, 시한부 종말론과도 같은 절박한 말세심판설로 신도들에게 세상에 대한 절망감을 유발시켜 산속으로 도피케 하여 많은 논란을 불러일으켰다. 이로 인해 부부의 별거, 이혼 등의 가정파괴를 야기시켰으며 더욱이 청소년들이 학업을 포기하는 등 사회적으로 많은 문제가 되었다.

또한, 1994년에는 한농복구회를 결성, 신도들이 집단촌을 형성하면서 이혼, 가출 등의 사회 일탈적인 문제가 발생했다. 이때 가정이 파탄에 이르게 된 가족들이 모임을 결성하여 이들의 실상을 알리려 하자, 신도들이 집단으로 몰려가 위협을 가하는 등의 각개 격파식의 행동으로 물의를 빚기도 했다.

1991년 제76차 대한예수교장로회 총회(통합) 사이비 이단대책위원회에서 이단으로 규정된 이후 합동 측과 고신 측으로부터도 이단으로 규정되었다.

6) 세칭 구원파 (박옥수, 이요한, 권신찬, 유병언)

세칭 구원파로 불리는 단체는 박옥수, 이요한, 유병언·권신찬파가 주류를 이룬다. 이들은 단체만 다를 뿐 그 근본적인 교리의 내용은 한 가지이다. 그것을 요약하면 아래와 같다.

첫째, 깨달음을 통해서 구원을 받는다.

권신찬은 '죄 사함을 깨닫고', 유병언은 '복음을 깨닫고', 이요한은 '중생을 경험하고', 박옥수는 '거듭난 체험'을 강조하는데 이는 같은 의미다. 곧 깨닫고 거듭나야 구원을 받는 것인데 구체적으로 그 구원받은 날짜와 시각(영적 생일)을 알아야 구원받은 증거라고 한다. 육적 생일을 기억함과 같이 영적 생일을 기억해야 한다는 것이다.

그러나 이런 이론은 매우 위험하다. 상식적으로 부모가 그 생일을 알려주지 않으면 자기 생일을 정확히 알 수 있는 자녀는 없다. 우리의 영적인 생일도 하나님만 정확히 아신다. 곧 하나님이 알려 주셔야 그 날짜를 정확히 알 수 있다. 따라서, 그 부분은 하나님께 맡겨야 마땅하다.

무언가 특별한 방법론에 따라 자기가 고백한 날이 언제라고 하여 그날이 영적 생일일 수는 없는 것이다. 그 행위보다 앞설 수도 있고 늦을 수도 있기 때문이다. 그러므로 우리가 하나님의 자녀가 되어 오늘도 그 은혜 속에 살고 있다는 사실 그 자체가 중요한 것이지 그 날짜가 중요한 것이 결코 아니다.

굳이 그 날이 언제일까 궁금하다면 처음 그리스도를 영접하고 신앙을 가지기 시작한 어느 싯점으로부터라고 생각하면 된다. 그렇지 않고 구원파의 주장처럼 자기 구원의 날짜를 정확히 알아야 한다는 태도는 핵심을 버리고 껍데기를 추구하는 모습이다. 또 한편으로 심히 교만한 태도이기도 하다. 구원파의 주장은 영지주의적 발상이지 정통적인 구원관이 결코 아니다.

둘째, 회개를 계속하는 것은 구원받지 못한 증거이다.

회개란 돌이킨다는 말인데 세상에서 하나님께로 한 번 돌이켰기 때문에 더 이상 돌이킬 필요가 없다고 한다. 쉽게 말해서 구원받은 사람은 더 이상 회개할 필요가 없다는 것이다. 이미 과거, 현재, 미래의 죄를 다 사함 받았으므로 회개를 계속한다는 것은 사죄의 확신이 없다는 증거라고 주장한다. 이는 구원을 위한 단회적 회개(고후 7:10; 히 6:1-2)와 성화를 위한 반복적 회개(시 51편; 요일 1:8-9)를 구별 못한 오류이다.

셋째, 죄인이라고 고백하면 지옥에 간다.

구원파는 천국은 의인만 가는 곳이므로 죄인이냐 아니냐를 물었을 때 죄인이라 하면 지옥에 간다고 한다. 그래서 언제든지 의인이라고 해야 한다는 것이다.

그러나 성경을 보면 참된 믿음의 소유자는 오히려 스스로를 죄인이라고 고백한다. 바울도 자기를 두고 현재시제를 사용하며 죄인 괴수(딤전 1:15)라고 했는데 구원파는 이것을 어떻게 설명할 것인가?

결국, 구원파의 이런 논리는 율법폐기주의(도덕폐기주의)를 유도한다. 어떤 죄를 지었더라도 나는 이미 죄인이 아니기 때문이다.

그런데, 요즘의 구원파 교회들은 오히려 율법주의적인 면모를 띤다고도 한다. 수뇌부와 조직이 온갖 명목으로 헌금이나 헌신, 순종을 강요하기 때문이다. 이는 조직 논리가 자기네 교리를 역행하는 모습이기도 하다. 사실 이단 사이비 종파에게 가장 중요한 것은 자기네 교리가 아니다. 교주와 조직이 가장 중요한 것이다.

넷째, 다음의 열 가지 질문을 통해 기성교회 성도들을 난처하게 하며 틈을 엿보아 포교한다.

1. 당신 이름이 하나님의 생명책에 확실히 기록된 것을 알 수 있습니까?
2. 당신은 거듭났습니까?

3. 당신은 성령님이 마음속에 계십니까?
4. 당신은 사망에서 생명으로 옮겨진 것이 확실합니까?
5. 당신은 의인입니까, 죄인입니까?
6. 당신은 모든 죄가 용서되었습니까?
7. 하나님을 두려워하는 생활은 아닙니까?
8. 구원받은 것에 확신이 있습니까?
9. 재림의 주를 영접할 준비가 되었습니까?
10. 구원의 근거가 어디에 있습니까?

신앙 좋은 성도라도 막상 위와 같은 질문을 받으면 어떻게 대답해야 할지 당황할 수 있다. 한두 마디는 잘 받을 수 있다고 해도 이어지는 질문에 말문이 막히기도 한다. 구원파 전도요원들은 이미 질문의 반응에 따른 대비와 그다음 질문에 대한 공식을 가지고 있다.

실례로 "당신은 거듭났습니까" 하며 묻는다. 이 질문에 "그렇다"고 하면 그들은 "그러면 언제 몇 월 몇 일에 받았습니까"라고 질문을 계속한다. 일반 성도는 이때부터 헷갈리기 시작한다. 그러므로 대화를 하려면 내가 질문을 던지며 공격적으로 대화를 주도하든지 그럴 자신이 없으면 아예 대화를 피하는 것이 상책이다.

위의 질문에 어쩔 수 없이 대답해야 할 경우라면 당황하지 말고 다음과 같이 대답하고 속히 자리를 뜨는 것이 낫다. 말을 섞다 보면 자칫 말의 올무에 빠질 수 있기 때문이다. 초대 교회의 교부 터툴리아누스도 이단들과 대화를 시도하다가 그만 이단으로 넘어가 버리고 말았음을 명심해야 한다.

1-4, 8항의 답: '그렇다'고 또렷이 대답하면 된다.

5항의 답: 믿음으로는 의인이나 삶의 현장에서는 늘 죄를 지음을 부인할 수 없다(갈 3:11).

6항의 답: 모든 죄를 다 용서받았다. 그러나 구원을 위해 회개할 것은 없으나 성화를 위해서는 날마다 회개해야 한다고 믿는다(요일 1:7-10).

7항의 답: 하나님의 공의를 생각하면 두렵기도 하지만, 그 하나님은 나를 사랑하사 내 죄를 위해 그 아들을 십자가에 내어 주시고 나를 구원해 주셨다(롬 8:37-39).

9항의 답: 주님께서 빨리 오시기를 기다린다. 그러나 언제 오실지 모르므로 늘 경건을 추구하되 세상과도 분리되지 않도록 생업에 힘쓰며 살아가면 된다(살전 4:13-18).

10항의 답: 나를 사랑하사 구원하실 것에 대한 성경의 말씀들과 그리스도를 믿는 내 믿음 속에 있다(요 3:16).

(1) 기쁜소식선교회-박옥수

① 일반 사항

㉮ 명칭: 대한예수교침례회/한밭중앙교회/IYF(International Youth Fellowship: 국제청소년연합)

㉯ 대표: 박옥수

㉰ 교세: 전국적으로 200여 개의 교회와 북미, 중·남미 유럽 등 해외에 120여 개의 지교회가 있다. 교인 수는 한국에만 대략 2만여 명으로 추산된다. 특히, 중국 전역에서 활발히 활동하는 관계로 한국보다 훨씬 많은 신도를 확보하고 있을 것으로 짐작된다.

② **연혁**

박옥수는 경북 선산군에서 1944년 6월 출생하여 중학교를 마치고 네덜란드인 한국명 길기수(Kays Glass) 선교사의 금오산 집회에서 크게 감화를 받고 1962년 19세 때 길기수의 제자가 되어 외국의 선교사로 나가기 위해 합천 산골에서 훈련을 받다가 군에 입대했다.

1968년 6월 8일 전역 후 신림동 어린이 천막집회 후 김천에 가서 전도하기 시작 '믿음의 방패 선교회'(Shield of Faith Mission)의 딕욕(Dick York) 선교사에게 목사안수를 받고 그 후 '죄 사함, 거듭남의 비밀'을 전파하며 대전 한밭중앙교회를 담임하고 있다.

미국의 딕욕 선교사의 말에 따르면 "자신이 키운 제자가 한국에 열 명 있는데 그중에 하나가 박옥수요 또한 권신찬의 사위 유병언"이라고 한다.

포항에 와서 전도하던 딕욕 선교사가 한국의 4.19 혁명 직후 대구로 와서 대구 YMCA 홀을 빌려 일주일에 한 번 정도 복음을 전하는 한편 삼덕동에 있는 오래된 일식집 하나를 빌려 선교학교를 시작했는데 박옥수는 이 선교학교를 졸업했고, 6년 후 딕욕 선교사가 한국을 떠나게 되자 선교학교를 박옥수가 맡아서 운영했다고 한다. 딕욕 선교사의 후일 회고에 의하면 자기는 박옥수에게 목사안수를 주지 않았고, 그가 스스로 한 것이라고 말하기도 했다.

기독교복음침례회 내부 권신찬과 유병언의 재정 지출 등의 문제로 인해 분열이 일어난 결과 그곳의 간부이던 이요한은 '대한예수교침례회'라는 간판으로 새 교단을 결성했다. 그리고 박옥수는 '예수교복음침례회'라는 간판으로 서울 성동구 구의동에 자리 잡고 전국적으로 지교회를 설립했다(구원파는 주로 침례교 간판을 다는 경향이 있다).

그 후 박옥수는 1980년대 말 대전으로 본부 교회를 옮기고 교단명을 '대한예수교침례회'로 개칭하는 한편 '기쁜소식선교회'를 조직하여 본격적인 세력 확장에 나섰는데 특히 실내체육관을 빌려 세력 과시를 하는 등 활발한 활동을 펼치고 있다.

③ 주요 교리

㉮ 죄 사함과 거듭남을 강조한다. 죄와 범죄는 근본적으로 다르다. 범죄는 죄의 결과이기 때문이다. 구원을 확증하는 방법으로 다음 질문을 한다.
"당신은 구원을 받았습니까?"
"언제 어디서 구원받았습니까?"
구원의 문제를 오직 '죄 사함'에만 국한시킨다.
㉯ 성경에 기록된 선한 사마리아인 비유에서 사마리아인이 여관 주인에게 데나리온 둘을 주고 갔는데, 한 데나리온이 하루 품삯이라 두 데나리온은 이틀을 뜻하고 이틀은 "하루가 천 년 같다" 했으니 2천 년 후에 예수님이 다시 오실 것을 약속하신 계시라고 한다.

④ 활동 상황

「기쁜소식」이라는 정기간행물이 있다. 또한, 기성교단의 출판사나 방송, 언론 시설을 적극적으로 활용하고 있으며 TV 광고와 함께 매년 대형 실내체육관을 빌려 대대적인 집회를 개최하여 세를 과시한다. 2000년대 들어서서 IYF는 문화 행사를 통한 포교 활동을 활발히 벌이고 있다. 2005년부터 2008년 현재까지 해마다 일정 기간 동안 '세계 문화체험 박람회'를 벌이고 있다. 세계를 7대륙권으로 나눈 후 각 파트마다 각 나라 복장을 한 IYF 단원들이 전통 춤, 노래 등으로 사람들을 매료시켜 일반인들의 호응을 얻고 있기도 하다.

박옥수는 '또별'이라는 녹차 분말가루를 암과 에이즈에 효능이 좋은 것처럼 설교했다가 500만 원의 벌금형에 처하기도 했으며, 박 씨의 설교를 믿은 신도가 병원과 약을 포기하고 또별만을 복용해 사망하기도 했다.

중국에서는 '好消息宣敎會'(기쁜소식선교회)로 활동하며 무료 신문을 제작해 나눠 주는 등 활발히 활동하고 있다. 한국보다 훨씬 많은 신도를 확보하고 있을 것으로 짐작된다. 특별히 조선족 교포가 많은 동북 3성, 중국 기독교의 성지로 여겨지는 절강성 온주시(浙江省 溫州市)와 이단 종파가 유독 많은 하남성(河南省) 등지에서 강세를 보이고 있다.

(2) 서울중앙교회 - 이요한

① 일반 사항

㉮ 명칭: 대한예수교침례회 서울중앙교회, 생명의말씀선교회
㉯ 대표: 이요한(본명 이복칠)
㉰ 조직: 국내에 227개 교회, 20개의 지역 선교회, 미국, 일본, 독일, 중국 등 해외 82개국에 1014개 교회가 있다고 밝힌다.
㉱ 교세: 교직자 및 신도 수가 약 3만 명이다.

② 연혁

창교자 이요한은 중학교 졸업 후 6·25 전쟁 중 대구임시신학교에서 권신찬에게서 잠시 사사받은 것이 교육 배경의 전부인 것으로 알려지고 있다. 구원파 초창기인 1960년대 중반부터 목포에서 기독교복음침례회의 창시자인 권신찬과 합류하여 활동하다 1971년 권신찬에게 목사안수를 받았다. 전남 목포에서 '평신도 복음 전도회'라는 간판을 걸고 활동하며 기성교회를 비판하고 시한부 종말론 등을 내세웠다.

1974년 말, 구원파는 부도 위기에 놓인 삼우트레이딩사를 매입, 교인들의 헌금으로 기업을 확장하기 시작했고 삼우트레이딩사 기업을 확장하는데, 그런 기업 활동의 모든 과정을 유병언이 주도했다. 이때 잦은 충돌이 있었는데 이요한은 9년 뒤인 1983년 교회 헌금을 사업에 전용하는 것을 문제삼아 "유병언의 사업이 천국 일"이라고 주장하는 유병언파를 비판하면서 "교회와 사업은 분리돼야 한다"는 성명을 내고 '복음수호파'로 분립하여 용산 삼각지에 있던 유병언의 구원파로부터 이탈하여 서초구 방배동에 '대한예수교침례회'교단을 설립했다.

　1995년 경기도 안양의 인덕원에 1천여 평(약 3,000m²)의 대지를 마련하고 예배당을 건축하여 현재에 이르고 있으며 지난 1997년경에는 이요한파에 속해 있던 12개 교회가 새 지도자 이진배를 중심으로 해서 '대한그리스도복음교회'로 분리해 나갔다.

③ 주요 교리

㉮ 이요한에게 있어 깨달음은 믿음과 구별된다. 믿음만으로는 구원받기에 부족하다. 믿는다고 천국에 들어가는 것이 아니고 반드시 깨달음이 있어야 한다. 거듭나는 것은 복음을 깨달음으로 된다. 그 깨달았다는 증거는 그 날짜를 기억함으로 확인된다.

㉯ 기독교인과 그리스도인을 구분하고 종교생활과 신앙생활을 나누어 기성교회와 차별화한다. 어느 집회에서도 주기도문을 외우지 않는다. 주기도문은 외우라고 주신 것이 아니다.

㉰ 자기들 무리의 교제 안에 있는 것이 주님 안에 있는 것이고 교제를 떠나는 것은 주님을 떠나는 것이다.

④ 활동 상황

성경의 수많은 주제 가운데서 신도들에게 천재지변, 이상기후, 지진, 전쟁 등의 사례를 들어 급박한 종말관을 형성하고 있으며 결정적인 교리를 주장할 때는 언제나 영적 해석 방법을 도입하고 있다.

기성교회와 같은 일정한 예배 형식이 없고 집회식으로 1시간 30분 정도 성경 공부를 한다. 저녁에는 예배 대신 교제라는 것을 하는데 각 부서에서 봉사하던 사람들이 서로 모여 교육도 받고 서로의 이야기도 나눈다. 일 년에 네 번씩 사경회와 같은 강연회가 있으며 일 년에 한 번씩 수양회를 개최하는데 수양회는 서울중앙교회가 지은 공주에 위치한 갈릴리 수양관에서 행해지고, 지역별로 네 그룹으로 나누어 수양회를 갖는다.

교리 전파를 위해 '성경 강연회'라는 전도 프로그램을 이용한다. 기성교회에서 행하는 예배 의식과 십일조와 기타 연보들 그리고 기도생활과 예배 행위까지도 율법적이라 도외시한다.

간행물로는 월간지인 「생명의빛」이 발행되고 있으며 출판사인 진리의말씀출판사와 영생의말씀사를 운영하고 있다.

(3) 기독교복음침례회 - 유병언, 권신찬

① 일반 사항

㉮ 명칭 : 기독교복음침례회
㉯ 대표 : 김종원
㉰ 조직 : 조직이나 운영체가 중앙집권적이며 장로, 집사 등 직분자가 없다. 전국에 100개 교회가 있으며 세계적으로는 40-50여 곳에 분포되어 있다.

㉣ 교세: 교인 수는 한때 수만 명에 이르렀으나 여러 사건을 겪으며 다수가 다른 구원파로 넘어가거나 탈퇴했다. 현재는 한국의 경우 약 1만 명 이내의 신도가 있는 것으로 추산된다.

② **연혁**

창교자 권신찬(1996년 사망)은 1923년 1월 13일 경북 영덕군 병곡면 원황리에서 출생했으며 해방 후 남산 총회신학교를 졸업하고 1951년 11월 30일 목사안수를 받았으나 1962년 12월 21일 경북노회로부터 장로교 목사로서 침례를 받고 또 교인들에게 재침례를 허용했다는 이유로 이단으로 규정되어 목사면직을 받았다.

1966년 2월 10일 인천에 있던 복음주의방송국(현 극동방송국) 전도과장에 올랐으나 1974년 9월 10일 교리 문제로 극동방송국을 떠나게 되었다. 1981년 12월 21일 기독교복음침례회 교단을 만들고 총회장으로 의사인 변우섭을 선출하여 정식 출범했다.

오랜 기간 기독교복음침례회의 실질적인 대표였던 유병언은 1941년 2월 11일 일본 도쿄에서 출생하여 일본에서 소학교를 마치고 대구로 부모와 함께 이주해 와 대구에서 공업고등학교를 졸업했다. 선교사들이 운영하는 6개월 코스 성경학교를 졸업하고 권신찬과 칠성예배당을 차리고 열심히 전도하던 중 권신찬의 외동딸과 결혼했다.

1967년에는 서울 시내 대학생을 중심으로 '조이선교회'를 만들고 방송청취자를 결속하여 서소문에 독립교회를 시작했다.

1983년 유병언이 신앙과 사업을 연계하여 헌금을 사업자금으로 활용하자 이에 교역자로 있던 이요한(이복칠)과 그의 추종자들이 일제히 반기를 들고 이탈하여 지금의 대한예수교침례회 서울중앙교회를 세웠다.

이후 권신찬과 유병언은 더욱 사업 확장에 주력했고 막대한 사업 자금을 교인들의 헌금과 사채로 충당했다. 1987년 8월 29일 경기도 용인에 위치한 주식회사 오대양 식당 천장에서 32명이 집단변사한 사건이 발생했는데 그 배후에 기독교복음침례회와 유병언이 어떤 형태로든 관련되어 있다는 의혹이 짙다.

또 한편, 2014년에 발생한 '세월호 사건'과 관련해 유병언 일가의 비리들이 드러나면서 사회적 지탄을 받아 이탈자들이 생겨나기도 했다. 이때 수사당국의 추적을 받던 유병언은 2014년 6월 12일 전남 순천에 소재한 유병언의 송치재 별장으로부터 2.5킬로미터 떨어진 매실밭에서 변사체로 발견됐다.

현재는 교세가 많이 위축되었으나 아직도 나름의 교세를 유지하며 현재에 이르고 있다. 2023년 3월 넷플릭스에서 방영된 〈나는 신이다〉에서 오대양 사건도 다뤄지면서 기독교복음침례회와 유병언은 다시 한번 세인의 이목을 끌기도 했다. 하지만, 그 진실은 현재 당사자인 유병언마저 사망함으로 말미암아 규명이 더욱 어려워진 상태다.

③ 주요 교리

㉮ 사람이 일단 죄 사함을 깨달음으로 '구원'을 받으면 양심의 모든 죄책감에서 해방을 받았기 때문에 그다음부터 하는 거짓말이나 육신적인 죄는 죄가 되지 않는다. 구원은 영이 받았으므로 육으로 하는 것은 관계치 않으며 한 번 깨달았으면 다시 범죄도 없고 죄를 지어도 죄가 아니며 생활에서 짓는 죄는 죄가 되지 않는다. 구원은 믿음으로 되므로 야고보의 행위 주장은 잘못이며 기성교회는 종교일 뿐 구원이 없다.

㉯ 사람이 일단 구원을 받으면 기도는 필요 없다. 기도는 아무나 하는 것이 아니고 일을 맡은 지도자만 할 수 있다. 영적 성장 과정은 교회에서 하는 것이며 개개인이 할 일이 아니다. 때문에 교회가 사생활

의 구심점이다. 이미 구원받은 사람은 예수께서 사마리아 여인과 대화할 때 예배의 시간과 장소와 의식까지 다 파기했으므로 교회에 꼭 나가지 않아도 관계치 않는다.
- ㉰ 기독교복음침례회 외에는 구원이 없다. 곡사는 목사가 아니라 형제다. 재정은 지도자가 장부 없이 자유자재로 사용한다. 교파나 간판이 필요 없다. 예배는 성도 간의 교제다. 기도는 구원받은 사람에게 필요 없다.
- ㉱ 권신찬은 초창기부터 사위 유병언을 몸(교회)의 입으로 성령에 의해 세움을 받은 자(기름 부음 받은 자)라고 추켜 세웠다. 그래서 유병언은 하나님이라는 이꼴파(=파)가 생겨났다.
- ㉲ 구원파의 관심과 교육내용은 '구원과 종말'로 압축될 수 있다.

④ 활동 상황

한 사람의 지도자 밑에 형제자매라는 평신도가 있으며 지도자 밑에 통제위원회(사무국)가 있어 이 위원회의 훈령은 절대적으로 복종해야 한다. 설교도 교회에 목회자가 있는 것이 아니라 총회장이 순회를 하면서 한다. 일요일 11시에 예배가 있으며 토요일에는 안성선교센터에서 전국의 신도가 모이는 모임이 있고 여름에는 하기수련회로 1만 명 정도가 안성선교센터에 모인다. 주보는 발행하지 않고 예배 시간에 광고하는 것으로 끝낸다. 정기간행물로는 월간지인 「새길」이 발행되고 있다.

⑤ 기타 사항

1987년 일어난 오대양 사건과 관련하여 당시 무소속 박찬종 의원이 이 사건의 배후에 (주)세모와 유병언 사장 및 세칭 구원파가 있다고 폭로한 것에 대해 (주)세모와 대표이사 유병언이 법원에 손해배상 청구 소송을 제기했는데 1994년 10월 20일 선고 공판에서 기각되었다.

한편, 한강 유람선으로 유명한 세모유람선은 2004년 대주주 변경과 함께 (주)한리버랜드로 사명이 변경됐고, 2006년에는 (주)씨앤한강랜드로 개칭됐다. 현재 한강 유람선은 (주)이랜드크루즈가 운영하고 있으며 이 회사의 운영진은 기독교복음침례회와 무관한 것으로 밝혀졌다.

구원파는 1973년, 1984년 9월에 대한예수교장로회 통합교단으로부터 이단으로 규정된 후 여러 교단으로부터 이단으로 규정된 상태다.

7) 성락교회-김기동

(1) 일반 사항

① 명칭: 성락교회, 기독교베뢰아교회연합, 베뢰아아카데미(Campus Berea Academy: CBA)
② 대표: 김성현
③ 조직: 침례교회와 동일. 교회명은 침례교회이지만 정통 침례교회와는 무관하다.
④ 교세: 전국에 40여 개의 지교회가 있고 신자 수는 전국적으로 8만여 명이다. 해외 여러 나라에 선교사를 파송하고 있으며 많은 교회와 센터가 있는데, 특별히 중국에서 교세가 상당하다.

(2) 연혁

베뢰아아카데미 원장 김기동은 1938년 6월 25일 충남 서산에서 태어나 1964년 봄에 서울로 올라올 때까지 예산에 살면서 고등학교까지 교회에 다니지 않았고 1957년 10월에 예산 감리교회에 처음 등록을 했다고 한다. 1963년 7월 용문산기도원에서 40일 금식기도 후 1965년 3월 28일 서대

문구 평동 13번지에 예장성경장로교회 성락교회를 설립했다.

1964년 대한신학교에 입학한 후 1966년 8월 11일 국제독립선교회 하나님의성회에서 목사안수를 받았다. 그 후 감리교단 출석으로 시작한 신앙생활이 성경장로교회를 설립한 후 침례교단으로 가입하는 과정에서 1969년 8월 11일부터 6년간 가입이 지연되다가 1973년 5월 31일 가입하게 되었다.

1964년 대한신학교를 입학했으나 목사안수를 먼저 받고 1972년에 졸업했다. 베뢰아아카데미는 1972년 12명을 대상으로 김기동 자신이 깨달은 성경을 가르치기 시작한 모임이 모태가 되었는데 주 1회 2시간씩 2년간을 교육한다.

김기동은 그가 속했던 침례교단으로부터 1987년 11월 16일 이단으로 규정받고 자신을 지지하던 교회들을 중심으로 미국 남침례교회와는 관계가 없는 '기독교남침례회'란 이름으로 새로운 교단을 만들어 활동했다. 그 후 '기독교한국침례교회연맹'이라 했다가 현재는 '베뢰아교회연합'이란 이름으로 개칭하여 활동하고 있다.

2017년 SBS〈그것이 알고싶다〉를 통해 김기동의 성추문이 폭로된 후, 김기동 X파일 논란이 불거졌고 결국 그의 교회는 김기동 측과 '성락교회 교회개혁협의회' 측으로 분열되어 두 단체가 되었다.

이에 김기동 측은 기독교베뢰아교회연합을 해산하고, '세계베뢰아교회연맹'을 창립해 활동하고 있다. 김기동은 2019년 백억 원대의 배임 및 횡령 혐의에 대해 실형을 선고받았으나 고령인 점이 감안되어 법정 구속은 면했다. 2022년 10월 22일 84세를 일기로 사망했고, 이후 아들인 김성현 목사가 뒤를 이어 활동하고 있다.

베뢰아교회연합의 아류 이단들로는 이초석의 예루살렘교회, 이명범의 레마선교회가 있다. 그리고 비슷한 교리를 가진 것으로 분류되는 류광수의 다락방 등이 있다.

(3) 주요 교리

김기동은 한국의 대표적인 귀신파 이단이다. 다음은 그의 주요 교리다.

① 삼위일체에 대해 양태론에 입각하여 "성부는 하나님의 본질이시오, 성자는 하나님의 본체이시고 성령은 하나님의 본영이시다"라고 가르친다.
② 사탄과 마귀는 창세전에 하나님께 혁명을 일으킨 천사로서 원래 동격인데 사탄은 하나님을 향해 대항할 때를 가리키고, 마귀는 인간을 대적할 때 부르는 명칭이다.
③ 귀신은 제명에 죽지 못한 불신자의 사후 영이다. 김기동은 많은 축귀 사역을 통해 귀신들의 말에 귀 기울여 이런 이론을 내놓았다. 늘 그의 사역 현장에서 만나는 귀신들은 자기가 귀신 들린 사람의 조상이라느니 어떻게 살던 누구의 영이라고 하곤 했다는 것이다. 그러나 이런 이론은 성경을 근거로 하지 않고 자기의 체험을 위주로 신학을 전개한 것이므로 매우 비성경적이라 아니할 수 없다. 성경은 사후의 영혼이 세상을 떠돈다는 식의 무속적 사상을 인정하지 않는다. 단지 죽음 이후에는 심판이 있을 뿐이라고 말씀한다(히 9:27). 그리고 정통 신학에서는 귀신을 타락한 천사로 해석한다(엡 6:12; 유 1:6).
④ 사람을 도우라고 보내진 천사는 그 사람의 상태에 따라 미혹의 영으로 변질되어 버리기도 하는데, 한 번 가변되면 환원되지 않고 죽을 때까지 따라다니며 인격을 지배한다. 그러므로 신도는 가변된 천사보다 선한 천사가 더 많아야 능력 있게 살 수 있다. 천사장은 불가변성이 있고 일반 천사들에게는 가변성이 있다. 루시퍼는 타락해서 사탄이 되었고 미가엘과 가브리엘은 타락하지 않았다고 한다.
⑤ 인간이 세상에 머무는 한계 연수는 120년이다. 각자 약간의 차이는 있을 수 있으나 노아홍수 이후의 평균수명이라 한다. 그런데 제명을

다 채우지 못하고 죽은 사람, 이를테면 120살을 살아야 할 사람이 60살만 살다가 죽으면 60년간을 귀신으로서 활동하다가 자기 수명이 다 차면 무저갱으로 들어간다고 한다.

⑥ 모든 질병이 귀신으로부터 온다. 심지어 감기도 귀신이 주는 것이다. 귀신은 사람의 몸에 붙어서 병균을 가져오고 계속 파송한다. 그리고 귀신은 주로 사람의 신경계에 잠재한다. 따라서 배탈 등 사소한 병으로부터 중병에 이르기까지 모든 병을 귀신이 주는 것이다.

김기동은 더 나아가 모든 사고도 귀신이 주는 것이라고 한다. 물건을 잘 잃어버리는 것도, 화재도, 심지어 가정 폭력도 귀신이 붙어서 생긴다. 그에 의하면 이 세상 모든 불행은 사탄과 귀신의 작용이다.

⑦ 음부가 이 세상이다. 천지 창조는 사탄을 징벌하여 투옥하기 위한 것으로 우주는 사탄이 감금된 감옥이요, 음부이며, 흑암이다. 이 이론에 의하면 인간은 '하나님의 의도'에 따라 반드시 타락해야 했고, 그 결과, 하나님은 사탄을 심판할 수 있게 된 것이다.

⑧ **기독론**: 김기동은 예수님이 육체를 입은 동안에는 신이 아니었다고 하는 등, 예수님의 신인양성론에 심각한 오류를 가지고 있다. 또 한편, 마귀를 모르면 예수를 모른다고 했고 예수님이 세상에 오신 중심 목적은 마귀를 멸하기 위함이라고 한다(요일 3:8). 정통 신학적 관점에서 그리스도께서 세상에 오신 목적은 마귀의 일을 멸하려 하심도 포함되지만 그것은 부수적인 것이다. 핵심 목적은 우리 인류의 죄를 대속하시고 구원하시기 위함이다.

⑨ **성령론**: 김기동은 성령에 대한 성경의 많은 부분을 천사로 대치한다. 구약에 나오는 "하나님의 신"이란 모두 천사를 말한다. 창세기 1:2의 "수면 위에 운행하시는 하나님의 신"도 천사다. 사도행전 1:8의 "성령이 임하시면 권능을 받고"를 "천사를 받고"로, 사도행전 2:1-4의 마가 다락방의 성령의 임재 시에 보인 "불의 혀같이 갈라지는 것"도 천

사로 보며 그때 들린 바람 소리는 성령을 수행한 천사들의 소리다. 이런 주장은 결국 성령을 유명무실한 존재로 이해하는 심각한 오류다.
⑩ 우리가 기도하고 순종하여 선한 일을 하면 할수록 보호하는 천사가 증원된다고 한다. 정통 신학은 성도에게는 성령께서 그 안에 내주하며 영원히 함께하신다고 가르친다. 성령을 의지함이 가장 완전한 것일진대 굳이 천사를 의지하려 할 필요가 있는지 의문이다.
⑪ 창세기 1장의 인간과 2장의 인간이 다르다고 한다. 아담은 몇몇 사람 중의 한 사람으로 뽑힌 것이 아니라 땅에 충만한 수 중에서 뽑힌 사람이다. 아담 이외의 사람들은 단지 짐승 같은 암수에 지나지 않았고 아담만이 영을 가진 존재라고 한다(이중아담론). 그러나 성경은 모든 인류가 한 혈통이라고 분명히 증거하고 있다(행 17:26).
⑫ 성경이란 마치 아침 햇살이 문틈으로 새어 들어옴 같이 하나님의 모든 성품과 그 능력과 역사 가운데서 지극히 적은 부분이 비추인 책이다. 그래서 오늘날 하나님으로부터 깨달음을 얻은 김기동의 설교나 강의도 성경적 권위가 있다고 여긴다. 이는 자기 신격화와 다를 바 없는 논리라고 할 것이다.

(4) 활동 상황

도서출판 베뢰아를 운영하여 각종 서적을 발간하고 있으며 주간신문인 「주일신문」과 「기독침례교보」, 「성락침례교회신문」을 발행하고 있다. 교육기관으로 학교법인 베뢰아국제대학원대학교(총장 김성현)가 있다. 교인들을 상대로 한 신용금고인 '성락신협'이 있으며 '21세기기독교백화점'을 운영하고 있다.

예배의 형태와 시간은 기성교회와 별 차이가 없으나 매주 화요일 저녁 베뢰아신유집회가 열린다. 산하단체로는 장애인을 돕는 성락장애인주간보호소, 고령의 신도를 위한 성락시니어아카데미, 자녀 교육을 돕는 헤븐

리키즈스쿨이 있다. 또 한편, 기독교베뢰아아카데미진흥재단, 기독인월남용사선교회, 베뢰아국제진흥원 등의 성경 연구 및 총회 성격의 단체를 운영하고 있다.

베뢰아아카데미는 세계에 많은 선교사를 파송 중인데 중국에서 특히 활발하다. 김기동의 도서를 번역하여 널리 브급하고 있으며 사설 신학교들도 운영한다. 한때 김기동이 직접 중국을 순회하며 집회를 인도한 경우도 있었다고 한다. 김기동의 귀신론 사상은 중국 인민들의 정서에 어필할 만한 요소가 많으므로 중국 교회는 매우 주의해야 할 것이다.

8) 예수중심교회 - 이초석

(1) 일반 사항

① 공식 명칭: 예수중심교회, 대한예수교장로회 예루살렘총회, 땅끝예수전도단
② 대표: 이초석(본명 이춘석)
③ 조직: 기성교회와 동일
④ 교세: 전국에 기도원을 포함한 112개의 지교회가 있다. 전국적으로 약 3천 명의 신도가 있다.

(2) 연혁

이초석의 본명은 이춘석으로 1951년 11월 21일 서울에서 출생했다. 1969년 선린상고를 졸업하고 1984년 예장합동정통신학교(현 백석대학교 기독신학교)를 중퇴하고 1984년 예장성합 측 바울신학교를 졸업 후, 그 해 9월에 경기도 광명시에 예루살렘교회를 개척했다.

1984년 12월 교단인 예장성합 측에서 이초석이 김기동의 귀신론을 추종한다고 하여 그를 제명한 바 있다. 이초석은 교회를 인천시 남구 숭의동에 있는 옛 전도관 자리로 이전하고 한국예루살렘교회라고 이름을 바꾸었다.

1988년 5월 8일부터 6월 18일까지 천국에 다녀왔다는 미국인 펄시 콜레(Percy Collett) 박사의 '천국성회 간증집회'를 '인천 마가다락방'에 유치하면서부터 세간에 주목을 받기 시작한다. 특히, 단상에 오르다 쓰러진 펄시 콜레를 안수 기도하여 살려 냄(사실 여부에 의문점이 많음)으로써 죽은 자도 살려 낸다는 식의 능력을 과시했고 이후부터 이초석은 명성을 십분 활용하여 급성장했다.

(3) 주요 교리

이초석의 개인 신앙 진술서를 살펴보면 기성교회와는 다른 세 가지 요소가 있다.

첫째, 지나친 신비주의
둘째, 계시의 객관성을 무시하고 인간의 경험을 중시
셋째, 축복을 강조하는 기복주의적 신앙

이초석의 주요 교리적 주장은 귀신파 김기동의 이론을 그대로 답습하고 있다.

① **귀신론**: 사탄의 조직은 사탄 혹은 마귀, 타락한 천사들, 미혹의 영들 그리고 귀신들이며 사탄은 타락한 천사이고 귀신은 제명대로 살지 못하고 죽은 사람의 원혼이다.
② **성경관**: 성경을 인간의 세속적인 성공을 위한 지침서로 이용해 가르치고 있다.

③ **신론**: 예수가 삼위일체 되신 하나님의 공식 명칭이다.
④ **창조론**: 음부는 이 세상이다.
⑤ **인간론**: 하나님은 인간을 지으실 때 영혼 하나만 지었으며 그다음부터 그 영혼은 분리되어 간다.
⑥ **성자관**: 예수는 보통 인간과는 달리 영의 육체를 입고 오셨다.
⑦ **구원관**: 구원이란 인간을 억누르고 있는 귀신의 세력으로부터 자유함을 얻는 것이며, 바로 이 일을 위하여 예수 그리스도께서 오셨다.

(4) 활동 상황

간행물로 주간신문 *Untold Story*를 발간하고 있으며 교육기관으로 예루살렘신학교를 운영하고 있다. 선교 및 포교 단체로 '땅끝예수전도단'을 두고 있으며 이 단체는 예루살렘총회 교단 산하의 선교총본부로서 국내 및 해외 선교의 전 과정을 주도하고 있다.

해외에 교회 설립, 선교비 지급, 국내 및 해외 전도집회 주관, 신문 및 책자 제작 배포, 비디오 및 오디오 테이프 제작 발송, 위성방송, 인터넷방송 제작, 송출 등을 담당하고 있으며 제작된 테이프를 신도들에게 배포한다. 주일예배와 집회를 강서구 등촌동 KBS스포츠월드(구 88체육관)를 빌려서 사용하며 집회 시에는 전국의 신도들이 모인다.

이초석이 운영하는 신학교인 '예수중심신학교'는 2024년 현재까지 계속 운영 중인 것으로 보이나 최근의 상황은 특별히 알려진 것이 없다. 2008년 3월까지 650여 명의 졸업자를 배출하고 있으며 당해 입학생은 14명인데 그중의 절반 가량인 6명이 외국인이었다.

(5) 기타 사항

대한예수교장로회(통합) 제77차 총회에서는 이초석이 김기동과 같은 귀신론과 비성경적 축사를 통해 안수를 행한다고 하여 이단으로 규정했다. 특히, 벙어리 귀신과 귀머거리 귀신 들린 자를 안수를 통해 고칠 수 있다고 과대 선전하고 있어 이초석의 귀신 쫓는 안수 문제는 논란의 여지가 많다.

지난 2000년 6월 7일에는 이초석의 집회에 참석한 청각장애 증상이 있는 김경숙 노파(당시 72세)가 집회장인 88체육관 창고에서 온몸에 멍이 든 피살체로 발견되어 논란이 되었으나 이렇다 할 원인을 찾지 못하고 사건이 종결되었다.

1980년대 말부터 붐을 이루기 시작한 체육관 집회는 한때 많은 사람을 불러 모으며 세 과시와 함께 톡톡한 홍보 효과를 누렸으나 요즈음은 그 열기가 많이 수그러들어 있다. 그러나 사람들이 비용상의 문제나 맹신적인 이유로 현대적인 의료시술에 의한 치료를 외면한 채 이초석의 집회에 참석하는 사례가 여전히 많은 것으로 알려지고 있다.

9) 세계복음화다락방전도협회(다락방)-류광수

(1) 일반 사항

① 명칭 : 세계복음화전도협회(다락방)/세계복음전도협회
② 대표 : 류광수
③ 조직 : 세계복음화전도협회의 원명칭은 '다락방훈련원'이며 한국에 서울 본부와 부산 본부가 있다. 주로 기획과 통제는 부산 본부에서 맡고 있으며 서울 본부는 영업에 준하는 실천적 업무를 주로 관장하고 있다. 류광수가 전도협회 회장으로 있다.
④ 교세 : 국내 600여 곳, 해외 40개국에 182곳의 교회가 있다고 밝힌다. 신도 수는 20만여 명이다.

(2) 연혁

세계복음화전도협회 대표인 류광수는 1951년 10월 경남 밀양군 상남면에서 출생했다. 부산의 일신장로교회에서 신앙생활을 한 그는 고신대학교와 고신대학원을 졸업하고 총신대학교 신학대학원을 졸업하여 대한예수교장로회 합동교단에서 강도사를 거쳐 목사안수를 받았다.

이후 동삼제일교회 담임목사로 부임하여 목회하던 중 1991년 교단 부산노회로부터 도덕성과 이단성 문제로 인해 정죄받고 출교와 함께 목사 면직 처분을 받았다.

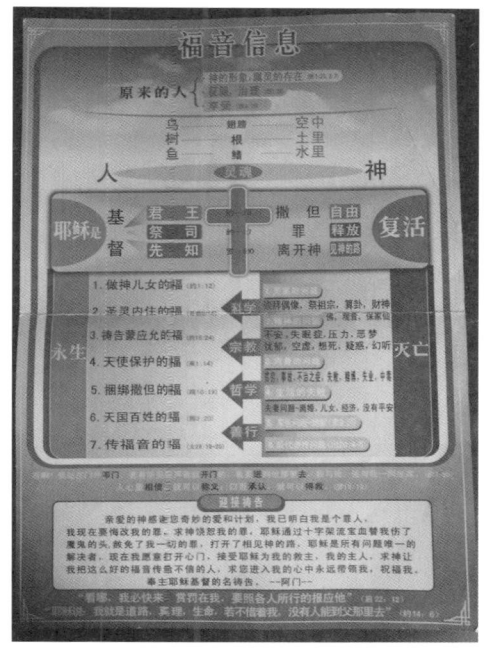

중국에 배포되고 있는 다락방 전도지
*죄와 사탄을 동일시하는 핵심교리가 담겨 있다.

다락방 운동은 류 씨가 동삼제일교회에 부임하면서 본격화되기 시작했다. 일찍부터 전도에 관심을 가지고 있던 류 씨는 어느 날 부산 모교회에서 한 직장 여성이 어떻게 예수를 영접하게 되었는가를 밝히는 간증을 듣게 되었고, 이 간증을 듣는 순간 류 씨는 큰 충격을 받게 되어 부산동삼제일교회에 부임하자마자 성도들을 대상으로 다락방 전도훈련을 실시했다.

1987년 8월 2일 김모 전도사 외 38명의 교인이 모여 나 모 씨 집에서 기도회로 시작한 조그만 모임이 세계복음화다락방전도협회의 시작이다. 기성교회 각 교단에서 이단성 여부로 관련 목회자들을 징계하자 1988년 1월 '대한예수교장로회 전도총회' 교단을 창립했다.

(3) 주요 교리

류광수 교리의 근간은 사탄과 귀신을 강조하는 귀신파 교리다.

① 성경관

마귀가 주는 계시를 알아야 한다. 하나님만 계시하시는 것이 아니다. 성경의 계시는 마귀의 일을 멸하는 데에 핵심이 있다. 성경 66권은 전부 마귀 진멸에 초점이 맞추어져 있다. 이런 사상은 김기동의 사상과 다르지 않지만 더욱 발전시킨 측면이 있다.

② 하나님의 창조

하나님은 사람을 어마어마한 축복으로 창조하셨다. 그러나 마귀 때문에 훼방을 겪었다. 그러므로 사람이 하나님께 기도드린다는 것은 일곱 가지 축복을 누리는 것이다. 가만히 앉아서도 사탄을 결박시키고(마귀 결박권) 가만히 앉아서도 천사들을 움직인다(천사동원권).

③ 구원관

사탄에게서 해방되는 것이 구원이다. 죄는 하나님을 떠난 것이며 그 원인 제공자가 사탄이므로 사탄에게서 해방되는 것, 사탄의 권세를 이기는 것이 구원이다. 사람이 마귀로 인해 죄를 지은 것이므로 마귀와 죄는 붙어 다니는 것이라 마귀를 결박하고 벗어나면 회복을 누리게 된다고 한다.

한마디로 류광수의 구원관은 이신득구(以信得救)가 아니라 축귀득구(逐鬼得救)의 사상이라고도 할 만하다. 이러한 류광수의 이론은 주객이 전도된 구원관이다. 사람의 죄와 관계하여 마귀에게 책임을 미루면 참된 회개가 불가능하게 된다. 마귀의 작용은 부수적이다〈pp. 42-44 참조〉.

④ 사탄배상설

사탄에게 종으로 묶여진 우리를 다시 사기 위한 대가로서 예수님이 당신의 목숨을 사탄에게 지불하셨다고 여긴다. 이 주장은 사탄의 위상을 하나님의 수준으로까지 높이는 위험한 발상으로서 초대 교회의 이단 오리게네스가 주장했던 내용이기도 하다.

⑤ 기독론

예수님이 세상에 오신 목적은 마귀를 멸하려 하심에 있다. 이 사실을 정확히 알고 받아들이는 것이 온전히 예수님을 영접한 것이라고 한다.

⑥ 강력한 예수 재영접 주장

다락방이 말하는 재영접론이란 마귀를 쫓아내기 위해 세상에 오시고, 마귀를 추방하신 예수님을 영접해야 능력을 얻고, 기도 응답을 받는다는 논리다.

다음과 같이 네 단계를 주장한다.

첫째, 예수 그리스도의 이름을 아는 단계
둘째, 믿는 단계
셋째, 영접하는 단계
넷째, 그 사실을 나타내는 단계

⑦ 교회관

"한국 교회 98퍼센트가 시험에 들었다. 90퍼센트가 싸워서 생겼다. 98퍼센트가 마귀에게 잡혔다. 한국 교회가 너무 컬컬하다. 인기, 명예를 따라 움직이면서 복음 전하는 것 다 막고 있다"라고 주장한다.

(4) 활동 상황

류 씨는 다락방전도운동의 확산을 위해 '렘넌트 운동'을 전개하고 있다. 류 씨는 렘넌트에 대해서 "시대와 국가의 어두운 앞날을 책임지고 나아갈 남은 자, 흩어진 자"라고 정의하며 이 운동의 당위성을 강조한다.

다락방은 RUTC란 이름으로 다락방전도운동을 펼치고 있다. RUTC 방송국을 개국해 다락방 측의 설교와 찬양 다큐멘터리 등을 송출하고 있다. 교육 기구로는 EMS 영어선교학교, RGS 렘넌트글로벌스쿨, RTS 렘넌트신학훈련원, 렘넌트지도자학교, 중직자대학원 등을 운영하고 있다. 관련 기관으로는 세계산업선교회, OMC 등이 있다.

전도요원 훈련에는 제1단계 전도 합숙훈련, 제2단계 팀 사역자 합숙훈련, 제3단계 전도신학원 훈련, 제4단계 70인 요원 합숙훈련이 있다. 주로 1, 2단계는 지역전도학교에서 이루어지고 3, 4단계는 부산 본부에서 행해진다. 모든 훈련은 철저한 현금등록제로 실시된다. 4단계의 훈련을 수료하고 70인의 요원이 되면 류 씨의 도장이 찍힌 일련번호표를 부여받아 영원한 조직원이 된다. 70인 요원 훈련은 전도신학원에 재학 중이며 순회 팀 합숙훈련을 수료한 사람 가운데 선발하여 훈련을 실시한다.

현장을 강조하며 서울, 경기 지역에 50여 곳 강원·충청·호남 지역에 30여 곳, 영남 지역 30여 곳 등 전국 120여 개 지역에 다락방전도학교가 설치되어 운영되고 있으며 공단·군부대·학원가를 집중 전도 전략 대상으로 삼고 있다. 한국에서 약 50만 명의 정예요원을 배출해 내기 위해 일반 교인 40만 명과 대학생 10만 명을 목표로 맹렬히 훈련을 강행하고 있다.

해마다 여름이면 '국토대장정', '렘넌트지도자학교', 세계 선교 대회를 열어 조직을 강화하고 있다. 2008년 7월에 열린 '세계렘넌트대회'에는 27개국 1만 3천여 명이 참여(자체 집계)했다고 한다. 해외 선교를 매우 활발히 전개하고 있는데 특히 중국에서 활발하다.

현재는 중국의 다락방 신도 수가 한국의 다락방 신도 수를 넘어섰을 가능성도 있다. 왜냐하면, 중국 전역에 신학교를 세워 지도자를 양성 중이고, 다락방 전도지와 소책자를 무차별적으로 배포하고 있기 때문이다. 중국의 정통교회 지도자나 신도들도 그 문제점을 제대로 파악하지 못한 채 좋은 자료라고 활용하기 다반사이고, 그 과정에서 자연스레 다락방에 설득당한다.

(5) 기타 사항

1987년 음주운전, 1991년 김기동의 귀신론의 영향을 받았다는 점, 기성교회 비판과 노회 탈퇴 등의 사유로 합동교단 부산노회(노회장 손훈달 목사)는 제133회 제1차 임시노회(1991년 11월 26일)에서 류광수의 목사직을 면직했다. 또한, 한국 대부분의 정통 교단으로부터 이단으로 규정되었다.

다락방은 꾸준히 정통 교단 가입을 노려 왔다. 그러던 중 2011년 예장개혁 교단(당시 총회장 조경삼 목사)에서 목회자와 장로들의 강력한 반대에도 다락방 영입 예배를 강행했다. 개혁 교단은 결국 다락방 영입 측과 반대 측이 각각 총회를 개최하며 둘로 갈라졌다. 10월 5일 11개 교단의 이단대책위원장들이 성명서를 발표했고, 10월 14일에는 전국 신학대학을 대표하는 87명의 교수들이 기자회견을 통해 한기총이 다락방을 영입한 예장개혁 교단의 회원 자격을 박탈해야 한다고 주장하며 다락방 영입 문제를 강력하게 규탄했다. 현재 이 다락방이 속한 개혁 교단은 다락방 소속이었던 렘넌트신학연구원을 총회 인준 최종신학교로 승인하는 등 다락방 중심으로 움직이고 있다.

다락방은 2015년 한기총으로부터 정식 회원 교단으로 승인을 받았으나 내외부의 비판에 직면하여 2017년 한기총을 탈퇴했다. 그러나 다락방이 소속된 예장개혁 교단은 한기총 소속이므로 매우 아이로니컬한 결과가 빚어지고 있다. 2023년 현재 예장개혁 교단 교회는 757개인데 그중 6백여 개가 다락방 교회라고 한다.

10) 만민중앙교회 – 이재록

(1) 일반 사항

① 명칭 : 만민중앙교회(만민중앙성결교회)/예수교대한성결교연합
② 대표 : 이재록, 현재는 그의 3녀 이수진
③ 조직 : 기성교회와 동일
④ 교세 : 구로동 본 교회를 비롯한 43개의 지교회를 두고 있다. 신도는 5만여 명에 이른다.

(2) 연혁

이재록은 결혼 이후 7년 동안 갖은 질병에 시달리다가 현신애 권사의 신유집회에 참석하여 병이 나은 후 목회자의 길을 가기로 결심하고 신학교에 입학했다. 그 후 1982년 신대방동 지하에 교회를 개척(장년 9명, 어린이 6명, 외부 교인 5명)하고, 1983년 2월 24일 예수교대한성결신학교를 졸업하여 1986년 목사안수를 받았다.

이재록은 1982년 목회를 시작한 이후 신비주의적인 행각을 거듭했다. 그러다가 하나님께서 성경 66권의 말씀을 친히 한정애라는 여전도사의 대언을 통해서 이 씨에게 계시하여 해석해 주고 있다고 주장하게 된다. 또 연탄가스에 중독되어 죽게 된 사람을 살리는 등 신유의 은사가 나타남으로 급격히 성장했다.

1990년 10월 이단성 문제로 예수교대한성결교에서 제명처분 당한 후 '예수교대한성결교연합'이라는 새로운 교단을 창설했다.

(3) 주요 교리

신비주의에 입각하여 계시를 받는 여전도사를 앞세워 대언을 하게 하고 자신은 이를 기정사실화하는 목회로 일찍이 기성교회의 논란이 되었다. 직통계시와 자신을 신격화하는 등 기성교회의 성경 해석과는 다른 주장을 펼치고 있다.

이재록의 그 주장을 살펴보면 다음과 같다.

① 성경 해석의 대부분을 알레고리(비유)적으로 해석한다.
② 자신이 처음과 끝이며 심판의 권세자이고, 죄 사함의 권세가 있다.
③ 자신이 하나님의 친아들이며 아브라함도 자신이 부르면 온다.
④ 자신은 원죄나 자범죄가 없어 어떠한 죄를 지어도 죄가 안 된다. 하나님이 자기의 피마저도 온전한 피로 바꾸어 주셨다고 주장한다.
⑤ 말씀이 하나님이며 자신이 말씀을 다 이루었으니 곧 자신이 하나님이다.
⑥ 천국은 총 5단계다.
   1단계: 낙원-상급 없고 행함 없는 자들이 가는 곳(눅 23:39-43)
   2단계: 일천층-썩지 않는 면류관을 받은 자가 가는 곳(고전 9:25-27)
   3단계: 이천층-영광의 면류관을 쓸 자들이 가는 곳(벧전 5:4)
   4단계: 삼천층-생명의 면류관을 쓸 자들이 가는 곳(계 2:10)
   5단계: 새 예루살렘-의의 면류관을 쓰는 자들이 들어가는 곳(딤후 4:8)
   그런데 이것은 헌금의 정성이나 액수에 따라 층별 천국과 여러 가지 재료로 만들어진 처소가 결정된다.
⑦ **대언자**: 이재록은 처음에 영안이 열려 하나님을 본다는 한정애라는 여성 대언자를 통해 계시를 받는다고 했다. 그러던 중 한정애가 이탈하자, 그 뒤를 이어 이희진, 이희선 쌍둥이 자매가 세워졌다. 이희진은 대언자의 역할과 이재록 우상화를 위한 공연과 집회, 방송을

주관했다. 이희선은 만민중앙교회 주요 조직의 총지도교사로 일했다. 그러므로 쌍둥이 자매는 교회에서 이재록에 버금가는 위상을 누렸다. 심지어 5단계 천국 입성에 대한 신도들의 믿음의 분량 성적을 이희진이 매기기도 했기에 그들의 위상은 지대했다.

(4) 활동 상황

선교단체로 MMTC(Manmin World Missionary Training Center)가 있다. 만민중앙교회의 선교양성기관으로, 1997년 10월 5일에 설립되었다. 문화·예술단체로 닛시 오케스트라를 1992년 3월 1일 창단했으며 자체 신학원을 운영하여 교역자를 양성하고 있다.

간행물로는 격주간의 「만민중앙소식」과 주간지 「민족복음화신문」을 발행하고 워싱턴 기독교복음방송국을 통해 매주 화, 목, 토요일 이재록의 설교가 방송된다. 또한, 만민TV를 통해 이 씨의 설교가 방영되고 있다.

이단으로 규정되기 전에는 전국 기독교방송과 극동방송, 아세아방송, 뉴욕AM930코리아, 필라델피아 기독교방송, LA미주기독교방송, 뉴질랜드 한국말기독교방송, 호주한국방송, 러시아 사할린한인방송, 캐나다 벤쿠버 기독교방송, 일본 FM-YY방송 등에 이재록의 설교가 전파되었던 적도 있다.

교육기관으로는 교회부설선교원을 운영하고 있다. 이재록의 부인인 이복임 전도사가 운영하는 만민기도원에서는 각종 질병에 걸린 환자들을 안수해 주고 있다.

2005년에는 중국 북경의 인민대회당에서 대규모 집회를 가지려다가 저지되기도 했다. 중국에도 일찍부터 들어가 활발히 활동 중인데 만민중앙교회 소식지와 이재록에 대한 소책자를 중문으로 번역하여 중국 전역의 교회에 배포하고 있다.

이재록은 2018년 5월, 수년간 만민중앙교회 여신도 9명을 40여 차례 성폭행하고 강제추행한 혐의를 받아 구속되었다. 그리고 2019년 8월 대법원에서 징역 16년 확정 판결을 받았다. 또한, 2023년 3월 넷플릭스에서 방영한 〈나는 신이다〉를 통해 그의 사이비성과 성추문이 더욱 널리 폭로되기도 했다.

만민중앙교회는 2023년부터 현재까지 이재록의 3녀 이수진 목사가 당회장 직무대행직을 맡고 있다. 대법원 판결 등 일련의 사건 속에서 교회를 떠난 사람들도 있지만 여전히 많은 신도가 이재록의 결백을 믿으며 모이고 있다.

2019년 이재록의 16년 실형 확정 판결 이후 만민중앙교회는 사택파와 쌍둥이파로 갈라졌다. 사택파는 이재록의 3녀 이수진 씨를 중심으로 하여 기존 교회를 유지하려는 측이고, 쌍둥이파는 이재록을 위한 '대언자'로 행세했던 이희진, 이희선 쌍둥이 자매의 '단국교회'이다.

쌍둥이 자매에 대해서는 2023년 5월 30일 MBC 〈PD수첩〉이 "끝나지 않은 만민교회-쌍둥이 목사의 비밀 사업"이라는 제목으로 그 문제점을 파헤치는 내용을 방영하기도 했다. 〈PD수첩〉에 의하면 쌍둥이 자매는 이재록을 여전히 "목자님"으로 부르며 추종하고 있고, 각종 신비주의적 행위와 무리한 헌금과 헌신을 강요하고 있다고 한다. 신도 수는 약 2천 명이다.

(5) 기타 사항

소속 교단인 예수교대한성결교회 총회 측으로부터 이단으로 출교 처분을 당하고, 1998년 8월 하나님이 자신의 교회에 임재한다고 하여 교계에 커다란 물의를 일으켰다. 만민중앙교회와 만민기도원을 중심으로 이재록은 직통계시를 앞세워 자신이 신유의 은사, 물질 축복 등의 권능이 있다고 교인들에게 인식시켜 왔다.

지난 1999년 5월 11일 이재록에게 피해를 보았다는 이탈 신도들의 주장이 늘어나고 도박, 음주, 여교역자와의 성추문 등으로 MBC 시사고발 프로그램인 〈PD수첩〉에 "이단파문! 이재록 목사! 목사님! 우리 목사님!"

이란 제목으로 이재록의 실체가 알려지게 되자 교인들이 방송국의 주조 종실을 점거하는 방송사상 초유의 사태를 일으켜 사회의 주목을 끌었다.

2009년에는 자기가 안수한 손수건을 온 세계에 보내는데 그것을 신도들이 만지거나 환부에 놓으면 병이 낫는다고 선전했다.

이재록은 2019년 성폭행 혐의로 16년 확정 판결을 받고 복역 중, 2023년 말기암 치료를 위해 형집행정지를 받고 일시 석방되었다가 당년 12월 31일에 사망했다.

11) 사랑하는교회

(1) 일반 사항

① 명칭: 사랑하는교회(큰믿음교회)/대한예수교장로회 부흥
② 대표: 변승우
③ 조직: 큰믿음교회는 서울에 본부를 두고 각 지역에 지교회를 두고 있다. 예장 백석(구 합동정통)에서 제명 출교처리 되어 2009년 12월 대한예수교장로회 부흥교단을 만들었다.
④ 교세: 교회 수는 국내 35개의 지교회와 해외 10개의 나라에 지교회가 있으며, 교세를 더 늘려갈 것으로 보인다. 지교회 포함 출석 인원이 약 15만 명이라고 전한다.

(2) 연혁

변승우는 성결대학교 82학번이며 울산에서 1995년 개척했고, 서울에서 2005년 3월 6일 개척예배를 드렸다. 성결대학교를 졸업했지만 예장합동 정통(현 예장 백석) 교단에 소속되어 목회를 했다가 이단 행적이 문제가

되어 2009년 12월 본 교단으로부터 제명 출교처리 되었다. 그 후 독자적인 교단 '대한예수교장로회 부흥'을 만들었다.

그는 권면을 받고 시정하기를 요구하는 교단과 이단 연구가들을 향해 심한 독설로 대응하며 선을 그었고 더욱 자기의 논리를 구체화하며 오늘에 이르고 있다.

(3) 주요 교리

변승우의 교리적 문제점은 계시관, 구원관, 신비주의 추구, 신사도 운동과의 연루 등 다방면에서 발견된다.

① 성경론과 계시론

변승우는 자기의 저서 여러 곳에서 성령이 직접 자기에게 책을 저술하라든지 또 어떠한 내용으로 설교하라고 지시한다고 밝히고 있다. 이는 자기가 직통계시를 받고 있다는 말과 다르지 않다.

그리고 그는 『다림줄』이라는 본인 저서 서문에 신사도 운동가들이 자기에게 했다는 예언들을 소개한다. 특별히 샨 볼츠(Shawn Bolz)는 바울이 서신서를 저술할 때 함께했던 그 천사가 변승우의 곁에 있다고 말했다고도 한다. 그러면서 변승우는 그 책을 통해 자기가 사도들과 똑같은 영감을 받았으며, 심지어 자기가 성경을 바로 해석하는 '다림줄'을 갖고 있다는 주장을 펼친다.

② 구원론

변승우는 하나님의 은혜와 믿음으로 구원받는다는 성경의 가르침(엡 2:8)과 달리 행위로 구원을 받는다고 강조한다. 심지어 그의 2006년 5월 26일 설교에서는 "그저 예수를 믿고 입으로 고백하면 구원받는다는 것은 본래 이단 사설입니다"라고 했다. 그러면서 변승우는 행위가 뒷받침되지 않으면 구원을 받을 수 없다고 가르친다. 곧 믿음으로 구원을 받은 사람도 행위나 순종, 회개가 완전치 못하면 버림을 받을 수 있다고 한다.

이는 행위완전주의적 주장이므로 펠라기우스적 구원관이라고 할 수 있다. 변승우 자신은 알미니우스나 웨슬리주의 신학을 이어받았다고 말하지만, 그의 이론은 심각하게 극단적이다. 알미니우스주의와 웨슬리주의도 개인의 의나 행위를 구원의 필수 요소로 여기는 것이 아니다. 믿는 사람이 심각하게 타락할 경우 구원을 상실할 가능성도 있다고 인정할 뿐이다.

③ 기성교회에 대한 과도한 폄훼

변승우는 기성교회를 신랄하게 비판하면서 자기 교회는 온전한 교회라는 암시를 준다. 특별히 칼빈주의 교회와 목회자들을 맹비난한다. 그들을 향해 "정통의 탈을 쓴 짝퉁 기독교", "바리새파 사람들"이라고 매도한다. 그리고 자기를 비판하는 이단 연구가들을 향해서는 "이단 사냥꾼", "영적 기생충"이라고 공격한다.

④ 신비주의 사역

변승우는 저서와 설교를 통해 신비 체험을 권장한다. 그래서 입신 체험, 예언, 방언, 쓰러트림 사역 등을 활발히 펼치고 있다. 공개 신앙간증을 통해 신비 체험을 말하게 하기도 한다. 그리고 사랑하는교회 안에 예언 사역 팀, 방언 통변 팀, 신유 축사 팀 등이 운영되고 있다. 이는 공공연히 신비주의를 추구하는 모습이기도 하다.

그는 일찍부터 해외의 신사도 운동가들과의 교류가 활발하기도 했다. 때마다 신사도 인사들을 초청하여 집회를 가졌고, 그의 설교나 저서에는 그들의 말을 인용하고 있다.

변승우는 2009년부터 성령신학교를 운영하고 있기도 하다. 정규 과정과 비정규 과정으로 나뉘는데, 정규 과정은 성령신학교(4년), 성령신학연구원(3년)이 있다.

(4) 활동 상황

2008년 이후 변승우는 국내 대부분의 주류 교단으로부터 이단으로 규정되었다. 그러자 자기를 이단이라고 규정한 교단과 이단 연구가들을 향해 독설을 서슴지 않으면서도 한편으로는 이단 해제를 위해 노력했다. 물론, 자기의 교리들은 전혀 수정하지 않은 채였다.

그러던 중 2019년 3월 4일 한기총(전광훈 대표회장)으로부터 이단 해제를 받고 한기총에 정식 회원으로 가입하기도 했다. 하지만, 당시 이미 한기총이 다락방 등의 이단들을 받아들인 이유로 한국의 주류 교단들이 한기총을 불신임하고 대거 탈퇴한 이후 벌어진 일이었으므로 전혀 공신력이 없는 결정이었다. 그러나 변승우는 그 일을 기화로 자기 교회 홈페이지 대문에 "본 교회는 한국 교회를 대표하는 한기총 소속입니다"라는 문구를 올리며 이단이 아니라고 홍보하고 있다.

그런데 2023년 4월 25일 변승우는 한기총 대표회장(정서영)과 사무총장이 이단 시비 문제 해결의 대가로 거액의 금품을 요구했다는 내용이 담긴 녹음 파일을 폭로하여 교계의 관심을 끌었다. 변 씨가 왜 이런 폭로를 했는지에 대해서는 이론이 분분하다. 이단 문제로 분열된 한기총과 한교총(한교연, 한국교회총연합, 한기총을 탈퇴한 주류 교단이 결성)의 재통합 논의를 봉쇄하기 위함이라는 설도 있다. 한교총은 통합의 선제 조건으로 이단 문제 해결을 내걸고 있는데 변 씨가 직접적인 당사자이기 때문이다.

4. 한국 주요 교단이 규정한 문제 단체(1915-2023년까지)

아래 도표는 「현대종교」가 제공한 자료에 필자가 보충 설명을 더한 것이다.

대표자(명칭) 및 단체명	교단	연도/회기	결의	결의내용	비고
강덕섭	합동	2019/104	소속 교단에서 처리	기독교대한감리회 총회로 돌려 보내어 처리	제작한 전자음원 성경에서 원 성경의 내용을 50% 이상 삭제한 이유
강병국 「생애의 빛」	고신	2009/59	이단성	예정론과 구원론에 위배되는 사상, '원죄' 교리 부인	
고대원 덕천교회 (現 산성중앙교회 담임)	통합	2015/100	동조 혹은 추종 금지	건전한 신학을 소유한 목회자로 보기 어렵다	지나친 음모론, 지나친 마귀, 사탄, 죄, 지옥 언급으로 인한 균형감 결여
공용복 밝은빛종말론	기성	1988/82	사이비성	시한부 종말론	개인들의 신비 체험을 근거로 임박한 종말을 주장했음
관상기도 운동	합신	2011/96	참여 금지	위험	천주교 색채, 신비주의 뉴에이지적
구요한 글로벌타임즈	고신	2018/68	참여 금지	성령론 해석 오류, 교회 질서 깨뜨리는 행위	기적 지속론을 통해 빈야드식 체험 강조, 성령강림이 반복된다는 주장
	백석대신	2018/103	참여 금지	신사도 운동, 비성경적인 성령 사역 강조	
구원파 권신찬·유병언 (기독교복음침례회) 박옥수 이요한 (대한예수교침례회)	기성	1985/79	이단사이비집단	깨달음에 의한 구원, 회개, 죄인 문제	깨달음에 의한 구원 강조, 회개를 계속하면 구원받지 못함. 죄인이라 고백하면 구원 못 받은 것임. 율법폐기론적인 윤리관
	고신	1991/41	이단		
	통합	1992/77	이단		
	합동	2008/93	이단		
	합신	1995/80	이단		
		2014/99	이단 재확인 구원파와 같은 이단 교리	서달석, 노영채, 오도경 부부, 손영수, 구영석, 김동성 구원파와 같은 이단 교리	
	기감	2014/31	이단		
권신찬·유병언 (기독교복음침례회)	기하성	2014	이단		
극단적 신비주의	통합	2012/97	참여 금지	불건전한 신비주의 운동	
김계화 할렐루야기도원	통합	1993/78	비성경적, 비기독교적		성령수술, 생수병치료, 계시론, 효과에 의문이 많은 주술적 치료방법, 김계화 자신을 숭배하게 함, 그의 말을 말씀이라고 하고 그가 체험한 신비 체험을 계시라고 함
	고신	1994/44	불건전 단체	성수 문제, 성령수술 부당성	
	합동	1996/81	이단성		

김기동 귀신론 (베뢰아아카데미) 기독교베뢰아교 회연합	기침	1987/77	이단	신론, 기독론, 계시론, 창조론, 인간론, 사탄론	신론: 삼위일체관의 양태론, 계시론: 김기동의 가르침이 성경과 같은 권위 창조론: 이 세상은 마귀를 가 둔 감옥 인간론: 이중 아담론 사탄론: 모든 병과 죄의 근원, 신학 전반에 걸쳐 총체적 문 제점을 가짐
	고신	1991/41	이단		
	합동	1991/76	이단		
	통합	1992/77	이단		
	기감	2014/31	예의 주시		
	합신, 기성				
김대옥	합신	2019/104	참여교류 금지	동성애, 이슬람에 대한 신학적 지향성 문제	동성애가 죄인가 하는 부분 에 대한 판단 유보, 성경과 꾸란을 거시적 관점 에서 읽어야 한다는 주장
		2022/107	참여교류 금지 유지	동성애와 퀴어신학, 이슬 람, 복음과 구원에 대한 잘못 된 주장	
김민호 열방교회	통합	2006/91	교류, 참여 금지	비성서적 치유 사역, 투시능 력 과시, 위협, 귀신신앙, 의료 행위 거부	
김성로 춘천 한마음교회	합동	2017/102	참여 금지	십자가 부활 이원화, 십자가 중심의 신앙을 폄훼하고 왜곡	부활 구원론 주장, 예수께서 십자가에 죽으시고 3일 만에 부활하셔서 하늘나 라 성막에 들어가셔서 다시 제사를 드려 주어야만 함. 이 땅의 제사(십자가)는 순간적 효력밖에 없지만, 부활 승천 하셔서 하늘나라 성소에 들 어가시게 되면 순간적 죄 사 함이 아니라 영원한 죄 사함 이 이루어진다 함
		2019/104	참여 금지 해제	집회와 매체를 통한 공개적 회개를 수용	
		2022/107	참여 금지 유지	이단성 여전히 지속	
	고신	2018/68	참여 자제	부활에 대한 지나친 강조, 비 성경적 오류	
	기침	2018/108	문제 없음	성경과 신학의 해석 오류 확 인하고 수정 보완	
	백석대신	2018/103	2년간 예의 주시	십자가 복음 폄하, 부활 후 하 늘 성소의 제사 문제	
김성수 서머나교회	합신	2015/100	추종 금지	강론을 읽거나 추종하는 일 금지	극단적 이원론으로 영지주의 적임, 하나님을 죄의 원인자 로 만듦, 기성교회는 거짓됨
김양환 덕정사랑교회	합신	2015/100	이단		극단적 신비주의, 지옥의 소리를 듣는다는 주장
김요한	합동	2019/104	엄중 경고		극단적 신비주의, 불성령 체험 주장
	고신	2020/70	집회 참여 금지		
김용두 주님의교회	대신	2009/44	집회 참여 금지	여러 가지 신학적 문제	자기 우상화, 자기 신격화, 성령불, 성령춤 등의 비성경 적 신비주의 사역
	합신	2009/94	이단	우상화·신격화 위험성, 자의 적 성경 해석, 신비주의적 체 험 신봉, 영지주의적 신비 사 상, 비성경적인 천국론과 지 옥론, 성령의 역사를 주술적 으로 변질, 직통계시, 김기동 과 같은 귀신론	
김용의 순회선교단 복음학교	합신	2018/103	참여 및 교류 금지	음란죄 공개자백, 교회게 복음이 없다고 비판, 완전성화 주장	복음학교 기간 중 회중이 음 란죄를 고백하도록 함. 자기 만의 '나의 복음'을 가지고 있어야 하는데, 그렇지 못하 면 매우 비참한 것이라 함
	합동	2020/105	참여 금지	유사논리 구조와 완전주의 경 향에 대해 주의	

이름	교단	연도/회기	결의	문제점	비고
김풍일 (현 김노아) 세광중앙교회	통합	2009/94	더 지켜봐야 함	자신이 보혜사임을 암시, 이중 보혜사론 주장, 예수의 육체 재림 부인	신학 전반의 문제에 대해 여러 번 해명을 표명하기도 했으나 변화가 미흡함, 2017년 한기총 대표회장 출마도 했었지만, 2023년 7월 한기총에서 '이단'으로 규정하고 제명함
	합동	2018/103	참여 금지		
		2019/104	참여 금지 유지		
나운몽 용문산기도원	통합	1955/40	이단	장로교 신경에 맞지 않음, 강단에 세우는 것 엄금, 집회 참석 금지, 강단에 세우는 것 엄금, 비성경적, 집회 참석 금지	단군이 하나님을 섬긴 이래 한민족이 하나님에게 특별하다고 함. 영계에는 낙원과 음부 영옥이 있는데 영옥은 천주교의 연옥 개념임, 혼합주의적 색채를 강하게 띰
		1956/41			
		1998/83			
	고신	1968/18	이단		
노광공 동방교 (기독교대 한개혁장로회)	통합	1956/41	이단	강단에 세울 수 없고 집회 참석도 금지	한때 박태선을 추종했음, 비밀경전 경화록에 노광공이 심판주요 창조주임. 아들 노영구가 승계함
노성태	합동	2019/104	엄중 경고		수맥봉으로 암 진단 및 귀신 탐지
노우호	통합	2021/106	참여 금지 및 예의 주시	신학적으로 이단성 있음	현대의 방언은 모두 귀신이 주는 것, 요한계시록을 음모론과 연계하여 자의적 해석, 이단 옹호 발언
뉴스앤조이	합신	2020/105	주의	구독, 후원, 광고 등에 주의	동성애자, 성소수자, 차별금지법, 성평등, 페미니즘, 젠더 이데올로기, 퀴어축제, 퀴어신학 옹호
	고신	2020/70	비성경적 반기독교적 언론	구독, 광고, 후원 금지	
뉴스킨	고신	2010/60	주의		본 기업이 한때 몰몬교 연루 의혹을 받았음
다니엘기도회 (오륜교회 주관)	고신	2023/73	경계	초청받은 일부 강사가 신학적 큰 문제, 신사도 운동과의 연결에 합리적 의심	
덕당국선도	통합	2019/104	시행 금지	자연주의 사상과 종교 혼합적 성격	이교적이며 종교혼합주의적 면모
뜨레스디아스	합동	1993/78	엄히 경계	천주교적 요소 농후	천주교에서 유래함. 이명범에 의해 널리 소개됨, 명칭과 방식이 매우 다양함, 기성교회 안에 이 프로그램 수료자들로 인해 분열과 갈등이 자주 촉발됨
		2006/91	엄히 경계 재확인		
	통합	1995/80	목회자 추천받도록	가톨릭적 요소, 인위적 요소, 파당형성 이단이 활용	
		2002/87	담임목사의 추천 필요, 이단이나 불건전 단체에서 운영하는 프로그램 참석 금지	긍정적, 부정적 측면이 있음	
레노바레 운동	합신	2011/96	참여 금지	위험	관상기도와 함께 천주교 유래, 개신교 영성과는 차이가 있음
로마(천주)교회	통합	2014/99	다른 전통을 고수하는 교회	교리적으로 이단적인 요소 인정, 반사회·윤리적인 이단 집단과 다르다	

류광수 다락방전도운동 예장전도총회	고려	1995/45	비성경성	유사기독교 운동, 사이비기독교 운동	유사기독교 운동, 사이비기독교 운동, 타락관-인간 타락의 책임은 사탄에게 있음. 인간 죄의 심각성을 간과함. 그리스도의 대속-사탄배상설 계시관-마귀가 주는 계시를 알아야 한다고 함. 강력한 예수 재영접을 주장함, 기성교회는 대부분 마귀에 사로 잡혀 있다고 함
	고신	1995/45	관련자 적절한 권징		
		1997/47	불건전 운동		
		2013/63	이단 유지	잘못을 고치겠다고 했으나 좀 더 지켜보기로 함	
	통합	1996/81	사이비성	이단적 속성을 띈 불건전한 운동, 마귀론, 기성교회 부정적 비판, 다락방식 영접	
	합동	1996/81	이단		
		2014/99	이단 재확인 관련자 징계	이단 재확인, 관련자 공직 제한	
		2021/106	이단 유지		
	기성	1997/91	사이비 운동		
	기침	1997/87	이단성		
	기감	1998/23	이단		
	기하성		이단		
	합신, 개혁				
마술	통합	2017/102	사용 금지	인간의 눈속임을 통한 감탄과 재미 유발에 불과	
마음수련원 우희호	통합	2007/92	참여 금지	단순한 정신 수련이 아닌 초자연적 신비주의 성향	
몰몬교 예수그리스도 후기성도교회	합신	1995/80		삼위일체 부인, 예수의 신성 부인, 대속 부인, 지옥 부인	
	고신	2009/59	이단		
	통합	2014/99	이단	영적 교만, 편협성, 성경의 권위 훼손, 하나님의 신성 부인, 조셉 스미스 신격화	
	기감	2014/31	이단		
	기성, 기장				
문선명 통일교 (세계평화통일가정연합)	통합	1971/56	사이비 종교	전통적인 신학 사상과는 극단적으로 다름	
		1975/60	불인정 집단	가입 금지, 관련 신문, 잡지에 투고 금지	
		1976/61	엄하게 치리	교단 화합 교회 사명에 장애를 줌, 단호히 경고	
		1979/64	기독교 아님	기독교를 가장한 사이비 종교집단임	
		1988/73	불매 운동	문선명 집단 관련 제품 조사하여 불매 운동 전개	
		1989/74	조사 처벌	통일교와 관련자 철저히 조사 색출하여 치리	
	대신	2008/93	이단		
	고신	2009/59	이단		
	기감	2014/31	이단		

이름/단체	교단	연도/회기	결의	문제점	비고
문선명 통일교 (세계평화통일가정연합)	기하성		이단	성경관, 교회관, 기독론, 부활론 등 전 분야 걸쳐 반기독교적	
	기성, 기장 합신, 합동		기독교를 가장한 사이비 집단		
문제선 예루살렘교회	합신	2017/102	이단	직통계시론자, 잘못된 요한계시록 해석, 이분법적 해석, 기독론, 이중구원론	
미주 세이연	합동	2019/104	교류 금지	반삼위일체 주장하는 이단	여호와는 성부의 이름이므로 성자와 성령에게는 해당하지 않는다 함.
	고신	2020/70	이단 사상	구독, 광고, 후원 금지	
	통합	2021/106	이단성	삼위일체, 기독론	
박건재 남양주 수정교회	합동	2022/107	엄히 경계	빈야드식 쓰러짐 현상, 신사도 운동의 신비주의	
박명호 엘리야복음선교원, 한농복구회 (現 십계석국)	통합	1991/76	이단 / 안식교 계열	이신득의 진리 거부, 인간이 신이 된다는 교리	안식교에서 분파, 비록 예수를 몰라도 신선의 경지에 이르면 구원받는다 함, 현재는 창기십자가론을 전하고 있음
	고신, 합동				
박무수 부산제일교회	고신	1999/49	관계 금지	4단계 회개	1단계: 깨달음 2단계: 하나님 앞에 있는 죄를 없앰 3단계: 자신 마음의 죄를 없앰 4단계: 감사(헌금 유도)
	기성	1999/93	이단		
	통합	1999/84	비성경적, 사이비적		
박용기	고신	2003/53	집회, 저서, 성경 공부 등 금지	하나님을 죄의 원인 제공자로 만드는 심각한 오류	극단적 예정론에 따른 이론들
박윤식 대성교회 (現 평강제일교회)	통합	1991/76	이단	기독론, 타락관, 계시관, 창조론	씨앗속임 사상: 인간 타락의 본질은 하와와 뱀 사이의 간음행위로 말미암은 죄의 혈통 유전에 있다고 함, 월경은 타락의 결과, 박윤식은 2014년 12월 사망
		2015/100	이단 유지		
	합동	1996/81	이단		
		2005/90	이단 재확인		
		2019/104	구속사 세미나 참석 금지	본 교단이 이단으로 결의한 교회가 진행	
	기감	2014/31	예의 주시		
박주형 새벧엘교회	합동	2002/87	강단 교류 금지	지나친 신비주의, 주관적 성경 해석 문제	
박철수 새생활영성훈련원, 아시아교회	합신	2001/86	참석 금지	성령상담, 영서, 인간론, 구원론, 성경 해석, 귀신론에 있어 위험한 사상 운동을 하는 자	
	합동	2002/87	교류 금지		
	통합	2010/95	참여 금지	잘못된 인간론과 영 인식, 비성경적 운동	
박태선 전도관 (現 천부교)	통합	1956/41	이단	비성경적(본 장로교 교리와 신조에 위반됨)	병 고침 등의 이적을 행하며 동방의 의인을 자처하기도 함, 말년에는 자칭 하나님이라고 함
박한길 애터미	합신	2014/99	예의 주시	경계가 필요	

방춘희 김포큰은혜기도원	통합	2010/95	주의	집회 초청 신중, 눈 안수 삼가, 영적 어머니 표현 자제	
	합동	2020/105	출입 금지	사이비성 신앙 단체	
백남주 신비주의	통합	1933/22	이단	각 노회에 통첩하여 주의시킴	신비주의 추구, 김백문 등과 사역하기도 함
베리칩과 666	합동	2013/98	관계없음	베리칩과 666은 관계없음	
	합신	2014/99	관계없음		
변승우 사랑하는교회 (前 큰믿음교회)	고신	2008/58	주의	불건전	
		2009/59	참여 금지	구원관, 계시관, 신사도적 운동 추구, 다림줄, 신학 및 교리 경시, 한국 교회를 폄하하는 발언	
	통합	2009/94	이단	구원론, 입신, 예언, 방언 등 극단적인 신비주의 신앙 형태 등	
	합동	2009/94	집회 참석 금지	알미니우스주의 혹은 율법주의	
	백석	2009/94	제명 처리, 출교, 주의, 경계, 집회 참여 금지	계시관, 성경관, 구원관, 교회관	
	합신	2009/94	이단성이 있어 참여 및 교류 금지	구원론, 직통계시, 기성교회 비판	
		2022/107	이단	잘못된 신사도 운동, 잘못된 계시관, 자신을 초월적인 존재로 우상화, 칼빈주의 5대교리는 마귀의 교리라고 주장	
	기성	2011/105	집회 참여, 교류 금지	성서 해석의 오류, 비성서적	
		2019/113	교류 금지 유지		
	예성	2012/91	이단	구원관 변질, 개인 체험에 의한 성경 해석, 급진적 신비주의 추구	
	기감	2014/31	예의 주시		
	기하성		이단		
빈야드 빈야드교회· 토론토공항교회	통합	1996/81	도입 금지	성령론, 특이 현상의 비성경성, 무질서한 예배	
	고신	1996/46	참여 금지		
		2007/57	참여 금지	빈야드 운동, 피터 와그너가 주도하는 신사도적 운동 불건전 운동으로 규정	
		2011/61	불건전 운동 재확인		
	합동	1997/82	참여자, 동조자 징계	성령론, 특이 현상의 비성경성, 무질서한 예배	
	기성	1998/92	사이비성		
생명수교회 양결, 강성민	통합	2022/107	참여 금지	신사도 운동을 이유로 소속 교단에서 면직	
서달석 강서중앙교회 (現 서울중앙샬롬교회)	통합	1993/78	이단	구원관(구원파와 같음) 종말론, 교회 의식 절기	

단체/인물	교단	년도/회기	결정	사유	비고
소에스더 우리제일교회	백석대신	2018/103	참여 금지	비성경적 방언 기도	
소천섭 구원파 (기독교복음침례회)	통합	1974/59	제명, 강단교류 집회 금지	본 장로회와는 신앙이 맞지 않음	
손원영	통합	2023/108	2년 예의 주시	일부 종교다원주의로 오해받을 표현이나 내용과 행동	
	합신	2023/108	참여 및 교류 금지	이단성(2년 후 재보고)	
스베덴보리 (1688-1772)	고신	2009/59	이단	삼위일체론, 신관, 인간관, 천사론, 창조에 대한 견해, 재림론, 종말론 등	스웨덴의 유명한 신비주의자, 그가 경험했다는 내세 체험들이 대부분 성경의 내용과 일치하지 않음, 설교 예화에 무분별하게 인용됨
	합동	2017/102	이단	신론, 삼위일체, 종말론, 계시관, 재림론, 교회론	
신사도 운동 피터 와그너	고신	2009/59	참여 금지	직통계시, 은사중단론 거부	
		2011/61	불건전 운동 재확인		
	합신	2009/94	참여 및 교류 금지	현시대에 사도와 선지자 존재, 성경 외 계시 주장, 직통계시 등	
	기장	2014/99	도입·참여·교류 금지	성서 해석의 오류, 복음의 본질 왜곡, 사도의 지배권 등	
	기하성 여의도	2018/86	예의 주시	이 시대 사도가 존재한다고 주장, 극단적인 신비주의적 감성주의 표방, 임파테이션 주장	
신옥주 은혜로교회, 바울 사관아카데미 영적군사훈련원	합신	2014/99	이단	성경론, 성경 해석, 기독론, 삼위일체론과 종말론이 이단성으로 가득	
	고신	2015/65	참여 금지		
	통합	2016/101	이단성	자의적 성경관, 기독교적 심각한 오류, 독특한 방언 해석, 목회자 폄하	
	합동	2016/101	집회 참석 금지	방언 해석 문제, 목회자 폄하, 이상한 기독론	
	백석대신	2018/103	이단	성경관, 해석의 방법, 기독론, 삼위일체론, 구원론, 교회론, 종말론	
	기하성		이단		
심상용 월드크리스천성경 학연구소	합동	2008/93	엄히 경계		섭리론과 기독교의 교리 자체를 이교적이며 악마적이라고 공격, 성경과 성령을 동일시하여 성령의 인격성을 도외시함
심재웅 예수왕권세 계선교회	통합	2005/90	이단성, 집회 강의 참석 금지	교회론, 구원론, 신격화, 밀교적	
	합동	2005/90	집회 참석 금지	사이비, 이단성 농후	
	합신	2006/91	집회 참석 금지	성령 왜곡, 주관적 신앙 체험 일반화, 기성교회 부정, 교주 우상화	

심재웅 예수왕권세 계선교회	기성	2006/100	이단성	성경 왜곡, 교주 신격화	
	고신	2008/58	극단주의적 신비주의		
	대신	2009/44	예배·집회 참석 금지	신학적, 성경적, 행태적인 잘못된 모습을 보임	
아이합 IHOP, 마이크 비클	고신	2011/61	참석 금지	신사도 은동과 깊은 연관, 예언운동 주의	
안상홍 안상홍증인회 하나님의교회, 하나님의교회 세계복음선교협회	통합	2002/87	반기독교적 이단	교리적 틀선, 성경 해석의 오류, 왜곡된 구원관	안식교 분파, 교주 안상홍은 재림주, 교주 안상홍은 1985년에 사망, 그의 아내 장길자가 하늘 어머니라 칭하며 교단을 이끔, 안상홍의 재림을 기다림
		2011/96	이단	반기독교적	
	합신	2003/88	이단		
	합동	2008/93	이단		
	고신	2009/59	이단		
	기감	2014/31	이단		
	기하성	2000	이단		
안식교 제칠일안식일예수 재림교회	예장 총회	1915/4	면직 제명	구원론, 안식일, 계시론	밀러 운동-1844년 재림 예언 불발, 엘렌G.화이트 여사가 그 재림은 그리스도가 하늘의 지성소에 들어가 '조사심판'을 시작한 해라고 주장함, 토요일 안식일 준수, 율법주의, 영혼 멸절, 자기들만의 구원 주장, 화이트의 가르침과 성경을 동일시
	통합	1995/80	이단	영혼 멸절, 영원 지옥 부재 등	
	고신	2009/59	이단		
	기감	2014/31	이단		
	기하성		이단		
	합신, 기성 합동				
알파코스 알파코리아	합신	2008/93	예의 주시		신앙 훈련 프로그램으로서 빈야드식 집회를 통한 신비 체험 추구
		2009/94	참여 금지		
	합동	2008/93	사용 주의		
	통합	2009/94	신비주의적 현상 엄격히 배제, 교회에 유익한 전도 프로그램으로 발전 권고	과도한 신비주의적인 현상을 보인 점은 엄격히 배제	
엄명숙 명인교회	통합	2001/86	이단	기독론, 타락관, 계시관, 창조론	
여호와의 증인 왕국회관	기성	1993/87	이단	구원론 교회론, 지옥 부재, 삼위일체 부인	
	고신	2009/59	이단		
	통합	2014/99	이단	심각한 성경 해석 오류, 삼위일체 부인, 그리스도와 성령 하나님의 신성 부인, 지옥 부인, 행의 구원 주장	
	기감	2014/31	이단		
	기하성		이단		
	기장, 합신				
염애경	통합	1956/41	이단	강단에 세울 수 없고, 집회 참석도 금지	과도한 신비주의
예장 합동혁신총회 (산하 남서울 신학교)	합동	2002/87	이단성	연옥 교리 주장	

이름/교회	교단	연도/회기	결정	내용	비고
예태해 미국 엠마오 선교교회	합동	1994/79	이단성 혐의	쓰러짐 현상, 주관적 신비 체험 등	쓰러짐 등 신비주의 추구
	기장	1996/81	단호대처		
오덕임 대방주교회	고신	1991/41	이단		과도한 신비주의
오성삼 한우리교회 전 담임	합신	2009/94	참여 및 교류 금지	지방교회와 같은 교리, 자의적인 성경 해석	
요가	통합	2017/102	참여 금지	힌두교 수행, 동작이 신인합일을 의미	
(인도) 요가	백석대신	2018/103	참여 금지	인도 요가는 힌두교인이 되게 하는 수단, 힌두교 간접 전도 초래	
위트니스 리 지방교회, 한국복음서원	고신	1991/41	이단	신론, 기독론, 인간론, 교회론	양태론적 삼위일체관, 신인합일 사상
	통합	1991/76	이단		
	합신, 합동				
유복종 (現 유자현) 녹산교회	합신	2007/92	교류 및 참석 금지	이중아담론, 시한부 종말론, 자의적 성경 해석, 녹산교회만 구원이 있다는 주장 등	
유석근	합동	2019/104	엄중 경고		
윤석전 연세중앙교회	합신	2000/85	집회 참석 금지	성령론, 예지예정론, 기독론, 지나친 권위주의적 목회관에 있어 성경의 주된 내용과 다른 주장	
윤종하	합신	2010/95	읽거나 추종 금지	기독교의 원죄 부정, 그리스도의 대리속죄 부정, 완전주의의 오류 등	
이광복	고신	2014/64	초청 금지	종말론과 불건전한 세대주의적 해석, 사도신경에 대한 입장	
	통합	2021/106	참여 금지	종말론, 세대주의	
이뢰자 여호와새일파, 새일교회	고신	1998/48		말일복음(말세의 비밀) 주장, 그릇된 성경 해석과 종말론	1972년 죽은 이뢰자 추종
	기성, 합동				
이만희 신천지교회 (무료성경신학원)	통합	1995/80	이단	계시론, 신론, 기독론, 구원론, 종말론	보혜사라 불리는 이만희, 신학 전반에 큰 문제, 144,000명의 특권 주장 가정이나 생업을 포기하고 포교에 힘씀
	합동	1995/80	신학적 비판 가치 없음		
		2007/93	이단	교주 신격화, 잘못된 성경 해석 등	
	기성	1999/93	이단	계시론, 신론, 기독론, 구원론, 종말론	
	합신	2003/88	이단		
	고신	2005/55	이단	대표자 이만희 씨가 직통계시자, 보혜사라 주장	
	대신	2008/43	이단		
	기감	2014/31	이단		
	기하성		이단		

이름/단체	교단	연도/회기	결의	주요 내용	비고
이명범 레마복음선교회 (TD), 예일교회	고신	1992/42	불건전 단체	삼위일체, 창조론, 인간관, 성경관, 극단적 신비주의	김기동 베뢰아카데미의 아류, 뜨레스디아스(T.D.)와 R.E.M을 통한 포교
	통합	1992/77	이단/김기동 계열	삼위일체, 창조론, 인간관, 성경관, 극단적 신비주의	
		2021/106	이단 해지	지난 날의 과오 반성	
	합신, 기성				
이선아 밤빌리아추수꾼	기성	1987/81	이단		
	통합	1990/75	이단	영성 치료로 인간이 온전하게 된다고 주장	
	고신				
이송오 말씀보존학회, 성경침례교회	합동	1998/83	이단	킹제임스번역(KJV) 외의 번역 성경은 이단이라고 주장, 비성경적 주장	
	통합	2002/87	반기독교적 주장		
이승헌 (뇌호흡, 기체조, 단요가, 명상) 홍익문화운동협회	합신	2007/92	참여 금지		종교혼합주의적 요소
		2008/93	이단		
이영수 에덴성회	통합	2011/96	이단	창조론, 긴간론, 기독론, 구원론 등	
이유빈 예수전도협회	합동	1999/84	참여 금지		
	기성	1999/93	경계집단		
	합신	2000/85	참여 금지	죄 공개 자백 등 성경 해석과 신학에 중대한 오류	
	통합	2001/86	참여 금지	영성 치료로 인간이 온전하게 된다고 주장	
	고신	2004/54	참여 금지	죄 공개 자백은 덕이 되지 않으며, 성경이 의무화하지 않는 것을 극단적으로 강조함으로 참여 금지	
이인강 (現 이엘리야) 아멘충성교회	통합	2012/97	참여 금지	계시관, 성경관	
		2013/98	예의 주시	해명과 반성에 진정성을 지켜볼 시간이 필요	
	합신	2015/100	이단		
이인규 무엇이든지 물어보세요	합동	2017/102	교류 금지	오늘날 특별계시 존재, 십자가 복음과 부활 복음 이원화	한때 이단 대처 홈페이지를 운영하며 좋은 영향력을 행사하기도 했지만, 스스로에게도 그릇된 사상이 드러남
	고신	2018/68	참여 자제	김성로 목사의 부활을 강조하는 사상에 동조	
	기감	2018/33	이단성 없음	신학적 용어의 표현상 오해	
	백석대신	2018/103	2년간 예의 주시	특별계시에 대한 위험한 사상, 하늘 성소가 실제로 존재한다고 주장	
	고신	2020/70	이단 사상	구독, 광고, 후원 금지	
	통합	2021/106	이단성	삼위일체, 기독론	
이장림 다미선교회	고신	1991/41	이단	구원론, 계시론, 교회론, 종말론	1992년 10월 28일 재림 운동
	통합	1991/76	이단		
	합신				

이재록 만민중앙교회	예성	1990/69	이단		극단적인 신비주의, 자기 신격화, 여신도 성폭행 혐의로 2019년 16형 확정 판결 받음, 2023년 사망
	통합	1999/84	이단	신론, 구원론, 인간론, 성령론, 교회론, 종말(내세)론	
	합신	2000/85	참석 금지		
	고신	2009/59	이단		
	기감	2014/31	예의 주시		
	기하성	1999	이단		
이초석 예수중심교회 (前 한국예루살렘 교회)	고신	1991/41	이단	본인의 신격화, 극단적 신비주의 추종	김기동 베뢰아카데미의 아류
		2009/59			
	통합	1991/76	이단	성서론, 신론, 창조론, 인간 론, 기독론, 구원론, 귀신론	
	기성	1994/88	이단		
	합신, 합동				
이태화	고신	1991/41	이단		김기동 베뢰아카데미의 아류
이현래 대구교회	고신	2009/59	이단		지방교회 아류
이형조 『타작기』 작가	통합	2014/99	집회·참석 금지	극단적 종말론, 편향적 신학	
이호빈 신비주의	통합	1933/22	이단	각 노회에 통첩하여 주의시킴	한국 초기 교회 시대의 신비 주의 이단
인터콥 최바울	통합	2011/96	예의 주시, 참여 자제	교리적으로 비타당, 위험	선교단체를 표방하지만, 정 작 선교 현지의 선교사들과 갈등을 빚음. 최바울의 영적도해라는 사 상을 기반으로, 단기선교팀 의 땅밟기와 일방적인 선포 위주의 사역을 함. 무엇보 다 땅을 밟는 그 행위를 중 시함. 최바울의 영향력을 벗어나지 못하는 한 불건전 선교단체 시비를 벗어날 수 없는 상태 라고 할 수 있음.
		2013/98	예의 주시, 참여 자제 유지	해명과 반성의 진정성을 지켜볼 시간이 필요	
		2015/100	예의 주시, 참여 자제 유지		
		2022/107	참여 자제 및 예의 주시 유지		
		2023/108	참여 자제 및 예의 주시 유지		
	합동	2013/98	교류 단절	프리메이슨의 음모론 수용, 극단적인 세대주의적 종말론, 이원론적 이분법	
		2019/104	교류 단절 유지		
		2020/105	참여 금지 및 교류 단절 유지		
		2022/107	참여 금지 및 교류 단절 유지		
	합신	2013/98	참여 금지 및 교류 금지	이원론적 사상, 비성경적 백 투예루살렘과 복음의 서진 운동, 왜곡된 종말론과 적그 리스도론	
		2022/107	이단	베뢰아, 신사도 운동 관련, 양 태론, 지역교회와 선교지에 서 충돌	

인터콥 최바울	고신	2014/64	초청 금지	교회론, 서적, 선교적·신학적 차원의 문제	
		2015/65	참여 금지		
		2016/66	참여 금지	불건전단체	
		2021/71	심각한 이단성을 가진 불건전단체		
	기성	2021/115	경계대상	반기독교적 행위로 교회와 개인의 신앙에 부정적 영향	
	기침	2021	불건전단체	교류 및 참여 금지	
	기하성	2021	예의 주시 및 참여 금지		
임보라 섬돌향린교회	고신	2017/67	참여 금지	신론, 동성애, 구원론 등	
	합동	2017/102	참여 금지	동성애 관련 비성경적인 사상 매우 농후	
	합신	2017/102	이단	하나님의 성, 동성애, 다원주의적 구원론, 안식일 왜곡	
	백석대신	2018/103	이단	신론적 이단성, 동성애를 성경적이라고 주장, 다원론적 이단성, 간식일의 의미 왜곡	
	통합	2018/103	이단성	성경 자의적 해석, 신론, 동성애, 구원론 문제	
장길섭 하나님의 비밀을 간직한 사람들; 하비람	통합	2008/93	참석, 교류, 후원 금지	비기독교적, 비성서적	
장재형 (장다윗)	통합	2009/94	예의 주시 경계	장 씨를 재림주로 받은 사람들의 증언이 많은바 그의 말을 신뢰할 수 없어 예의 주시하며 경계	
	합신	2009/94	참여 및 교류 금지	통일교 전력 문제, 재림주 의혹 사건, 성경의 자의적 비유풀이 등	
		2013/98	경계·교류 금지 유지	장재형 씨에게 진정성이 없다고 판단	
	고신	2012/62	관계 금지	이단성 의혹	
전광훈 사랑제일교회	고신	2021/71	교류와 참여 금지	이단성 있음	
	합동	2021/106	집회 참여 금지 촉구		
	통합	2022/107	집회 참석 금지 권면	목회자로서 적합하지 않은 잦은 언행	
전능하신 하나님교회 동방번개	고신	2013/63	이단	삼위일체론, 기독론, 구원관	여자 재림주 양향빈(杨向彬), 실질적 교주는 조유산(赵维山), 중국 정부의 단속을 받은 후 미국으로 망명, 수단 방법을 가리지 않는 악랄한 포교 방법, 한국에도 거점을 확보하고 난민 신청 등을 통해 대거 입국함
	통합	2013/98	이단사이비	양향빈 재림주, 삼위일체 부정	
	기감	2014/31	이단		
	백석대신	2018/103	이단	성경의 완전성 부인, 충족성 부인, 성경으로서는 구원받을 수 없다고 주장	

이름/교회	교단	연도/회기	결정	사유	비고
전능하신 하나님교회 동방번개	합신	2018/103	이단 사이비	계시의 연속성 주장, 왜곡된 성경 해석과 짜집기, 조유산 신격화 및 양향빈 재림 예수 주장	
	기하성		이단		
전성훈 푸른하늘교회	백석	2021/44	예의 주시 및 교류 금지	김기동 귀신론, 귀신은 불신자 사후의 영	
		2022/45	교류 금지 유지		
전태식 순복음진주 초대교회	합동	2005/90	강의, 집회, 예배 참석 금지	구원관, 예배관	
		2019/104	참석 금지 유지		
	합신	2018/103	참여 금지	아바드 성경 주석 오류, 행위 구원, 예수 그리스도의 다중 재림, 불건전한 세대주의 종말론	
		2019/104	참여·교류 금지 유지		
정동수 사랑침례교회	합동	2018/103	참여 금지	개역성경 비하 및 폄하, 구원론	킹제임스성경(KJV)만이 영감된 번역본이라는 주장, 말씀보존학회 아류
		2019/104	참여 금지 유지		
		2020/105	참여 금지 및 엄히 경계	이단성 있음	
		2021/106	참여 금지 및 엄히 경계 유지		
	고신	2020/70	예의 주시, 교류 자제		
정명석(JMS) 기독교복음선교회 국제크리스챤연합	고신	1991/41	이단 규정		여신도 성폭행 혐의로 10년 복역 후 2018년 출소, 2023년 다시 여신도 성폭행 혐의로 구속되어 재판을 받고 있음. 1심에서 23년형을 언도받음
	통합	2002/87	반기독교적 이단	성경 해석, 교회, 삼위일체, 부활, 그리스도의 재림	
	합동	2008/93	이단	성경관, 부활·재림관, 구원관 등 전분야에서 반기독교적	
	기감	2014/31	이단		
	기하성		이단		
	합신, 기성				
정원 헤븐교회	합신	2017/102	참여 금지	질병의 약함의 원인 마귀로 주장, 호흡 기도, 이교도적 수련, 영적 도해 사상	
	통합	2019/104	참여 금지	신학적으로 심각한 문제점 내포	
정은수 하마성경	통합	2023/108	참여 금지 및 예의 주시	가계저주론 옹호	
조명호	통합	2011/96	이단성	비기독교, 비성서	과도한 신비주의, 자기 신격화, 로또영성: 로또복권 숫자 맞추기
조종성 복음중앙교회	합신	2017/102	이단	자신을 직통계시로 우상화, 기성교회에 구원과 복음이 없다는 주장, 삼위일체 부정	
조현주 성경100독 사관학교	합신	2008/93	이단	신천지 교리 강의	

조희성 영생교	고신, 합신		박태선분파/이단	일고의 가치도 없음	자기 신격화, 자기를 통해 영생을 얻는다고 가르쳤으나 복역 중 사망
주종철 서울주안교회	고신	2006/56	이단성		
	통합	2012/97	교류 금지	그리스도론, 신론, 삼위일체론, 성령론, 종말론 등	
차해경	통합	2018/103	이단성	가계주보론, 조상의 죄 대물림	
최온유 화정복된교회 작은교회연합 봉사단	고신	2004/54	참여 금지		
	합신	2005/90	참여 금지		
	합동	2007/92	참여 금지	최온유 목사 신격화 우상화, 직통계시적 주장, 지나치게 세속적인 헌금관 등	
퀴어신학	백석대신	2018/103	이단		동성애 옹호
	합동	2020/105	이단		
		2021/106	이단 유지		
퀴어신학 (동성애, 양성애, 성전환)	통합	2018/103	이단성	성경의 규범적 권위 무시, 하나님의 창조질서 상대화	
크리스천사이언스	기성 고신 합동				범신론적 관념으로 대부분의 교리를 거부하거나 왜곡
타키모토 준 가계저주론	고신	2012/62	초청 및 참여 금지	불건전한 사상	가계저주론, 영적 전쟁, 지역 귀신
파룬궁	합신	2018/103	사이비 종교	창시자 기훙지 자신이 삼위일체이고 구원자, 파룬궁 수련자단 천국 간다는 주장	중국에서 발생한 혼합주의 사이비, 중국 정부와 맞선 이유로 집중 탄압 대상임, 한국 등 해외에서 반중 운동을 벌이고 있음
한국기독교 총연합회	고신	2020/70	이단 옹호 단체		
한준명 신비주의	통합	1933/22	이단	각 노회에 통첩하여 주의시킴	한국 초기 교회 이단
홍혜선	합동	2016/101	집회 참석 금지	비성경적인 거짓 예언, 극단적인 신비주의, 직통계시 추종	
황규학	합신	2017/102	이단 옹호자	신천지 옹호, 이단 연구가 비난	
황판금 대복기도원	통합	1993/78	사이비집단	기복적 무속적 형태의 방언, 영서, 예언, 직통계시	
회심준비론 정성우, 이동훈	합동	2022/107	집회 참석 주의	개혁신학과 상반되는 내용 많은 사상, 보급하는 책자들 매우 경계	
G12	합동	2008/93	사용 주의		
이단(옹호) 언론	통합	1995/80	이단(옹호)언론	「기독저널」(現「기독교평론 신문」)「주일신문」,「교회와 이단」(現「종교와진리」)	
		2005/90	글 게재 및 광고 후원 금지	「크리스챤신문」	

이단(옹호) 언론	통합	2009/94	이단(옹호)언론	「기독교초교파신문」, 「천지일보」, 「크리스챤신문」, 「세계복음화신문」, 「크리스천투데이」, 「교회연합신문」	
		2012/97	이단(옹호)언론	「복음신문」	
		2013/98	이단(옹호)언론	「기독교신문」, 「로앤처치」	
		2018/103	이단(옹호)언론 재확인	「교회연합신문」, 「크리스천투데이」	
		2018/103	이단(옹호)언론	「비평과 논단」	
		2022/107	해지	「기독교신문」	
	합동	2005/90	이단 옹호언론	「크리스챤신문」	
		2016/101	기고, 구독, 광고 및 후원 금지	「로앤처치」	
	합신	2010/95	이단(옹호)언론	「기독교초교파신문」(올댓뉴스), 「크리스챤신문」, 「세계복음화신문」, 「크리스천투데이」, 「교회연합신문」	
		2017/102	이단 옹호언론	「법과 교회」(로앤처치)	

제5장

이단 대처법

* * *

1. 이단이 생기는 원인

다음은 (故) 탁명환 소장이 정리한 이단 발생의 원인이다.

첫째, 성경에 예언된 말씀의 성취로서 이단 사이비가 일어나고 횡행한다.
둘째, 기성교회의 제도적인 부패와 무관심이 이단 사이비 종교의 발생 원인이 되고 있다.
셋째, 극단적 자유주의 신학의 영향으로 이단 사이비가 발생한다.
넷째, 폐쇄적인 기성교회의 율법주의적인 신앙생활의 반작용으로 이단 사이비가 발생한다.
다섯째, 기성교회가 교인들의 감정, 심리, 사회적 욕구를 충족시켜 주지 못하는 데서 이단 사이비가 생겨난다.
여섯째, 세상 끝날이 다가왔다는 위기의식을 고조시켜 절망감을 심어 주고 자기 집단을 통해서만 구원을 얻을 수 있다고 유혹함으로써 이단 사이비가 존립한다.
일곱째, 이단 사이비들은 성경(또는 기성종교 교리) 해석의 오류에서 생겨난다.

2. 개인이 이단에 빠지는 이유

1) 교만

이단을 연구하며 접촉하다 보면 이단에 깊이 빠진 사람일수록 공통된 특징이 있음을 발견하게 된다. 그것은 바로 교만이다. 교만한 자는 이단에 빠지기 쉽다. JMS 정명석은 초등학교 졸업이 전부인 사람이다. 그러나 놀라운 것은 한국에서 그를 추종하는 자들 중에 상당수가 일류 대학생들, 사회 지도층, 나무랄 데 없이 아름다운 여성 등 충분히 선망의 대상이 될 만한 사람이다. 게다가 국가의 안보를 위해 힘써야 할 엘리트 군인 간부들이 정명석을 향해 충성 서약을 한 일도 있었다.

그러면 왜 그런 무식한 사람에게 사회적으로 가장 유능한 이들이 빠져들어 모든 것을 바치고 복종하게 되는 것일까?

여기에는 무언가 논리적으로는 설명하기 힘든 무언가가 있다. 그 무언가를 필자는 교만에 사로잡힌 결과라고 해석한다. 사실 위에 열거된 조건을 갖춘 사람들이라면 사회적으로 교만하기 쉽다. 그런데 교만하면 이단에 빠지기 쉽다. **이단 조직은 교만한 자들을 위하여 준비된 영적 둥지라고 할 만하다.** 모든 이단은 자기네들만의 특별함을 주장한다. 겸손한 이단은 없다. 교만을 충족시켜 줄 만한 요소가 있는 곳에 교만한 자들이 모여들게 된다. 이단의 가르침과 유혹은 나의 영적 교만과 영적 허영심을 부채질한다.

넷플릭스의 〈나는 신이다〉에 의하면 정명석은 "내가 재림주이니 너는 하나님의 신부가 되는 것"이라는 암시를 주며 여성들을 유혹해 왔다. 또 많은 이단은 자기들에게 가입하면 기성교회에는 없는 참구원을 받게 된다고 꼬드긴다. 내세에서도 다른 사람을 지배하는 최상의 위치에 있게 될 것이라며 영적 교만을 부추긴다.

교만한 자가 이런 유혹에 걸려들게 되면 그 교만한 성향은 다시 광적인 종교적 열심으로 분출되기도 한다. 그러면서 그 조직의 간부가 되어 끝까지 가는 공동운명체가 된다. 결국, 교만이 스스로에게 올무가 되어 그 자신을 망치고 마는 것이다(잠 16:18).

한편, 덜 교만하거나 겸손한 사람은 자칫 이단에 빠졌다가도 돌아온다. 그들은 잠깐 실수하여 이단에 빠졌다가도 다른 사람들의 말에 귀를 기울여서 그것을 인정하고 돌이킬 줄 알기 때문이다. 그런데 그 과정에서 험한 일을 많이 겪어 사람이 심하게 망가진 채로 돌아오는 경우가 허다하다.

2) 욕심과 정욕(탐심)

이단에 빠지는 사람의 특성 중 또 다른 하나는 욕심과 정욕에 사로잡혀 있다는 것이다. 유다서에서는 이단의 특징을 "가만히 들어온 자들"이라고 말하고 있다. 그들은 경건치 아니하며, 하나님의 은혜를 색욕 곧 음란거리로 바꾸고, 그리스도의 유일성을 부인한다(유 1:4). 또한, 그들은 자기 이상만을 중시하고, 육체를 더럽히며 권위를 업신여기고 영광을 훼방하기를 즐긴다(유 1:8). 이들을 두고 유다서는 "이성 없는 짐승 같은 자들"이라고 했다(유 1:10). 오늘날 교회와 사회에 물의를 일으키는 이단 집단들의 면면 속에는 이런 특성이 잘 드러나고 있다.

또 한편, 대다수의 이단은 자기네 교주나 특정한 인물을 우상화하고 있다. 그 조직이나 모임의 특색도 지도자나 상위 지도층에 대해 충성을 바치는 분위기가 강하다. 이는 탐욕과 결부된 것이다. 성경은 탐심을 우상 숭배와 동일시한다(골 3:5). 이단 추종자들은 그 단체에 있으면 무언가 엄청난 것을 얻는다고 여기기에 교주나 조직에 더 충성한다.

신천지에 빠진 사람들의 경우 가정도 부모도 처자도 버리고 집을 떠나는 경우가 많다. 그 이유는 144,000명의 택함 받은 신천지 교인이 다 차게 되면 자기들의 세상이 열리는데 그때에 자기들은 세상에서 가장 높은 지위와 부를 누리게 될 것이라고 믿기 때문이다. 이는 한마디로 영적 로또 복권을 추구하는 행태라고 할 것이다.

그런데 교주나 지배 조직은 위와 같은 신도들의 탐욕을 역이용하여 오히려 자기들의 탐욕을 채운다. 고차원적인 이단일수록 자주 바치게 하되 기쁘게 바치게 만드는 구조다. 일반인이 보기에는 황당하고 뜬구름 잡는 행동 같아도 그것을 철썩같이 믿는 이단 추종자들의 눈에는 복 받는 지름길로 비춰지는 것이다. 탐욕으로 인해 이미 분별력을 상실한 상태이기 때문이다. 그래서 한때 이단에 빠졌다가 나온 사람들의 증언을 들어 보면 대부분의 사람이 공통적으로 고백하는 말이 이것이다.

"내가 한순간 눈이 멀었던 것 같아요."

3) 거짓

이단의 두드러진 특징 중 하나는 거짓말을 잘한다는 것이다. 우리가 제4장에서 살펴보았듯이 어떤 이단 종파인들 진실에 기초한 이단은 없었다. 이는 "콩 심은 데 콩 나고 팥 심은 데 팥난다"라는 이치와 같은 것이다. 이단들은 자기 교인 하나를 만들기 위해 온갖 거짓말을 하면서도 그것이 잘못이라 생각하지 않는다. 오히려 그것은 사람을 구원하기 위한 지혜요 전략이라고 생각하기까지 한다.

그러나 성경은 분명히 사탄을 "거짓의 아비"라고 증거하고 있다(요 8:44). 이단에 빠지는 사람들 역시 그 아비 사탄 마귀를 따라 정상적인 사고방식에서 이탈하여 거짓된 사고방식으로 살아가기를 즐기는 것이다.

그래서 평소 거짓에 능한 사람이 이단에 빠진다고 한다면 제 갈 길을 찾아간 것이라 할 수도 있다.

4) 무지

무지도 이단에 빠지는 한 가지 큰 원인일 수 있다. 어리석은 사람들에게 논리적으로 무언가를 반복적으로 가르쳐 주다 보면 그 사람은 그 이론만이 진리라고 생각하기 쉽다. 많이 배운 지식인이라 할지라도 반복하여 공부하다 보면 자기도 모르게 그것에 익숙해져 버리는데, 하물며 무지한 사람은 더할 수 있다.

그런데 이단에 빠짐에 있어서는 세상적 무지보다 영적 무지가 더 큰 원인이기도 하다. 세상 지식은 풍부한데 영적으로 무지한 사람이 많다. 영적 무지는 주로 교만과 고집으로 인해 초래된다.

5) 집안 내력

미국의 50개 주 중에 유타주는 몰몬교의 본고장이다. 그곳 주민 대부분이 몰몬교도이다. 이런 환경에서 태어난 아이들은 자연스레 부모의 손을 잡고 몰몬교회에 가게 되며 성장해서도 대부분 몰몬교도로 살아간다. 마찬가지로 통일교 신자의 자녀는 통일교도로 살아갈 가능성이 크다. 이는 매우 불행한 일이다.

하지만, 간혹 부모가 그런 이단에 빠져 있다고 해도 자기만큼은 그렇지 않은 경우도 있다. 이런 신앙인은 고라 자손과 같은 신앙인이다.

모세가 광야에서 이스라엘 백성을 이끌 때 같은 레위 지파 지도자 중의 하나인 고라와 그의 추종자들이 모세에게 반역했다. 이에 진노하신 하나님은 고라와 그 추종자 그리고 그 가족들까지 모두 멸하셨다(민 16장).

하지만, 고라의 후손이 시편을 기록하고 있는 것(시편 42-49, 84, 85, 87, 88편)을 볼 수 있는데 이는 자기 아버지의 반역에 그 아들들은 동참하지 않았기 때문이다(민 26:11). 그 부모와 형제라도 그릇 행하는 일에는 가담하지 않고 하나님의 편에 선 것, 진정한 신앙인의 모습이다. 이런 삶은 매우 어렵다. 그러나 그런 결단의 사람에게는 하나님이 베푸시는 아름다운 복이 있다.

그러므로 정통 신앙을 가진 부모 밑에 태어난 사람은 그것을 복으로 여기고 감사해야 한다. 혹여 내가 부모께 그런 복을 이어받지 못했다면 실망할 것이 아니라, 내 후대에게는 그런 복을 온전히 물려줄 수 있도록 바른 신앙에 정진해야 할 것이다.

6) 외적 환경에 대한 굴복: 세뇌와 자포자기

1996년 한국 MBC 방송이 보도한 '아가동산'의 실상은 가히 충격적이었다. 60대 이상의 할아버지, 할머니들까지도 아이처럼 교주 앞에서 춤추고 재롱을 부리며 집단생활을 하고 있었다. 이것은 오랜 세뇌의 결과라고 볼 수 있다. 억압된 환경 아래서 오랫동안 세뇌를 당하다 보면 그것이 익숙해져서 이성이 마비되는 증상이 나타나게 된다. 믿든지 아니면 미쳐 버리든지 둘 중 하나가 되는 것이다.

선진국이라는 미국도 예외가 아니다. 2008년 텍사스에서 있었던 몰몬교 원리주의자들에 의한 일부다처주의와 여성 학대 사건은 시사하는 바가 크다. 조사해 본 결과 5백여 명의 여성 중 4백여 명이 미성년 여자아이들이었고 어려서부터 성적 학대에 시달려 왔다. 그래서 정부 당국에서 아이들을 모두 데려다가 보호조치를 취했다.

그런데 황당한 것은 그곳에서 억압당하며 살던 성인 여성들은 오히려 자기들은 그곳 생활이 행복하니 아이들과 함께 계속 그곳에서 살고 싶다고 항의했다는 사실이다. 이는 너무 오랫동안 억압된 환경 아래 살다 보니 세뇌되고 길들여진 결과라 할 것이다.

또 한편, 자기네가 이단이며 잘못된 것임을 알지만 호구지책을 위해 빠져나오지 못하는 경우도 의외로 많다. (故) 탁명환 소장의 증언에 따르면 통일교인들 중, 간부급 중에서도 문선명이 엉터리인 것을 알고는 있지만 탈퇴한 이후에 먹고 살 일이 막막해서 나오지 못한다고 하는 사람들이 심심찮게 있었다고 한다.

3. 이단의 조직

1) 교주의 카리스마

이단 사이비 단체가 일사불란하게 움직이며 조직에 충성하는 것은 특정 교주의 절대적 권위로 말미암은 경우가 많다. 그런데 특별히 교주들이 학식이 뛰어나거나 사회적 지위가 높아서인 경우는 오히려 드물다.

탁지일 교수는 이 부분에 대해 오히려 교주들의 낮은 학식이 창의적이고 자의적인 성경 해석을 가능하게 하기 때문이라고 진단한다. 그리고 학식이 높은 신도들이 그 신학적으로 부족한 부분과 조직 운영의 부분을 메워 주는 경우가 허다하다는 것이다. 결국, 교주의 권위는 학식의 유무가 아니라 그의 카리스마틱한 언변과 행동, 논리로는 설명하기 어려운 사악한 영적 힘에 있다고 할 수 있다.

이단 연구가 진용식 목사는 이단 사이비 집단 교주들이 자기 신격화를 위해 주로 사용하는 논리를 아래와 같이 소개한다.

(1) **동방의 의인론**

한국이나 중국 등 동아시아의 경우 이사야 41:2; 46:11의 내용을 자기나라 자기 교주의 이야기로 각색하기를 즐긴다.

(2) **세 시대론**

성경의 시대를 구약·신약·종말 시대로 나누든지 구약·신약·요한계시록 시대로 나누는 등 세 시대로 나눠서 신·구약 시대 이후에 새로운 시대의 새로운 복음이 필요하다는 식의 주장을 한다. 곧 그리스도의 복음의 시대는 지나갔고 새로운 시대가 이제 도래했는데 그 새 시대의 구원자는 자기네 교주라는 식이다.

(3) **시대별 구원자론**

시대별로 하나님이 각기 다른 구원자를 세우신다는 이론이다. 곧 예수님과 같은 이가 이 시대의 어딘가에 있는데 그가 곧 자기들이 떠받드는 그 교주라고 주장한다.

(4) **초림 예수와 동일한 방법의 재림 주장**

재림도 초림과 같이 여자의 몸을 통해 오시는데 그렇게 오신 이가 자기네 교주라고 한다.

2) 조직 운용의 방법

대부분의 이단은 교주나 그 집단의 상층 조직에 대해 절대적으로 복종하고 추종해야만 하는 구조를 가지고 있다. 꾸준히 성장하는 이단들은 상층과 하층을 잇는 중간 관리 조직의 체계가 탄탄하다. 곧 한 번 들어가면 나오기 어려운 이단일수록 조직의 운영 시스템이 잘 짜여 있다는 말이다.

　일반적인 시각으로는 그 교리나 가르침이 매우 황당하고 유치해 보임에도 불구하고, 교인들이 빠져나오지 못하고 이단 집단에 절대 충성하는 모습을 종종 볼 수 있는데, 이유는 그 집단의 조직력에 근거한다. 황당하고 유치해도 조직의 시스템 속에서 그릇된 학습을 계속 반복해서 받다 보면 세뇌가 되어 분별력이 없어지고 마는 것이다.

(1) 가스라이팅 활용

　한국 EBS 방송에서 2008년에 방영한 〈인간의 두 얼굴-상황의 힘〉이라는 다큐멘터리 시리즈를 보면 사람은 상황이라는 힘에 너무나 나약하게 굴복하고 마는 것을 알 수 있다.

　다음은 다큐멘터리의 내용 중에 하나이다.

　열 명의 실험자가 심리 테스트를 실시했다. 이 실험은 피실험자 한 명이 눈치채지 못하게 한 후, 나머지 아홉 명이 미리 짜고 문제 풀이 중 공통적으로 하나의 문제에 대해 틀린 답을 선택하여 공개적으로 말하게 할 때 피실험자가 어떤 반응을 보이는지에 대한 결과를 연구하는 것이었다. 이 문제는 눈이 아프지 않은 이상 누구나 정확히 풀 수 있는 것이었다.

　그럼에도 먼저 아홉 명이 모두 한 가지 틀린 답만을 동일하게 말했다. 이윽고 맨 마지막의 피실험자가 발언해야 할 차례가 이르자 그는 고민하다가 다른 아홉 명이 고른 틀린 답을 정답이라며 고르고 말았다. 이 실험을 여러 번 반복했는데 실험 참가자 대부분은 고민하다가 결국 다른 아홉 명의 것과 같은 틀린 답을 골랐다.

　마찬가지로 이단 사이비들의 집회에 새로운 한 사람이 참석했다고 할 경우, 그는 그곳의 수많은 사람이 믿고 추종하는 그 그릇된 주장을 감히 반박하지 못하게 된다. 그리고 그 분위기에 익숙해지는 단계에 이르면 그 그릇된 사상이 진리로 여겨진다. 이것은 일종의 가스라이팅이다. 이런 가스라이팅의 온갖 방법에 능한 것이 이단 사이비들이다.

(2) 심리적 터널 시야 현상 활용

터널 효과라고도 하는 이 방법은 대상자로 하여금 한 가지 답에만 이르는 길을 바라보도록 한다. 그래서 그 프로그램을 잘 따라간 사람은 어느새 그들의 의도대로 세뇌되어 있다. 이단 사이비 조직은 자기네 학습프로그램이나 조직의 시스템과 관련 없는 다른 모든 관계를 끊고 오직 자기네 가르침에 따라올 것을 요구하는 경우가 많다.

가족관계, 휴대전화 사용, 인터넷 접속, SNS 등 모든 것을 끊으라고 강요한다. 또한, 가족이나 친한 사람들과 거리를 두게 만들되 이간질도 서슴지 않는다. 이것은 그 사람의 판단력의 시야를 좁혀 세뇌하고 종국에는 자기네 마음대로 조종하기 위함이다. JMS의 30개론을 이런 환경 속에서 배우게 될 때, 학습 횟수가 늘어 갈수록 자연스레 정명석을 구세주로 받아들이게 된다.

(3) 기초적 욕망 혹은 공포심 활용

이단 사이비는 인간 심리를 교묘히 이용할 줄 알아서 인간의 기본적 욕구(의식주와 성욕)나 심리적 만족을 베풀어 주어 그 집단 내의 생활에 만족하며 지내도록 붙잡아 놓기도 한다.

어떤 경우 신도가 조직을 빠져나가려 한다면 신변에 위협을 가하거나 많은 불이익이 따르게 하는 등 극악한 방법을 채택하는 이단도 적지 않다. 그래서 후환이 두려워 빠져나오지 못하는 사람들이 의외로 많다. 그러므로 이단 조직의 무서움을 알고 이단과는 애초부터 관계를 맺지 않는 것이 가장 최선의 예방책이라고 할 수 있다.

(4) 자기들만의 선민의식 고취

사실 사람에겐 내가 타인보다 우월한 위치에 서고 싶은 욕망이 있다. 이 욕망이 긍정적으로 작용할 때는 자기 계발과 발전에 기여한다. 그러나 부정적으로 작용할 때는 교만이 된다. 그런데 이단 사이비 조직은 사람의 원초적 욕망 중 하나인 자기 우월의식(교만)을 자극하여 미혹하기에 능하다.

자기네 조직에 가입하면 이 세상 누구보다 존귀한 존재가 된다고 미혹한다. 그리고 자기들만이 알고 있는 진리라는 것을 은밀히 가르쳐 주기도 하고, 자기들만이 사용하는 독특하고 이질적인 언어 습관을 같이 사용하게 하며 '외부자들과는 다른 나'라는 존재에 희열을 느끼도록 부추긴다. 결국, 이런 선민의식에 젖어버릴 경우에는 정상적인 신앙생활로 돌아오기가 어렵게 된다.

(5) 네 가지 통제 방식(BITE)의 활용

통일교에 빠졌던 경력을 가진 스티브 핫산(Steven Alan Hassan)이란 심리학자는 이단이 신도를 통제하는 수단을 BITE라 칭하는 다음의 네 가지 모델로 설명하고 있다.

① 행동(Behavior) 통제

정상적인 인간관계를 끊고 엄격한 규칙과 규율을 따르게 하며, 상층부에 절대적 복종을 강요한다. 큰일은 모두 상층부의 허락하에 한다. 심지어 옷매무새는 물론 성관계까지 통제한다.

② 정보(Information) 통제

인터넷과 스마트폰 등 세상 매체들을 모두 차단하고 오로지 상층부가 주는 정보만을 믿고 따르도록 한다. 동료 간 상호 감시, 혹은 조직의 개인 감시를 유도한다.

③ 사고(Thought) 통제

선과 악, 흑백 사고를 주입해 아군과 적군으로 세상을 가른다. 기억을 조작하여 주입하기도 하며, 조직에 대해서는 무조건 긍정적인 사고만을 강조한다.

④ 감정(Emotional) 통제

향수병, 의심이나 분노의 감정이 들지 않도록 감정의 폭을 한정시켜 통제한다. 여러 가지 죄책감, 두려움 등을 조장하고 장려하여 감히 조직에 저항 못할 감정 상태로 만든다.

(6) 자기들만의 공동체를 운영하기도 함

이단 사이비 교주들이 조직 관리를 하며 가장 경계하는 부분은, 신도들이 외부와의 원활한 소통을 통해 자기 조직의 허상을 깨우치게 되는 경우이다.

그러므로 그들은 자기들만의 해방구 혹은 왕국이라고 할 수 있는 공동체 생활을 강요하기도 한다. 전도관, 신천지, 십계석국, 아가동산, 중국에서 들어온 전능하신하나님의교회(전능신교), 은혜로교회, 정명석을 지근거리에서 모시는 여성들 등이 자체적인 공동체 생활을 기본으로 한다.

또한, 해외 선교에 열심을 내는 이단 단체들의 경우, 해외에 선교단체를 빙자한 공동체를 운영하며 신도들이 거기서 합숙하며 포교활동에 투신하도록 하기도 한다.

그런데 그 공동체의 운영 특징은 자기들 교주를 위해서 모든 것을 바치고 헌신하되 불만을 제기하지 못하도록 하는 감시체계가 탄탄하다는 것에 있다. 뿐만 아니라 그 공동체 안에서는 궁핍함과 노동착취, 인권유린, 심지어 성적인 착취를 당해도 그것은 기쁨이요 특권이라고 여기도록 조종한다.

(7) 생업 제공을 통한 조직 유지

많은 이단 사이비 단체가 각종 기관이나 기업 운용을 통한 경제활동을 활발히 전개하기도 한다. 그 이유는 자기들 단체의 재정 충당이 주목적이지만, 또 한편 신도들에게 생계를 위한 일자리를 제공해 주어 조직 이탈을 막고자 하는 것도 중요한 이유이다. 물론 합당한 급료를 제공하지 않는 경우가 많다. 임금 착취나 과도한 헌신을 강요하는 경우도 있다. 그럼에도 불구하고 충성파 신도들은 조직으로부터 배려를 받고 있다고 여기며 감사한다. 물론, 이탈할 경우 현재보다 더 어렵게 생활하게 될 것을 염려하여 눌러앉아 있는 경우도 있다.

각종 기관이나 기업을 운영하는 단체로는 통일교, 신천지, 안식교, 몰몬교, 여호와의 증인, 지방교회, 하나님의교회, 다락방, 성락교회, 십계석국, 천부교(전도관), 할렐루야기도원, JMS, 유병언의 구원파, 박옥수의 구원파, 이요한의 구원파, 레마선교회, 은혜로교회 등 많은 단체가 있다. 기업 활동이 가장 활발한 곳은 통일교이다.

4. 이단을 분별하는 방법들

1) (故) 탁명환 소장의 분별법

(1) 사도신경의 신앙고백 여부로 분별할 수 있다. 정통교회는 많은 교파가 있음에도 불구하고 대부분 사도신경을 신앙고백으로 채택하고 있다. 특별히 주일 대예배의 경우 전 교인이 사도신경으로 신앙고백을 한다. 그러나 거의 모든 이단은 사도신경을 신앙고백으로 받아들이기를 거부한다(오늘날의 정통교회 내에서도 일부 침례교회 등의 경우 사도신경을 예배에서 암송하지 않는 경우가 있는데 이것은 사도신경의 신앙고백

적 내용을 받아들이지 않으려 함이 아니라 그 교단 나름의 관점 차이 때문이므로 예외적으로 인정해야 할 것이다-필자 주).

(2) 정통교회는 예수 그리스도 십자가의 구속의 도리를 믿는 반면 이단들은 이를 부인한다.

인간들은 죄악으로 인해 십자가 죽음과 같은 저주받은 죽음을 당해야 마땅하지만, 하나님은 그런 인간들을 구원하시기 위해 아낌없이 독생자 예수 그리스도를 이 땅에 사람으로 보내셨다. 더 나아가 그가 친히 우리의 죄를 대신해서 십자가에서 죽으셨고 또한 우리를 위하여 사흘 만에 부활하셨는데 그 사실을 믿는 자는 누구든지 구원을 얻게 되었다.

정통교회 신자는 이 사실을 그대로 믿고 받아들이는 반면, 이단들은 믿지 않거나 받아들여도 왜곡하여 받아들인다. 한편, 이단들 중에는 기독교의 십자가를 우상이라고 혹평하기도 하지만, 정통교회는 십자가를 향하여 절을 하거나 숭배의 대상으로 섬기는 것은 아니기에 그들의 비난은 억지다.

(3) 정통교회는 신·구약성경 66권을 정경으로 받아들이는 반면에 이단들은 신·구약성경의 권위보다 그들의 다른 복음(갈 1:7-8; 고후 11:4)에 더한 권위를 부여하고 있다. 아울러 정통교회는 성경 66권으로 하나님의 특별계시가 완료되었다고 보는 반면, 이단들은 특별계시가 계속적으로 임하고 있다고 한다. 이는 개인의 신앙 체험이 성경의 권위보다 높을 수도 있다는 것으로서 매우 참람한 발상이다.

(4) 이단들은 반드시 마태복음 24:24에 기록된 바와 같이 하나님의 택함을 받은 자, 즉 기성교회 교인들만 대상으로 삼아 미혹하고 있다는 사실이다. 가령 일반 기성교회 교인들은 전도 활동을 하다가 이미 신앙을 가지고 교회에 다니는 사람이면 더 이상 전도하지 않는다. 그러나 이단들은 오히려 교인들만을 대상으로 포교하는 전략을 쓰고 있다.

(5) 이단들은 그들의 지도자들을 반드시 숭배의 대상으로 삼거나 신격화한다. 우리의 교회에서 교인들을 지도하는 목회자 중에는 교인들의 존경을 한 몸에 받기에 충분한 분이 많다. 그들은 교인들로부터 존경을 받을 뿐이다. 그러나 이단들은 지도자가 신적 존재로 우상화 내지는 신격화되고 있다. 악한 이단 교주는 재림 예수, 말세의 마지막 종, 하나님의 어린양, 선지자, 보혜사, 하나님, 하나님 어머니, 하나님 부인, 감람나무 등 갖가지 명칭으로 불려지기를 꾀한다.

(6) 이단들은 불건전한 신비주의의 온상에서 독버섯처럼 발생한다. 기독교는 온통 신비로 가득한 진리를 내포하고 있다. 그러나 불건전한 신비주의가 그 신앙의 내용이 될 수 없다. 흔히 이단들은 자신들이 체험한 불건전한 신비 체험을 마치 진리인 양 주장하고 있다. "자기만이 하나님과 직통한다", "직접 계시를 받았다", "예수를 직접 만났다", "환상을 보았다" 등의 말을 하며 주관적인 신비 체험을 객관화시켜 자기 권위를 높이려 한다.

비록 그런 것을 실제로 겪었다고 하더라도 성경의 가르침에 비추어 검증하고 잠잠히 기도하며 하나님께 여쭐 일이지 그것을 새로운 계시라든지, 성경 같은 권위나 가진 양 오해해서는 결코 안 되는 것이다.

(7) 성경 해석에 있어서 이단들은 오류를 범한다. 종교개혁자 마르틴 루터는 '성경의 가장 정확한 주석은 성경'이라고 하여 원리적인 해석을 주장했으나, 이단은 대부분 은유적인 해석을 시도하다가 지나쳐서 성경 해석의 오류를 범하는 경우가 많다. 또 자기들만이 성경을 100퍼센트 통달했다느니 하는 교만에 빠지기도 한다.

2)「현대종교」탁지원 소장의 분별법

(1) 기성교회의 간판을 붙여도 성경에 있는 진리의 말씀보다 개인의 사상을 전파한다. 미신적인 요소가 많다. 성경에 없는 말을 하면 무조건 이단으로 간주해야 한다.
(2) 성경을 가감한다(성경을 완전히 곡해하면서 자기들의 교파 확장을 위하여 소책자 및 전도용 책자를 만든다).
(3) 이단들은 거짓 예언, 환상을 좋아하며 신도들을 황홀경에 빠지게 한다.
(4) 한때 교단의 교파에 몸담았던 자들이 신흥 교파를 만들어 낸다.
(5) 하나님의 절대 섭리를 인간의 자유의지로 조정하려고 한다.
(6) 종말론 교리 중에 시한부 재림 및 휴거와 재림 일자를 못 박아 놓는다
    (성경의 마태복음 24:36에는 분명히 재림의 날을 아무도 모른다고 말씀하셨다).
(7) 구원 교리 중에도 하나님의 예정론을 부인하며, 창조 이전에도 사람이 살고 있었다고 주장한다.
(8) 절기와 때 그리고 음식물에 대해서는 특히 율법적이다.
(9) 이단들은 자기들만 구원받는다고 주장한다.
(10) 주관적 개인 체험을 하나님께서 자기에게만 비밀로 주셨다고 주장한다.
(11) 성경에 있는 말을 많이 인용하되 선지자나 사도들의 말을 자기들의 교주의 말과 동등시한다. 그리고 자기들의 교리 정립을 위한 수단으로 삼는다.
(12) 그들의 경전과 교리가 시시때때로 환경에 따라서 변한다.
(13) 대부분의 이단은 가정을 버리도록 유도하는 측면이 있으며 부녀자들과 청소년들을 유혹하여 노예 취급을 한다.
(14) 이단들은 대부분 과대망상 환자, 내지는 영웅주의나 인기주의에 심취해 있다.

(15) 이단들은 분리주의자라고 자처한다.
(16) 신흥 이단들은 사랑을 외치는 팸플릿을 돌린다. 전도지는 기성교단을 은근히 꼬집는 내용으로 꽉 차 있다.
(17) 이단들은 언제나 도피할 성을 찾고 있으며 항상 마음이 불안하여 나중에는 죽음도 불사하며 함께 망하는 것도 공동의 운명으로 알자고 강조한다.
(18) 이단들은 새로운 신자들을 전도 대상으로 삼지 않고 오히려 기성교인들을 상대로 포교 활동을 전개한다.
(19) 이단들은 언제나 성경 전체를 사용하지 않고 성경의 몇 구절만 외워서 사용하기 때문에 깊은 논쟁을 피하고 자기들 집단에 한 번만 와 보라고 강조한다.
(20) 대부분 사회 지도층 인사 및 정계의 인사들을 영입하려고 수단과 방법을 가리지 않고 거금의 돈을 뿌린다.
(21) 이단들은 청소년들에게 흥미와 관심을 불러일으키는 프로그램을 기성교회가 하지 못하는 것을 개발하여 포교 활동을 전개한다.
(22) 이단들은 처음에는 헌금을 강요하지 않고 있다가 나중에는 서서히 자기들의 본색을 드러내면서 자기들만이 구원을 받았기 때문에 기성교회에 헌금을 하는 대신에 자기들 집단에는 재산까지라도 팔아서 바치도록 강요한다.
(23) 이단들은 성경에 없는 말들을 함부로 하면서 또 성경을 자기들 마음대로 해석할 수 있다고 주장한다.
(24) 이단에 빠지는 자들은 교회관이 분명치 않기 때문에 Para Church Movement(불건전한 신앙 운동)에 지나치게 흥미를 느끼고 교회 안의 활동이나 봉사는 거의 하지 않는다.
(25) 이단 중에는 기복사상에 심취되어 귀신론이나 샤머니즘 사상만을 강조하는 교파도 있다.

(26) 이단들 중에는 전인격적인 기독교 교육보다는 사람에게 즉흥적 기쁨을 구하는 임기응변식의 전도를 하는 무리도 있다는 것을 알아야 한다.
(27) 성도들의 신앙, 즉 정통적 교리 및 역사적인 정통성에서 이탈된 무리는 이단으로 간주한다.
(28) 이단들은 예수 외에 다른 이름, 다른 창조주를 나타내고 있는데 이단 교주가 메시아라고 주장하기도 하고 재림주라고도 하며 죽어도 부활한다고 외친다.
(29) 시한부 종말설에 심취된 이단들은 학생들은 공부도 중단하고, 가정은 파괴될 뿐만 아니라 정서적으로 사회를 크게 혼란케 한다.
(30) 이단들은 지역사회에 있는 교회들과 연합하여 행사하는 일을 기피한다.
(31) 이단 교파의 교주들은 쇼맨십(showman-ship)이 매우 강하다.
(32) 이단 교파의 교주들은 성령의 불 받은 종, 특히 은사 받은 종, 특별 계시를 받은 종으로 자처하고 있다.
(33) 이단 교파의 교주 중에는 마귀의 힘을 빌려 병 고치는 일을 자행하면서도 "예수가 고치셨습니다"라는 말을 자주 인용하기도 한다.
(34) 이단들은 666이나 144,000 등 숫자들을 자기의 편의대로 많이 사용한다.
(35) 이단 교파의 교주는 대부분 신학 교육이 결여되어 있다.
(36) 이단에 빠진 무리는 괴상한 행동이나 이상한 영음을 자기들만 받았다고 주장하며 늘 영음만을 강구한다.
(37) 이단 종파들의 카리스마적 수법이나 행정 및 재산과 조직 관리는 거의 저들의 소속돼 있었던 이단 교파에서 배운 것이다.
(38) 최근의 이단 중에는 예수의 십자가와 부활 및 삼위일체를 강조하면서도 은사 면에 더 치중하여 하늘의 비밀을 깨달았다고 강조하는

무리도 있다.
(39) 이단 교주들은 과거의 전과 기록이 있거나 사기성이 많은 것이 특성이며 거짓말을 잘하는 습관이 있다.
(40) 성경을 자기들에게 편리하도록 고쳐서 사용한다.
(41) 이단들이 하는 상투적인 말은 "하나님을 보았다. 하나님께서 보내셨다. 하나님께서 비밀을 알려 주셨다. 꿈에 보았다"라는 말들을 자주 사용하여 초신자들에게 공포감을 주는 버릇이 있다.
(42) 이단의 무리는 기성교계의 좋은 이름들을 거의 다 도용하고 있다. 특히, 통일교에서는 "기독교나 국제 및 세계"라는 단어를 앞에 쓰고 있어서 기성교회와 혼동을 일으키고 있다.
(43) 이단들도 "깨어라"라는 말을 많이 사용한다.

3) 필자의 분별법

위의 1)-2) 항에서 권위자들에 의해 자세히 언급되었을 뿐만 아니라 이 책 전반에 걸쳐 정통과 이단의 차이점을 이야기했으므로 간단히 세 가지 측면에서 요약하고자 한다.

첫째, 성경에 대한 관점을 통해 구분할 수 있다. 곧 성경 말씀을 신앙의 기준으로 받아들이느냐, 아니면 자기들이 받았다는 계시라든가, 특별한 사상을 앞세우느냐를 통해 구분한다. 모든 이단 사이비들은 성경관부터 삐뚤어져 있다.

둘째, 교회의 사도적 역사성의 부인 여부를 두고 구별한다. 교회의 사도적 역사성을 거부하느냐 하지 않느냐에 따라 신학 전반과 교회에 대한 생각은 물론 윤리관도 달라진다. 더욱이 모든 이단은 이 부분에 정통성이 없을 뿐만 아니라 자기들만이 참된 교회라는 억지를 부린다.

셋째, 드러나는 외적 열매들이 교만하고 탐욕적인지를 통해 알 수 있다. 사실 교만과 탐욕은 모든 세상 악-거짓, 위선, 음란, 포악-의 근원이다. 아담과 하와의 타락도 근본은 교만과 탐욕이 빚은 불순종이었다.

그런데 이단을 연구하다 보면 이단 사이비들은 유달리 교만하며 탐욕스러움을 발견하게 된다. 그런 모습이 이단들에게는 교리에도, 교회생활에도, 일반적인 삶의 태도에도 그대로 반영되어 나타난다. 곧 **이단의 출현은 '교만하고 탐욕스러운 자들의 그릇된 사상과 영성의 발현**'이라고 말할 수 있다.

5. 이단의 특징

1) 영이 다르다(고후 11:4)

하나님의 백성은 성령의 사람이다. 온전한 믿음을 소유한 사람의 속에는 반드시 성령의 내주하심이 있다. 성령께서는 성도의 삶을 지도하시고 거룩한 길로 인도하신다. 같은 맥락에서 이단에 속한 사람들에게도 나름의 영이 있다. 그들은 그 영을 성령이라고 철썩같이 믿으며 살지만 그 정체는 귀신이다. 특별히 그 영이 이단을 이단답게 인도한다면 이단의 영이라고 이름 붙일 수 있을 것이다.

특별히 이단의 영을 가진 사람이 성령을 소유한 사람들이 있는 기성교회에 이단 종파의 침투 요원으로 들어와 활동할 경우 나타나는 현상은 다음과 같다.

(1) 영적 성향이 비슷한 사람부터 공략한다(갈 2:4)

교회 안이라고 해서 거듭난 성령의 사람들만 있는 것이 아니다. 겉으로는 경건해도 성령이 그 속에 거하지 않는 사람도 있을 수 있다. 평상시에는 그런 경향이 잘 드러나지 않을 뿐이다(이 부분은 매우 민감한 것이므로 일반 성도는 결코 함부로 판단하지 않아야 할 것이다. 최종 판결은 하나님께만 달려 있기 때문이다).

그런데 이단 사이비가 교회에 침투해 들어오면 이런 위선적인 사람들의 영적 경향이 일부 드러나게 된다. 침투 요원들은 자기들의 세력 규합을 위해 맨 먼저 자기들과 비슷한 영적 성향의 사람이나 성령이 그 속에 없는 사람들을 찾게 되어 있다. 그 과정에서 성령이 없는 이들은 이단에 대한 거부감이 없기에 비교적 쉽게 이단 사상에 동조하거나 흥미를 느끼게 되어 점차 이단의 영에 미혹된다.

특정 교회에서 이단 사이비 문제만 터지면 희한하게 잘 연루되는 사람이 있다고 한다면 그 사람의 영적 성향이 그런 때문이라고 보아도 무방하다. 성령의 사람도 연약할 때는 간혹 미혹에 빠질 수 있지만 금방 돌아온다. 그러나 어떤 특정 개인에게 그런 일이 거듭 반복된다면 그것은 그 사람에게 근본적으로 문제가 있다.

이런 사람은 대부분 평소 교만하거나 신비주의적인 경향을 띠는 공통점이 있다. 목회자는 그런 성향의 사람들을 잘 판단하여 늘 점검할 필요가 있다. 잘 관리된다면 큰 근심거리를 미연에 방지하는 효과가 있을 것이다.

(2) 교회에 분열과 다툼이 일어나게 된다

일반 교회 내에도 서로 친한 사람들의 그룹이 있다. 이는 어떤 교회에서든지 있는 자연스러운 현상이다. 정상적인 신앙인들이라면 친한 사람들끼리 어떻게 모여도 교회는 평화롭다. 그러나 이단들이 교회 내에서 은밀히 모일 때는 문제가 드러나게 된다.

특별히 이단 그룹의 사람들은 성령의 그룹들과 다투게 된다. 성령의 사람들이 이단의 영에 미혹된 사람들과 함께하다 보면 마음이 상한다든지 그들의 태도가 마음에 들지 않게 된다. 성경 지식이 짧더라도 성령의 사람이라면 이단에 대해서는 자연스레 거부감이 나타난다. 이는 영적 태생에 따른 필연적 결과다.

다음은 필자가 목회 현장에서 경험한 사례다.

A 집사는 초신자라 성경 지식은 짧지만, 순수한 신앙의 사람이다. 그런 A 집사는 이단인 B가 구역장으로 있는 구역의 구역원이었다(B는 미리 그 교회를 목표로 치밀한 계획하에 들어온 침투 요원으로서 처음 들어올 때부터 남다른 열심을 내며 담임목사의 환심을 사서 구역장이 되었다).

그래서 A 집사는 매주 한 번씩 B가 인도하는 구역 활동에 참여해야 했는데 거기를 다녀온 날이면 늘 마음이 불안하고 신경이 날카로워져서 남편과도 사소한 문제로 싸우는 일이 잦았다. 그런 현상은 B와 관계할수록 깊어졌다. 결국, A 집사는 필자에게 상담을 요청해 왔고, 필자는 그 상담 과정에서 교회에 이단이 침투한 증거를 잡아낼 수 있었다.

흥미로운 것은 이단 사이비의 영을 가진 자들도 자기들 나름대로 영성이 있기에 자기들이 조심해야 할 대상이 누구인지 본능적으로 알고 있다는 사실이다. 그래서 누구누구만 제거하면 그 교회를 자기들이 마음대로 할 수 있으리라 계산하고 은밀한 모략으로 성령의 사람들을 곤경에 빠뜨리곤 한다. 그들이 가장 즐겨 쓰는 방법이 그 교회 담임목회자와 성령의 사람들 사이를 이간질하는 것이다.

성령의 사람들은 목회자에게 과도한 아부나 맹목적 충성을 바치지 않는다. 그러나 이단 사이비들은 목회자의 환심을 사기 위해 갖은 수단을 동원한다. 이럴 때 목회자의 분별력과 지도력이 매우 중요하다.

(3) 약한 신자에게 영적 고통과 두려움을 야기한다

때로 이단들의 태도는 목회자들마저 두렵게 한다. 하물며 어린양에 비유되는 성도들에게는 몇 배나 더 어려운 고통을 안겨 줄 수 있다. 이단들은 침투한 교회 내에서 만만하게 여겨지는 사람들을 선정하여 자기 세력 안에 잡아 두려 한다. 그 과정에서 강·온 양면 전략을 쓰는데 심지어 협박과 저주까지 서슴지 않는다.

일반 성도가 이런 일을 겪으면 나중에 그들이 이단임이 밝히 드러나서 사태가 수습된다고 해도 그 후유증은 매우 오래간다. 연약한 성도들의 경우 우울증이나 불안증, 심지어 공황증세를 호소하는 경우도 있다.

(4) 목회자의 지도력이 시험대에 오르도록 한다

이단 침투 요원이 교회의 중심으로 깊숙이 들어오면 들어올수록 교회는 영적 혼미 상태에 빠져들게 된다. 이단은 미혹의 영이기에 교회에 이단이 침투하면 교인들의 영적 분별력이 시험대에 오른다고 할 수 있다. 특별히 담임목회자의 역할이 중요하다. 이단이 그 교회에 뿌리내리고 활발히 활동하게 되느냐 마느냐는 담임목회자의 분별력에 달려 있다.

교회에 침투한 이단은 결국 어느 시점에 이르러 그 꼬리가 슬그머니 드러나게 된다. 이때 담임목회자가 철저히 밝혀서 그 쓴 뿌리를 단호히 척결하면 다행스러운 일이지만 그렇지 못하고 슬쩍 눈감거나 대수롭지 않게 여기게 되면 교회가 심각한 혼란에 빠질 수 있다.

더욱이 이단들은 담임목회자에게 밀착되어 충성파로 행세하는 경우가 많다. 그러므로 일반 교인은 그가 그릇된 줄 다 알지만 정작 목회자는 모르고 있는 경우가 의외로 많다. 그러다 보면 나중에 그 실체가 드러난다 해도 목회자가 그와 관계를 끊기가 어려워진다. 막상 끊으려 하면 교회의 상처는 돌이킬 수 없이 커져 있거나 목회자의 약점이 잡혔을 수도 있기 때문이다. 결국, 이런 지경에 이르면 교회가 심각한 위기에 처하고 만다.

(5) 교회에 거짓과 불신이 만연하게 되어 존립의 위기를 초래한다

이단의 활동은 결국 교회에 거짓이 만연하게 한다(요 8:44). 교회 안에 거짓이 만연하게 되면 신자들과 목회자, 신자와 신자 간의 불신과 반목이 커지고 결국 교회의 존립과 관련한 큰 다툼이 초래된다. 최악의 경우는 교회 전체가 이단에 넘어가는 일까지 발생한다.

대표적인 경우가 한국 신천지 이단의 '추수꾼' 전략이다. 그들은 천연덕스럽게 거짓말을 잘해서 교인들을 미혹한다. 특별히 목회자의 분별력을 어지럽히기에 힘쓴다. 거짓된 모략에 계속 속다 보면 목회자는 영적 분별력이 약해져서 성령의 사람들을 다 쫓아내고 신천지 사람들을 중용하게 된다. 그러다 결국에는 목회자 자신마저 쫓겨나든지 신천지에 투항해야 하는 경우에까지 이른다.

2) 자기들에게만 구원이 있다고 주장한다

이단은 일반 교회, 곧 사도적 정통교회에서 선포되는 진리의 교훈을 거역하고 자기들 나름의 주장만을 진리로 여긴다(요이 1:9). 바른 교훈을 버리고 떠나되 자기들의 논리에 따라 그것을 흐리화시킨다. 편협하고 자기중심적이다. 그래서 자기들에게만 구원이 있다고 주장한다. 이는 모든 이단 사이비가 공통적으로 주장하는 내용이다.

아무리 겸손하고 도덕적인 척 위장을 해도 이단은 결국 자기들에게만 구원이 있다고 말한다. 그래서 자기들 시각에 맞지 않으면 오랫동안 지켜져 오던 교회의 역사성이나 훌륭한 전통마저도 무가치하게 여긴다. 또한, 자기들만이 세상에서 선택받은 하나님의 유일한 백성이므로 세상의 중심은 자기들이며 곧 때가 오면 자기들만 살아남아서 이 세상을 지배할 것으로 굳게 믿는다. 그리고 자기들 외의 교회와 세상 사람들은 다 멸망하리라 여긴다. 대단한 선민사상이 아닐 수 없다.

3) 기본 상식을 거부한다

인간의 삶에는 보편가치라고 할 수도 있는 기본 상식이 있다. 우리의 신앙은 하나님의 계시에 근거하지만, 그렇다고 기본 상식을 초월하는 예는 많지 않다. 물론, 신앙이냐 상식이냐를 선택할 상황이라면 신앙이지만 특별한 말씀으로 금하여진 것이 아니라면 기본 상식을 존중할 필요가 있다(마 25:26).

그러나 많은 이단은 기본 상식을 거부한다. 그 이유는 자기들은 특별한 존재이므로 세상 모든 것을 초월한다는 교만으로 가득 차 있기 때문이다. 그런 이단들의 성향은 아래와 같은 모습으로 나타날 수 있다.

(1) 신비주의 심취

하나님께서 신자들에게 주신 상식이요 가장 안전한 길잡이는 성경이다. 그러나 많은 이단은 성경을 떠나서 신비주의를 과도하게 추구한다. 은사 운동이나 눈에 보이는 현상, 꿈이나 환상에 집착하게 되고 특정 사람을 찾아 소위 예언 기도를 받기도 한다. 이런 경향이 차츰 깊어지다 보면 자칭 예언가도 나오게 되고 재림주도 나오게 되는 것이다.

물론, 기독교는 신비와 체험의 종교이기도 하다. 각종 은사와 신유는 오늘날도 얼마든지 일어나고 있다. 그러나 하나님은 질서의 하나님이시다(고전 14:33, 40). 따라서, 무분별하게 신비주의에 빠져서는 안 된다.

(2) 무책임한 믿음 추구

한국에서 있었던 일이다.

어느 이단 종파에 속한 것으로 여겨지는 한 부모가 병원 치료만 받으면 금방 치료될 아이를, 기도했으니 낫는다며 그대로 방치하여 죽음 직전까지 이르게 한 사건이다. 돈이 없어서 그런 것도 아니고 단순히 믿음으로 치료되리라며 아무 조치도 하지 않고 있었다. 결국, 이웃 사람들이 아이를 빼앗아 병원 치료를 받게 하여 목숨을 구했다.

또 다른 신비주의 종파에 속한 일가 사람들은 가족 한 사람이 죽었는데도 믿음으로 기도했으니 살아날 것이라며 집안에 시신을 그대로 방치한 채 살다가 이웃의 신고로 발각된 일도 있다.

이처럼 기본 상식을 무시하고 억지 믿음만 강조하는 이단의 실례는 너무나 많다.

(3) 삐뚤어진 경제관

이단의 경제관은 성실하게 일하고 벌어서 부를 쌓아 가는 일반 상식을 무시한다. 신천지 이단에 빠지는 주요한 이유 중 하나가 택함 받은 신천지 교인 144,000에 들어 '나라와 제사장'이 되면 온 세상 사람이 그들에게 돈과 권력을 바치며 나아올 것이라는 믿음을 가지고 있기 때문이다.

이처럼 이단들의 물질관은 기복주의나 불로소득 추구, 물질에 대한 과대망상적 기대심리 등의 경향이 깊다. 한편, 내세에서 더 많이 받을 것이라며 다 바치는 경우도 있는데 그로 인한 가정 파괴 또한 허다하다.

(4) 윤리 무시

이단은 자기들의 조직이나 그들의 목표를 위해 거짓말을 하거나 여타의 부도덕한 행동을 일삼는 것을 대수롭지 않게 여긴다. 오히려 부도덕한 방법들을 적극 활용하는 면모까지 가지고 있다. 이단의 비윤리성으로 인해 가장 문제가 되는 현상이 가정의 파괴다. 그들은 가정을 등지는 것을 두고 하나님을 위한 일이니 문제 될 것이 없다고 한다.

그러나 성경은 그런 행동이 잘못임을 확실히 지적하고 있다(딤전 5:8). 가족이라도 버려야 된다는 말씀이 적용되는 것은 어쩔 수 없이 양단간에 선택해야 할 경우를 말함이지 멀쩡한 가족을 내버리고 나가도 된다는 말씀이 결코 아니다. 하나님은 우리가 당신의 영광을 위한다는 미명하에 기본 윤리마저 버리기를 원치 않으신다(막 7:9-13).

이단들은 아브라함의 경우를 예로 들며 자기들의 태도를 정당화시키기도 한다. 그러나 아브라함 생전에 하나님은 그에게 비윤리적이어도 된다고 하신 일이 한 번도 없었다. 이삭을 번제로 바치라 하신 것도 아브라함의 신앙을 점검하신 차원이었지 실제로 원하신 것이 결코 아니었음을 명심해야 한다(창 22:10-12).

다윗의 경우에는 더 뚜렷하게 드러난다. 다윗은 짐짓 자기는 하나님의 특별한 사랑을 받는 사람일 뿐만 아니라 왕이므로 조금 정도를 벗어나도 문제없다고 여긴 듯하다. 그러나 하나님은 그런 다윗을 혹독히 징계하셨다(삼하 12:1-15).

(5) 양심 파탄

정도의 차이가 있겠지만 이단에 깊이 빠진 사람일수록 양심이 없다. 그래서 거짓과 위선이 그 삶에 배어 있는 것이기도 하다. 성경은 양심에 문제가 있는 자들은 멸망할 자임을 증거하고 있다(딤전 1:19-20; 4:1-2). 또 한편, 참된 성도는 선한 양심을 가지는 것이 당연하다고 말씀한다(벧전 3:16).

역사적으로 교회의 많은 지도자가 양심의 중요성을 말하고 있다. 종교개혁가 루터는 자기가 교황에 반기를 든 이유가 자기의 신앙 양심 때문이었다고 고백한다. 칼빈도 그의 『기독교 강요』에서 양심의 중요성에 대해 상세히 논하고 있으며, 웨슬리도 양심을 구원과 관련한 선행은총의 관점에서 설명하고 있다. 이처럼 양심이 중요한 것이지만 이단들은 그것을 가벼이 여겨 자기들 교주나 조직을 위해서 쉽게 버린다.

6. 이단이 유혹하는 방법

1) 영적 교만을 부추긴다

사람이 이단에 빠지는 주된 원인 중의 하나가 교만인데 이단은 영적 교만을 부추겨 사람들을 유혹한다. 자기들만이 구원받는다느니 자기들에게 오면 영적 깨달음이 있다느니 하며 유혹한다. 기성교회를 비판하며 자기들만 하나님께 선택받은 무리라고 하기도 한다. 자기들만 아는 것을 당신에게만 알려 준다고 하며 미혹한다. 이런 형태의 유혹이 지속될 경우, 기본적으로 그 심령에 교만이 가득한 사람은 거부하기 어렵다.

2) 기성교회에 몰래 침투한다

오늘날 이단들은 기성교회에 몰래 침투하여 기회를 엿보는 경우가 많다. 정통교회에 침투해서 정상 교인들과 똑같이 모이고 교제하다가 점점 자기 세력을 규합하되, 할 수만 있으면 교회를 송두리째 접수한다. 교회에 분열과 시험을 조장하기도 하며 교인들을 미혹하여 끌어간다.

오랫동안 목사와 신도들의 신임을 얻으며 기회가 오기만을 기다리고 있는 경우도 있다. 심지어 한국에서는 수십 년간 성실하고 모범적으로 한 교회에서 신앙생활을 한 장로 중에도 이런 류의 사람이 발견되곤 했다.

3) 축복을 받는다며 참여를 권유한다

온갖 복을 싫어하는 사람은 없을 것이다. 이는 사람의 기본 욕망이다. 이단은 이런 사람의 욕구를 교묘히 이용한다. 복을 강조하며 유혹하되 힘든 처지의 사람에게는 갖은 온정을 베풀며 감동시키기도 한다. 내세는 물론 현세의 복이 마치 로또복권 당첨과 같이 주어질 것이라는 환상을 심어 주기도 한다. 그러나 막상 가입하면 이런저런 명목으로 오히려 갈취해 가기 십상이다. 그렇게 걸어 가면서도 영적인 복이 천상에 쌓이고 곧 현세적 복이 자기네 교주를 통해 크게 임할 것이니 걱정하지 말라 한다. 그러나 현실에 변화는 없다.

4) 정통교회로 가장한다

많은 이단교회가 자기들은 진정한 정통이라고 주장한다. 그래서 교단 명칭도 장로교회, 감리교회, 침례교회 등의 간판을 많이 붙인다. 신천지의 경우 전국 각지에 위장교회를 세우고 기성교회의 간판을 붙이고 있다. 또한, 이단들은 한국 성도들이 선교사나 선교회에는 관대함을 이용하여 선교회라 칭하기도 한다. JMS의 공식 명칭은 기독교복음선교회다.

5) 수단 방법을 가리지 않고 접근한다

이단들은 그 포교 방법도 다양하다. 뱀처럼 간교하게 접근한다. 유약하고 무식한 사람에게는 협박이나 폭력도 서슴지 않는다. 그리고 물리적 방법이 소용없다 싶은 사람들은 여러 가지 방법으로 회유한다. 심지어 이성이나 금전과 관련한 올무를 놓아서 약점으로 활용하기도 한다. 이단들의 포교 방법은 매우 집요하고 체계적이므로 관계할수록 미혹당할 위험성이 높아진다. 그러므로 대화 중 정상적인 교회가 아닌 듯 여겨지면 대화 자체를 중지하고 아예 관계하지 않는 것이 가장 좋은 방법이다.

6) 양의 탈을 쓰고 접근한다

거짓에 능한 이단들은 갖가지 코스프레에 능하다. 자기들은 세상 사람들과 다르게 선하고 의로운 듯 보이기를 힘쓴다. 상처받은 사람들에게 접근하여 호의를 베풀며, 자기들에게는 그런 일이 없고 참위로와 기쁨이 있다며 유혹한다. 그러나 막상 자기들 식구가 되면 지배하고 조종하면서도 특권이요 축복이라고 하며 착취하기 일쑤다. 결국, 양의 탈을 쓴 이리들이다.

7) 취미나 학술, 문화 활동 등을 통해 유혹한다

많은 이단이 대학 동아리나 지역사회의 문화 활동 등을 통해 사람들을 끌어모은다. 이들은 대부분 어느 정도 깊이 들어가지 않은 한 그 정체를 드러내지 않고 활동하기 때문에 인간관계에 얽히다 보면 빠져나오기 어려워질 수도 있다.

8) 사회봉사나 도움을 통해 경각심을 누그러뜨리며 접근한다

근래 한국의 이단 사이비 단체들은 자기들의 이름을 걸고 사회봉사 활동을 하여 국가나 자치단체로부터 표창을 받는 등 지역 사회로부터 인기를 얻는 경우도 있다. 물론, 선행까지 비난을 할 수는 없지만 그들의 목적은 뚜렷하다. 대외적 이미지 재고를 통해 경계심을 누구려뜨려 포교하기 위함이다.

또 한편, 어려움에 처하거나 무언가 도움이 필요한 사람에게 그 필요를 제공하며 접근하는 데에 능하다. 일단 도움을 받은 사람은 마음을 열게 되고 그 미혹에 쉽게 넘어가게 된다. 이유 없는 친절에 주의하여야 한다.

이 세상에 공짜는 없다.

7. 이단에 빠지지 않는 방법

1) 검증되지 않으면 관계하지 않아야 한다

설마 하다가 넘어가는 경우가 의외로 많다. 순진하게 생각하다가 당하는 결과이다. 그러므로 나만은 괜찮을 것이라는 태도를 버려야 한다. 나도 한순간 이단에 빠질 수 있다. 그래서 아무나 신뢰해서는 안 된다. 모두 내 마음 같지 않다. 기독교인이라고 할지라도 교회란 간판을 달고 있다고 할지라도 양의 탈을 쓴 이리인 경우도 있다. 목사이고 선교사라고 모두 믿을 만하지 않기도 하다.

그런 사람들을 만나면 어떤 교단인지 어디서 신학을 했는지 미리 검증하는 것이 중요하다. 생소하다고 다 이단은 아니지만 늘 검증해야 마땅하다. 내가 검증할 능력이 안 되면 가능한 사람에게 물어서 해야 한다. 정상적 교단, 정상적 신학을 공부한 사람도 이단인 경우가 적지 않은데 하물며 생소하다면 더욱 가능성이 높기 때문이다.

2) 성경 공부, 집회 등을 주의해야 한다

기독교인들의 모임이라고 모두 신뢰하여서는 안 된다. 많은 이단 사이비 단체가 기성교회를 가장하여 갖가지 모임이라는 명목으로 함정을 파놓고 기다리고 있다. 출석하는 본 교회 외의 신앙모임은 항상 교회에 문의해 보고 참여하는 것이 안전하다. 교회의 허락을 받고 갔더라도 무언가 이상한 부분이 발견되면 즉시 본 교회에 알려서 검증해야 한다. 최근에는 종교색을 감춘 채 문화 활동을 빌미로 접근하는 경우도 많이 있다.

3) 겸손한 신앙 태도를 가져야 한다

교만은 하나님께서 가장 미워하시는 것이다(잠 6:16-17; 16:5). 사람이 교만하면 하나님의 은혜를 입을 수도 없고 하나님을 온전히 알 수도 없다. 많은 이단이 교만함으로 인해 생겨나서 제 갈 길로 가고 있다.

반면 겸손한 사람은 이단에 빠질 수 없을 뿐만 아니라 가령 빠졌다고 할지라도 다시 돌아온다. 하나님은 겸손한 사람들을 사랑하고 지켜 주신다(습 2:3). 그러므로 가장 최선의 이단 예방책은 겸손한 신앙인으로 살아가는 것이라고 할 수 있다.

> 사람아 주께서 선한 것이 무엇임을 네게 보이셨나니 여호와께서 네게 구하시는 것이 오직 공의를 행하며 인자를 사랑하며 겸손히 네 하나님과 함께 행하는 것이 아니냐(미 6:8).

4) 과도한 욕심을 버려야 한다

현실에 만족할 줄 모르고 욕심을 부리는 태도가 이단에 빠지는 주요 원인이 되기도 한다.

오늘날 한국 교회에는 숫자적 성장과 경제적 윤택이 하나님의 제일 된 축복인 양 여겨지는 경향이 만연해 있다. 가난을 죄악시하는 풍조까지 있다. 교회가 이러하니 교인들도 수단과 방법을 가리지 않고 부를 축적하고 더 축적하려 하고 있다. 그리고 그렇게 성공한 사람이 교회에서 더 대접 받는 경향이 많아지고 있다.

이런 상황이다 보니 정상적 목회자 중에서도 이단 사상이라도 받아들여 교회를 성장시켜 볼까 하는 유혹에 빠지는 경우도 있다. 결국, 한국에 이단 종파가 많은 것도 제 역할을 수행하지 못하고 있는 기성교회의 책임이 크다. 더욱이 매우 우려스러운 일은 정통교회는 성장이 거의 멈춘 상태인 데 반해 이단 사이비 종파들은 날로 성장하고 있다는 사실이다. 이대로 가다가 역전되지 않으리란 법도 없다.

그러므로 한국 교회는 보다 성숙의 길로 나아가야 한다. 그러기 위해서는 교인 숫자 늘리기 경쟁과 세속적 부와 성공을 숭상하는 태도를 내려놓아야만 할 것이다. 먼저 숫자와 물질에 대해 여유로운 마음을 가져야 한다. 모든 교회가 외적 성장보다 내실을 다져서 진정으로 생명력 있는 교회를 이룰 때라야 신도들이 이단에 빠질 일도 없고, 이단이 발붙일 공간도 없어질 것이다.

성도 개인에게도 마찬가지다. 부의 축적과 복에 대한 열망은 진정한 그리스도인의 모습을 상실케 한다(딤전 6:10). 많은 이단이 특별한 복을 미끼로 신도들을 유혹한다. 그러나 하나님 자녀로서의 충만한 자존감이 있다면 그런 유혹에 넘어갈 수 없다. 비록 현실이 풍족하지 못해도 감사할 줄 알고, 자족할 줄 아는 마음으로 살아가는 것이 성숙한 그리스도인의 삶이다(빌 4:11-13). **성도는 세상에서 조금 손해 보며 살기를 두려워하지 않아야 한다**(마 5:38-42). 우리에겐 보다 나은 본향이 보장되어 있기 때문이다(히 11:13-16).

5) 이단에 빠졌던 사람에 대한 따뜻한 배려가 있어야 한다

이단을 가까이하지 않는 것이 좋지만 이단에서 탈퇴한 사람에 대해서는 그곳에서 받은 상처를 치유하도록 교회에서 잘 관리하고 성도들도 함께 따뜻하게 맞아주어야 한다. 이단 전력이 있으니 당신과는 어울리지 않겠다는 태도는 그 사람의 상처를 더 깊게 하여 큰 어려움에 빠뜨릴 수도 있다.

교회의 따뜻한 배려를 받지 못할 경우 심지어 그 이단 단체로 다시 돌아가 버리는 경우도 적지 않다. 개중에는 이단의 잘못됨을 알면서도 빠져나오지 못하는 경우가 있는데, 그 이유는 그 사람들과의 끈끈한 인간관계를 청산하지 못함 때문인 경우가 많다.

6) 전도하는 것도 중요하지만, 전도한 영혼을 잘 지키는 일도 중요하다

한국 교회들은 전도와 선교에 열심이다. 그러나 전도해 놓은 신도들을 잘 관리하고 지키는 것도 매우 중요하다. 이단에 빠지는 경우 완전 초신자보다는 기존의 신자들이 빠져드는 경우가 훨씬 많다. 사람을 전도하는 것도 중요하지만, 곁길로 가지 않도록 잘 양육하고 지키는 것 또한 그 못지않게 중요한 사역이다.

7) 이단에 대한 정보를 자주 접하여 수시로 점검해야 한다

아는 것이 힘이다. 특별히 이단에 대해서는 미리 알고 대비함이 중요하다. 오늘날은 정보화 시대다. 이단에 대한 정보가 인터넷상에 넘쳐나기도 한다. 그러나 어떤 매체가 공신력 있는 양질의 정보를 전해 주느냐는 또 다른 문제다.

한국에서 이단 정보에 가장 공신력 있는 기관은 「현대종교」와 「교회와신앙」이다. 아울러 한국기독교이단상담소 등도 매우 유익한 기관이다. 이 기관들의 홈페이지에 자주 접속하여 정보를 얻다 보면 이단 사이비 예방과 대처에 큰 힘이 될 것이다. 그리고 가능하다면 이런 연구기관에 어려움이 없도록 정기 구독과 후원을 하는 것도 매우 아름다운 일이라 할 수 있다.

참고 문헌

[국내 서적]

고영민. 『원문번역주석성경-구약, 신약』 서울: 쿰란출판사. 2021
기독교대한감리회. 『감리교회의 입장에서 본 이단 문제』 서울: 기독교대한감리회, 2006
김광열. 『장로교기본교리』 서울: 대한예수교장로회총회교육부, 2010
김기홍. 『이야기 현대신학』 서울: 베다니, 2004
김명용. 『온신학의 세계』 서울: 장로회신학대학교출판부, 2016
_____. 『칼 바르트의 신학』 서울: 이레서원, 2020
_____. 『현대의 도전과 오늘의 조직신학』 서울: 장로회신학대학교출판부, 2011
김영무. 김구철 『차트로 본 이단 사이비』 서울: 아가페문화사, 2004
김영재. 『기독교회사』 서울: 이레서원, 2004
김용식. 『웨슬리 알미니안 신학의 초석』 서울: 혜부론서적, 1990
김의환. 『개혁주의 신앙고백』 서울: 대한예수교장로회총회출판부, 2011
_____. 『복음주의 신학과 한국교회의 신앙』 서울: 총신대학출판부, 2000
_____. 『현대신학개설』 서울: 개혁주의신행협회, 1989
김진두. 『웨슬리와 우리의 교리』 서울: 도서출판 KMC, 2016
_____. 『존 웨슬리의 생애』 서울: KCM, 2008
김학관. 『중국교회사』 서울: 이레서원, 2005
김효성. 『현대교회문제』 서울: 기독교문서선교회, 1993
민경배. 『한국기독교회사』 서울: 연세대학교출판부, 2000
박문옥. 『오순절 신학의 이해』 서울: 한글, 1999
박영지. 『서양의신관 동양의 신관 창조신관』 서울: 성광문화사, 2011
박형룡. 『박형룡 박사 저작 전집 1-3』 서울: 개혁주의신행협회, 2011
_____. 『박형룡의 교의신학 6, 교회론』 서울: 개혁주의신행협회, 2011
_____. 『박형룡의 교의신학 7, 내세론』 서울: 개혁주의신행협회, 2011

변주훈. 『죄 사함 거듭남의 비밀의 허구성』 서울: 르고스문서선교회, 2004
역사신학연구회. 『삼위일체론의 역사』 서울: 대한기독교서회, 2008
유선호. 『천주교도 기독교인가』 서울: 하늘기획, 2003
유영권. 『한국기독교의 이단 규정과 평가』 경기도: 기독교포털뉴스, 2023
유해무. 『개혁교의학』 고양: 크리스천다이제스트, 2000
이인우. 『차트 조직신학』 서울: 기독교문서선교회, 1999
이장식. 『기독교사상사』 서울: 대한기독교서회, 1990
이재근. 『세계 복음주의 지형도』 서울: 복있는사람, 2015
이종성. 『춘계 이종성 저작 전집, 삼위일체론(1)』 서울: 한국기독교학술원, 2001
_____. 『춘계 이종성 저작 전집, 조직신학개론 외』 서울: 한국기독교학술원, 2001
_____. 『춘계 이종성 저작 전집, 종말론(1)』 서울: 한국기독교학술원, 2001
_____. 『춘계 이종성 저작 전집, 교회론』 서울: 한국기독교학술원, 2001
장정개정위원회. 『교리와 장정 2021』 서울: 기독교대한감리회, 2022
정동섭. 『구원파를 왜 이단이라고 하는가』 서울: 조이선교회, 2004
_____. 『지방교회의 실체』 서울: 요단출판사, 2021
정동섭외 4인. 『성경의 구원과 오늘의 한국교회』 광주: 파피루스, 2019
조영엽. 『기독론』 서울: 기독교문서선교회, 1991
주교회의 교리교육 위원회. 『가톨릭교회 교리서』 서울: 한국천주교중앙협의회, 2020
진용식. 『안식교의 오류』 서울: 복음사역, 1998
최삼경. 『베뢰아귀신론을비판한다』 서울: 기독교문화협회, 1990
최홍석. 『교회론』 서울: 솔로몬, 2010
_____. 『인간론』 서울: 개혁주의신행협회, 2005
탁명환. 『기독교 이단연구』 서울: 국종출판사, 1995
탁지원. 『사료 한국의 신흥종교』 서울: 현대종교, 2009
_____. 『한국의 신흥종교 기독교편4권』 서울: 국제종교문제연구소, 1987
_____. 『한국의 종교단체 실태개요』 서울: 현대종교, 2004
_____. 『현대종교 자료모음집-구원파』 서울: 현대종교
_____. 『현대종교 자료모음집-베뢰아』 서울: 현대종교

_____. 『현대종교 자료모음집-빈야드』 서울: 현대종교
_____. 『현대종교 자료모음집-안식교』 서울: 현대종교
_____. 『현대종교 자료모음집-지방교회』 서울: 현대종교
_____. 「월간 현대종교 과월호」 서울: 현대종교 2001-2023
_____. 『기독교 이단 아카이브』 서울: 현대종교, 2022
_____. 『신천지와하나님의교회의정체』 서울: 현대종교, 2007
_____. 『현대종교 자료모음집-다락방』 서울: 현대종교
_____. 『현대종교 자료모음집-뜨레스디아스』 서울: 현대종교
탁지일. 『이단 OUT』 서울: 두란노, 2020
_____. 『이단』 서울: 두란노, 2014
탁지일, 김정수. 『한국어/영어/증국어로 간추린 이단 바로알기』 서울: 현대종교 2021
편집부. 『이단 사이비 연구 종합 자료 2』 서울: 한기총, 2007
_____. 『중국교회를 위협하는 이단들』 안산: 중국기도네트워크, 2005
허홍선. 『베뢰아는 왜 이단인가』 서울: 누가, 2023
현대종교 편집국. 『구원파의 정체』 서울: 현대종교, 2009
_____. 『만화로 보는 이단의 정체』 서울: 현대종교, 2009
_____. 『이단 바로알기』 서울: 현대종교, 2019
데렉 프라임. 『꼭 알아야 할 기독교 핵심교리 50』 서울: 부흥과개혁사, 2013
데이비드 사임 러셀. 『신·구약 중간 시대』 서울: 컨콜디아사, 1986
데일 M. 요컴. 『기독교 신조 대조』 서울: 예성출판부, 1988
로버트 C. 월튼. 『차트 교회사』 서울: 기독교문서선교회, 1990
로이드 존스. 『로이드 존스 교리 강좌 시리즈 1,2,3』 서울: 부흥과개혁사, 2010
_____. 『복음주의란 무엇인가』 서울: 복있는사람, 2020
루이스 벌코프. 『벌콥 조직신학 상·하』 서울: 기독교문사, 1999
_____. 『기독교 교리 요약』 서울: 도서출판 소망 2009
_____. 『기독교교리사』 고양: 크리스찬다이제스트, 2011
_____. 『벌코프 조직신학』 고양: 크리스찬다이제스트, 2009
마이클 호튼 『한번 받은 구원 영원한가』 서울: 부흥과개혁사, 2011

버나드 램.『복음주의 신학의 흐름』서울: 생명의 말씀사, 1985
안토니 A. 후크마.『개혁주의 구원론』서울: 기독교문서선교회, 1991
에드먼드 클라우니.『교회』서울: IVP, 2007
워커 윌리스턴.『기독교회사』서울: 크리스챤다이저스트, 1996
웨인 그루뎀.『조직신학 상중하』서울: 은성출판사, 2009
_____.『꼭 알아야 할 기독교 핵심진리 20』서울 부흥과개혁사, 2012
위르겐 몰트만.『삼위일체와 하나님의 나라』서울: 대한기독교출판사, 1982
재임스 패커.『알미니우스주의』서울: 기독교문서선교회, 2019
조셉 비키.『칼빈주의』서울: 지평서원, 2012
존 스토트.『성령 세례와 충만』서울: IVP, 2007
찰스 하지.『하지 조직신학』서울: 기독교문사, 1951
켈리.『고대 기독교교리사』서울: 몽밀란, 1984
토니 레인.『기독교사상사』서울: 나침반, 1987
펄만 미르.『기독교 교리의 이해』서울: 1991 나단
해럴드 브라운.『교회사에 나타난 이단과 정통』서울: 그리심, 2008
헤르만 바빙크.『개혁교의학 1-4』서울: 부흥과개혁사, 2011
후스토 L. 곤살레스『종교개혁사』서울: 은성, 1989
휴스 R. H.『오순절 운동의 신학적 특징』전주: 신아출판사, 1993
C. F. 디카슨『천사 사탄과 귀신론』서울: 성광문화사, 1985

[국외 서적]

Christian History: "Heresy in the Early Church". electronic ed. Carol Stream IL : *Christianity Today*, 1996; Published in electronic form by Logos Research Systems, 1996

Hebblethwaite, Brian.: *THE ESSENCE of CHRISTIANITY-Fresh Look at the Nicene Creed*, London: SPCK, 1996

Hodge, A. A.: "A Commentary on The Westminster Confession of Faith", *Escondido*, Ca: E4 Group, 1999

Morey, Robert A.: *The Trinity : Evidences and Issues*. Iowa Falls, IA.: World Pub., 1996

Ness C.: *An Antidote Against Arminianism*, Whitefish, Montana: Kessinger Publishing, 2010

Pusey, E. B.: *The Councils of the Church*, Sydney: Wentworth Press, 2016

Thorance, Thomas F.: *The Christian Doctrine of God, One Being Three Persons.* Edinburgh, Scotland : T&T Clark, 1996

Tozer, A. W.: *I Call It Heresy!: And Other Timely Topics From First Peter.* Camp Hill, PA.: WingSpread, 1991

Van Til, C.: "The Protestant Doctrine of Scripture, Phillipsburg", NJ: Presbyterian and Reformed Publishing Company, 1967

Williamson G.I.: *The Westminster Confession of Faith*, Philadelphia, pa: Presbyterian and Reformed Publishing Company, 1964

李约翰. 異端论, 臺灣: 磐石福音团契

林献羔. 中国的异端, 2009

[참고 홈페이지]

www.hdjk.co.kr (현대종교)

www.amennews.com (교회와신앙)

http://www.jesus114.net (한국기독교이단상담소)

https://www.britannica.com/

en.wikipedia.org/wiki/Main_Page

ko.wikipedia.org/wiki/

https://www.igoodnews.net

https://www.pckworld.com

https://chat.openai.com/

https://christianhistoryinstitute.org/magazine

https://www.catholic.or.kr/

https://iccc-churches.org/constitution/

google 검색엔진

daum 검색엔진

naver 검색엔진